ZUGANG ZUM BEFESTIGTEN HOF

Dan Pearson

Plan

EIN BEFESTIGTER HOF IN WARWICKSHIRE, FÜR GARTEN-IDEEN, GARTEN-DESIGN ÜBERARBEITETER PLAN

Scale 1 : 50

Drawn by Dan Pearson

PFLANZENLISTE	MENGE
BUXUS SEMPERVIRENS	300
TILIA PLATYPHYLLOS	44
STIPA ARUNDINACEA	30

TAIL: WELLENFÖRMIG GESCHNITTENE BUCHSBAUMHECKEN UND LINDEN

M WELLENFÖRMIG GESCHNITTENE HECKEN

ETAIL: WELLENFÖRMIG GESCHNITTENE BUCHSBAUMHECKE
OR DER UNBEGRÜNTEN GEBÄUDEWAND

N
S

MIT KIES BEFESTIGTER EINGANG

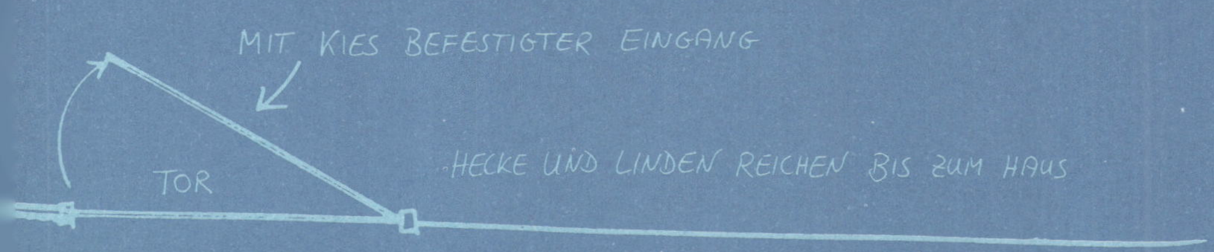

HECKE UND LINDEN REICHEN BIS ZUM HAUS

GARTEN-IDEEN GARTEN-DESIGN

GARTEN-IDEEN

GARTEN-DESIGN

TERENCE CONRAN

DAN PEARSON

Mit Beiträgen von:
Sir Terence Conran
Dan Pearson
Andrew Wilson
Jennifer Potter
Isabelle Van Groeningen
Richard Key

Fotografien auf der Umschlagvorderseite: oben links: Andrew Lawson;
oben rechts: Deidi von Schaewen (Besitzerin: Françoise Dorget, Marocco);
unten links: Gary Rodgers; unten rechts: Andrew Lawson
Fotografie auf der Umschlagrückseite: Earl Carter / Conran Octopus
Fotos auf Seiten 6 und 7 ***im Uhrzeigersinn von oben links:*** ›Granite Song‹, eine Skulptur von Peter Randall-Page am Two Moors Way im englischen Devon; ein erhöhter Fußweg in Philip Johnsons Garten in New Canaan, Connecticut (USA); Töpfe mit ***Agave americana*** 'Variegata' säumen Stufen in Sevilla (Spanien); Chinaschilf und Federborstengras; Prunkwinde und Fenchel

Die Deutsche Bibliothek - CIP-Einheitsaufnahme

Garten-Ideen, Gartengestaltung / Terence Conran ... [Aus dem Engl. von Anette Pause ; Clemens Alexander Wimmer]. - Köln : DuMont-Monte-Verl., 2002
Einheitssacht.: The essential garden book <dt.>
ISBN 3-8320-8725-7

Aus dem Englischen von Anette Pause und Clemens Alexander Wimmer (Seiten 128–197)
Satz der deutschen Ausgabe:
Achim Mantscheff, Books & Bagels, Köln – Amsterdam

Printed in China

ISBN 3-8320-8725-7

INHALT

Niemals waren Gärten so wichtig für die Menschen wie heute. In unserem oft hektischen Leben sind sie zu einem Ort der Ruhe geworden, der ein Gespür für die Jahreszeiten und die Natur vermittelt, und in dem man sich wunderbar erholen kann. Unser Landschaftsbild wird immer mehr von Industriebetrieben und den wachsenden Städten geprägt, und für viele Menschen ist der Garten das einzige gut erreichbare Grün. So ist es sehr wichtig, daß wir unsere Gärten möglichst gut nutzen und sie als Bestandteile des modernen Lebens betrachten. Vielleicht steht Ihnen nur eine zugige Dachterrasse oder eine kleine Rasenfläche zur Verfügung, doch auf jeder im Freien liegenden Fläche können Sie durch eine Verbindung von Schönheit und Funktionalität einen Ort schaffen, an dem Sie kreativ sein können, den Sie pflegen und an dem Sie frische Luft atmen können. Solche Orte erhöhen die Lebensqualität!

Bei der Gartengestaltung kommen die verschiedensten Disziplinen zusammen. Architekten stimmen sich mit Ökologen ab, und Gärtner beraten sich mit Bildhauern. Durch die Verbindung dieser Fachkenntnisse mit der vielseitigen Geschichte des Gärtnerns wird die Gartengestaltung zur großen Herausforderung.

Garten-Ideen, Garten-Design möchte Ihnen zeigen, daß die Gestaltung Ihres Gartens ebenso wichtig ist wie die Gestaltung Ihres Hauses oder Ihrer Wohnung. Das Buch basiert auf unserer Überzeugung, daß sorgfältige Planung und durchdachtes Design die wichtigsten Voraussetzungen für das Gelingen eines Gartens bilden. Gutes Design bedeutet, Form und Funktion zu verbinden. Dieses Buch zeigt, wie das am besten zu erreichen ist. Wir hoffen, daß *Garten-Ideen, Garten-Design* Ihnen helfen wird, Ihren eigenen Garten mit anderen Augen zu sehen und die vielen Möglichkeiten zu nutzen, die ihn zu etwas ganz Persönlichem machen.

Terence Conran. Dan Pearson.

DIE KUNST DES GÄRTNERNS

Schon die Sumerer, Ägypter, Griechen und Römer hatten einst das Bedürfnis, Gärten anzulegen und damit in der Natur Rückzugsorte zu schaffen, an denen eine gewisse Ordnung herrschte. Gärten versorgen uns mit Nahrung, bieten Erholung und ermöglichen uns, Pflanzen zu hegen und zu pflegen. Sie sind ein Sinnbild für immerwährenden Optimismus: Die vielfältigen Wünsche der Gartenfreunde werden oft von den Launen der Natur durchkreuzt, doch Farben, Düfte und das im Wachstum spürbare Leben sorgen für Entschädigung.

Unsere Häuser und Wohnungen verändern sich mit den Jahren und durchlaufen dabei verschiedene Stadien. Auch der Garten ändert sich ständig. Gärten sind dynamische, dreidimensionale Räume, hier versuchen wir, die menschlichen Eingriffe und die gegenläufige Entwicklung der Natur in ein harmonisches Gleichgewicht zu bringen. Gärten lassen vielfältige Gefühle in uns aufsteigen. Wenn Sie draußen spielende Kinder beobachten, sehen Sie, wie intuitiv wir die Landschaft nutzen und unseren Bedürfnissen anpassen: Die Kinder klettern auf Bäume, stauen einen Bach mit einem Damm auf, bauen versteckte Buden oder beobachten einen Marienkäfer, der über einen Weg krabbelt.

Gärtnern ist eine einmalige Kombination von Design, Kunst, Wissenschaft und Natur. Bei der Gartengestaltung versuchen wir, die natürlichen Bestandteile Boden, Gestein, Wasser und Pflanzen mit Baumaterialien wie Stein, Holz, Ziegeln, Metall und Glas zu kombinieren. Dabei streben wir ein gelungenes Gleichgewicht von Größen und Proportionen, Akzenten und Kontrasten, Rhythmus und Bewegung an. So wird der Garten zum Ziel unserer Träume und ein einmaliger Ausdruck für unsere Beziehung zur Natur.

Gärten versinnbildlichen unsere Beziehung zur Natur. Dieses nach Westen offene Holzdeck fängt abends die letzten Sonnenstrahlen ein. Auf dem schlichten Stuhl kann man den Wiesengarten in New Jersey (USA) im goldenen Licht der Abendsonne genießen.

Gärten gestern und heute

1

3

»Gott der Herr bepflanzte den ersten Garten, und Gärtnern ist das größte Vergnügen des Menschen. Es ist die schönste Erfrischung des menschlichen Geistes, und ohne Gärten sähen selbst Paläste derb aus«, schrieb der englische Philosoph Francis Bacon im Jahr 1625. Die ersten Gärten wurden ganz sicher angelegt, um Obst und Gemüse darin zu ziehen, aber der Versuch, die Natur zu ›zähmen‹, hat eine lange Geschichte. Der älteste noch heute existierende Beleg ist der Gartenplan eines Hofbediensteten im griechischen Theben, der etwa 1400 v. Chr. entstand. In der Mitte des streng geometrischen Gartens findet sich ein gerader, von einer Pergola überspannter Weg, der zum Hauptgebäude führt. Parallel zu dieser Hauptachse führen Alleen zu ummauerten Bereichen. Zu diesem Garten gehören auch vier rechteckige Teiche mit Wasservögeln und zwei Pavillons. Diese Elemente wiederholen sich in den schattigen persischen Wassergärten, die wiederum den traditionellen islamischen Gärten als Vorbild dienten. Vom 7. Jahrhundert n. Chr. an nahmen die Araber Westasien, Ägypten, Nordafrika und schließlich Spanien ein und brachten ihre architektonischen Gärten mit.

Das charakteristische Merkmal der islamischen Gärten war die Verwendung von Wasser. Meist legte man flache, rechteckige Teiche an, die von schmalen Kanälen und Fontänen gespeist wurden. Wasser war in der Wüste natürlich ein Luxusgut, das nicht nur die Pflanzen wachsen ließ, sondern auch die Luft kühlte und eine beruhigende Wirkung entfaltete. Die berühmtesten islamischen Gärten sind die der Alhambra im spanischen Granada: eine mit Steinen besetzte Welt, die von Licht, Raum und Luft beherrscht wird; eine kühle, schattige Oase in der heißen Sonne des südlichen Mittelmeerraums.

Schon seit dem 1. Jahrhundert v. Chr., als die Kraft des Wassers in den Gärten von Syrakus und Alexandria genutzt wurde, beruhte die Gestaltung auf der Vorstellung, daß der Mensch die Natur beherrscht. Diese Grundvorstellung wird auch in den römischen Villengärten, den Klostergärten, den französischen Barockgärten und den englischen Landschaftsgärten des 18. Jahrhunderts deutlich. Gleichzeitig verwandelte die Phantasie den Garten in einen Ort des Genießens, des Vergnügens und der Liebesabenteuer, man denke an die Vertreibung von Adam und Eva aus dem Garten Eden, die Abenteuer der zahlreichen Verliebten in Boccaccios Buch *Il Decamerone* und die Geschlechtsverwechslungen in Shakespeares Komödien.

Die Gärten, die Boccaccio in *Il Decamerone* (dt.: Das Dekameron) beschreibt, spiegeln die in der Renaissance vorherrschende Tendenz, den Garten offener zu gestalten und sich vom Vorbild des Kloster- oder Hofgartens zu entfernen. Donato Bramante und andere Architekten entwarfen Terrassen und Treppen, die zu Skulpturengalerien und theaterähnlichen Bühnen führten. Hier entstand die Spannung durch den Gegensatz zwischen dem menschlichen Einwirken und der umliegenden natürlichen Landschaft. Als Frankreich im 16. Jahrhundert Italien einnahm, gewann die italienische Gartengestaltung auch weiter nördlich an Einfluß. Einer ihrer Anhänger war André Le Nôtre, dessen Versailler Gärten in ganz Westeuropa zum Vorbild wurden. Diese Gärten waren aufwendige, barocke ›Teppiche‹ mit geometrischen Mustern und Blickfängen, die mit Wasser, Formschnitt-

2

1 Wasser hatte in den Gärten aller Kulturen schon immer eine große Bedeutung. Dieser Garten in Palma de Mallorca wurde nach dem Vorbild eines maurischen Lustgartens gestaltet. Er ist abgeschlossen, kühl und schattig; das fließende Wasser erfrischt in der Hitze.

2 Die traditionellen japanischen Gärten stellen die natürliche Landschaft in Miniaturform durch Symbole dar. Jeden Morgen harken die Mönche des Tojuku-ji-Tempels in Kyoto den Sand um diese Gruppe von Steinen. Sand symbolisiert meist Wasser.

3 **Die englische Landschaftsgartenbewegung schuf großartige Ausblicke in parkähnliche Gärten. Der Wassergarten von Studley Royal in Yorkshire wurde von seinem Besitzer John Aislabie im Stil William Kents gestaltet. Hier finden sich Bereiche von geometrischer Ordnung neben sanft geschwungenen Rasenflächen.**

4 **In diesem Garten in Uzzano (Italien) gehen aufwendige Buchsbaumparterres sternförmig von den steinernen Statuen aus. Die prächtigen Zedern im Hintergrund wurden Ende des 19. Jahrhunderts gepflanzt.**

gehölzen, Parterres und kleineren, ›versteckten‹ Gärten geschmückt waren.

In England setzte sich dieser Trend nicht durch. Hier wurden Gärten nach dem Vorbild der natürlichen Landschaft gestaltet. Der Begründer dieser ›neuen‹ Gestaltung war William Kent. Seine Pläne für den Garten von Chiswick House (1734) mit seinem mäandernden Wassergraben und den gewundenen Wegen beeindruckten so sehr, daß der Garten von Stowe in Buckinghamshire, den Kent mit Lancelot ›Capability‹ Brown entwarf, weniger streng geometrisch gestaltet wurde. ›Capability‹ Brown wurde der wichtigste Gestalter der englischen Landschaftsgärten des 18. Jahrhunderts. (Sein Beiname ›Capability‹ geht darauf zurück, daß er glaubte, jede Landschaft hätte die Fähigkeit [engl.: capability], verbessert zu werden.) Er

4

1

2

1 Auf dieser Fläche in Delaware stand von 1803 bis 1921 die größte Schießpulverfabrik der USA. Nach der Stillegung errichtete die Familie Crowninshield auf dem Gelände einen Garten – einen Ruinengarten mit klassischen Merkmalen. Die verlassenen Fabrikgebäude haben nun wieder einen Zweck.

2 Im Innisfree-Garten im US-Bundesstaat New York bahnt diese Brücke einen Weg durch dichte Farne. Sie führt zu der prachtvollen Wiese am Seeufer.

3 Aus westlicher Sicht könnte dieser japanische Garten in Kengo-in mehrere Jahrhunderte alt sein, doch in Wirklichkeit ist er modern. Die breiten Azaleenhecken werden von den vertikalen Baumstämmen sehr gut betont und erhalten durch die Landschaft besondere Akzente.

3

gestaltete seine Gärten in Übereinstimmung mit der Harmonie der Natur. Seine berühmtesten Werke – in Petworth (Sussex) und Blenheim (Oxfordshire) – verzichten fast vollständig auf Statuen und schließen nur wenige Gebäude ein. Statt dessen wird der Garten von sanft gewundenen Grasflächen geprägt, zwischen denen natürlich geformte Gewässer liegen und lockere Baumgruppen statt strenger Alleen stehen.

Browns parkähnliche Landschaftsgärten blieben das wichtigste Vorbild und wurden von Humphry Repton weiterentwickelt. Repton kombinierte wellige, parkähnlich gestaltete Bereiche mit stärker architektonischen Terrassen, die näher am Haus lagen. Repton wird übrigens in Jane Austens Roman *Mansfield Park* (1814) erwähnt. Er nahm auch Blumen in seine Gestaltung auf. Botanische Expeditionen hatten in den vorausgehenden 300 Jahren neue Pflanzenarten nach Europa gebracht, doch erst mit den enormen Zuwachsraten bei Außenhandel und Reisen im 19. Jahrhundert wurden sie in großer Zahl eingeführt, darunter zahlreiche wertvolle Gartenpflanzen.

Die größere Farbpalette, die den Gartenfreunden nun zur Verfügung stand, wurde nicht immer gelungen eingesetzt. So schrieb der englische Schriftsteller William Morris im Jahr 1882: »Scharlachrote Geranien [und] gelbe Pantoffelblumen ... werden nicht selten auf verschwenderische Weise nebeneinander gepflanzt. Vermutlich will man damit zeigen, daß selbst Blumen wirklich häßlich aussehen können.« Die berühmte englische Gärtnerin Gertrude Jekyll übertrieb 1899 in ihrem Buch *Wood and Garden* (dt.: Wald und Garten) ein wenig: »Die wichtigste Aufgabe einer Dahlie ist, sich in Szene zu setzen und zu prahlen.« Gertrude Jekyll, die oft mit dem Architekten Sir Edwin Lutyens zusammenarbeitete, strukturierte ihre Blumengärten sehr sorgfältig. Ihr Zeitgenosse William Robinson führte die Gartengestaltung entschlossen in das 20. Jahrhundert. Er arbeitete bewußt mit der Natur und profitierte von ihr. Das

4

hatte Einfluß auf die Gartengestaltung in Europa und Amerika.

Im 20. Jahrhundert ließ man sich von der Natur inspirieren. Westliche und östliche Ansätze waren dabei gut miteinander zu vereinen. Die chinesische – und damit auch die japanische – Gartengestaltung fußte auf dem animistischen Glauben der frühen Zivilisationen, nach dem alle Bestandteile der natürlichen Landschaft Manifestationen von Geistern sind, die die Welt mit uns teilen. Die fernöstlichen Gärten sollten die Stimmung einer bevorzugten natürlichen Landschaft mit Hilfe symbolischer Formen widerspiegeln: männlich und weiblich, senkrecht und waagerecht, rauh und glatt, Berg und Ebene, Gestein und Wasser.

Die japanischen Gärten entwickelten sich während der Kamakura-Periode (1192–1333) in zwei verschiedenen Formen: der Hügelgarten beschwor den ›perfekten‹ Geist des Berges Fuji, während der kleinere flache Garten mit großen Steinen besetzt war und die Harmonie zwischen Wasser und Land symbolisierte. Diese abstrakten Formen finden ihren berühmtesten Ausdruck im Tempelgarten von Ryoan-ji in Kyoto. Dieser Garten ist mit geharktem Sand bedeckt, und es stehen 15 Steine darauf, die zu 5 Gruppen gehören. Neben diesen meditativen, religiösen Räumen entstanden Gärten nach dem japanischen Teekult, die angesichts der Pracht der Natur Bescheidenheit hervorrufen sollten. Teegärten werden nach strengen Regeln geplant. Ihre Bereiche gestaltet man nach den verschiedenen Stadien geistiger Kontemplation.

Diese Gärten gehen auf frühere chinesische Vorbilder zurück. Die chinesischen Gärten dienten den westlichen Gärten des 20. Jahrhunderts als Vorbild. Ihre Gestaltung wurde von der natürlichen Umgebung inspiriert und arbeitete mit ihr. Die gelungene Plazierung von Felsblöcken, großen Steinen und unterbrochenen Aussichten in Innisfree im US-Bundesstaat New York – in den zwanziger Jahren unseres Jahrhunderts von Walter und Marion Beck angelegt – schafft eine rhythmisch anmutende Landschaft, die den zyklischen Prozeß von Wachstum und Vergehen versinnbildlicht. Innisfree ist ein Garten der sinnlichen Wahrnehmung und erreicht die feineren Wirkungen, die Mien Ruys mit ihrem Nebeneinander von künstlichen und natürlichen Formen sowie den Kontrasten von Licht und Schatten in den Niederlanden erzielte.

Die Gartengestaltung des 20. Jahrhunderts wurde durch die Moderne und ihre Auswirkungen auf die konventionelle Ästhetik von Grund auf verändert. Roberto Burle Marx (Brasilien), Luis Barragán (Mexiko) und Isamu Noguchi (USA) arbeiteten mit den skulpturalen Formen von Pflanzen und Landschaft. Ihre Gärten wurden Räume, in denen man sich aufhielt. Die Gartenarchitekten des 20. Jahrhunderts waren bestrebt, die Bedürfnisse des Menschen und seinen natürlichen Lebensraum zu respektieren. Thomas Church schuf in Kalifornien kleine Gärten zum Leben im Freien. Zur gleichen Zeit schrieb der englische Gartenarchitekt John Brookes in seinem Buch *Room Outside* in ähnlicher Weise über den Garten. Heute verwenden die amerikanischen Landschaftsarchitekten Wolfgang Oehme und James van Sweden großflächig einheimische Pflanzen; Shodo Suzuki interpretiert die traditionelle japanische Gartengestaltung neu und berücksichtigt dabei die bereits vorhandene Ausstrahlung der Orte. Die Gartengestaltung meint nicht länger, daß der Mensch die Natur zähmen und die Natur den Menschen bezwingen will. Sie versucht vielmehr, die Natur mit den Bedürfnissen der Menschen in Einklang zu bringen, dabei Ressourcen zu schonen und mit dem vorhandenen Raum und den vorgegebenen Bedingungen in allen drei Dimensionen zu arbeiten. Hier zeigt der Garten die Kunst des Möglichen.

5

4 Als der Architekt Peter Latz aus einer Industriebrache im Ruhrgebiet einen öffentlichen Park gestalten sollte, entschloß er sich, die verlassenen Gebäude nicht abzureißen. Die alten Speichergebäude aus Beton wurden mit blühendem Rasen geschmückt, und an ihren Wänden wachsen Kletterpflanzen empor. So erhielt die tote Fläche neues Leben.

5 Der Waterland-Garten von Janis Hall prägt die umliegende Landschaft in Connecticut durch wellenartige Formen. Wenn die Sonne nachmittags lange Schatten wirft, sieht er besonders schön aus: Man hat den Eindruck, auf ein aufgewühltes Meer zu blicken.

Die Funktionen eines Gartens

Für passionierte Pflanzenliebhaber ist das Gärtnern eine Leidenschaft, mit der sie gern viele Stunden verbringen. Für andere Menschen ist Gärtnern wie Hausarbeit: eine lästige Pflicht, die man erledigen muß, um das größte Durcheinander zu beseitigen. Die meisten Gartenbesitzer finden sich zwischen diesen Extremen. Sie verbinden ihre Träume mit praktischen Überlegungen hinsichtlich Platz, Zeit und Geld. Fast jeder findet einen Garten hübsch und angenehm, und ein Bereich im Freien ist für die meisten Menschen ein willkommenes Refugium, in das man sich von der täglichen Hektik zurückziehen kann.

2

Ein Garten kann mehr oder weniger so sein, wie Sie ihn haben möchten. Vielleicht lieben Sie die geraden Linien und die einfache Schlichtheit eines gepflasterten Hofes, in dem nur eine große Bambuspflanze wächst, oder aber Sie bevorzugen die charmante Unordnung einer Gruppe wilder Blumen. Ganz gleich, ob Sie nur einen Balkon besitzen oder einen großen Garten – hier können Sie Ihren Geschmack und Ihre Persönlichkeit ebenso ausdrücken wie in Ihrem Haus oder Ihrer Wohnung. Wenn Ihr Haus peinlich sauber ist, werden Sie sicher keinen Garten wünschen, in dem viele selbstausgesäte Pflanzen gedeihen, Kletterpflanzen jede freie Stelle bedecken und Gräser über den Wegen hängen.

Sich in den Garten zurückzuziehen ist sehr entspannend. Auch im kleinsten Hinterhof ist meist Platz für einige Klappstühle. Hier können Sie morgens vor der Arbeit mit einer Tasse Kaffee sitzen oder nach einem langen, anstrengenden Tag ein kühles Getränk genießen. Vielleicht lieben Sie es, sich an warmen Sonnentagen im Garten aufzuhalten, wenn die Luft von den schweren Düften des Sommers erfüllt ist, oder Sie ziehen es vor, im Freien zu Abend zu essen, während es immer dunkler und kühler wird.

Ein Garten ist von schönen Strukturen, Düften und Geräuschen erfüllt. Ein einfaches Wasserspiel ist ein Blickfang und ein beruhigend wirkender Hintergrund. Teiche locken Tiere an. Francis Bacon warnte 1625 in seinem Essay *Of Gardens,* daß »Teiche alles verderben, den Garten ungesund machen und von Fliegen und Fröschen nur so wimmeln«. Die Zeiten ändern sich, und dank elektrischer Pumpen und moderner Wasserfilter gehören die Teiche mit muffig riechendem Wasser längst der Vergangenheit an. Die Pflege bleibt jedoch wichtig – wenn Sie Ihren Teich unter Bäumen anlegen, müssen Sie die abgefallenen Blätter regelmäßig von der Wasseroberfläche entfernen. Natürliches Aussehen bedeutet nicht immer Pflegeleichtigkeit, und auch ein natürlich aussehender Garten darf nicht vernachlässigt werden.

Für die meisten Mitteleuropäer ist ein privates Schwimmbecken etwas Luxuriöses oder sogar ein Statussymbol. Im Mittelmeergebiet und in vielen Teilen der USA sowie Australiens findet sich dagegen in vielen Gärten ein Schwimmbecken. Mit ihren klaren Linien und dem kristallklaren Wasser bringen Schwimmbecken etwas Modernes in den Garten. Denken Sie an die *Splash*-Bilder von David Hockney oder an die Schauspielerin Esther Williams in der extravagant cho-

1

3

1 Kinder brauchen ihren eigenen Platz und bauen oft geheime Verstecke. Dieses prächtige Zelt befindet sich in einem Garten im Wald von Shenandoah in West Virginia. Möglicherweise müssen die Kinder es gegen ebenfalls interessierte Erwachsene verteidigen.
2 Gärten locken Tiere in unsere Welt, z. B. Vögel, Insekten, Dachse und Füchse. Frösche wandern zielsicher zu künstlichen Teichen und fühlen sich dort heimisch.
3 Wasser – einfach überall. Das Wasser dieses Schwimmbeckens in der Karibik scheint sich in die Umgebung zu ergießen. Wenn man in dem Becken schwimmt, meint man, die Wasserfläche ginge nahtlos in das dahinterliegende Meer über.

4

4 Die ›Bassibones-Eiermaschine‹ ähnelt einem umgekehrten Bootsrumpf und ist eine originelle, moderne Version des Hühnerstalls.
5 Der Garten eines Bauernhauses im Westen von Connecticut bietet reichlich Platz zum Spielen. Dieser dicke Baum eignete sich hervorragend, um ein Versteck darin zu bauen und eine Hängematte zu befestigen.
6 Ein schindelgedeckter Schuppen mit Taubenschlag, ein Staketenzaun und exakte Reihen mit liebevoll gepflegtem Gemüse: ein nostalgisch anmutendes Idyll.

5

6

1

2

3

4

1 **Diese Schieferplatten-Spiralen wurden von Daniel Harvey für den Botanischen Garten in Kew entworfen. An ihnen kann Wasser verspielt herunterfließen. Sein Glitzern im Sonnenlicht wird von den natürlichen Formen betont.**
2 **In Städten ist oft nur wenig Platz für Gärten. Dieser Gartenhof in Berlin ist eine Herausforderung an das Stadtleben, und die Natur behält die Oberhand. Ein einfallsreicher Gartenfreund hat sein altes Auto in ein Pflanzgefäß verwandelt, statt es zum Schrotthändler zu bringen.**

reographierten Umgebung eines Beckens – mit Schwimmbecken assoziieren wir Sonne und Unbeschwertheit.

Der Standort muß sorgsam ausgewählt werden, damit man die Sonne optimal genießen kann. Wie stets bei Wasser, ist die Sicherheit sehr wichtig, vor allem, wenn Sie kleine Kinder haben.

Für Kinder – und auch für viele Erwachsene – ist der Garten ein natürlicher Spielplatz. Hier kann man Vögel beobachten, hinter Schmetterlingen herlaufen, Ball spielen oder mit dem Hund umhertollen. Die meisten Menschen finden einen gewundenen Weg, eine Tür in einer Gartenmauer und einen Blick auf etwas halb Verstecktes geheimnisvoll und einladend. Solche Gartendetails illustrieren die Bedeutung von Geheimnis und Überraschung und damit zugleich einen der architektonischen Lehrsätze von Sir John Soane, der im Garten ebenso anwendbar ist wie im Haus: Ein Garten, der auf den ersten Blick alle seine Geheimnisse preisgibt, wirkt nicht so faszinierend wie ein Garten, der dazu einlädt, weiter erkundet zu werden.

Wie Sie Ihren Garten planen, hängt von dessen Größe und von Ihren Prioritäten ab. Lassen Sie sich nicht von Konventionen einschränken. Einige der gelungensten Gärten sind aufgrund von Ignoranz oder Unkenntnis entstanden, oder durch den einfachen Wunsch, Grenzen zu überschreiten. Derek Jarmans berühmter Garten am eintönigen Kiesstrand von Dungeness (Kent) wurde vielfach imitiert, in seiner Gelungenheit aber nicht erreicht. Er ist ein Beispiel für den Ausdruck persönlichen Geschmacks und auch dafür, daß Gärten selbst in scheinbar unwirtlicher Umgebung gelingen können.

Manche Gärten sind von der Liebe ihres Besitzers zu einer bestimmten Pflanze oder Pflanzengruppe geprägt, z. B. Gärten, in denen zahlreiche Alpenpflanzen oder viele alte Rosen wachsen. Andere – wie Vita Sackville-Wests weißen Garten von Sissinghurst (Kent) – bestimmt eine besondere Farbpalette. Im Garten will man sich entspannen und Ruhe finden, gleichzeitig nutzt man ihn auch für den Pflanzenanbau und verschiedene Freizeitaktivitäten. Das Gärtnern bildet eine Brücke zur Natur und regt unsere Sinne an. Die Freude über die ersten Blüten, die sich in der Frühlingssonne öffnen, oder über einen Baum, der zum ersten Mal Früchte trägt, zählt dabei zu den besonderen Kostbarkeiten.

Obst und Gemüse wird schon seit Jahrtausenden in Gärten gezogen. Selbstgeerntetes ist frisch und besonders wohlschmeckend. Oft erfordert es nicht viel Platz im Garten. Salat kann einen Weg säumen, Feuerbohnen gedeihen zwischen hübsch blühenden oder angenehm duftenden Pflanzen. In *Scenes of Clerical Life* beschrieb die englische Schriftstellerin Mary Ann Evans im Jahr 1858 eine solche Mischkultur sehr treffend als »hübsche, paradiesische Mischung von allem, was dem Auge gefällt und sich gut als Speise eignet. In den alle Wege säumenden üppigen Blumenbeeten mit ihrer

5

3 Gartenzwerge galten lange als Inbegriff von Kitsch, aber sie können ein origineller, lustiger Gartenschmuck sein. Diese vergnügte Reihe schlängelt sich durch einen Efeuwald und bringt jeden zum Lächeln.
4 An manchen Orten wirkt Schlichtheit am besten. Hier sorgen ein Teppich, ein niedriger Tisch, etwas Sonne, lichter Schatten und eine traumhafte Aussicht in die mediterrane Landschaft für Atmosphäre.
5 Founder's Bottom im Norden von London wurde im 2. Weltkrieg als Flugplatz genutzt. Später legten hier zwei Schwestern Schrebergärten für Londoner Arbeiter an. Heute findet sich hier ein Labyrinth von ›geheimen‹ Gärten inmitten der immer größer werdenden Stadt.

6

7

endlosen Aufeinanderfolge von Frühlingsblühern, Anemonen, Schlüsselblumen, Goldlack, Bartnelken, Glockenblumen, Löwenmaul und Tigerlilien gediehen auch höherwachsende Schönheiten, z. B. Moos- und Provence-Rosen, die neben Spalieräpfeln wuchsen; ... Die Luft erfüllte eine köstliche Mischung aus den Düften von Jasmin und Stachelbeersaft.«

Gärten verzeihen es viel leichter, wenn man nach dem Prinzip ›Versuch und Irrtum‹ vorgeht. Für jede Enttäuschung entschädigt eine hübsche Überraschung. Mit ihrem Reichtum an Farben, Formen, Licht und Schatten sowie deren Änderungen mit Zeit, Jahreszeit und Klima regen Gärten unsere Sinne an und erfrischen Körper und Seele. In Gärten – großen wie kleinen – arbeitet der Mensch im Einklang mit der Natur. In unserer schnellebigen Zeit erinnert uns der Garten an eine andere Geschwindigkeit des Lebens. Beverley Nichols schrieb: »Nur für den Gärtner ist die Zeit ein Freund, der jedes Jahr mehr gibt, als er nimmt.«

6 Dieser kleine Patiogarten im australischen Paddington erhält wenig direktes Sonnenlicht, wirkt aber dennoch hell und einladend. Die gelbgetünchten Wände, der steinerne Bodenbelag und die schattenliebenden Pflanzen machen ihn mitten in der Stadt zu einer Oase der Stille.
7 Auch wenn Sie keinen großen Bauerngarten besitzen, können Sie viele schöne Blumen anpflanzen, und Ihr Blumengarten muß auch nicht völlig makellos aussehen. Dornspitzige Agaven und Keulenlilien machen diesen Hügel im kalifornischen Berkeley interessant. Einjähriger Goldmohn und Verbenen sorgen für Farbakzente.

Stimmung und Atmosphäre

1

Chinesen und Japaner nutzen Stimmung und Atmosphäre von Alters her meisterhaft aus. Vom Teeraum bis zum Moosgarten gestalteten sie Bereiche, die sinnliche Wahrnehmungen ermöglichen. Ein Ort, an dem man das Morgengrauen beobachten kann, oder eine Lichtung, an der man sitzen und dem Pfeifen des Windes durch die Bambusblätter lauschen kann: Sitzgelegenheiten und geschützte Orte wurden sehr bedacht angelegt, so daß man die Stimmung der Landschaft optimal wahrnehmen konnte.

Im Westen legt man auf Stimmung und Atmosphäre meist nicht ganz soviel Wert, doch auch hier gilt der Garten als Zufluchtsort. Verschiedene Pastelltöne, eine Sitzgelegenheit auf einer grasbewachsenen Böschung oder eine gelungen plazierte Skulptur können beruhigend wirken und die Sorgen des Alltags in den Hintergrund treten lassen. Claude Monets Garten im französischen Giverny ist sorgsam geplant und strahlt Frieden aus. Er spielt mit Farben, Formen und Licht, zugleich auch mit Stimmung und Atmosphäre. Ein Kritiker nannte ihn sogar eine »gewagte Neuerfindung seiner Gemälde aus Blüten«. Der Garten wurde zur berühmtesten Inspirationsquelle, seinen Seerosenteich wählte der Maler immer wieder gern als Motiv.

Die Kombination von Pflanzen und ruhigem Wasser spricht unsere Sinne ganz besonders an. Ihre Wirkung ändert sich mit der Beleuchtung: Unter bedecktem Himmel erscheint sie kühl und dunkel, an einem Sonnentag dagegen ruhig und spiegelungsreich. Fließendes Wasser erzeugt Geräusche, die vom lauten Murmeln eines Baches oder dem Plätschern über Kieselsteine bis zum Donnern eines Wasserfalls oder dem Tosen der Wellen an einer Felsküste reichen. In der mittelalterlichen Stadt Ninfa bei Rom schuf Marguerite Chapin einen Garten im englischen Stil, in dem der schilfbewachsene Fluß eine schwermütige Faszi-

1 Der Winter hat seinen eigenen Zauber. Die Ausstrahlung dieser roten Bank auf dem Eis wird dadurch verstärkt, daß man nicht auf ihr sitzen kann.
2 Diese mallorquinische Villa wurde von Silvestrin und Pawson entworfen. Die Größe des Eßbereichs im Freien ruft Aufmerksamkeit wie Bewunderung hervor.
3 Der Moosgarten des Saiho-ji-Tempels im japanischen Kyoto wurde vor mehr als 800 Jahren angelegt. Vor allem bei Tagesanbruch stimmt seine Ruhe sehr besinnlich. Der in der Mitte liegende See besitzt die Form des kalligraphischen Symbols für das Leben. Die Bäume und die scheinbar endlosen Einfriedungen lassen den Garten fast urzeitlich erscheinen.

2

3

4

5

4 Hier tauchen die letzten Sonnenstrahlen die zahlreichen Stauden in ein wundervolles Licht – ein schönes Beispiel dafür, wie vielseitig Licht wirken kann. Im Verlauf eines einzigen Tages geht der impressionistische Farbschleier von kühnen, kraftvollen Farben in gedämpfte, harmonische Töne über.
5 An einem Fluß entlangzustreifen – oder wie hier an einem Ententeich – ist eine wunderbare Möglichkeit, freie Tage zu gestalten. In diesem Garten auf den San-Juan-Inseln nordwestlich von Seattle wurde der Randbereich des Teiches dicht mit Schwertlilien, Birken und Weiden bepflanzt.

nation ausstrahlt. Im Parc André Citroën und in den Außenanlagen des Centre Georges Pompidou (beide in Paris) kommt dagegen die lebendige Verspieltheit des Wassers zum Ausdruck.

William Kent, der im 18. Jahrhundert Landschaftsgärten schuf, glaubte, daß die Natur gerade Linien verabscheue. Streng geometrisch gestaltete Gärten strahlen jedoch eine wunderbare Ruhe aus. Im Westen wurde die Bedeutung der Geometrie im Garten erst zu Beginn des 20. Jahrhunderts in Frage gestellt. Die Japaner zogen dagegen schon immer asymmetrische Formen vor, denn sie glaubten, daß der Energiefluß im Garten durch Symmetrie behindert wird.

Der Reiz eines Gartens liegt natürlich auch darin, daß immer etwas Unerwartetes geschieht und Rückschläge unvermeidlich sind, auch wenn wir uns bei der Gestaltung und Pflege sehr viel Mühe geben. Gärten haben keine raschen Erfolge zu bieten. Häuser, Gemälde und Skulpturen sind meist langlebiger, aber Gärten bilden eine einmalige Brücke zwischen Vergangenheit und Zukunft. Perfekt sind sie nie. In einem Gartenschuppen stören uns muffige Gerüche und abgenutzte Arbeitsflächen meist kaum, doch im Haus würden wir das nicht dulden. Natürliche Materialien verfärben sich mit der Zeit und sehen dadurch immer schöner aus. Noch so einfallsreich gestaltete Schaugärten wirken oft unecht und nicht einladend, weil sie neu sind.

Die natürliche Umwelt und die Zeit bestimmen Charakter und Atmosphäre eines Gartens. Klima und umliegende Landschaft geben wichtige Hinweise darauf, welche Stimmung der Garten ausstrahlen könnte. Ländliche Gärten werden durch die sie umgebende Landschaft noch schöner. Vielleicht geht der Garten scheinbar unmittelbar in die Umgebung über, so daß die Natur ganz nahe kommt, oder er bietet Platz für Freizeitaktivitäten und ist stärker geordnet. Bedenken Sie den Unterschied zwischen einer Picknickdecke, die man im Schatten eines Baumes auf den Rasen legt, und einer Decke, die man in hohem Gras ausbreitet.

Der Garten, oder ein Teil von ihm, kann seine Stimmung durch einen natürlichen oder künstlichen Blickfang erhalten. Vielleicht ist ein majestätischer alter Baum besonders eindrucksvoll, oder ein Aussichtspunkt, an dem man die vergängliche Schönheit des Morgennebels betrachten kann. Im Süden Schottlands gestaltete Charles Jencks einen Garten, der auf der Beschäftigung mit der Chaos-Theorie und der Geomantik basiert. Die von Janis Hall in Connecticut geschaffenen Landschaften interpretieren Formen auf mutige Weise, machen sich die Elemente zunutze und arbeiten mit den dramatischen Wirkungen des Schattens. Im Gegensatz hierzu strahlt Derek Jarmans kleiner, geheimnisvoller Garten am Prospect Cottage vor dem bedrohlich erscheinenden Hintergrund des Kernkraftwerks von Dungeness (Kent) unerschrockenen Optimismus aus.

Der sich ständig wandelnde Garten

Ein Garten sieht nicht immer gleich aus, er verändert und entwickelt sich stetig. In den Zeiten starken Wachstums im Frühling und Sommer kann man die Veränderungen täglich und sogar stündlich sehen. Gänseblümchen blühen frühmorgens auf, Sonnenblumen drehen ihre Blütenköpfe der Sonne zu. Je genauer man hinschaut, desto vielfältiger ist das Leben im Garten. Der englische Gartenbuchautor Stefan Buczacki schrieb einmal: »Unter jedem Blatt ist Leben, das sich vor Sonne und Regen versteckt; unter jedem Stein findet sich ein winziger Dschungel, ein Kampf ums Überleben zwischen Lebewesen, die miteinander konkurrieren.«

Man muß kein Biologe sein, um Veränderungen im Garten zu beobachten. Die Anzeichen des Übergangs von einer Jahreszeit in die andere versinnbildlichen Leben, Wachstum und Entwicklung – Schneeglöckchen und Krokusse, die durch die dünn gewordene Schneedecke brechen; vom Duft des Jasmins und der Gartenwicke erfüllte Sommerabende; Apfelbäume, deren Früchte geerntet werden, bevor die Blätter sich verfärben und fallen. Mit den Jahren verwittert die Oberfläche einer Natursteinterrasse, Pfosten und Balken einer Pergola verschwinden unter Wein- und Waldreben, und ein zu einem Geburtstag gepflanzter Baum wächst heran und trägt Früchte.

Besonders ausgeprägt sind diese Veränderungen in Gebieten mit gemäßigtem Klima und sehr unterschiedlichen Jahreszeiten. Sie sind aber keineswegs auf diese Gebiete beschränkt. Die glühende Hitze der Sonne weckt über einer Wüste die Sehnsucht nach Schatten, und auf großen, offenen Ebenen läßt sie Formen und Farben verschwimmen. Nach einem tropischen Regenguß ist die feuchte Hitze nicht mehr so drückend, die Farben leuchten stärker und die Formen werden klarer. Gärten sind voller Veränderungen, Geheimnisse und Überraschungen. Wer beobachtet, wie sich ein Garten mit der Zeit ändert, kann dessen Potential zu voller Entfaltung bringen.

1 Bei Einbruch der Dunkelheit wirken die Silhouetten der Baumstämme unheimlich.
2 Natürliche Materialien bekommen durch Gebrauch und Alter schöne Oberflächen. Diese seit langem nicht benutzten Gartenmöbel wurden jedoch von Moos besiedelt.
3 Die jungen Blätter der Bäume in diesem französischen Obstgarten kündigen den kommenden Sommer an.
4 Die zarten Blüten der Schneeglöckchen sind eines der ersten Anzeichen für das Ende des Winters.
5 Sonnenblumen richten ihre Blüten nach der Sonne aus. An Sommertagen kann man das sehr schön beobachten.

1

2

3

4

5

6

7

6 Hohe Bäume vor dem dunklen Himmel: Nachts wirken Gärten oft ganz anders.
7 Vom Frost überzuckerte Pflanzen sind frühmorgens atemberaubend schön.

9

8

8 Die australische Cloud Valley Farm liegt im feinen Sprühregen vor den in dünne Wolken gehüllten Bergen. Gärten sind nicht immer bei blauem Himmel und Sonnenschein am schönsten.
9 So wie der Frühling im Garten eine ganze Palette von Grüntönen hervorbringt, zeigt der Herbst das prächtige Spektrum der Brauntöne – mit goldfarbenen Gräsern und den glühenden Rot- und Orangetönen der Blätter.

Landschaftsarchitektur

■

■

Der Beruf des Landschaftsarchitekten etablierte sich ebenso wie der Begriff selbst erst im 19. Jahrhundert. Maßgeblich dazu beigetragen hat Frederick Law Olmsted, der gemeinsam mit Calvert Vaux den New Yorker Central Park gestaltete. Mit der Verwendung des neuen Begriffs verdeutlichte Olmsted, daß die Gartengestaltung auf architektonischen Grundsätzen beruht, welche auf die stets auf das Haus bezogenen Gärten vergangener Jahrhunderte zurückgehen.

Das Grundprinzip der italienischen Renaissancegärten – die Formen der Pflanzen sollten die Formen der Gebäude widerspiegeln – basiert ebenfalls auf einem architektonischen Hintergrund. Sogar in den englischen Landschaftsgärten des 18. Jahrhunderts, die ›nach dem Vorbild der Natur‹ gestaltet waren, wurden Formen und Raumeinteilung sorgsam geplant – dicht bepflanzte Bereiche wechselten mit offenen Flächen ab, von denen man die Aussicht genießen konnte. Die gotisch-romantischen Gärten von Sir Uvedale Price und William Gilpin – mit ihren steilen Böschungen, poetisch anmutenden umgestürzten Bäumen und dunklen Schluchten – folgen bewußt einer architektonischen Grundidee, ebenso die geometrischen Gärten von André Le Nôtre in Versailles. Die Stilrichtungen und Gestaltungsweisen spiegeln den Geschmack der jeweiligen Zeiten und Orte wider.

1 Das Haus der Künstler Diego Rivera und Frida Kahlo in Mexico City ist von einem Zaun aus Kakteen umgeben, der 1930 von Juan O'Gorman gestaltet wurde.
2 Eine schräge Treppe erhält durch die Bambuspflanzen Ausstrahlung und Bedeutung. Das gefilterte Licht wirkt interessant und lädt Besucher zum Weitergehen ein.

Der Stil des Gartens richtet sich nach dem des Hauses, kann aber auch Gartenbauten einschließen. Neben dem nützlichen Schuppen ist die Pergola sicher am weitesten verbreitet. Dies überrascht kaum, wenn man bedenkt, wie vielfältig eine Pergola eingesetzt werden kann: Sie kann eine Aussicht umrahmen, einen Blickfang darstellen oder ein duftendes, schattiges Refugium sein. Ein von Bambushalmen, Weißbirken oder Pappeln gesäumter Weg wirkt ganz anders als ein Weg, der an einen makellosen Rasen oder eine gemischte Blumenrabatte grenzt.

Jens Jensen, gebürtiger Däne und einer der einflußreichsten Landschaftsarchitekten des 20. Jahrhunderts, war überzeugt, daß »wir es niemals zu einer gelungenen Landschaftsarchitektur bringen werden, wenn wir nicht lernen, den Boden zu lieben ... und die Errungenschaften des Menschen in seine unendliche Harmonie einzufügen.« Jensen arbeitete im Westen der USA mit Frank Lloyd Wright, Louis Sullivan und anderen Architekten zusammen. Er ließ sich von der Landschaft inspirieren, fügte aber auch Blickbegrenzungen und Ruhepole ein. Wenn sich die Gärten entwickeln, wird der Einfluß des Menschen immer

■

■

5

6

weniger offensichtlich. Jensen baute auch architektonische Elemente ein, wie z. B. Blumen- oder Gemüsegärten mit geometrischen Grundmustern. Er versteckte diese überraschende Ordnung jedoch in dem bunten unregelmäßigen Bild seiner Gärten.

Seit den letzten Jahrzehnten versucht man bewußt, Stadtgebiete mit der dahinterliegenden Landschaft zu verbinden. Häuser mit ›lebenden‹, von Gras und Wildblumen bewachsenen Dächern reinigen die Luft und bringen etwas Natur zurück. Ein ungewöhnliches Beispiel für die Verbindung von Haus und Natur ist das neunstöckige Bürogebäude in Osaka (Japan), das der italienische Architekt Gaetano Pesce im Jahr 1987 entwarf und nach dem Vorbild eines Bambuswaldes gestaltete. Indem er Pflanzgefäße aus Fiberglas in die Wände integrierte, brachte er Grün in das Zentrum einer Stadt.

Heute wissen Architekten und Landschaftsarchitekten, daß sie mit der Natur arbeiten müssen, nicht gegen sie. In Frankreich entwarfen Edouard François und Duncan Lewis neue Gebäude, die gleichsam aus dem Boden aufzusteigen scheinen: Sie planten benachbarte Häuser, die von Hecken umgeben sind und zwischen denen einheimische Bäume wachsen, sowie eine Schule, die wie ein riesiges Baumhaus aus den umgebenden Bäumen aufzusteigen scheint. Die ›grüne Architektur‹ verbindet uns eng mit der Natur und betrachtet den Garten nicht nur als Raum, der uns geistige Anregungen liefert, sondern als eine lebenserhaltende Umwelt, auf die zukünftige Generationen angewiesen sein werden.

3 Die bepflanzten Dachterrassen und Balkone im englischen Basingstoke spielen auf die Hängenden Gärten von Babylon an. Sie bringen Grün und etwas Ruhe in das nicht sehr farbenfrohe Büroleben.
4 Raumteiler sorgen auch für Ordnung. Die Öffnung in dieser kalifornischen Grundstücksmauer gibt den Blick auf einen Hof frei.
5 Dieses Baumhaus befindet sich wie ein Nest zwischen den Baumkronen. Leitern und Äste schaffen eine Verbindung zu den umliegenden Bäumen.
6 Im Park von Branitz bei Cottbus schuf der weitgereiste Gartenliebhaber Fürst von Pückler-Muskau im 19. Jahrhundert eine Kombination verschiedener Stile der Haus- und Gartenarchitektur.
7 Diese isländischen Arbeiterhäuser sind mit Torf gedeckt. Auf den Dächern gedeihen Heidegräser.
8 Heather Ackroyd und Daniel Harvey beschäftigen sich in bizarren Objekten mit der englischen Leidenschaft für makellosen Rasen. Diese Treppe wurde mit Schlamm und Rasensamen besprüht.

7

8

Ein sorgsam geplanter Garten beeinflußt Ihr Leben wie ein schönes Haus oder ein hübsches Kleidungsstück: Es ist eine Freude, ihn zu nutzen. Ein solcher Garten ist eine Verbindung zur Natur, er lädt mit seinen Düften zum Verweilen ein und läßt uns den Wechsel der Jahreszeiten erleben. Ein schöner Garten ist ein besonders wertvoller Raum zum Leben.

Gute Gestaltung bildet den Schlüssel zum Erfolg – die Verbindung von praktischen und ästhetischen Vorzügen. Ein Garten, der nur praktisch oder nur schön ist, wurde nicht optimal gestaltet. Seine vielfältigen Elemente müssen vielmehr sorgsam aufeinander abgestimmt werden, so daß er hübsch anzusehen und gleichzeitig ein nützlicher Lebensraum im Freien ist. Gärten müssen sich auch mit der Zeit ändern können.

Bei der Planung des Gartens teilen Sie den Platz so ein, daß Ihre Bedürfnisse und Ihre Vorlieben befriedigt werden. Achten Sie dabei auf die vorgegebenen Verhältnisse, beispielsweise auf die Größe des Gartens, die Landschaft und den Bodentyp. Berücksichtigen Sie auch, wieviel Zeit Sie im Garten verbringen können.

Wer seinen Garten plant, beschäftigt sich nicht nur mit Pflanzen und unterschiedlichen Materialien, sondern auch mit der Lage oder mit der Art der Nutzung. Diese Vielfalt der beteiligten Gebiete macht die Planung interessant und zur Herausforderung. Die folgenden Seiten begleiten Sie durch alle Stadien der Planung Ihres Gartens. Ganz gleich, ob Sie einen schmalen Durchgang begrünen oder einen schönen Blick mit Pflanzen einrahmen möchten, das Buch wird Ihnen helfen, einen persönlichen Raum zu schaffen, den Sie das ganze Jahr über nutzen möchten.

In diesem von Steve Martino und Cliff Taylor entworfenen kalifornischen Garten stellen trockenheitsverträgliche Pflanzen das Gebäude in einen Zusammenhang, verankern es im Boden und verleihen dem Hof eine private Atmosphäre.

Ein Gespür für Atmosphäre

Jeder kennt einen Platz, der eine ganz eigene Atmosphäre besitzt: z. B. eine stürmische Küste mit Klippen, die der rauhen See standhalten, oder eine kühle, moosbewachsene Lichtung, die eine genau gegensätzliche Stimmung ausstrahlt. Vielleicht fühlen Sie sich zu diesen Orten hingezogen, weil Sie ihre Atmosphäre genießen. Solche Orte sind eine Wohltat für die Seele und sehr wichtig für ein ausgeglichenes Leben, das leicht unter der Hektik des Alltags leidet.

Das Besondere dieser Orte ist ihre Stimmung. Oft sorgen markante Elemente für die Individualität eines Ortes, z. B. ineinander verschlungene Wurzeln oder ein beeindruckend weiter Horizont. Vielleicht prägt den Ort aber auch etwas ganz Einfaches, etwa ein dunkler Höhleneingang oder die Farbe nackten Gesteins. Auch viele moderne, vom Menschen gestaltete Landschaften besitzen eine besondere Atmosphäre. Zwei Beispiele hierfür sind die Hügellandschaft der Yorkshire Dales in Nordengland, wo kunstvolle Steinwälle die regelmäßig angeordneten Felder voneinander abgrenzen, sowie die scheinbar aus der Erde gewachsenen Häuser aus luftgetrockneten Ziegeln in New Mexico (USA). Diese vom Menschen gestalteten Landschaften besitzen eine kraftvolle Identität und eine ganz eigene Atmosphäre.

Unsere Landschaft verarmt zunehmend und wird immer einheitlicher durch die intensive Landwirtschaft und die Flurbereinigung. Autobahnen und viele moderne Wohnhäuser gleichen einander wie ein Ei dem anderen. So verliert die Landschaft ihre Seele und damit auch ihre Atmosphäre. Glücklicherweise kann man einem Ort aber eine eigene

1

1 Der moosbewachsene Hügel in diesem naturnahen Gehölzbestand ist das einzige Anzeichen menschlichen Eingriffs. Er verbindet mit dem Erdboden, bildet einen Blickfang und strahlt eine ganz eigene Stimmung aus.

2

3

2 Die minimalistische Gestaltung dieses Nebelgartens in Ishikawa (Japan) läßt die Kraft der Elemente zur Geltung kommen.
3 In einem botanischen Garten in Massachusetts erzeugt die Plazierung von zwei Stühlen neben einem blanken Felsen einen Schwerpunkt. Diese einfache Gestaltung betont und verstärkt zugleich die Atmosphäre des offenen Bereichs.

Atmosphäre verleihen, und besonders bei Gärten ist dies gut machbar. Die gelungensten Gärten sind von der Persönlichkeit ihres Besitzers durchdrungen, ihre besondere Stimmung entsteht durch die Einzigartigkeit ihres Aussehens und ihrer Ausstrahlung. Die zur Schaffung einer Atmosphäre nötigen Elemente stehen uns überall zur Verfügung: Licht und Schatten, Bewegung, Farbe, Textur, Duft und der Reiz des kontinuierlichen Wechsels von Tagen und Jahreszeiten.

Um einen gelungenen Garten zu schaffen, muß man das vorhandene Potential nutzen – eine wichtige Eigenart, die dem Garten Atmosphäre und Individualität verleiht. Dieses Potential gilt es zu erkennen. Schon eine Erinnerung oder eine einfache Idee kann uns inspirieren, und wir schaffen eine besondere Atmosphäre, indem wir etwas hineingeben, das etwas bereits Vorhandenes freisetzt. Die niederländische Gartenarchitektin Mien Ruys gab ihrem Garten eine besondere Atmosphäre, indem sie seine verschiedenen Teile ganz unterschiedlich gestaltete. In einem Teil führt ein Kiesweg durch eine Lichtung und umschließt eine kreisrunde, moosbewachsene Fläche. Die durch die Bäume fallenden Lichtstrahlen färben die Moose smaragdgrün. In einiger Entfernung befindet sich unter einem Walnußbaum eine kleine, zum Verweilen einladende Sitzecke. Neben ihr rinnt das Wasser eines kleinen Springbrunnens sanft über eine in Blätter gebettete Steinkugel. Das Geheimnis der Ausstrahlung dieser Gartenteile gründet sich auf das Nebeneinander der vom Menschen geschaffenen und der natürlichen Elemente Wachstum, Licht und Schatten. Der moosbewachsene Kreis wäre weniger ausdrucksvoll, wenn er von anderen Waldpflanzen überwachsen wäre, und der Schatten unter dem Walnußbaum wäre ohne die Steinkugel kein Blickfang.

Allein durch geschicktes Plazieren von Pflanzen kann man eine Atmosphäre schaffen: eine dunkel und statisch wirkende, in Form geschnittene Eibe prägt eine Wiese, weiß blühende Hortensien in einem schlichten Kübel werten einen schattigen Hof auf. Man kann aber auch nach dem Potential der Fläche Ausschau halten und es durch eine sorgsame Gestaltung der Elemente zum Ausdruck bringen. Wenn z. B. ein knorriger Baumstamm als Rückenlehne einer einfachen Sitzmöglichkeit genutzt wird, erhält er einen Zweck und der Ort einen Schwerpunkt. Ähnliches gilt für eine an zwei Ästen befestigte Hängematte. Selbst in Innenstädten kann man Flächen so gestalten, daß die Naturferne des Standortes vorteilhaft wirkt und eine ganz eigene Atmosphäre entsteht. Dächer lassen sich durch eine geschickte Kombination geeigneter Materialien und Pflanzen auf ganz individuelle Weise begrünen, wobei die ungewöhnliche Lage betont wird.

Gärten können sehr ausdrucksvoll sein. Wenn man die Freiheit der Gestaltung mit der Disziplin guter Planung verbindet, kann man seinen Garten auf einzigartige Weise gestalten und eine Spiritualität erzeugen, die ein wichtiger Teil unseres Lebens sein sollte.

Die Wahl des Stils

Ihre Persönlichkeit sollte auf Aussehen und Atmosphäre Ihres Gartens einen ebenso großen Einfluß haben wie auf den Stil Ihres Hauses. Wir geben uns viel Mühe, um in unserem Haus eine Atmosphäre zu schaffen – wir wählen die Ausstattung sorgfältig aus, und auch die Anordnung von Möbeln und dekorativen Gegenständen ist uns sehr wichtig. Bei der Gestaltung unseres Gartens sollten wir ebenso sorgsam vorgehen. Zuerst betrachtet man den Gesamteindruck und wendet sich anschließend den verschiedenen Einzelheiten zu.

Welchen der vielfältigen Stile der Gartengestaltung Sie wählen, hängt von Ihrer Persönlichkeit ab. Der Stil ist keine Frage der Mode, sondern des Geschmacks. Wichtig ist, daß der Garten mit seiner Umgebung harmoniert und ein gelungenes Ganzes ist. Vielleicht haben Sie schon eine genaue Vorstellung von Ihrer Gartengestaltung: ein üppiger Bewuchs in einer sanften Landschaft oder eine pflegeleichte Wildnis mit Überraschungen, in der sich hinter jeder Ecke etwas Unerwartetes verbirgt. Vielleicht soll Ihr Garten auch ein Ort der Stille sein.

Lieben Sie architektonische Pflanzenformen oder Blüten, oder eignet sich für Sie als Pflanzensammler ein frei gestalteter Garten am besten? Man kann zwar eine klare Stilrichtung wählen – architektonisch oder frei gestaltet, traditionell oder modern – doch ein Garten kann auch Elemente von allem enthalten. Oft wirkt er gerade durch das Nebeneinander der Stilrichtungen lebendiger und origineller.

Ein architektonischer Garten ist genau gegliedert, er wirkt sauber, ruhig und nicht überladen. Die geordneten Linien und die Symmetrie lenken den

1 In diesem von Gilles Clément gestalteten Garten herrscht die Natur. Der moosbewachsene Trog und die sorgsam gepflegte Hecke bringen ein architektonisches Element in den zwanglos wirkenden Garten ein.
2 In diesem mexikanischen Hof wirken Farben, Schatten und Abgeschlossenheit. Der immergrüne Baum in der Mitte spendet den nötigen Schatten. Das warme Ocker der Mauern macht den Hof einladend.
3 Einfallsreichtum und Großzügigkeit verleihen diesem Garten in Great Dixter (Sussex) seine Einmaligkeit. Die geschnittenen Eiben sorgen für Ordnung, die üppige, im Spätsommer blühende Bepflanzung aus Pampasgras *(Cortaderia)*, Salbei *(Salvia uliginosa)* und *Aster lateriflorus* für Vielfalt.
4 David Hicks gestaltete diesen beherrscht wirkenden Garten streng architektonisch. Die Symmetrie der Gestaltung bewirkt Eleganz, die einfachen Linien sorgen dafür, daß das Auge den Garten leicht erfassen kann.

3

4

Blick auf die deutliche Struktur. Man kann den architektonischen Stil als Gegensatz zum Chaos des täglichen Lebens und in gewisser Hinsicht auch als Gegensatz zur Natur betrachten. Die auferlegte Ordnung zähmt die Natur, indem sie Pflanzen in Begrenzungen und Mauern verwandelt, also in Strukturbestandteile des Gartens. Elemente des architektonischen Gartens werden oft genutzt, um den Übergang von der Ordnung des Hauses zur relativen Unordnung des Gartens fließender zu machen, z. B. durch zwei in Form geschnittene Sträucher, die eine Tür flankieren, oder durch einen einfachen Weg, den ein Grasstreifen mit exakt geschnittener Kante säumt. Es gibt verschiedene Grade des architektonischen Stils – von einem gemähten Weg, der durch eine hohe Wiese führt, bis hin zu den streng symmetrischen Landschaftsgärten des 18. Jahrhunderts. In einer Umgebung, die zur Formlosigkeit tendiert, sorgen formale Strukturen für eine gewisse Ordnung.

In frei gestalteten Gärten sind die Formen dagegen unregelmäßig. Diese Gärten wirken bewohnt und anheimelnd. Sie neigen dazu, sich in eine Wildnis zu verwandeln, und erfreuen damit vor allem diejenigen, die eine gewisse Unordnung mögen. Der Eindruck von Zufälligkeit kann jedoch täuschen: Viele frei gestaltete Gärten müssen ebenso sorgsam angelegt und gepflegt werden wie architektonische – es handelt sich lediglich um ein organisiertes Chaos.

Ein Nebeneinander formaler und frei gestalteter Elemente sorgt für Spannung und Kontraste, einerseits wird eine Ordnung geschaffen, andererseits wird sie nicht eingehalten. Das berühmteste Beispiel für einen solchen Garten findet sich in Sissinghurst im englischen Kent, wo sorgsam geschnittene Hecken und den Blick lenkende Wege einen eindrucksvollen Hintergrund für die ungezwungene Bepflanzung der Beete bilden und gleichzeitig für Kontraste sorgen. Hier ergänzen sich architektonische Strukturen und freie Gestaltung zu einem harmonischen Ganzen. Man kann aber auch den klassischen Grundsatz der Gartenplanung befolgen: in der Nähe des Hauses auf geordnete Formen achten und den Garten mit zunehmender Entfernung vom Haus immer freier gestalten. Es ist dabei wichtig, gleich zu Beginn der Gartenplanung für ein Gleichgewicht der beiden Stilrichtungen zu sorgen.

Daneben sind weitere, stärker ins Detail gehende Fragen zu bedenken – welches Farbspektrum soll der Garten bieten? Sie müssen jedoch nicht alle Entscheidungen auf einmal treffen. Gärten können nach Belieben gestaltet werden, und Regeln sind keine Gesetze. Tun und lassen Sie, was Sie wollen! Wenn der Raum es erlaubt, können Ideen umgewandelt und nach Belieben verändert werden. So entsteht Ihr ganz persönlicher Garten.

Quellen der Inspiration

1

2

Bei der Gartengestaltung kommen verschiedene Ideenwelten und kreative Disziplinen zusammen. Gärten sprechen alle Sinne an. Ihre Wirkung beruht auf Farbe und Bewegung ebenso wie auf Form und Struktur, außerdem werden sie von Religion und Philosophie geprägt. Schließlich spiegeln sie auch das Auf und Ab der Jahreszeiten und alle Launen der Natur wider. Die Gestaltung dieser dynamischen Lebensräume kann durch etwas so Einfaches wie ein Gespräch inspiriert werden oder durch etwas so Exotisches wie eine Fernreise. Sie kann sich auf Kindheitserinnerungen gründen und z. B. ein Versuch sein, den Wunsch nach einer Flucht vor der Wirklichkeit einzufangen, den Sie als Kind vielleicht hatten. Bei der Planung eines Gartens verbinden sich Kunst (beispielsweise Malerei und Bildhauerei), Architektur, Raumausstattung und Gartenbau (der Gartenbau ist ebenso eine Kunst wie eine Wissenschaft). So fließt sehr viel in die Gartenplanung ein und macht sie zu etwas sehr Spannendem.

Anregungen für den Stil, für Stimmungen, einzelne Schwerpunkte oder Bepflanzungspläne finden sich überall in unserer Umgebung. Ein Rückblick in die Geschichte des Gärtnerns veranschaulicht diese Vielfalt besonders gut und eignet sich für die Suche nach Anregungen. Früher bildeten viele Gärten eine Antwort auf die Umweltverhältnisse: Die kühlen Mauern der maurischen Gärten sollten vor dem harten, trockenen Klima schützen, und mit der orientalischen Gartenkunst wollte man ein Stück Natur nachbilden. Die italienischen Renaissance-Gärten versinnbildlichten dagegen den Wohlstand und die Überlegenheit ihrer Besitzer. Sie wollten zeigen, daß sie über die Natur herrschten.

1 Quellen der Inspiration gibt es überall. Dieser von Alberto Giacometti entworfene Kopf spielt wie die Formen im Garten mit Umriß, Volumen, Licht und Schatten.
2 Die Hügel im schottischen Garten von Charles Jencks und Maggie Keswick greifen die skulpturähnlichen Formen der umliegenden Landschaft auf und lassen diese zugleich ganz anders wirken.
3 Diese eindrucksvolle Schieferskulptur von Richard Long vermittelt eine Harmonie zwischen Kunst und Landschaft. Ihre Schönheit gründet sich auf ihre Schlichtheit.

Die historischen Gärten beeinflussen unsere Gartengestaltung auch heute noch, und wir können viel aus der Vergangenheit lernen. In China gab es schon vor etwa 4000 Jahren Gärten. Ihre Gestaltung und ihre Philosophie wurden später von buddhistischen Mönchen nach Japan gebracht und dort neu interpretiert. Die einfachen und klaren Formen der japanischen Gärten, in denen jedes Element eine Bedeutung besitzt, beeinflussen auch heute die Gestaltung vieler westlicher Gärten.

Heute wird die Welt für uns immer kleiner. Dank des technischen Fortschritts steht uns eine schier unendliche Vielfalt von Anregungen aus allen Gebieten und Kulturen zur Verfügung. Gleichzeitig verarmt unsere natürliche Umgebung. Daher beziehen wir Elemente der Landschaft in unsere Gärten ein. Eine Wiese kann beispielsweise als Vorbild für eine naturnahe Pflanzung dienen. Eine einfache Hecke oder eine kühle, moosbewachsene Lichtung verleiht einem Teil des Gartens eine ruhige Ausstrahlung. Schilfpflanzen sehen besonders hübsch aus, wenn hinter ihnen Weiden mit kupferfarbenen Stämmen wachsen. Heide paßt gut zu bronzefarbenen Gräsern, und die vertikalen Formen des braunen Fingerhuts harmonieren mit den weißen, dunkel gemusterten Stämmen von Birken.

Auch die Formen einer Landschaft lassen sich in einem Garten nachbilden. Man kann eine breite Hecke so schneiden, daß sie an eine Felsschlucht erinnert. Ein Kalksteinfelsen kann als Anregung für das Verlegungsmuster einer Terrasse dienen. Ein stufiger Teil des Gartens wurde vielleicht nach einer felsigen Steppe gestaltet, und von einem Felsen rinnendes Quellwasser läßt sich mit Hilfe von Metall und Beton nachempfinden. Anregungen für Ihre Garten-

3

gestaltung können aber auch die Farben eines Zimmers, der Verlauf von Stofffasern oder die Formen in einem Gemälde liefern.

Sie können die Elemente eines Gartens in gleicher Weise gestalten, wie ein Bildhauer eine Skulptur bearbeitet oder ein Maler eine Farbpalette benutzt. Mit ihren verschiedenen Dimensionen sprechen viele Gärten zudem nicht nur das Auge, sondern auch Gehör, Tastsinn und Geruchssinn an. Ein auf Bewegung und Geräusche ausgerichteter Garten beherbergt entsprechende Pflanzen: Gräser und Weiden bewegen sich fast so elegant wie Ballettänzerinnen und wirken besonders gut vor einem Haus oder den Umrissen von Formschnittgehölzen.

In der Innenstadt kann die moderne Architektur für Inspiration sorgen. Man kann ihre Formen durch eine ungezwungene Bepflanzung auflockern oder aber durch Ordnung und architektonische Pflanzungen betonen. Die Naturferne eines Daches läßt sich nutzen, indem man die vom Menschen gestalteten Gebäude als Blickpunkte verwendet und den Himmel als Rahmen betrachtet, der den Garten wie ein Bild umschließt und zugleich Anregungen für die Farbpalette liefert. Im Erdgeschoß möchten Sie vielleicht den durch benachbarte hohe Häuser bedingten Eindruck der Abgeschlossenheit nutzen, um eine ganz private grüne Oase zu schaffen, in die Sie sich aus der lauten, geschäftigen Stadt zurückziehen können.

Wenn Sie herausfinden möchten, welche Art von Garten Ihrem Geschmack und Ihren Bedürfnissen am besten entspricht, sollten Sie genau auflisten, was Ihnen besonders gut gefällt und was nicht. Hier geht es nicht nur um bestimmte Pflanzen und andere Bestandteile des Gartens, sondern auch um Formen, Farben, Häuser und Landschaften, ebenso um weniger leicht faßbare Gefühle. Dieser Prozeß hilft Ihnen zu klären, was Sie von Ihrem Garten wirklich erwarten. Außerdem erhalten Sie dadurch viele wichtige Hinweise für die Auswahl von Pflanzen und anderen gestalterischen Elementen.

4 Die Architektur der Watts Towers in Los Angeles scheint halb Gebäude, halb Skulptur zu sein. Natürlich wirkend und doch vom Menschen gebaut, sind die Türme eine gelungene Gestaltung von Freiräumen in der Stadt.
5 In diesem Wäldchen steigen die dunklen Stämme der Balsampappeln aus duftigem *Anthriscus sylvestris* auf. Mit den horizontalen Farbstreifen im Hintergrund könnte dieses Bild Ihre eigene Bepflanzung inspirieren.

4

5

DER PLANUNGSPROZESS

1

Wenn Sie Ihren Garten als Ganzes planen, erhalten Ihre Vorstellungen und somit auch der Garten ein klares Ziel. Die Planung ist einfacher, als Sie glauben! Sie beinhaltet feste Regeln und logische Folgen. Man beginnt mit einem einfachen Stück Land und betrachtet am Ende einen schön gestalteten, für sich maßgeschneiderten Garten. Jeder Standort ist anders, und jeder Mensch gestaltet seinen Garten auf seine eigene Weise. Die Regeln der Gartenplanung bleiben jedoch gleich, sie bilden quasi die Grundlage eines gut geplanten Gartens.

Zuerst wird das Grundstück untersucht und eingeschätzt. Dies ist nicht schwieriger als die Entscheidung, ob ein bestimmtes Buch die Lektüre wert ist oder nicht. Man achtet auf die Lage des Grundstücks und macht sich mit dem vertraut, was bereits vorhanden ist. Man betrachtet z. B. die Größe und Form der zur Verfügung stehenden Fläche und schaut, ob hohe Gebäude oder große Pflanzen in der Nähe stehen. Wo sind die Himmelsrichtungen, welche Teilflächen sind besonders sonnig oder schattig, und wie steht es um Zustand und Typ des Bodens?

Wenn Sie sich auf diese Weise mit Ihrem Grundstück vertraut gemacht haben, können Sie die ersten Entscheidungen hinsichtlich der Gestaltung treffen. Wie bewegen Sie sich durch Ihren Garten, wie wollen Sie ihn nutzen? Anhand dieser praktischen Gesichtspunkte geben Sie dem Garten seine Grundstruktur. Die Elemente werden nach ästhetischen Gesichtspunkten ausgewählt. So erhält der Garten sein individuelles Gesicht. Schiefer kann man beispielsweise in einen Weg aus Ziegelsteinen einfügen, um eine interessante Struktur zu erzeugen, oder man leitet üppige Kletterpflanzen über ein einfaches Rankgerüst.

Die Gartenplanung ist ein kreativer Prozeß, bei dem man auch Fehler macht. Solange Ihr Plan nur auf dem Papier existiert, können Sie ihn problemlos ändern und ersparen sich dadurch später so manchen kostspieligen Irrtum. Die Planung eines Gartens nimmt oft nur einige Stunden, manchmal aber auch mehrere Monate in Anspruch. In jedem Fall verdient sie viel Sorgfalt. Die folgenden Seiten begleiten Sie durch alle Stadien der Planung, vom raschen Skizzieren Ihrer ersten Ideen bis zur Anfertigung einer genauen Grundrißzeichnung, die als Grundlage für den endgültigen Gartenplan dient.

1 In einem Dachgarten sind der Gestaltung Grenzen gesetzt. Hier stehen schwere Pflanzgefäße am Rand. Die Blätter der Pflanzen lockern die harten Linien der Skyline von Manhattan auf, lassen aber auch genug Platz zum Sitzen.
2 Das Aufeinandertreffen von Haus und Garten wird hier durch die Einbeziehung des Baumes betont. Er verbindet den Sitzbereich mit dem Garten.

2

3

3 Eine kleine Terrasse bildet den Übergang zwischen Haus und Garten. Sie ist von Pflanzen umgeben und wirkt dadurch wie ein Zimmer im Garten.

4

4 Das einzige Grün in diesem Hof stammt von Kletterpflanzen, deren Höhe und weiche Formen für eine angenehme Atmosphäre und Abgeschlossenheit sorgen. Sie erzeugen außerdem einen Kontrast zu den harten Linien des Hauses.

5

5 In diesem Garten sorgen die moosbewachsenen grünen Stufen für Kontinuität. Die Treppe wirkt einladend und sinnlich.

Das Grundstück kennenlernen

1

Um einen Ihren Vorstellungen entsprechenden Garten anlegen zu können, müssen Sie Ihr Grundstück sehr gut kennen. Es ist sehr wichtig, genaue Informationen über das Grundstück einzuholen und auszuwerten. Achten Sie aber auch auf Ihre spontane Reaktion beim ersten Anblick des Grundstücks. Vermittelte es Ihnen ein Gefühl von Platzangst, fühlten Sie sich klein gemacht oder wie auf einem Präsentierteller? War Ihr erster Eindruck, daß ein zu großes Gehölz eine Aussicht verstellt, oder fanden Sie, daß das Haus von einem Hang erdrückt wird? In einem bereits bestehenden Garten wachsen vielleicht Pflanzen, die Sie gern behalten oder fördern möchten. Andere stehen für Sie ganz offensichtlich am falschen Standort und sollten umgepflanzt werden. Achten Sie auf solche Reaktionen, denn auch sie sind bei der Gartenplanung wichtig.

Der nächste Schritt besteht darin, eine erste Grundrißzeichnung anzufertigen. Diese muß nicht unbedingt maßstabgerecht sein. Schreiten Sie die Grenzen des Grundstücks ab, und erstellen Sie mit den Ergebnissen dieser ungefähren Messung eine Zeichnung. Bei kleinen Grundstücken ist dies relativ einfach, bei sehr großen können Sie ein Meßtischblatt oder die entsprechende Katasterkarte, die Sie beim Katasteramt erhalten, zu Hilfe nehmen und einen geeigneten Maßstab für Ihre Zeichnung wählen. Zeichnen Sie die Nord-Süd-Achse ein, ebenso Häuser, Straßen und andere Bauwerke, außerdem Aussichtspunkte und Grenzen. Notieren Sie, ob die Grenzen durch Zäune, Hecken oder Mauern markiert werden. Es ist sinnvoll, zu Beginn der Planung Fotos zu machen, die das Haus oder andere Gebäude in ihrer Umgebung zeigen. Anhand der Fotos kann man spätere Fortschritte dokumentieren.

Schauen Sie, welche Bereiche besonders viel Licht erhalten oder im Schatten liegen, und ermitteln Sie die Himmelsrichtungen mit einem Kompaß oder beobachten Sie, wo die Sonne auf- oder untergeht. Wenn die Lichtverhältnisse bekannt sind, kann man entscheiden, welche Bereiche sich am besten eignen, z. B. für eine Terrasse oder einen Spielrasen, und wo Pflanzen oder Gebäude stehen sollen. Auf der sonnenabgewandten Seite eines hohen Objektes und unter Baumkronen ist es schattig. Hier gedeiht eine Vielzahl schattenliebender Pflanzen. Auf gepflasterten und geteerten Flächen entsteht im Schatten leicht ein grüner, rutschiger Algenbelag, der durch geeignete Präparate bekämpft werden kann. Auf der Sonnenseite dagegen muß man für Sonnenschutz sorgen oder die Flächen standortgerecht gestalten. Wenn Sie die Hauptwindrichtung kennen, können Sie Sitzecken oder temperaturempfindliche Pflanzen auch vor zuviel Wind schützen.

Ihre Zeichnung sollte auch das Haus abbilden. Deuten Sie die Fassade an und die Türen und Fenster zum Garten. Achten Sie auch auf markante Objekte jenseits Ihres Gartens: interessante Gebäude, Kirchtürme, oder einen Baum im Nachbargarten. Haben Sie eine schöne Aussicht, die bei der Planung berücksichtigt werden sollte? Manchmal verstellen Pflanzen den Blick, gelegentlich stört ein häßlicher Schuppen. In diesen Fällen können Sie zur Probe Ihre Hand so halten, daß das Objekt aus Ihrem Blickfeld verbannt wird. Auf Fotos können Sie Transparentpapier auflegen und die Fläche ohne die störenden Details abpausen.

1 Viele Stadtgärten sind von oben einsehbar. Dieser Balkon in New York wird durch zahlreiche Blätter und Blüten vor Blicken aus den umliegenden Wohnungen abgeschirmt.
2 In diesem von Wolfgang Oehme und James van Sweden gestalteten Garten wurde der Schatten durch eine gepflasterte Fläche zu einem Vorzug. Hier entstand ein einfacher, kühler Bereich, in dem man angenehm sitzen kann.

2

3 **Bei diesem Grundstück stellen sich typische Probleme: Der Schuppen steht an einer ungünstigen Stelle, der Weg teilt den Garten in zwei Hälften, und es mangelt an Abgeschlossenheit. Die Vorzüge sind ein großer Baum und eine warme alte Ziegelmauer.**

Im nächsten Schritt zeichnen Sie die bereits vorhandenen Pflanzen ein. Wenn die Fläche vollständig bewachsen ist, beschränken Sie sich auf die wichtigsten Gehölze und kennzeichnen sie durch einen ungefähren Grundriß, der auch die Breite verdeutlicht. Notieren Sie, um welche Gehölze es sich handelt (z. B.: »laubabwerfender Strauch«), und wie hoch sie sind. Stehen auf der Fläche so viele Pflanzen, daß man sie nicht einzeln einzeichnen kann, notieren Sie, wieviel Platz die Pflanzen einnehmen, und führen Sie die Arten in einer separaten Liste auf. Pflanzen, die Sie im Garten belassen wollen, kennzeichnen Sie mit einem Sternchen. Dies erleichtert die weitere Planung.

Für die Planung ist die Topographie oder räumliche Struktur des Grundstücks sehr wichtig. Land, das nahe am Haus steil abfällt oder ansteigt, wird im Querschnitt gezeichnet, wobei es zunächst nicht auf Genauigkeit ankommt. Oft wird später zusätzlich eine genaue Zeichnung angelegt.

Schließlich sollten Sie auch den Boden untersuchen. Legen Sie auf der ganzen Fläche an markanten Punkten ungefähr 45 cm tiefe Löcher an. So sehen Sie, wie mächtig der Oberboden ist und ob Ihr Land auf festem Gestein, Sand, Ton oder Kies liegt. Diese Merkmale bestimmen, wie gut das Wasser im Boden versickert und wo welche Pflanzen gedeihen. Ein nasser Boden eignet sich beispielsweise hervorragend für üppig wachsende, feuchtigkeitsliebende Pflanzen. Mit Hilfe eines Bodentest-Sets können Sie sehr gut prüfen, ob der Boden sauer, neutral oder vielleicht basisch reagiert und auch wie fruchtbar er ist. Auch die umgebende Landschaft und benachbarte Gärten geben Hinweise darauf, welche Pflanzen in Ihrem Garten besonders gut gedeihen könnten. Fragen Sie Ihre Nachbarn auch nach dem Klima. Mit dem Einholen dieser grundlegenden Informationen hat die konkrete Planung begonnen, und Sie können alle Ideen zusammentragen, die Sie für die Gestaltung Ihres Gartens haben.

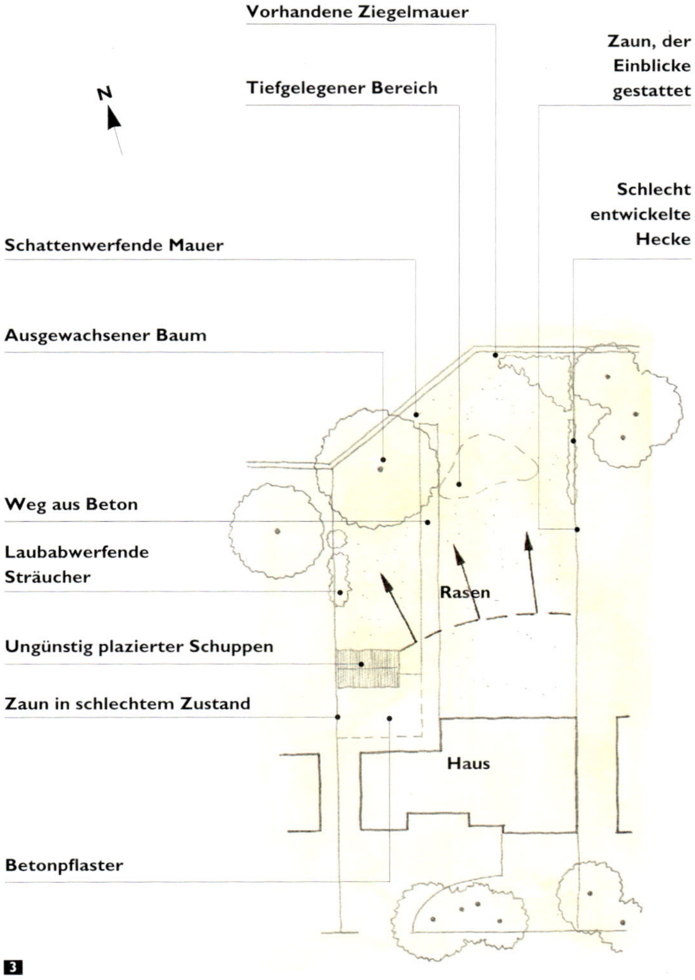

3

4

5

4 **Wenn Sie die Himmelsrichtungen beachten, können Sie Ihre Sitzgelegenheiten optimal plazieren. Diese Bank steht von duftenden Pflanzen umgeben an einer Mauer, die von der Abendsonne lange beschienen wird. An einem solchen Ort kann man sich besonders gut entspannen.**

5 **Die Pflanzen dieses Küstengartens auf den Scilly-Inseln wurden wegen ihrer Eignung für den Standort ausgewählt: Sie ertragen die salzige Luft und gedeihen in dem flachgründigen Boden. Belladonnalilien *(Amaryllis bella-donna)* blühen hier im Herbst im Schutz eines Strauchgürtels. Die Landschaft prägt die Stimmung.**

Den vorhandenen Raum nutzen

1

1 Der Garten von Sissinghurst im englischen Kent ist besonders gelungen aufgeteilt. Hecken und Mauern schließen Räume ab, die von anderen Pflanzen weiter unterteilt werden.
2 Gitterwerk trennt zwei Bereiche dieses Gartens voneinander ab. Der Schatten des höher wachsenden Bambus verstärkt den Eindruck, daß der hinter dem Durchgang liegende Hof offener ist.
3 Die spiegelnde Oberfläche dieses kreisrunden Beckens in Lake Forest (Illinois), bildet eine offene Fläche in der bewaldeten Umgebung. Das Holzdeck schafft einen Zugang zum äußersten Rand.

Ausgewogen gestaltete Gärten mit günstigen Proportionen wirken ruhig, entspannend und harmonisch. Es ist sehr wichtig, bei der Einteilung des Gartens ein Gleichgewicht anzustreben. Viele Gärten sind schlecht eingeteilt. Zu viele Pflanzen und um Aufmerksamkeit wetteifernde Blickpunkte lassen einen Garten überfüllt und beengt wirken, sie können sogar einen Anflug von Platzangst hervorrufen. Wenn alle gestaltenden Elemente dagegen an den Rand des Gartens verbannt wurden, damit sie das Zentrum des Bildes nicht stören, fühlt man sich leicht verloren und wie auf einem Präsentierteller.

In einem ausgewogen gestalteten Garten besteht ein angenehmes Gleichgewicht zwischen ausgefüllten Bereichen (wie Beeten oder zierenden Elementen, die für Höhe oder Volumen sorgen) und offenen Bereichen. Eine deutliche Grundstruktur mit klaren Grenzen zwischen diesen unterschiedlichen Bereichen bringt einen gut nutzbaren, dekorativen Garten hervor, den Sie später mit Pflanzen und anderen zierenden Blickpunkten im Detail gestalten können. Die Einteilung des vorhandenen Raumes ist für eine gelungene Gartengestaltung sehr wichtig, und viele besonders schöne Gärten sind ganz einfach gestaltet. In kleinen wie in großen Gärten sollten Sie den Grundsatz ›Weniger ist mehr‹ beherzigen.

Die Einteilung Ihres Gartens sollte Ihren Bedürfnissen und Wünschen entsprechen, ästhetische Gesichtspunkte folgen erst an zweiter Stelle. Wie wollen Sie die verschiedenen Bereiche Ihres Gartens nutzen, brauchen Sie Platz zum Spielen, Sitzen oder für den Anbau von Gemüse und Obst? Möchten Sie einen Schuppen oder ein Gewächshaus bauen? Wo sollen Mülltonne und Komposthaufen untergebracht werden? Bitte bedenken Sie, wieviel Bedeutung die einzelnen Aspekte für Sie haben. So können Sie Schwerpunkte setzen und überfrachten den Garten nicht mit zu vielen Ansprüchen.

Eine ausgewogene, an den unterschiedlichen Proportionen orientierte Gartengestaltung schafft Behaglichkeit. Ein Beispiel: Die Größe einer Terrasse, die unmittelbar am Haus liegt, sollte mit der Größe des Hauses in Beziehung stehen, damit Haus und Terrasse einander nicht erdrücken. Als Faustregel kann gelten: Die Höhe bis zur Dachtraufe entspricht der Terrassentiefe. So schafft man ein Gleichgewicht zwischen der horizontalen Terrasse und den vertikalen Hauswänden. Eine im Verhältnis zum Haus zu kleine Terrasse wirkt beengt und nicht sehr einladend. Neben der Terrasse sollten Pflanzen wachsen, die eine Verbindung zum übrigen Garten herstellen.

Die Formen in einem Garten – z. B. von Terrassen, Rasenflächen, Rabatten und Teichen – haben großen Einfluß darauf, wie wir den Garten wahrnehmen. Streng geometrische Formen markieren Grenzen und lenken den Blick. Ein Kreis vergrößert die offene Fläche optisch, leitet das Auge nach außen und erzeugt einen vollständig erscheinenden Raum, der sich nicht auf die ursprüngliche Form der Fläche beschränkt. Der Kreis bildet dadurch zugleich einen optischen Schwerpunkt. Ein Quadrat leitet den Blick zu seinen Ecken. Es wirkt strenger als der Kreis und vermittelt stärker den Eindruck, vom Menschen angelegt worden zu sein.

Durch optische Täuschungen kann man freie Flächen und die Elemente in ihnen so wirken lassen, als wäre eine kleine Fläche größer und eine große kleiner. Die Aufteilung eines Gartens in verschiedene ›Räume‹ wird oft genutzt, um für Faszination und Überraschungen zu sorgen. Ein Gang durch diese ›Räume‹ kann zu einem sinnlichen Erlebnis werden, weil jeder Winkel eine neue Überraschung bietet. Ein offener, gut überschaubarer Garten wirkt kleiner, weil seine Begrenzungen sofort zu sehen sind. Eine Erzählung von diesem Garten würde mit nur einem Kapitel auskommen. Durch Bäume, andere hohe Pflanzen oder Sitzgelegenheiten kann man auch in sehr kleinen Gärten Teilbereiche abtrennen und den Anschein erwecken, als läge hinter diesem Sichtschutz ein viel größeres Areal. Ein Sichtschutz sorgt für Abgeschlossenheit, regt aber gleichzeitig dazu an, den Garten weiter zu erkunden.

Der vorhandene Raum läßt sich auf vielfältige Weise so gestalten, daß die Teilbereiche nicht nur in praktischer Hinsicht gelungen sind, sondern dem Garten auch eine Grundstruktur geben. Man kann die einzelnen Bereiche durch Beete, Spaliere, Zäune und Hecken voneinander abtrennen. Zum Abgrenzen

2

3

eignen sich auch sorgsam plazierte Bögen, die gleichzeitig optische Schwerpunkte bilden. Wenn ein offener und ein stärker bewachsener Bereich nebeneinander liegen, kommen beide besonders gut zur Geltung. Von Laub umschlossene, tunnelartige Gänge und schmale, zum Licht führende Wege wirken in kleinen wie in großen Gärten. Auch andere optische Tricks verändern den Garten. Ziegelsteine, die mit ihrer Breitseite verlegt werden, machen eine schmale gepflasterte Fläche breiter. Der Länge nach verlegt, lassen sie einen Weg länger erscheinen.

In diesem Stadium der Planung müssen Sie Ihre Phantasie spielen lassen, um das Potential des Grundstücks ganz zu erkennen. Offene Bereiche kann man vorab durch provisorische, aufrechte Sichtschutzeinrichtungen unterteilen, z. B. durch Bambusstäbe und Schnur oder an Leinen aufgehängte Tücher. Durch geschickte Gestaltung erhält der Garten eine klare, beständige Grundstruktur und auch die Möglichkeit, sich beständig weiterzuentwickeln.

4

4 Die kreisrunde, umfriedete Lichtung ist der Schwerpunkt eines naturnahen, von Jens Jensen gestalteten Bereichs im Lincoln Memorial Garden, Illinois. Durch ihre Offenheit hebt sich die Lichtung von ihrer stark bewachsenen Umgebung ab.

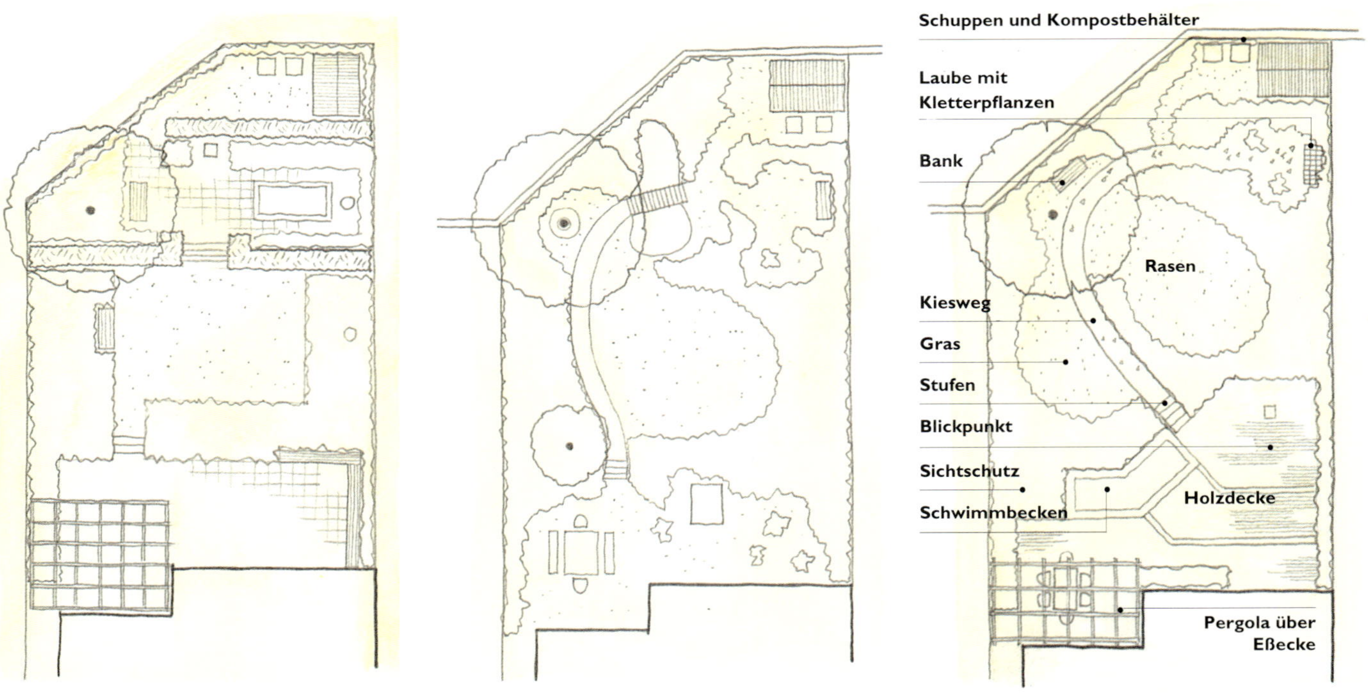

5

5 Bei der architektonischen Gestaltung wird der Garten durch geometrische Linien in drei Hauptteile aufgeteilt. Die Grenzen werden von geschnittenen Hecken markiert. Die unregelmäßige Gestaltung arbeitet dagegen mit fließenden Linien: Ein geschwungener Weg führt über eine Wildblumenwiese in den hinteren Bereich, wo eine Holzbrücke und ein Teich als Blickfang dienen. Auf dem dritten Plan wurde die architektonische Aufteilung der Fläche mit einer unregelmäßigen Bepflanzung kombiniert, und die Gestaltung wird mit zunehmender Entfernung vom Haus immer weniger geometrisch.

Aussichtspunkte und Blickfänge

Durch einen Blickfang, z. B. ein Fenster oder einen Kamin, wirkt ein Zimmer besonders schön. Auch der Garten sollte einen Punkt besitzen, auf dem das Auge ruhen kann. In sehr kleinen Gärten kann dies ein großer Kübel sein – ein Schwerpunkt, zu dem das Auge stets zurückkehren kann. Ohne diesen Blickfang würde nichts von einem bunten Durcheinander wegführen. Gärten sind nicht statisch. Sie sollten uns vielmehr zu einem Spaziergang einladen, bei dem wir den Aufenthalt im Freien genießen. Blickfänge und Aussichtspunkte machen diesen Spaziergang besonders lohnend und sorgen für Orientierung.

Wenn wir uns den Garten als Erzählung vorstellen, sind Blickfänge und Aussichtspunkte wichtige Bestandteile unserer Geschichte. Jeder Bereich des Gartens unterscheidet sich von allen anderen und wartet darauf, entdeckt zu werden. Wie finden Sie einen geeigneten Blickfang für Ihren Garten? Ganz gleich, ob sich der Garten inmitten einer wunderschönen Landschaft befindet oder von einem Zaun umschlossen wird, Sie sollten zuerst nach bereits vorhandenen markanten Punkten suchen. Das kann z. B. ein schön geformter Baum oder auch ein interessantes Detail außerhalb des eigenen Grundstücks sein. Wenn kein solcher Blickfang vorhanden ist, sollten Sie einen schaffen.

Auch Aussichtspunkte sind sehr wichtig. Von ihnen blickt man über den Garten und oft auch über die umgebende Landschaft. Fenster und in den Garten führende Türen sind solche Aussichtspunkte, von denen man auf Blickfänge sieht.

Oft kann man aus dem Garten in die Umgebung blicken – in ein Tal, auf einen stattlichen Baum oder auf die Silhouette einer Stadt. In vielen Gärten könnte man verschiedene Aussichten genießen, wenn diese nicht durch Blätter, eine zu hoch gewachsene Hecke oder ein schlecht plaziertes Gebäude versperrt würden. Wenn Sie solche Hindernisse beseitigen können, lassen Sie die Grenzen des Gartens in den Hintergrund treten und schaffen ein größeres Panorama. Durch die Aussicht erscheinen kleine Grundstücke größer und offener, sie sollte daher in die Gartengestaltung einbezogen werden. Wenn man die Aussicht zum wichtigsten Detail des Gartens machen möchte, kann man den Aussichtspunkt an das Ende eines Weges legen. Der Aussichtspunkt kann aber auch als Überraschung hinter einer Hecke, einer hohen Pflanze oder einem Spalier versteckt sein, so daß man ihn bei einem Gang durch den Garten erst entdecken muß. Vielleicht möchten Sie aber lieber die Abgeschlossenheit Ihres Gartens bewahren und ziehen es vor, die Aussicht zu einem zusätzlichen Detail, aber nicht zum wichtigsten Schwerpunkt des Gartens zu machen.

Wenn der Garten von häßlichen Gebäuden oder einem hohen Zaun umgeben ist, muß man auf die Aussicht verzichten. Hier ist ein hübscher Blickfang innerhalb des Gartens besonders wichtig. Er macht den Spaziergang interessant und bildet eine Struktur, an der sich verschiedene andere Elemente ausrichten. Da der Blickfang oft als Ruhepol des Gartens dient, sollte er klar und einfach wirken. Er braucht nicht außergewöhnlich auszusehen, auch ein Formschnittgehölz oder ein Gartengebäude kommen in Frage. Als Blickfang eignen sich ganz verschiedene Objekte. Auf einer Bank oder einem Stuhl ruht nicht nur das Auge. Viele Gartenmöbel sind ideale Blickfänge, die den Garten verschönern. Auch der Blick von einem Schwerpunkt auf den übrigen Garten erfordert gründliche Überlegungen: Schauen Sie auf den ganzen Garten, und betrachten Sie außerdem die umliegende Landschaft (die dann ebenfalls einen Blickfang aufweisen sollte)?

Auch Aussichtstürmchen und andere Gebäude stellen Blickfänge und Attraktionen dar. Sie bilden Schwerpunkte im Garten und können mit ihren Fenstern bzw. Öffnungen als Aussichtspunkte genutzt werden. Auch Hecken eignen sich als Blickfänge – das Licht am Ende eines

1

1 Eine alte Windmühle bildet den Blickfang am Ende dieser Pappelallee in Belgien. Das Gebäude erhält eine Rahmung, die Pflanzen einen Zusammenhang. Oft kommt diese Gestaltung aus Platzgründen nicht in Frage, aber das Prinzip eignet sich für Gärten aller Größen, da es den Raum optisch ausdehnt.

2 Diese Büsten von Elisabeth Frink lenken das Auge durch die Bereiche. Sie sind Teil eines Aussichtspunkts, der erst an einer bestimmten Stelle auf dem Weg durch den Garten sichtbar wird.

2

3

3 In diesem New Yorker Gemeinschaftsgarten läßt eine einfache ›Trompe-l'œil‹-Wandmalerei den Weg sehr lang erscheinen. Solche Details sollten im Garten mit Bedacht eingesetzt werden. Dieses Beispiel wirkt naturverbunden und humorvoll.
4 Eine gelungen plazierte Urne wirkt in dieser naturnahen Umgebung als Schwerpunkt und sorgt für Atmosphäre. Zwischen den grünen Blättern ist sie besonders auffällig, zugleich kann der Blick auf ihr ruhen.

von zwei Hecken gesäumten Weges läßt eine besondere Stimmung entstehen. Skulpturen und ähnliche zierende Elemente sollten jedoch zurückhaltend eingesetzt werden, damit sie die umgebenden Pflanzen nicht überbieten oder mit ihnen um Aufmerksamkeit wetteifern. Streben Sie ein Gleichgewicht zwischen diesen Elementen und dem Garten an, verwenden Sie kräftige Objekte mit ausgewogenen Proportionen, z. B. große Steinkübel oder schlichte Urnen, und meiden Sie zu stark Verziertes.

Ganz gleich, ob Sie eine dramatische oder eine dezente Wirkung vorziehen, Aussichtspunkte und Blickfänge sind sehr wichtig. Sie laden zu einem Gang durch den Garten ein und stellen gleichzeitig die Ruhepole dar.

4

Verlauf und Struktur der Wege

Nachdem Sie Ihren Garten auf dem Papier in verschiedene Bereiche gegliedert haben, müssen Sie versuchen, diese möglichst gut miteinander zu verbinden. Bei einem umschlossenen Platz, dessen Eingang und Ausgang an verschiedenen Ecken liegen, ist der einfachste Weg der kürzeste, diagonal verlaufende. In einem Garten wäre dieser Verlauf jedoch problematisch, denn die nicht unmittelbar am Weg liegenden Teile des Gartens würden zu sehr in den Hintergrund treten, und es bestünde kein Anreiz, auch diese Bereiche zu erkunden.

Bei einer guten Planung wird zunächst der kürzeste Weg ermittelt, der die wichtigsten Elemente des Gartens direkt miteinander verbindet. Dieser Weg wird anschließend so abgewandelt, daß er durch den ganzen Garten führt und diesen möglichst gut erschließt. Dadurch wird er zu einem wichtigen Strukturelement des Gartens. An die Wege muß man demnach bereits in einem frühen Stadium der Gartenplanung denken. Ohne Wege wäre keine Richtung vorgegeben, und die Gestaltung wäre nicht optimal.

Die Wege sollten sorgfältig geplant werden und die wichtigsten Elemente des Gartens miteinander verbinden – eine Terrasse und einen Blickfang, oder eine Tür und den Komposthaufen. Mit Bedacht angelegte Wege erlauben uns, den Garten leicht zu durchqueren, und unterstreichen außerdem seine Schönheit, denn sie führen von einem Element zum anderen und halten dabei eine logische Reihenfolge ein.

Wege haben nicht nur einen praktischen, sondern auch einen ästhetischen Wert. Ihr Verlauf – in geraden Linien oder Kurven –, ihre Breite und das verwendete Material müssen mit dem übrigen Garten harmonieren. Ihre Gestaltung sollte nicht nur rationalen Gesichtspunkten folgen, sondern auch die Schönheit des Gartens betonen. Eine gute Planung bringt praktische und ästhetische Gesichtspunkte in Einklang.

Aus praktischen Gründen sollten sich Wege dort befinden, wo man häufig geht, z. B. am Eingang und am Ausgang des Gartens. Auch die wichtigste Strecke durch den Garten sollte als Weg gestaltet sein. Die häufig betretenen Hauptwege werden mit einem gut in den Garten passenden Material befestigt. Die von ihnen abzweigenden Nebenwege führen in die übrigen Teile des Gartens, werden seltener betreten und können daher anders gestaltet werden. Die Gestaltung muß sich stets an ihrer Nutzung ausrichten. Häufig genutzte Hauptwege sollten

1

2

1 Dieser erhöhte Weg in Japan weicht bewußt von der kürzesten Strecke ab. Das Gehen auf den schmalen Brettern erfordert Konzentration, doch bei jeder Richtungsänderung bietet sich auch die Gelegenheit, innezuhalten und den Garten zu betrachten.

2 Wege sollten möglichst der kürzesten Entfernung entsprechen. Dieses Prinzip wird gut von der hier gezeigten südafrikanischen Wiese veranschaulicht. Durch wiederholtes Gehen entstand zwischen den Blumen ein Weg, der an den Sträuchern vorbeiführt.

3 **Statt einer direkten Verbindung zwischen A und B wurde hier ein Weg geplant, der Besucher zu einer Reise durch den Garten einlädt. Durch seinen zickzackartigen Verlauf wird der Garten gut ausgenutzt. Der Weg beginnt an der Terrasse und führt am Schwimmbecken vorbei zum Baum, in dessen lichtem Schatten eine Bank sichtbar wird. Von dort aus hat man einen einladenden Blick auf die in Blätter gehüllte Laube am Ende des Gartens.**
4 **Die Skulptur und die Bank an der Kurve eines hölzernen Weges führen den Besucher durch diesen dicht bepflanzten Garten. Sie bilden einen Schwerpunkt am Ende des Blickfeldes.**

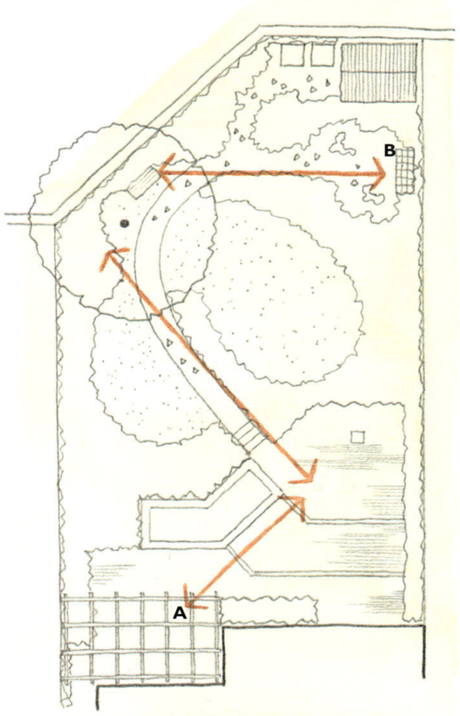

3

4

beispielsweise mindestens 1 m breit sein, damit die benachbarten Pflanzen ein wenig auf den Weg ragen und zwei Personen bequem nebeneinander gehen können. Der Weg sollte außerdem mit einer Schubkarre gut befahrbar sein, damit man sich auf einem zu schmalen Weg nicht wie ein Seiltänzer bewegen muß!

Wege gliedern den Garten auf nützliche Weise. Sie markieren das logische Ende eines Elements und den Beginn eines anderen, und sie trennen Bereiche klar voneinander ab. Am schönsten sind Wege, die deutlich zu erkennen sind und sich gut von ihrer unmittelbaren Umgebung abheben. Besonders gelungene Wege erfüllen mehr als nur einen Zweck, z. B. trennen sie einen Rasen vom angrenzenden Beet und machen sowohl den Rasen als auch das Beet gut erreichbar. Auf nicht allzu trittfesten Rasenflächen sollten die Wege der kürzesten Strecke möglichst gut entsprechen, damit man keine Abkürzung über den Rasen wählt. Dieses Abkürzen läßt sich aber auch auf andere Weise verhindern, beispielsweise durch ein an passender Stelle gepflanztes Gehölz.

Manche Wege sind auffällige Elemente der Gartengestaltung, andere treten eher in den Hintergrund und sorgen nur für den Zugang zu einem Beet oder erlauben es, eine Schubkarre durch das Gras zu schieben. Wege müssen jedoch stets so sorgfältig geplant werden wie Gebäude oder die Bepflanzung der Beete. Struktur und Farbe des Materials sollten den Charakter des Gartens unterstreichen. Wenn Sie ein Material der Umgebung verwenden, entsteht ein harmonisches Bild. Dies gilt besonders, wenn auch der Stil zur Umgebung paßt – alte Ziegelsteine eignen sich für einen zwanglos wirkenden Weg in einem Landgarten, schlichter Betonstein harmoniert mit einer modernen Umgebung. Eine unpassende Kombination, z. B. ein Weg aus Betonplatten neben einem alten Gebäude, stört immer das Bild. Achten Sie auch auf die Struktur: Mit seinem Knirschen spricht ein Kiesweg die Sinne stärker an als ein Weg aus Steinplatten. Die optische Gestaltung des Weges kann den Besucher dazu veranlassen, schneller oder langsamer zu gehen. Eine schlichte, unstrukturierte Oberfläche erregt viel weniger Aufmerksamkeit als ein Weg mit einem Muster. Eine schlichte Oberfläche wirkt ruhiger und eignet sich sehr gut für einen Weg, der beispielsweise vor einem farbenreich bepflanzten Beet in den Hintergrund treten soll.

Haus und Garten verbinden

1 Dieser gleichzeitig zu Haus und Garten gehörende Bereich schützt ein Wohnzimmer, das zum Garten hin fast völlig offen ist. Die Grenzen sind kaum wahrnehmbar.
2 In diesem winzigen, von Shodo Suzuki gelungen gestalteten Garten in Japan nimmt der Granit-Wasserfall den ganzen Blick aus dem Fenster ein. Die Szene wird zu einem Teil des Zimmers, und die Flächen der Steine werden innen durch eine mit Teppich belegte, in ähnlicher Farbe gehaltene Stufe nachgebildet.
3 Der Blick zum Haus zurück sollte ebenso bedacht werden wie der Blick vom Haus in den Garten. Die von Rosen bewachsenen Mauern dieses Hauses auf Long Island verbinden Haus und Garten, und die benachbarten Bäume sorgen dafür, daß sich das Haus gut in die Umgebung einfügt.

Als Wohnraum im Freien unterscheidet sich der Garten sehr von einem Zimmer – seine Decke ist der Himmel, und sein Aussehen wird von den Jahreszeiten stark beeinflußt. Wie wir bereits gesehen haben, ist die Gestaltung eines Gartens jedoch mit der Einrichtung eines Zimmers vergleichbar und folgt in mancher Hinsicht den gleichen Grundsätzen. Zimmer wie Garten benötigen eine passende Bodenbedeckung, Lichtquellen, Sitzmöglichkeiten und zierende Elemente. Wenn Zimmer und Garten ähnlich gestaltet sind, ist der Übergang vom Haus in den Garten fließend. In diesem Fall bietet der Garten wertvolle zusätzliche Wohnfläche und ist kein separater, nur bei Sonnenschein genutzter Teil Ihres Lebensraums.

Weil wir uns überwiegend im Haus aufhalten, sollten wir überlegen, wie unser Haus gestaltet ist, bevor wir unseren Garten planen. Welche Räume und welche Fenster bieten einen schönen Blick nach draußen, und wo soll der meistgenutzte Ausgang in den Garten sein? Schöne Ausblicke lenken die Aufmerksamkeit vom Zimmer auf den Garten und stellen dadurch eine Verbindung her.

Die Tür zwischen Haus und Garten ist besonders wichtig. Wenn sie sich nicht in einem Wohnraum befindet, sondern vom Hausflur abgeht, ist es ratsam, das Innere des Hauses anders zu gestalten, um einen besseren Übergang zwischen innen und außen zu schaffen. Fenster- oder Glastüren sorgen für eine optische Verbindung zwischen Haus und Garten. Wenn Sie den an dieser Tür liegenden Bereich des Gartens in der Größe des Zimmers abgrenzen, scheint sich das Haus in den Garten hinein fortzusetzen. Diese Abgrenzung kann durch Laub oder auch durch Hecken, Mauern und Zäune erzeugt werden. Bei einer Terrasse am Haus genügt oft eine Balustrade oder einfach eine deutliche Abgrenzung zwischen der Terrasse und dem angrenzenden Beet oder Rasen. Eine überdachte Fläche, z. B. eine Pergola oder Veranda, verstärkt den Eindruck, daß dieser Teil des Gartens zum Haus gehört und sorgt für einen harmonischen Übergang zwischen drinnen und draußen.

Durch die Gestaltung rücken Haus und Garten noch enger zusammen. Betrachten wir zunächst den Bodenbelag. Vielleicht möchten Sie nicht, daß er

1
2

3

4

4 Luftaufnahmen von Reisfeldern in asiatischen Berggebieten inspirierten Isobelle C. Greene bei der Gestaltung der Betonterrassen dieses modernen Gartens. Die schrägen Stützmauern verbinden Haus und Garten und schaffen einen starken Bezug zu den Formen des Hauses.
5 Große Glastüren bilden eine Wand des Wohnzimmers und lassen die Grenze zwischen diesem kalifornischen Haus und seinem Garten verschwimmen. Wenn die Türen offen sind, wird die Terrasse zu einem Teil des Hauses, Düfte gelangen hinein und Blickfänge rücken näher.

5

einheitlich ist, oder Sie können keinen finden, der sich für innen und außen gleichermaßen eignet. Eine ähnliche Farbe oder Struktur reicht jedoch oft völlig aus, um eine Verbindung herzustellen. Beispielsweise findet ein heller Teppich sein passendes Gegenstück in einem Kiesweg, und ein gefliester Boden im Haus ähnelt einer angrenzenden Fläche im Garten, auf der frostfeste Fliesen verlegt wurden. Es ist jedoch nicht unbedingt ratsam, für Zimmer und Terrasse die gleichen Fliesen zu verwenden, denn im Freien altert das Material schneller und ändert dabei unter Umständen seine Farbe oder nutzt sich rascher ab.

Wenn Sie den an das Haus angrenzenden Teil des Gartens wie ein zusätzliches ›Zimmer‹ gestalten wollen, sollten Sie seine Funktion auch wie die eines Zimmers planen. Soll er eine Spielfläche für kleine Kinder bieten, wollen Sie dort essen, oder beides? Wenn Sie dort Sitzgelegenheiten aufstellen möchten, sollten sie mit den Sitzmöbeln im Haus harmonieren, beispielsweise hinsichtlich Größe, Farbe oder Material. Wie ein Zimmer kann auch der Garten nachts beleuchtet werden. Dadurch kommt er auch bei Dunkelheit zur Geltung. Selbst bei schlechtem Wetter lenkt die Beleuchtung unsere Blicke ins Freie und läßt die Grenzen des Hauses in den Hintergrund treten. Sie können den ganzen Garten dezent beleuchten, stärker genutzte Bereiche aber auch mehr anstrahlen.

Der Übergang von innen nach außen sollte stets fließend sein. Der Stil einer Terrasse kann dem Haus entsprechen und sich entweder an der Außenarchitektur oder an den im Haus verwendeten Farben orientieren. Die Bepflanzung kann den Stil bestimmen und für eine bestimmte Atmosphäre sorgen: Bambus und anspruchslose Bodendecker verdeutlichen kühlen Minimalismus, ein buntes Gemisch von Formen und Farben sorgt für einen zwanglosen Stil. Eine Aussicht in den Garten hat oft auch umgekehrt Auswirkungen auf die Einrichtung der Zimmer. Ein Blick auf das Meer oder auf einen Fluß legt die Farben der Bepflanzung und der Einrichtung eines Zimmers nahe.

Wenn man einen schönen Bereich außerhalb des Hauses geschaffen hat, der Innen und Außen zusammenführt, ist es wichtig, daß der in den übrigen Garten führende Weg deutlich erkennbar ist und sich die Harmonie damit in den Garten hinein fortsetzt. Ein Weg kann die Terrasse mit dem wichtigsten Schwerpunkt des Gartens verbinden, oder aus dem ersten ›Zimmer‹ in die weiteren Bereiche des Gartens führen. Eine ›Wand‹ kann durchsichtig sein und z. B. aus Pflanzen bestehen, zwischen denen man hindurchblicken kann. Man kann aber auch eine Öffnung in einer Hecke oder Mauer anlegen, die den Blick in den übrigen Garten freigibt.

Das Grundstück ausmessen

1 **Dieser gewundene Weg in einem Garten an einem neuseeländischen See wurde mit Bahnschwellen befestigt. Der Weg bringt die Steilheit des Geländes vorteilhaft zum Ausdruck.**

Sie kennen die Stärken und Schwächen Ihres Grundstücks nun bereits gut und wissen, wie Sie Ihren Garten nutzen möchten. Jetzt können Sie Ihr Grundstück genau vermessen, um einen Grundrißplan zu erstellen, in den Sie alle Bestandteile des Gartens einzeichnen. Exakte Pläne sind ein wichtiger Teil der Gartenplanung: Sie sind nicht nur unentbehrlich, um aufzuzeichnen, wo was plaziert wird, das Zeichnen läßt unsere Gedanken auch freier und unsere Vorstellungen klarer werden.

Zunächst erkundigen Sie sich, ob bereits ein Plan des Gartengrundstücks oder des Hauses existiert, denn dieser könnte als Grundlage Ihres eigenen Planes dienen. Vorhandene Pläne sollten auf ihre Genauigkeit untersucht werden, bevor man sie ergänzt. Wenn keiner existiert, arbeiten Sie mit der Zeichnung, die Sie zu Beginn der Planung anfertigten (siehe S. 36–37) und korrigieren sie anhand der genauen Meßwerte.

Es ist nicht schwierig, ein Grundstück zu vermessen. Achten Sie dabei auf Klarheit und Genauigkeit! Messen Sie exakt, und machen Sie ausführliche Notizen. Nehmen Sie nichts als gegeben hin, und messen Sie stets zweimal nach. Allzu rasch setzt man voraus, daß zwei Grenzzäune parallel verlaufen, doch wenn sie es nicht tun, ist Ihr Plan vollkommen falsch. Wenn Ihr Grundstück sehr groß ist, müssen Sie unter Umständen mit mehreren Plänen arbeiten. In diesem Fall sollten Sie das Grundstück unterteilen, für jede Teilfläche einen Plan erstellen und die Pläne schließlich miteinander verbinden.

Zum Ausmessen benötigen Sie ein 30 m langes Bandmaß und am besten eine zweite Person, die Ihnen dabei hilft, Abstände zu bestimmen und die genaue Lage von Grenzen, Gebäuden und markanten Punkten zu ermitteln. Die Messung sollte mindestens eine Seite des Hauses einschließen, und dort sollte sie auch beginnen.

- Zuerst führen Sie das Bandmaß an der Fassade des Hauses entlang. Bei freistehenden Gebäuden messen Sie alle Seiten aus und vermerken auf dem Plan, von wo nach wo Sie gemessen haben. Messen Sie von der Hausecke zu Türen und Fenstern, die sich in den Garten öffnen. Bestimmen Sie die Tiefe aller Nischen durch Messungen im rechten Winkel zum Bandmaß. Notieren Sie auch die Lage von Fallrohren, Kellerfensterschächten und Zuleitungen zu Öltanks.
- Nun verwenden Sie das Haus als Bezugspunkt, mit dessen Hilfe Sie die Lage markanter Elemente des Gartens ermitteln. Vermessen Sie alle Grenzen des Gartens, notieren Sie die Höhe von Hecken, Zäunen und Mauern. Vergessen Sie auch Tore, Wege, Gartengebäude und Gehölze nicht.
- Die Lage einzelner Gartenelemente können Sie mit Hilfe der Dreiecksaufnahme (Triangulation, siehe Abb. S. 47) bestimmen: Messen Sie von einer Hausecke zu einem entfernten Baum und dann von einer anderen Hausecke ebenfalls zu diesem Baum. Notieren Sie beide Zahlen gut leserlich. Nun können Sie die Lage des Baumes genau einzeichnen. Bestimmen Sie auch die Ausdehnung der Baumkrone, damit Sie wissen, wieviel Schatten diese wirft.
- Zeichnen Sie auch Versorgungsleitungen (Wasser, Gas, Strom, Telefon) ein, ebenso Abdeckungen von Kanalschächten und Klärgruben, und notieren Sie die Himmelsrichtungen.
- Achten Sie auf Höhenunterschiede im Gelände, damit Sie später entscheiden können, ob Terrassen oder Stufen angelegt werden sollen. Vielleicht möchten Sie eine Fläche begradigen, um eine Sitzecke einzurichten, oder eine Böschung entfernen, die sonst abrutschen könnte. An Hängen rollen Sie das Bandmaß im rechten Winkel zur Hangneigung ab und messen von einem festen Punkt aus horizontal. So bekommen Sie eine ungefähre Vorstellung vom Gefälle.
- Eine genauere Bestimmung von Höhenunterschieden ist recht aufwendig. In kleinen Gärten genügt es, mit Wasserwaage, Pflöcken und Richtscheit vergleichsweise einfache Messungen durchzuführen (siehe S. 47 unten). Bei größeren abschüssigen Grundstücken beauftragt man besser ein Vermessungsbüro, um kostspielige Fehler zu vermeiden. So sparen Sie Zeit und langfristig auch Geld.
- Nachdem Sie alle Meßwerte notiert haben, zeichnen Sie das Grundstück auf kariertes Papier und übertragen alle Ergebnisse Ihrer Messungen. Die Größe des Grundstücks bestimmt den Maßstab der Zeichnung. Mit diesem Plan können Sie entscheiden, wie Sie die vielfältigen Elemente auf dem begrenzten Areal unterbringen und sie sowohl praktisch als auch ästhetisch miteinander in Bezug setzen. Ein Maßstab von 1:50 oder 1:100 und Papier der Größe DIN A 2 eignen sich für durchschnittlich große Gärten.

Um die Hangneigung zu bestimmen, arbeiten Sie mit zwei Holzpflöcken und einem 3 m langen Richtscheit. Sie schlagen den ersten Pflock möglichst gerade in den Boden und legen das Richtscheit darauf. Nun richten Sie das Richtscheit mit Hilfe einer Wasserwaage so aus, daß es gerade liegt. Dann schlagen Sie 3 m entfernt den zweiten Pflock in den Boden und korrigieren seine Höhe so, daß das Richtscheit gerade ist, wenn sein anderes Ende auf diesem Pflock liegt. Der Unterschied zwischen den oberirdischen Längen der beiden Pflöcke gibt die Neigung der Fläche über die 3 m an. Nun verfahren Sie auf der ganzen Fläche auf diese Weise und halten die Zahlen für jeweils 3 m fest. Schließlich addieren Sie die Zahlen, um die Hangneigung der gesamten ausgemessenen Fläche zu berechnen. Meist wird die Hangneigung in Prozent angegeben. (In diesem Beispiel sind es 10 %.)

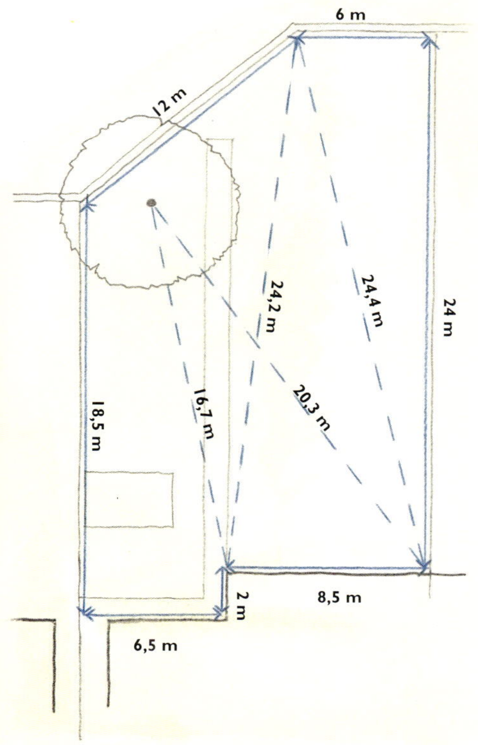

DREIECKSAUFNAHME (Triangulation)

Die Dreiecksaufnahme (Triangulation) eignet sich zum Ausmessen eines Gartens. Nachdem Sie das Haus ausgemessen haben, messen Sie die Entfernung zu jedem Element von zwei festen Punkten aus, die auf einer Linie liegen. Genaue Messungen erhalten Sie, wenn die beiden Punkte weit voneinander entfernt liegen. Die Werte werden auf Ihren Größenmaßstab umgerechnet. Nun stellen Sie einen Zirkel auf die erste Entfernung ein und ziehen einen Bogen um den ersten Festpunkt. Dann stellen Sie die zweite Entfernung ein und ziehen einen Bogen um den zweiten Festpunkt. Dort, wo sich die beiden Bögen überschneiden, befindet sich Ihr Gartenelement.

2

2 In diesem von Erwan Tymen entworfenen Garten wurden die Pflanzen in die unbelebten Bestandteile des Gartens integriert. Dabei wurde die leichte Hangneigung des Geländes genutzt. Brandkraut *(Phlomis)* und andere Pflanzen wachsen auf den breiteren Podesten zwischen den Stufen.
3 Abgeschlossenheit, eine sanft abfallende Rampe und architektonische Elemente sorgen in diesem Garten dafür, daß die Hangneigung optimal genutzt wird.

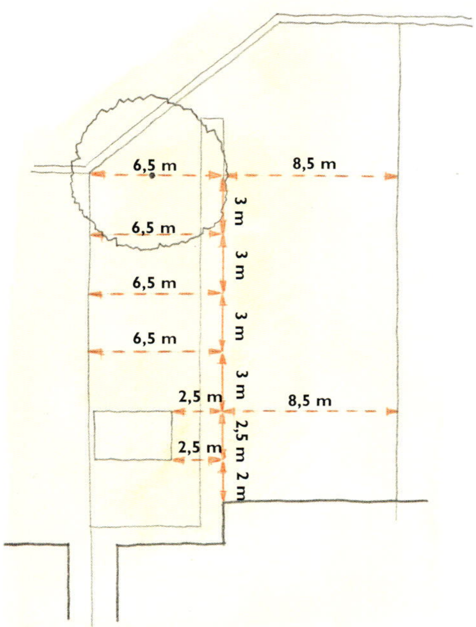

Den Abstand senkrecht zur Vermessungsachse bestimmen

Die Lage von Gartenelementen läßt sich auch mit Hilfe des Abstands zur Vermessungsachse bestimmen, wobei im rechten Winkel gemessen wird. Ein langes Bandmaß wird im rechten Winkel zu einem bestimmten Punkt des Gebäudes ausgerollt und auf ganzer Länge des Gartens ausgelegt. So entsteht ein Bezugspunkt, von dem aus man beliebige Elemente messen kann. (In einem sehr breiten Garten müssen Sie unter Umständen erst eine gerade Linie ziehen, die eine Hauswand optisch verlängert.) Mit einem zweiten Bandmaß bestimmen Sie die Entfernungen zwischen den Elementen und dem ersten Bandmaß im rechten Winkel zu dem ersten Bandmaß.

Die Hangneigung bestimmen

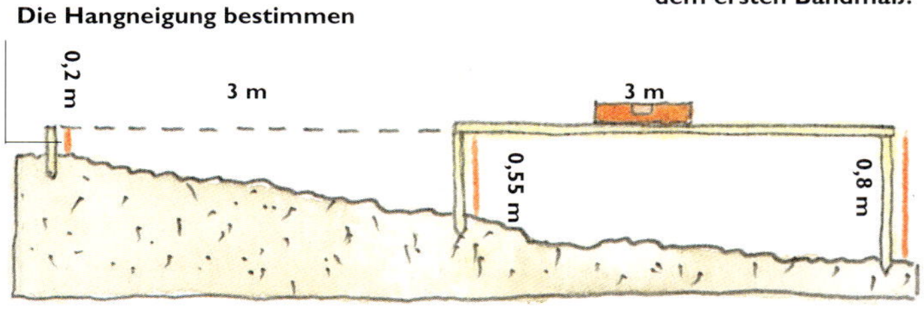

3

Der Entwurfsplan

1 In diesem von Steve Martino entworfenen Garten bilden die Schlichtheit der farbigen Trennmauer und der Stufen sowie die spärliche Bepflanzung einen gelungenen Kontrast zu der umliegenden Wildnis. So entstehen zwei ganz unterschiedliche Welten.

Der anhand der Meßwerte erstellte Plan vermittelt Ihnen eine genaue Vorstellung von Ihrem Grundstück und der Beziehung zwischen den darauf vorhandenen Elementen. Im nächsten Schritt erarbeiten Sie den Entwurfsplan. Er ist als Arbeitsplan zu verstehen, in den Sie die wichtigsten Bereiche und Blickfänge des Gartens einzeichnen. In ihm werden Ihre Ideen umgesetzt und die Grundstruktur des entstehenden Gartens eingezeichnet. Mit Hilfe des Entwurfsplans können Sie detaillierte Bepflanzungspläne erstellen, falls nötig außerdem zusätzliche Einzelpläne, die sich nur der Gestaltung der Landschaft widmen, z. B. Wegen, gepflasterten Flächen, Stufen und Pergolen.

Wenn Sie Ihr Grundstück auf dem Papier sehen, ohne von der Umgebung abgelenkt zu werden, können Sie Ihre Ideen für den Garten besonders gut umsetzen und entscheiden, wieviel Platz eine Terrasse einnehmen soll oder wie Sie am besten von der Terrasse auf den Rasen gelangen. In diesem Stadium können Sie den Plan so oft verändern, wie Sie möchten. Zeichnen Sie Ihre verschiedenen Ideen auf Fotokopien Ihres Plans. Für diesen Teil der Planung sollten Sie sich viel Zeit und Muße nehmen. Am Rand halten Sie wichtige Beobachtungen fest, die Sie vor Ort gemacht haben, z. B. die Hauptwindrichtung, schattige Bereiche und Ausblicke. Listen Sie außerdem alle Elemente auf, die Sie zusätzlich einschließen möchten.

DIE AUFTEILUNG DER FLÄCHE

Wenn der Grundrißplan vor Ihnen liegt, trauen Sie sich vielleicht nicht so recht, die Fläche zu unterteilen. Bedenken Sie jedoch, daß viele besonders gelungene Gärten sehr einfach strukturiert sind. Eine klare, einfache Grundstruktur kann man nämlich sehr gut mit Details gestalten und durch Pflanzen auflockern. Haben Sie also Mut: Teilen Sie die Fläche zunächst in die wichtigsten Bereiche ein und beginnen Sie mit den Elementen, die Ihnen am meisten bedeuten. Wenn Sie Ihre Zeichnung auf Millimeterpapier angelegt haben, können Sie die Fläche besonders gut aufteilen. Wege und Terrassen sollten stets großzügig und klar gestaltet sein, damit man sich gut im Garten bewegen kann.

Konzentrieren Sie sich zunächst auf die wichtigsten Bereiche und vergewissern Sie sich, daß diese möglichst gut gestaltet sind. Vielleicht bietet sich ein sonniges Plätzchen als Sitzecke an. Anschließend betrachten Sie weitere wichtige Teile des Gartens, z. B. den an die Gartentür des Hauses angrenzenden Bereich, wo Sie vielleicht eine Terrasse oder eine Eßecke anlegen möchten. Planen Sie jetzt auch, wo Schuppen, Gewächshaus und Kompostbehälter stehen sollen. Vielfach befinden sie sich am Rand des Gartens, aber das muß nicht so sein. Aus praktischen Gründen sollten sie jedoch nicht zu weit vom Haus entfernt sein. Man kann sie beispielsweise auch durch Hecken vom restlichen Garten abgrenzen.

Nutzen Sie die ganze Fläche. Häufig konzentriert man sich zu sehr auf die Randbereiche, weil man dort ein Gefühl der Sicherheit verspürt. Aber eine gelungene Gartengestaltung schafft funktionelle Räume, in denen man sich gern aufhält und die auch das Auge ansprechen. Verbinden Sie diese Räume auf logische Weise, z. B. durch Wege und optische Schwerpunkte. Ordnen Sie Ihre Liste nach der Priorität der einzelnen Bestandteile: Beziehen Sie die Elemente ein, die Sie mögen, und lassen Sie andere fort. Entscheiden Sie jetzt auch, welche bereits vorhandenen Pflanzen und Blickpunkte Sie behalten möchten. Alle alten und neuen Elemente müssen im Hinblick auf das Gesamtbild des Gartens beurteilt werden.

1

2

2 Die Bepflanzung erzeugt einen einfachen Hintergrund für den Sitzbereich, ein Baum spendet den nötigen Schatten. Die ebene Rasenfläche liefert einen Kontrast zu dem abschüssigen Gelände, das eine Form der Einfriedung bildet.

3

EIN GLEICHGEWICHT ANSTREBEN

Gärten besitzen drei Dimensionen, und wir haben bereits gesehen, daß ein Gleichgewicht zwischen offenen Bereichen (z. B. Lichtungen, Rasenflächen und Terrassen) und ausgefüllten Bereichen (Rabatten, Gebäuden und Blickfängen) besonders vorteilhaft ist. Eine Rabatte sollte beispielsweise so breit sein, daß sie mit dem angrenzenden Rasen in einem Gleichgewicht steht. Wenn sie zu schmal ist, kommt sie nicht gut zur Geltung. Achten Sie auch auf die Größe der besonders markanten Elemente Ihres Gartens. Gebäude sind gute Bezugspunkte: Der Garten eines großen Hauses sollte großzügiger gestaltet werden als der eines kleinen Häuschens. Jeder Garten erzählt seine eigene Geschichte. Diese sollte einen Anfang und ein Ende haben und in ihrem Verlauf durch Schwerpunkte und Anlässe zum Innehalten gegliedert werden. Kontraste entstehen auch durch die unterschiedliche Struktur von Rasenflächen und angrenzenden Wegen oder durch hohe Pflanzen vor einer weiten Fläche.

3 In kleinen Gärten eignet sich Gitterwerk sehr gut als Raumteiler, denn es ist offen und durchsichtig. Die unterschiedlich hoch gehaltene Hecke wirkt interessant.

Die praktische Umsetzung

Einen Garten gleichsam aus dem Nichts entstehen zu lassen ist kein Kinderspiel, und Sie sollten eine realistische Vorstellung davon haben, welche Arbeiten Sie selbst ausführen können. Auch wenn Sie keinen sehr aufwendigen Garten planen, sollten Sie gut überlegen, wie Sie Ihr Vorhaben angehen. Wenn man einen längeren Zeitraum zur Ausführung der Arbeiten einplant, ist man zeitlich und finanziell weniger unter Druck und hat mehr Energie für andere Dinge. Zu einer guten Planung gehört es, Prioritäten zu setzen und die Arbeiten so einzuteilen, daß sie in logischer Reihenfolge verrichtet werden. Wenn Sie Boden abtragen, um eine Terrasse anzulegen, müssen die Stromkabel für die Beleuchtung vor dem Bau der Terrasse verlegt werden. Staunasse Flächen machen manchmal sogar Dränagerohre erforderlich. Bevor die Beete für die Pflanzung vorbereitet oder Pflanzen gesetzt werden, müssen die Bauarbeiten an den Gebäuden abgeschlossen sein, weil man den Boden während der Bauarbeiten bewegen oder häufig betreten muß.

Sie können die Reihenfolge der anstehenden Arbeiten bestimmen, indem Sie auf einer Fotokopie Ihres Entwurfsplans alle festen Elemente einzeichnen, die Sie für Ihren Garten vorgesehen haben: Terrassen, Mauern, Zäune, Wege und Zufahrten. Zeichnen Sie außerdem Rasenflächen und Beete ein. Nun können Sie die Arbeiten, mithin auch Zeit und Geld, in logische Stadien einteilen (es ist sinnvoll, verschiedene Farben zu verwenden) und dafür sorgen, daß die festen Elemente fertig sind, bevor Sie während der Vegetationsruhe Ihre Gehölze pflanzen.

Zuerst müssen Arbeiten ausgeführt werden, bei denen Erde bewegt wird. Hierzu zählen das Nivellieren von Höhenunterschieden und das Verlegen von Dränagerohren und Versorgungsleitungen (Wasser, Gas, Strom, Telefon). Anschließend werden die Wege gebaut, damit der ganze Garten erschlossen wird. Danach werden Objekte mit festem Untergrund angelegt, z. B. gepflasterte Terrassen, Mauern und Stufen; ebenso das Fundament eines Schuppens. Nun wird die für den Rasen vorgesehene Fläche geräumt und der Boden auf den Beeten vorbereitet. Diese Arbeiten müssen nicht gleichzeitig erfolgen. Dauerbepflanzungen – beispielsweise Hecken und Bäume – sind vor Zwiebel- und Knollenpflanzen, Stauden und Gemüse an der Reihe.

FACHLEUTE HELFEN WEITER

Die Planung eines Gartens ist oft recht aufwendig, und vielleicht sehen Sie sich nicht in der Lage, Planung und praktische Umsetzung allein auszuführen. In diesem Fall können Sie einen Garten- und Landschaftsarchitekten zu Rate ziehen. Manche Menschen haben einen besonderen Sinn für kunstvolle Pflanzenkombinationen oder eine besonders gute räumliche Vorstellungskraft. Die meisten Gartenbesitzer verfügen jedoch nicht über die gärtnerischen, gestalterischen und baulichen Kenntnisse, die ein guter Gartenarchitekt besitzt. Sie können ihn beauftragen, den ganzen Garten zu planen und anzulegen, nur die Gestaltung zu übernehmen oder lediglich den Bepflanzungsplan mit Ihnen zu besprechen. In jedem Fall wird seine Arbeit Ihnen weiterhelfen.

Langfristig gesehen sparen Sie durch den Rat des Experten Zeit und Geld – monate- oder sogar jahrelange erfolglose Versuche bleiben Ihnen erspart. Eine fremde Person sieht oft Dinge, die Sie nicht mehr wahrnehmen, weil Ihr Grundstück Ihnen so vertraut ist. Vielleicht genügt ein einziges Gespräch mit dem Gartenarchitekten, um Ihre Vorstellungen klarer und das Potential des Gartens sichtbar werden zu lassen. Das geübte Auge des Gartenarchitekten entdeckt vielleicht eine versperrte Aussicht oder ein Ungleichgewicht zwischen Rasen und Beeten, und das hilft Ihnen weiter. Wenn Sie mehr Hilfe wünschen, erarbeitet der Gartenarchitekt den Entwurfsplan. Gegebenenfalls fertigt er weitere Pläne an, die feste Elemente und Pflanzungen detailliert darstellen. Der Gartenarchitekt hilft Ihnen, Ihre Vorstellungen von der Nutzung des Gartens zu konkretisieren, und berät Sie hinsichtlich der praktischen Umsetzung.

Bedenken Sie stets, daß Ihr Garten etwas ganz Persönliches und Intimes ist, ein Bereich, in dem sich vor allem Ihre Persönlichkeit und Ihre Wünsche widerspiegeln sollten, weniger die anderer Menschen. Der Gartenarchitekt sollte

1 Wer einen Dachgarten anlegen möchte, sollte sich von einem Experten beraten lassen. Besonders wichtig ist die Tragfähigkeit!
2 Ein Wasserlauf, der sich durch ein Wäldchen schlängelt, muß mit Hilfe eines Baggers angelegt werden. Die Uferbefestigung wird von Fachleuten gebaut.

3 Ihr Entwurfsplan könnte wie dieser Plan aussehen. Er zeigt alle Bestandteile des Gartens im richtigen Größenverhältnis, so daß man sehen kann, in welcher Beziehung sie zueinander stehen. Auf dieser Grundlage kann man weitere Pläne erstellen, auf denen die gepflasterten und bebauten bzw. die bepflanzten Flächen detailliert dargestellt werden. Wenn der Garten sorgfältig geplant wurde, läßt er sich leichter anlegen, und Sie können die Arbeiten nacheinander ausführen. Mit den Pflaster- und Bauarbeiten muß man oft Fachleute beauftragen, und diese müssen Zugang zu dem betreffenden Bereich haben.

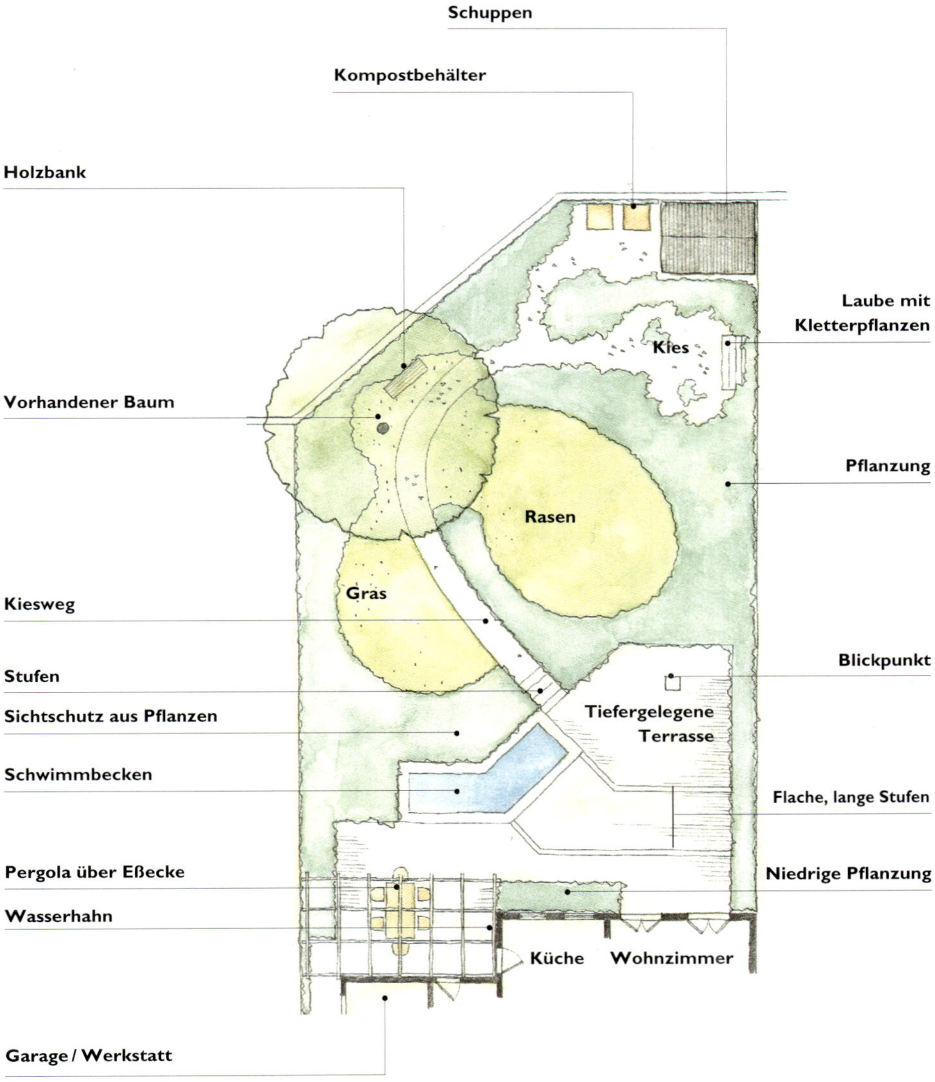

Ihnen sympathisch sein, denn er muß mit Ihren Ideen arbeiten und sie mit seinem Können in Einklang bringen. Die beste Empfehlung ist natürlich die Mundpropaganda. Sie können sich aber auch an den Bund Deutscher Landschaftsarchitekten (BDLA) wenden und nach einem erfahrenen und qualifizierten Gartenarchitekten in Ihrer Nähe fragen. Sehen Sie sich seine bisherigen Arbeiten an – eine Kollektion von Plänen und möglichst auch einen von ihm gestalteten Garten. So lernen Sie seinen Stil und die Qualität seiner Arbeit kennen.

Bei einem ersten Treffen kommen Ihre Wünsche und die Möglichkeiten Ihres Grundstücks zur Sprache. Anschließend wird ein Honorar veranschlagt und ein Vertrag abgeschlossen. Der Gartenarchitekt informiert Sie über die anstehenden Arbeiten, das nötige Material und die vorgesehenen Pflanzen, so daß Sie die Gesamtkosten einschätzen können. Nachdem Sie Ihr Einverständnis gegeben haben, mißt er das Grundstück aus und erstellt einen Entwurfsplan, der die vorgesehene Gestaltung zeigt, und bespricht ihn mit Ihnen. Anschließend erarbeitet der Gartenarchitekt Bepflanzungspläne und Zeichnungen für die anstehenden Bauarbeiten.

Wenn Sie an diesem Punkt nicht allein weitermachen möchten, empfiehlt der Gartenarchitekt Ihnen ein Garten- und Landschaftsbauunternehmen, dessen Arbeit er auf Ihren Wunsch hin auch beaufsichtigt. In diesem Fall wird der Garten von Fachkräften angelegt: Maurer bauen Terrassen und Mauern, bei Bedarf werden Metallarbeiter und Schreiner eingesetzt, vielleicht kommen auch Installateure und Elektriker hinzu. Ein gutes Garten- und Landschaftsbauunternehmen verfügt über entsprechende Fachkräfte und natürlich auch über die gärtnerischen Kenntnisse, die zur Vorbereitung des Bodens und zum Setzen der Pflanzen nötig sind.

Unabhängig davon, wen Sie beauftragen und welche Arbeiten Sie ausführen lassen, sollten Sie vor dem Beginn der Arbeiten eine sehr genaue Vorstellung von der Gestaltung Ihres Gartens haben. Eine Gestaltung, die erst während der Arbeiten entwickelt wird, steckt voll Überraschungen, die viel Geld kosten können. Mit Hilfe der folgenden Liste können Sie alle wichtigen Punkte bedenken, sowohl die auf der Hand liegenden als auch die weniger offensichtlichen. Bestehen Sie stets auf einem schriftlichen Vertrag, damit Sie etwas in der Hand haben, falls Probleme auftreten.

- Bevor die Arbeiten beginnen, müssen Sie sich vergewissern, daß Sie nicht gegen die Bauordnung verstoßen; manchmal müssen Umfriedungen aus einem bestimmten Material bestehen oder dürfen eine bestimmte Höhe nicht überschreiten. Vorsicht ist vor allem in Landschaftsschutzgebieten geboten. Stellen Sie sicher, daß die Bäume, die Sie entfernen oder stark beschneiden wollen, nicht unter die Baumschutzsatzung fallen. Informationen hierzu erteilt das örtliche Gartenamt.
- Informieren Sie Ihre Nachbarn über die Baumaßnahmen, und weisen Sie besonders auf Eingriffe hin, die Auswirkungen auf die Nachbargärten haben.
- Stellen Sie vor Beginn der Arbeiten sicher, daß das Grundstück gut zugänglich ist. Schwere Maschinen und Material brauchen Platz!
- Vergewissern Sie sich, daß die von Ihnen beauftragten Unternehmen für die Qualität ihrer Arbeit bürgen und ausreichenden Versicherungsschutz haben. Der Hauptunternehmer muß für die Arbeit von Subunternehmen verantwortlich sein.
- Einigen Sie sich mit den Unternehmen auf feste Termine für den Beginn und den Abschluß der Arbeiten.
- Äußern Sie sich stets klar und eindeutig.
- Überwachen Sie die Arbeiten, und sagen Sie es sofort, wenn Sie nicht einverstanden sind.
- Die Unternehmen sollten sich vertraglich dazu verpflichten, das Grundstück sauber und ordentlich zu hinterlassen.

Barton Court

ENTWURF: TERENCE CONRAN

1

2

3

Barton Court liegt circa eine Autostunde westlich von London. Als Terence Conran das aus dem 18. Jahrhundert stammende Haus und das dazugehörige Land 1972 kaufte, war das Haus verfallen und das Land verwahrlost. Das Grundstück ist insgesamt ungefähr 8 ha groß und wird von einem Fluß sowie von einem ummauerten Gemüsegarten begrenzt. Bei der Neugestaltung des Gartens erhielten zwei Ziele Priorität: Der Gemüsegarten sollte rekonstruiert werden, und vom Haus aus sollte man einen freien Blick auf den Fluß hinab genießen können. Die Einfahrt wurde hinter das Haus verlegt, und aus den Ziegeln und Flintsteinen verfallener Seitengebäude wurde als nicht sichtbare Begrenzung eine Mauer errichtet, ›Ha-ha‹ genannt. Vor dem Haupteingang des Hauses entstand ein architektonischer Garten, und am Flußufer steht eine alte Terrakotta-Urne, die einen eindrucksvollen Blickfang bildet.

Mit großer Sorgfalt wurde der Garten übersichtlich gestaltet, indem verschiedene abgeschlossene Räume in der Umgebung des Hauses geschaffen wurden. An einer geschützten Stelle kann man zu Abend essen, auf einem abgeschlossenen Rasen findet sich ein kleiner Springbrunnen, und auf einem von Gänseblümchen übersäten Rasen stehen Formschnitteiben (›Topiary‹). Der Garten besteht aus mehreren verbundenen Bereichen, doch der Eindruck einer Gesamtheit bleibt erhalten.

Die ummauerten Bereiche hinter dem Haus, die zuvor von Disteln und Kiefern überwachsen waren, erhielten ihre frühere Pracht zurück. In der Mitte liegt der Gemüsegarten mit seinen geordneten Pflanzenreihen. Er grenzt an einer Seite an den Obstgarten, an der anderen Seite an einen ummauerten Rasen und ein Gewächshaus. Sehr niedrige Hecken trennen die Beete voneinander ab, und Kieswege durchziehen den Gemüsegarten. Dort, wo die Hauptwege aufeinandertreffen, stehen vier Platanen, die für Schatten sorgen. Hinter dem Gemüsegarten zeugen Schuppen und Gewächshäuser von der Arbeit, die der Nutzgarten erfordert.

Obst- und Gemüsegärten sind nicht nur nützlich, sondern auch schön. Zwischen den Pflanzen wachsen Blumen, die für zusätzliche Farbakzente und Abwechslung sorgen. Wenn man durch die Kräuterbeete und Rabatten geht, kann man ein Potpourri von Düften genießen. Hier gedeihen Tomaten, Spargel, Erbsen, Stangenbohnen und Kohl, außerdem auch Obst und Kräuter. Der Garten versorgt nicht nur die Familie, sondern beliefert auch

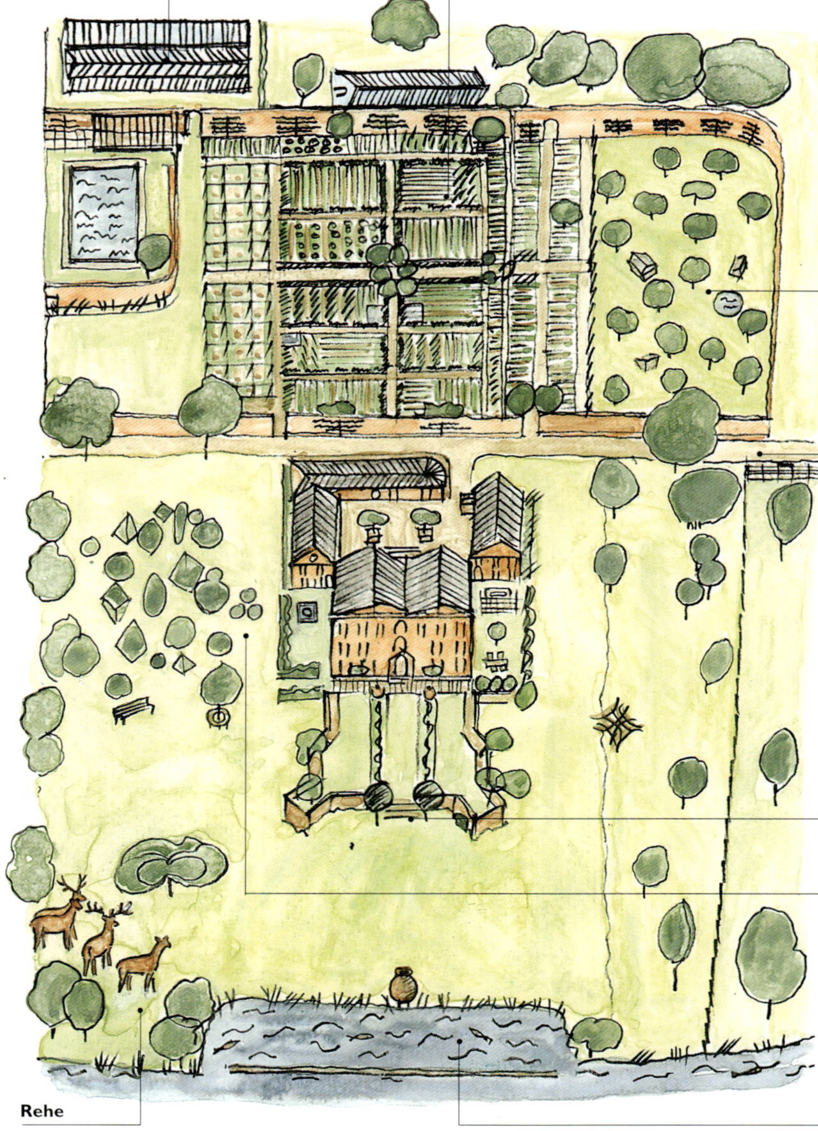

4

die Conran-Restaurants in London. Dieses halb kommerzielle Konzept ist so erfolgreich, daß der Gemüsegarten vor kurzem in den Obstgarten hinein erweitert wurde.

Der Garten von Barton Court wurde mit viel Liebe angelegt. Trotz seiner beträchtlichen Größe basiert seine Gestaltung auf einfachen Prinzipien, die den Boden, die Jahreszeiten und die Launen der Natur berücksichtigen.

1 Am Ende des Gemüsegartens bietet sich über Königskerzen und Dill hinweg ein schöner Blick auf das Herrenhaus im georgianischen Stil.
2 Vor dem Hintergrund des Waldes sorgt der ›Topiary‹-Garten für kräftige Formen. Er befindet sich auf dem von Gänseblümchen geschmückten Rasen. Hier sorgen die geschnittenen Buchsbaum- und Eibenpflanzen für eine abgeschlossene Wirkung.
3 Diese Gruppe von Rehen wurde von dem Künstler Nick Munro aus Fiberglas gestaltet. Sie blicken auf die von Glyzinen bewachsene Hausfront und die mit Pfeilern versehene Mauer (›Ha-ha‹), die den architektonischen Garten von der Rasenfläche trennt.
4 Die Einfahrt gliedert den Garten in zwei Teile. Seitlich neben und vor dem Haus befinden sich separate Bereiche für Freizeitaktivitäten. Hier kann man sitzen und lesen, arbeiten, sich entspannen oder essen. Die vor dem Fluß liegende Fläche wird einmal im Jahr für einen Kricket-Wettkampf genutzt. Schuppen und Gewächshäuser befinden sich hinter dem Nutzgarten.

5

5 Der von Ziegelmauern umschlossene Gemüsegarten besitzt ein eigenes Kleinklima. Hier ist es ungefähr 1 °C wärmer als im übrigen Garten.
6 Direkt vor dem Haus wird der architektonische Teil des Gartens von Ziegel- und Flintsteinmauern begrenzt. Die Tür öffnet sich auf eine Steinterrasse, und der Blick fällt auf einen von Spalierobstbäumen gesäumten Grasweg, der zum Fluß führt.

6

1

2

3

4

1 Diese einfache, achteckige Bank umgibt einen Baum. Die schattige Sitzgelegenheit liegt am Rand des ›Topiary‹-Gartens.
2 Die Atmosphäre dieses Gartens entsteht vor allem durch das zwanglose Nebeneinander von Ordnung und Unregelmäßigkeit – exakte Gemüsereihen finden sich neben Rabatten mit Blumen, die sich selbst aussäen. Flockenblumen und Wolfsmilch wachsen bis auf den Weg.
3 An jeder Seite des Hauses liegen kleine ›geheime‹ Gärten. In diesem steht umgeben von Fingerhutpflanzen ein Sofa aus Terrakotta. Es wurde von Tania Harvey entworfen und ist so schwer, daß der Untergrund befestigt werden mußte, bevor man es aufbauen konnte.

5

6

7

4 Im Gewächshaus gedeiht ein Dschungel aus wärme- und feuchtigkeitsliebenden Pflanzen. Hier wachsen auch Weinreben und Zimmerkalla. Das mit einer Zeitschaltuhr arbeitende Bewässerungssystem sorgt dafür, daß die Pflanzen in der Hitze nicht austrocknen.
5 Im Frühjahr deutet im Gemüsegarten kaum etwas auf die spätere reiche Ernte hin. Hier wurde Salat gesät, und die ersten Triebe der Bohnen beginnen, ihre Stangen emporzuklettern. Rhabarber wird vor Spätfrösten geschützt in Töpfen getrieben.
6 Im Gewächshaus werden empfindliche Sämlinge kultiviert, bevor man sie in den Gemüsegarten pflanzt. Exotische Pflanzen bleiben das ganze Jahr über hier.

8

7 Diese frisch geernteten, biologisch angebauten Zwiebeln haben einen intensiven Geschmack.
8 Der Garten von Barton Court bringt jedes Jahr eine reiche Ernte saftiger Tomaten hervor. Sie sind nicht so gleichmäßig geformt wie Supermarktware, ihr Geschmack ist jedoch unvergleichlich besser.
9 Nur selten sieht Selbstversorgung optisch so ansprechend aus. Im Obstgarten laufen Enten und Hühner frei umher. Sie werden nur gestört, wenn ihre Eier eingesammelt werden oder wenn sich die leicht erregbaren Gänse zu ihnen gesellen.

9

DIE GRUNDSTRUKTUR ENTSTEHT

1

Wenn man die Schwerpunkte und dekorativen Elemente (auch die Pflanzen) aus einem Garten entfernt, dann tritt die Grundstruktur klar hervor. Der erste Schritt bei der Anlage eines Gartens besteht nun darin, diese Grundstruktur zu schaffen: Mauern, Zäune, Ein- und Ausgang, Wege, Stufen, Rasen und gepflasterte Flächen anzulegen. Dadurch schaffen Sie die Grundlage für einen dynamischen Raum, der weiter gestaltet werden kann und mit der Zeit immer schöner wird. Eine gelungene Grundstruktur läßt den Garten größer erscheinen.

Bei formalen Gärten ist die Grundstruktur besonders gut zu erkennen. Die berühmten historischen Gärten Frankreichs und Italiens beeindrucken durch ihre architektonische Gestaltung mit Hecken, die ganz verschiedene ›Räume‹ entstehen ließen. In weniger formalen britischen Blumengärten, z. B. Hidcote und Sissinghurst, wurde die Gestaltung der einzelnen Gartenbereiche noch weiter geführt, die ›Räume‹ sind in unterschiedlichen Farben gehalten, und dunkle Eibenhecken dienen Stauden als Hintergrund. Die zwanglose Bepflanzung lockert die formale Struktur auf und schafft Atmosphäre. Zur gleichen Zeit, als diese Gärten entstanden – in den dreißiger Jahren unseres Jahrhunderts – gestaltete die niederländische Gartenarchitektin Mien Ruys ihre Gärten nach neuen Prinzipien: Sie entwarf eine an Bilder des niederländischen Malers Mondrian erinnernde Gitterstruktur und bepflanzte einige Teilflächen, während andere frei blieben. So entstand ein ausgewogenes, faszinierendes und geometrisches Gesamtbild.

Hecken, Sichtschutzeinrichtungen und Mauern werden auch heute zur Unterteilung verwendet. Die Gärten sind jedoch viel freier gestaltet, so daß sich oft an unerwarteten Stellen Ausblicke öffnen; Pflanzungen umgeben einen Teil des Patios; Rasen und gepflasterte oder mit Kies bestreute Flächen sorgen für Offenheit. In Denmans Garden im englischen Sussex setzte John Brookes Pflanzen ein, um seinen fast mediterran erscheinenden Garten aufzulockern. Das Prinzip: Ein trockenes Flußbett mit einer Kiesfläche wird durch Laub unterteilt, welches die Aussicht an einigen Stellen vollständig versperrt. Andere Stellen sind frei von Vegetation, so daß man leicht von einem Bereich in den anderen gelangt. Dieser Garten ist zwar frei gestaltet, aber er besitzt eine durchgängige und geräumig wirkende Grundstruktur.

1 In den Boden getriebene, mit Flaschen geschmückte Holzpflöcke sorgen hier für einen ungewöhnlichen Sichtschutz und begrenzen den Weg auf individuelle, markante Weise. Der Sichtschutz ist nicht ganz blickdicht, aber wirkungsvoll.

2 Imposante Felsschichten und eine Linien betonende Bepflanzung schaffen in diesem Garten den Eindruck von großer Breite und Unterteilung. Die Bambuspflanzen bilden unabhängig von der wirklichen Grenze einen vertikalen Sichtschutz.

2

3

3 Das im Hintergrund gelegene Schwimmbecken wird durch die Schieferterrasse mit dem Teich verbunden und gleichzeitig von ihm getrennt. Die Bepflanzung lockert die strengen Linien und Winkel auf. Sie sorgt auch für eine abgeschlossene Wirkung.

4

4 Ein Akazienzaun, über dem eine Lorbeerhecke wächst, bildet eine Grenze. In Form geschnittene Stechpalmen ähneln Skulpturen und lassen den Garten noch stärker geteilt erscheinen.

5

5 Ebene, skulpturartige Betonflächen werden hier zur Unterteilung genutzt. Durch die architektonische Bepflanzung entsteht eine gelungene Einheit.

Begrenzungen

Zäune, Mauern und Hecken markieren die Grenzen des Gartens oder unterteilen ihn. Die äußere Begrenzung des Gartens sorgt für Abgeschlossenheit und Schutz, sie hält beispielsweise Tiere und andere ungebetene Gäste fern. Welche Funktionen sie erfüllt, hängt von der Lage des Gartens ab. Wichtig ist, daß sich die äußere Begrenzung in die Umgebung einfügt. Achten Sie hier vor allem auf die Art des Materials und auf seine Verwendung. Bevorzugen Sie ortstypisches Baumaterial, wenn Sie einen neuen Garten anlegen – z. B. Ziegel einer bestimmten Farbe oder in der Nähe vorkommende Steine!

Wenn die Grenzen von einer Mauer, einem Zaun oder einer Hecke markiert werden, wirkt der Garten geschlossen. Hohe Mauern oder dichte, immergrüne Hecken fallen auf und verstärken den Eindruck von Privatheit und Intimität. Die äußeren Begrenzungen können aber auch so sehr in den Hintergrund treten, daß man sie fast gar nicht wahrnimmt. Beispiele hierfür sind an Holzpfählen befestigte Drahtzäune. Diese unauffälligen Begrenzungen lassen den Garten größer erscheinen und beispielsweise Landgärten in die umliegende Landschaft übergehen. Wenn hohe Begrenzungen unnötig sind und die Sicht nicht versperrt werden soll, kann man die Grenzen auch in Bodenhöhe markieren, durch einen Pfad, eine leichte Bodenabsenkung oder einen kontrastierenden Bodenbelag. Die von den Landschaftsgärten bekannte, in einem Graben verlaufende Grenzmauer (›Ha-ha‹) macht den Garten zu einem Teil der umliegenden Landschaft, dessen Begrenzung vom Haus aus nicht wahrnehmbar ist. Die Mauer ist jedoch hoch genug, um auch größere Tiere fernzuhalten und den Garten klar abzugrenzen.

Begrenzungen können jedoch auch Nachteile mit sich bringen. Oft bestimmen sie die Gartengestaltung zu stark oder beeinträchtigen sie sogar. Häufig wird bei der Anlage von Rabatten, Rasenflächen und Terrassen der Fehler gemacht, die Form des Geländes darin zu wiederholen – im Glauben, daß das Grundstück dadurch so gut wie möglich genutzt wird und der Garten größer erscheint. Es wird zwar wirklich sehr weitgehend genutzt, aber wenn man seine Form betont, treten auch seine Grenzen sehr deutlich hervor. Oft ist es sinnvoller, die Aufmerksamkeit von den Begrenzungen abzulenken, indem man z. B. kurz vor einer Begrenzung (und nicht auf ihr) Pflanzen wachsen läßt, innerhalb des Garten Blickfänge schafft und den Garten so anlegt, daß man ihn nicht vollständig überblickt und neue Bereiche entdecken kann.

Die Japaner nennen diese Technik *shakkei* (geborgte Landschaft). Wenn man die Begrenzungen durch dichte Pflanzungen abschirmt, treten sie in den Hintergrund, und die umgebende Landschaft oder die Pflanzen der Nachbargärten scheinen zum Garten zu gehören. Wenn das Gelände hinter dem Haus abfällt, verliert man die Begrenzungen ebenfalls leicht aus dem Auge, genießt einen Panoramablick und fühlt sich frei.

In Vorgärten treten die Begrenzungen meistens deutlich hervor, denn sie markieren den Zugang zum Grundstück. Hier stehen Eigentumsverhältnisse und Identität im Vordergrund. Anders verhält es sich an offen gestalteten Straßenabschnitten. Auch hier ist Raum für Individualität, aber Gestaltung und Materialien sollten aufeinander abgestimmt sein, damit ein harmonisches Gesamtbild entsteht.

GRENZEN INNERHALB DES GARTENS

Oft ist es sinnvoll, den Garten zu unterteilen. Ein Blick über den ganzen Garten ist zwar beeindruckend, aber unterteilte Gärten regen die Phantasie stärker an, in ihnen gibt es immer etwas

1 Diese von Delaney, Cochran & Castillo gestaltete Abgrenzung stellt natürliche und künstliche Formen nebeneinander. Sie trennt den stärker gepflegten Teil des Gartens auf spielerische Weise von dem naturnäheren Bereich.
2 Dieser ebenfalls von Delaney, Cochran & Castillo entworfene niedrige Raumteiler arbeitet mit geschnittenem Stein und Findlingen. Auch er trennt einen architektonischen Bereich von einem unregelmäßigen.

3

4

5

3 Diese Trockenmauer wirkt als markanter Raumteiler, erlaubt jedoch einen Blick auf einen anderen Teil des von Wolfgang Oehme und James van Sweden gestalteten Gartens.
4 Eine Buchenhecke, die im Winter einen Teil ihrer Blätter behält, bildet einen nicht ganz blickdichten Raumteiler im Garten. Ihre Höhe sorgt für eine gewisse Abgeschlossenheit. Ein Weg, der durch eine Lücke in der Hecke führt, verbindet die beiden Teile des Gartens miteinander.
5 Die natürliche Form dieser ›Mauer‹ aus Flechtweide ist selbst ein Blickfang. Der Durchgang weckt die Neugierde auf das, was dahinter liegen mag.

zu entdecken. Eine gelungene Unterteilung großer Gärten schafft viele praktische und schöne Bereiche. Es ist sehr spannend, von einem Bereich in den anderen zu gehen, und jeder hat seinen ganz speziellen Charakter. Wenn Sie Ihren Garten in ›Räume‹ gliedern, sollten Sie einen Bereich sehr zurückhaltend, das heißt ganz ohne Schwerpunkte und kräftige Farben gestalten und die statisch erscheinende Schlichtheit von Rasen und Hecke für eine kleine Pause sorgen lassen, bevor der nächste ›Raum‹ beginnt.

Die Begrenzungen innerhalb des Gartens müssen nicht sehr hoch sein. Durch geschnittene Hainbuchenhecken kann man beispielsweise hindurchblicken, man kann die Pflanzen aber auch so erziehen, daß sie hohe, deutliche Stämme ausbilden und ihre Krone sich oberhalb unserer Kopfhöhe befindet (gestelzte Hecken). Hüfthohe Hecken trennen ab, ohne den Blick zu versperren. Je dichter die Hecke ist, desto auffälliger sind die Öffnungen, die man in sie schneidet.

Mauern und Zäune sind architektonische Elemente eines Gartens. Wenn sie aus dem gleichen Material bestehen wie das Haus, stellen sie eine optische Verbindung von Haus und Garten her. Dies gilt besonders, wenn die Bauweise identisch ist. Pflanzen lockern Mauern und Zäune auf. Die weichen Blätter des Bambus bewegen sich bei jedem Windzug und lassen eine Mauer weniger streng erscheinen. Wenn Sie eine Mauer planen, sollten Sie sich vergewissern, daß Sie nicht gegen die Bauordnung verstoßen. Diese regelt oft die Höhe und die Gestaltung von Begrenzungen, und Sie dürfen unter Umständen nicht jedes Material verwenden.

Zäune aus Metall oder Holz sind nicht so massiv und meistens auch nicht so blickdicht wie Mauern. Sie wirken daher unauffälliger. Durch Spaliere kann man besonders gut hindurchblicken, zudem werfen sie sehr interessante Schatten. Dunkelblau oder dunkelgrün gestrichene Zäune und Spaliere treten in den Hintergrund und lassen helle Blätter oder Blüten besonders gut zur Geltung kommen.

Gestalten Sie Ihre Begrenzungen ruhig unkonventionell. Lassen Sie Ihrer Phantasie freien Lauf, und experimentieren Sie mit elastischem Segeltuch, Glasbausteinen oder feinem Maschendraht aus Aluminium. Kleine Gärten kann man durch unterschiedliche Bodenniveaus oder lockere Pflanzengruppen dezent unterteilen. Wasser bildet besonders faszinierende Begrenzungen: Es trennt ab, erhält aber zugleich die optische Verbindung zwischen den verschiedenen Bereichen. Wasser sorgt für den Eindruck von Offenheit und Kontinuität. Ein wunderschönes Beispiel hierfür findet sich in Sutton Place im englischen Surrey: der mit Trittsteinen versehene Kanal von Sir Geoffrey Jellicoe. Auch der schmale, rechteckige Teich des Gartenarchitekten Cleve West ist besonders gut gelungen, er verläuft auf ganzer Breite seines kleinen Londoner Gartens von Zaun zu Zaun; nur eine einzige Trittplatte erlaubt den Durchgang.

Der Eingang

1

2

1 Diese geöffnete einfache Holztür in einer Steinmauer lädt verheißungsvoll dazu ein, die dahinterliegende Welt zu betreten. Vielleicht gelangen Sie so in einen ›geheimen‹ Garten.
2 Luis Barragán verwendete für diesen eindrucksvollen Eingang eines mexikanischen Gartens Mauern, die in kräftigen Farben gehalten sind und dadurch einladend wirken, gleichzeitig aber als Sichtschutz dienen.

Der Eingang eines Gartens hat etwas Dramatisches und Spannendes, mit ihm verbindet sich das Gefühl des Ankommens und des Übergangs von einem Raum in einen anderen. Ob man ein großes, reich verziertes Tor durchschreitet oder durch ein kleines Türchen schlüpft, man ist neugierig auf das, was es dahinter zu entdecken gibt.

Schlichte Öffnungen in festen Begrenzungen sind die einfachsten Eingänge. Der Lichteinfall läßt sie oft deutlich hervortreten: Die Begrenzung liegt im Schatten, und der Raum hinter ihr ist lichtdurchflutet. Besonders schöne Effekte entstehen durch dieses Lichtspiel an schmalen Eingängen in architektonischen Hecken und Mauern. Wenn diese sich direkt über einem Hang befinden, entsteht ein ganz erstaunlicher Effekt, denn man sieht durch die Öffnung nur den Himmel.

Früher sollten Tore beeindrucken und wurden meist mit einem Wappen oder einem Spruch geschmückt. In unruhigen Zeiten hatten sie auch eine schützende Funktion, und viele Gärten waren befestigt. Die ersten Tore bestanden aus Holz. Später stellte man auch schmiedeeiserne Tore her, die aber oft übermäßig prunkvoll ausfielen. Auch heute sind Tore wichtige architektonische Elemente vieler Gärten. Sie betonen den Übergang von einem Raum in einen anderen und verleihen ihm etwas Besonderes.

Ein Tor sorgt auch für Sicherheit, es hält Kinder und Haustiere im Garten, und ungebetene Gäste müssen draußen bleiben. Diese Tore sollten sich stets in den Garten hinein öffnen. Sie können die Tore mit Lichtschranken ausstatten oder sie nur durch Fernsteuerung öffnen lassen. Viele Tore grenzen einen Privatweg ab. In ländlichen Gebieten sind Metallroste günstig, die das Vieh fernhalten und jeden Besuch durch Lärm ankündigen.

Eingänge können durchaus unkonventionell sein. Wenn ihre Gestaltung an die Entdeckerlust appelliert und dabei vielleicht auch ein Überraschungselement einbezieht, sind sie beeindruckende Bestandteile des Gartens. Vor dem Skulpturgarten Hat Hill Copse im englischen Sussex öffnet sich per Fernsteuerung ein schlichtes, angerostetes, zweiflügeliges Eisentor, das in eine Mauer aus weißem Flintstein eingefügt ist, und läßt angemeldete Besucher ein. In anderen Bereichen des Gartens sorgen von Künstlern geschaffene Tore und Türen für interessante Effekte. Besonders gelungen ist das große *Gateway of Hands* mit gestikulierenden Händen, das Glynn Williams entworfen hat. Es markiert den Beginn eines Skulpturenweges, der durch einen hohen, dichten Baumbestand führt. Auch Antonio Gaudí entwarf spektakuläre Tore, die vor allem im Parque Güell in Barcelona zu bewundern sind. Gaudí schuf kunstvolle Strukturen, wobei ihm die Natur als Vorbild diente, er ließ sich aber auch von lokalen Blickpunkten und

3

4

5

3 ›Lebende Mauern‹ sind fast sinnlich wirkende Unterteilungen. Eine Öffnung, die zwei Bereiche eines Gartens verbindet, kann auf beliebige Weise gestaltet werden. Hier ließ man eine Eibenhecke am Durchgang höher wachsen, so daß sie den Weg auf klassische Weise rahmt.
4 In dieser naturnahen, bewaldeten Umgebung bildet ein gelungenes Mondtor einen Schwerpunkt, der den Blick in den dahinterliegenden Bereich lenkt.
5 Diese nach unten geneigten, mit Graffiti geschmückten Tore sind ein Bestandteil des Gebäudes und werden bei Bedarf zu farbenfrohen Raumteilern. Wenn sie offenstehen, gehen die Bereiche des Gartens fließend ineinander über.

Pflanzen inspirieren. So erzeugte er einen starken Eindruck von Identität. Eine aus kleinen Metallplatten hergestellte, als Teil einer Mauer erscheinende Tür öffnet sich und gibt den Blick auf einen Eingang frei. Für verschiedene Tore dienen Palmen als Motiv, so daß Pflanzen in die statischen Elemente des Gartens integriert werden.

Ein einflügeliges Tor sollte mindestens 1 m breit sein. Für zweiflügelige Tore, durch die auch Autos fahren sollen, ist eine Mindestbreite von 2,5 m zu empfehlen. Setzen Sie die Breite des Tores mit der Breite des angrenzenden Weges in Beziehung! Die optimale Höhe hängt unter anderem von den umgebenden Elementen ab. Grundstückseingang und Haustür sollten stets deutlich und direkt verbunden sein.

Holztore fügen sich besonders gut ein, wenn sie schlicht, robust und von einfach gestalteten Pfosten gehalten werden. Metalltore sehen hübsch aus, wenn sie leicht, fein und durchsichtig sind. Schmiede- und Gußeisen rostet mit der Zeit und muß vorbeugend behandelt werden. Manchmal sorgt der Rost jedoch für eine interessante Oberflächenstruktur. Eloxiertes Aluminium und verzinkter Stahl sind besonders langlebig und pflegeleicht. Versuchen Sie stets, Form, Farbe und Größe der Pfosten, Beschläge und Riegel an den Stil der umgebenden Strukturen anzupassen.

Manchmal wird der Eingang nur vom Rahmen einer Tür oder eines Tores gebildet. Ein schönes Beispiel hierfür sind die berühmten chinesischen ›Mondtore‹ *(di xiu)*: kreis- oder mondförmige Eingänge in den Mauern chinesischer Gärten, die nur selten mit unnötigen Toren versehen werden. Portale und Bögen aus Stahl oder Holz können einen schönen Ausblick einrahmen oder einen wichtigen Weg anzeigen. In Hecken geschnittene oder in Mauern eingelassene ›Fenster‹ erlauben häufig interessante Ausblicke in die Umgebung, die vielleicht gar nicht zugänglich ist, aber dennoch zum Garten zu gehören scheint.

Befestigte Plätze und Wege

1

2

3

1 Kopfsteinpflaster wirkt zwanglos. Hier bildet es den Übergang vom Haus in den tropischen Garten. Man kann die Ränder unregelmäßig gestalten und es bis in die bepflanzten Beete reichen lassen.
2 Kies erzeugt in diesem Hof eine einheitliche Oberfläche, die angenehm zu betrachten ist und die natürlichen Elemente mit den Mauern und dem Haus verbindet.
3 Kieselsteine bilden ein besonders interessant geformtes Pflaster, das sich in jede Gestaltung einfügt. In diesem Londoner Vorgarten wurden unterschiedlich gefärbte Kieselsteine in einem geometrischen Muster verlegt, so daß ein Kontrast zu den umgebenden Pflanzen entstand.

Befestigte Plätze und Wege sind wichtige Teile eines Gartens. Es wurde bereits beschrieben, wie der kürzeste Weg zu Beginn der Planung so abgewandelt wird, daß er durch den ganzen Garten führt (siehe S. 42). Aber man sollte nicht nur an bestimmte Materialien, sondern auch an hübsche Linien und Proportionen denken. Wege verbinden die verschiedenen Teile des Gartens miteinander, und auf Plätzen hält man sich bevorzugt auf.

Befestigte Flächen sind praktisch, vielseitig und schön anzusehen. Hartes Material besitzt viele optische Vorzüge. Durch seine Textur und die natürlichen Farben ist es ein dezenter, aber wertvoller Kontrast zu den weicheren, natürlichen Formen der Pflanzen. Einer gelungenen Gartengestaltung liegt stets eine durchdachte Kombination natürlicher und vom Menschen geschaffener, künstlicher Elemente zugrunde.

Früher bettete man Platten und Pflastersteine einfach in die Erde, um Stabilität und Tragfähigkeit zu erreichen. Die Römer vervollkommneten diese Technik und stellten sogar eine betonähnliche Substanz her. Mit dem Aufblühen des Handwerks wurden immer aufwendigere Verfahren und Verlegungsmuster entwickelt, bei denen unter anderem kunstvoll behauene Steine, Fliesen und Ziegel benutzt wurden. Heute arbeitet man mit einem sorgfältig vorbereiteten Unterbau, z. B. aus Beton, der besonders hohe Gewichte trägt. Der Unterbau kann aber auch aus verfestigtem Sand bestehen, in dem sich die einzelnen Platten oder Steine unter Druck etwas bewegen können (siehe S. 222).

Die Auswahl an natürlichen und künstlichen Belagmaterialien ist groß. Jedes Material sieht anders aus und schafft eine eigene Stimmung. Für welches man sich entscheidet, hängt von den Kosten, den praktischen Eigenschaften und der Harmonie mit den umgebenden Strukturen ab. In diesem Stadium sind Sie aber sicher mehr daran interessiert, Verlauf und Form der befestigten Flächen so zu gestalten, daß sie die Pflanzen und Schwerpunkte des Gartens ergänzen.

Beginnen Sie mit dem Schwerpunkt, auf den Ihr Auge am häufigsten fällt. Oft ist dies die Gartentür des Hauses. Wenn Sie Größenverhältnisse übernehmen möchten, sollte die Breite der Wege mit der Größe von Türen, Fenstern oder Mauern in Verbindung stehen. So entsteht eine harmonische Einheit von Haus und Garten. Ob Sie gerade oder geschwungene Wege anlegen, sollte vom Stil des Gartens abhängen. Harte, gerade Wege bilden eine strenge Grundstruktur, die durch Pflanzen aufgelockert werden kann. Geschwungene Wege wirken zwanglos und großzügig, sie sollten den Konturen des Landes folgen. Wenn Sie einen frei gestalteten Garten planen, z. B. einen Gehölzgarten, können geschwungene Wege dessen Atmosphäre sogar beeinträchtigen weil sie ihn überfrachten.

4

4 Dieser Weg führt direkt zum Meer. Auf dem warmen Holzbelag kann man barfuß durch die frische Luft gehen und den Übergang zwischen Garten und Meer genießen.

5 Kieselsteine und Natursteinplatten verbinden die Terrasse mit dem Gebäude und lassen es optisch auf der horizontalen Ebene ruhen.

Achten Sie auch darauf, daß die Größe der Steine oder Platten zur Größe der befestigten Fläche paßt. Dieses Größenverhältnis beeinflußt das Gesamtbild. Große Platten oder Steine lassen eine große Fläche kleiner erscheinen. Mien Ruys läßt manche Flächen ihres Gartens durch kompakte, in den Niederlanden traditionell verwendete Klinker größer wirken. Kleine Flächen sollten übersichtlich strukturiert sein, wählen Sie ein einfaches Verlegungsmuster und höchstens zwei Materialien.

Steinpflaster vermitteln einen Eindruck von Wohlstand. Naturstein ist in vielen Farben und mit ganz verschiedenen Oberflächenstrukturen erhältlich – von Kalkstein bis Granit. Der Farbton kann von Stein zu Stein oder sogar innerhalb eines einzelnen Steins unterschiedlich ausfallen. Weichgestein, z. B. Sandstein und Schiefer, ist durch seine ungleichmäßige Verwitterung oft besonders attraktiv. Andere Natursteine, z. B. Granite und Quarzite, besitzen glitzernde Einschlüsse. Granit kann schneeweiß, aber auch kohlschwarz sein. Steine werden in unterschiedlichen Größen und Formen angeboten. Ein Steinpflaster ist das Gegenstück zu einem Holzfußboden: Die Anordnung der Elemente ist gut sichtbar, wirkt aber nie aufdringlich.

Kies erinnert mit seiner glatten Oberfläche an Teppichboden. Er wird in verschiedenen Farben und Größen angeboten – vom glatten, runden Perlkies bis zu großen Kieselsteinen aus Granit, die durch Quarzeinschlüsse glitzern. Kies erzeugt eine einheitliche Oberfläche und ermöglicht eine Verbindung von hartem und weichem Material, weil Pflanzen in ihm wachsen können. Kiesflächen müssen durch Randsteine eingefaßt werden, damit angrenzende Flächen frei bleiben.

Ziegel können so verlegt werden, daß je nach Art des Materials und des Verlegungsmusters ein relativ geordneter oder ein zwangloser Eindruck entsteht. Klinker sind oft blau oder schwarzpurpurn, wirken glatt und formal, und sind sehr dicht und hart. Weil sie kein Wasser aufnehmen, überziehen sie sich nicht mit Flechten oder Moosen. Ziegelsteine sind poröser und sehen dadurch weicher aus. Formziegel und Strangpreßziegel sorgen für eine interessante Oberflächenstruktur. Die Art, wie die Ziegel verlegt wurden, beeinflußt den Charakter des Gartens: hochkant verlegte Ziegel wirken zwanglos und brauchen nur mit etwas Sand nachgefegt zu werden, mit der Breitseite verlegte Ziegel vermitteln den Eindruck von Genauigkeit und lassen sich besonders gut sauberhalten.

5

Beton ist eine Mischung von Zement, Sand und Zuschlag (Kies), die in Verbindung mit Wasser dickflüssig ist und in fast jede Form gegossen werden kann. Dieses vielseitige Material kann phantasievoll genutzt werden. Die kalifornischen Gartenarchitekten Topher Delaney und Andy Cochran mischen Chemiefarben in ihren Beton und erzeugen dadurch lebhafte Farben, mit denen sie auffällige, abstrakte Muster arrangieren. Eine interessante Struktur entsteht auch durch Wegwischen oder Abwaschen der feinen Bestandteile kurz vor dem Erstarren, so daß die enthaltenen Steine an der Oberfläche sichtbar werden.

Holz eignet sich besonders für leichte Konstruktionen. Auch zum Abdecken ist es gut zu gebrauchen. Holz ist ein warmes, vielseitiges Material, das gut zu Pflanzen paßt. Meistens verwendet man Holzroste, die über unebenen oder unansehnlichen Oberflächen angebracht werden. Der Holzrost kann aus imprägniertem Weichholz bestehen, wenn die tragenden Teile aus Hartholz sind.

Besonders kunstvolle Oberflächen sind Mosaiken. Diese Technik beherrschten bereits die alten Griechen. Mosaiken aus Keramik, Kopfstein oder Glas verleihen einer gepflasterten Fläche kräftige Farben und Struktur. Bei sparsamer Kombination mit neutralen Farbtönen von Schiefer oder Kalkstein entstehen oft wunderbare Effekte.

Patio und Terrasse

1 Auf dieser schlichten Kiesterrasse stehen Maulbeerbäume *(Morus alba)*, die Schatten spenden und für eine gliedernde Struktur sorgen. Die Terrasse ist durch eine gleichfarbige Stützmauer mit dem Haus optisch verbunden. Sie erstreckt sich am Haus entlang, bildet praktisch ein erhöhtes Zimmer im Freien und sorgt für einen direkten Zugang zum dahinterliegenden Garten.

Im wörtlichen Sinn ist eine Terrasse eine erhöhte Fläche mit vertikaler oder geneigter Verbindung zum umliegenden Gelände. Terrassen waren architektonische Schwerpunkte vieler historischer Gärten und erlaubten Ausblicke auf die Landschaft. In gewisser Hinsicht waren sie ein Symbol der Macht, denn sie waren häufig abgesenkt oder erhöht und zeigten damit, wie die Menschen das Land formen und verändern konnten. Im 18. Jahrhundert kamen Terrassen durch den Einfluß von ›Capability‹ Brown fast ganz aus der Mode, denn er ließ seine Landschaft unmittelbar an das Haus grenzen. Humphry Repton führte die Terrasse erneut ein, verwendete sie aber mit einem Sockel, auf dem das Haus ruhte, und trennte sie so von der umgebenden Landschaft ab.

Das spanische Wort *Patio* bezeichnet den nicht überdachten Innenhof eines spanischen Hauses. Auch die Gärten der Alhambra im spanischen Granada nennt man so. Allgemein versteht man heute unter einem Patio eine befestigte Fläche, die zum Schwerpunkt des Lebens im Freien geworden ist. Deren gestiegene Bedeutung ist eng mit der Vorstellung vom ›Zimmer im Freien‹ verbunden, die John Brookes einführte. Hier galt der Garten in erster Linie als Wohnraum und nicht als gärtnerische Fläche. Das Konzept von John Brookes war eine Antwort auf die Vorstellung vieler moderner amerikanischer Gartenarchitekten, z. B. Thomas Church, die den Garten als Raum zum Leben verstanden.

Heute dient eine Terrasse meist dazu, um draußen zu essen, mit Freunden zu sitzen und sich zu sonnen. Eine Terrasse kann Menschen und Möbel bei jedem Wetter tragen und nimmt auch häufiges Betreten nicht übel. Das Pflaster muß stets mit einem leichten Seitengefälle verlegt werden, damit das Regenwasser abfließt. Das Gefälle sollte von Gebäuden fortführen und mindestens 15 cm unter einer wasserdichten Schicht im Mauerwerk beginnen, damit das Gebäude nicht feucht wird.

Am besten wählen Sie Größe und Material Ihrer Terrasse entsprechend der Gestaltung Ihres Hauses. John Brookes schlug vor, das bei der Planung des Gebäudes verwendete geometrische Raster auch zur Grundlage der Terrassengestaltung zu machen. Wenn sie so groß ist wie ein Zimmer des Hauses, entsteht eine Einheit, die auch weiter in den Garten hinein ausgedehnt werden kann. Wenn Sie Ihren Entwurfsplan auf Millimeterpapier zeichnen, ist es einfach, ein quadratisches oder rechteckiges Raster darüberzulegen. Dabei beginnen Sie mit den Dimensionen der Terrasse, nutzen das Raster aber auch als Grundlage für die Gestaltung des ganzen Gartens.

Bei der Suche nach dem richtigen Platz für die Terrasse sollten Sie auf die Himmelsrichtungen achten. Beobachten Sie, wo die Sonne zu verschiedenen Tageszeiten steht und wo dadurch Licht und Schatten herrschen. Nutzen Sie die bestehenden Verhältnisse. In gemäßigtem Klima ist eine helle, warme Lage am besten – durch Pflanzen oder eine Pergola kann man immer noch für Schatten sorgen. In heißem Klima sollten Sie einen schattigen Ort vorziehen. Eine direkt am Haus liegende Terrasse ist besonders praktisch. Man kann sie aber auch in einiger Entfernung errichten und durch einen breiten Weg mit dem Haus verbinden. Die Terrasse sollte von einer Mauer oder von Pflanzen geschützt sein und nicht frei im Garten liegen.

1

2

3

In großen Gärten kann man mehrere Terrassen anlegen, die unterschiedlichen Zwecken dienen. Auf der Frühstücksterrasse kann man die Morgensonne genießen, eine durch Hecken oder andere Pflanzen abgeschlossene Terrasse bietet sich zum Lesen und Entspannen an, und auf einer näher am Haus liegenden Abendterrasse kann man mit Gästen sitzen. In kleinen Gärten muß eine Terrasse verschiedene Funktionen erfüllen und z. B. als Eß- und Spielecke dienen. Planen Sie die Größe entsprechend der vorgesehenen Nutzung, und seien Sie großzügig, denn eine zu große Terrasse ist immer besser als eine zu kleine. Berücksichtigen Sie auch das Wachstum der angrenzenden Pflanzen, die später auch von oben in Ihre Terrasse hineinhängen könnten.

Terrassen sollten schlicht gestaltet sein und keine schwer oder gar nicht zugänglichen Ecken haben. Sie können durch Schwerpunkte besonders interessant gemacht werden, wenn dies zur Größe und zum Charakter des Gartens paßt. Schmückende Elemente sind oft besonders ausdrucksvoll. Verwenden Sie höchstens zwei verschiedene Materialien, damit das Bild harmonisch ist. Mindestens ein Material sollte auf Charakter und Stil des Hauses abgestimmt sein. Wenn man die Terrassenfläche von den Seitenwänden aus beleuchtet, kommen die Oberflächenstrukturen und Verlegungsmuster besonders gut zur Geltung (siehe S. 244).

Pflanzen lockern die harten Kanten einer gepflasterten Fläche auf und verleihen auch großen Terrassen eine angenehme, geschlossene Wirkung. Kübel und Skulpturen passen gut zu gepflasterten Flächen, sie fügen leeren oder offenen Flächen vertikale Schwerpunkte hinzu. Man kann zwischen den Platten, Steinen oder Holzbohlen Platz für Pflanzen frei lassen und die Terrasse dadurch mit dem übrigen Garten verbinden. In breiten Fugen gedeihen feinblättrige Bodendecker und lassen ein zufälliges, auflockerndes Muster entstehen.

2 Ein diagonal verlegtes Holzdeck prägt diese Terrasse in Melbourne und leitet den Blick vom Haus in den Garten. Die Terrasse wird von Dschungelpflanzen umgeben, die eine tropische Atmosphäre entstehen lassen.
3 Dieser minimalistische Garten wurde von Silvestrin und Pawson auf Mallorca gestaltet. Die in Erdfarben gehaltenen Flächen werden von den Formen des Olivenbaums aufgelockert. Dieser sorgt für einen optischen Kontrast und spendet dem Patio Schatten.

4

4 Diese schlichte, gepflasterte Terrasse wird von Pflanzen umschlossen. Die Blätter dominieren, hängen dicht über dem Erdboden auf die Terrasse und sorgen gleichzeitig für Höhe. Sie erlauben auch einen Blick in den übrigen Garten.

Hanggestaltung

1

2

1 Hier lädt das geneigte Gelände dazu ein, die Wirkungen des fließenden Wassers zu entdecken. Auf den Stufen kann man bequem emporsteigen. Der sanfte Wasserfall bildet ein kühlendes Element in der trockenen Landschaft, die hier mit Olivenbäumen, Lavendel und in Form geschnittenem Buchsbaum gestaltet wurde.
2 Im Mittelmeerraum legt man auf abschüssigen Flächen traditionell flache Terrassen an. Diese Gestaltung eignet sich für Gärten ebenso wie für Olivenhaine. Die Pflanzen wachsen hier auf horizontalen Flächen.

Hanglagen sind häufig problematisch, bieten aber auch Vorteile. Sie werden oft nur als nachteilig betrachtet, aber bei phantasievoller und einfallsreicher Gestaltung können sie dynamische und faszinierende Elemente des Gartens sein. Man braucht sich nicht auf natürlich abfallendes Gelände zu beschränken, sondern kann Hanglagen auch künstlich anlegen. Das Abtragen und Auftragen des Bodens muß jedoch bereits zu Beginn der Planung bedacht werden.

Hänge zeigen fast immer menschliche Aktivitäten in der Natur an. Die ältesten noch erhaltenen Terrassierungen sind aus Ägypten bekannt. Sie wurden vor den königlichen Felsengräbern bei Theben gebaut. Ihre schlichte Schönheit war auch in römischen Anlagen zu finden und beeinflußte später die Renaissance-Gärten, die wiederum als Inspiration für die heutigen terrassierten architektonischen Gärten dienten. Die in Stufen nach unten führenden Pergolen im nordwalisischen Bodnant ermöglichen einen kontrastreichen Abstieg von den formalen Terrassen in das darunterliegende, mit exotischen Gehölzen bewachsene Tal. Wie auch in vielen italienischen Gärten wird die Hangneigung hier vorteilhaft genutzt; Stufen, Hänge und Stützmauern kommen vor schönen Ausblicken sehr gut zur Geltung.

Dies sind individuelle Elemente der Gartengestaltung. In aufwendigen Anlagen kann man sie auch miteinander verbinden. Die Kombination dieser natürlichen und künstlichen Formen kann einen intensiven Eindruck von Bewegung und Energie erzeugen und dem Garten eine plastische Dimension verleihen.

Das Spiel von Licht und Schatten auf ihren Flächen macht Stufen zu einem wichtigen Element der Gartengestaltung. Wenn möglich, sollten sie als gestalterische und nicht als rein funktionelle Bestandteile des Gartens behandelt werden.

Stufen und Treppen müssen schon zu Beginn der Planung bedacht werden, damit sie praktisch und sicher, gleichzeitig aber auch schön sind (siehe S. 232). Das Verhältnis von Auftrittsbreite zu Stufenhöhe bestimmt, wie gut sie zu begehen sind. Ein ungünstiges Verhältnis macht ihre Nutzung schwierig oder sogar gefährlich. Wenn man die Auftrittsbreite und die doppelte Stufenhöhe addiert, sollte man einen Wert von ungefähr 60 cm erhalten. Die Stufenhöhe sollte mindestens 15 cm und die Auftrittsbreite mindestens 30 cm betragen. Messen Sie die Stufen von Freilandtreppen, auf denen Sie bequem gehen können. In Gebäuden liegende Treppen eignen sich nicht für einen Vergleich, denn ihre Größenverhältnisse sind für Freilandverhältnisse unpassend, sie sind meistens zu steil.

Diese Größenangaben sind nützliche und praktische Anhaltspunkte, doch Regeln sind bekanntlich dazu da, nicht eingehalten zu werden, und Stufen sollen unterschiedlichen Zwecken dienen. Größere Auftrittsbreiten und kleinere Stufenhöhen lassen uns langsamer gehen und schaffen dadurch hübsche Übergänge. Wenn man dieses Prinzip weiterführt, entstehen elegante, geräumige Terrassierungen, die mit Möbeln, Skulpturen und anderen dekorativen Elementen ausgestattet werden können. 1982 zeigte der schwedische Landschaftsarchitekt Preben Jakobsen bei einer Gartenschau einen unkonventionellen Ansatz zur Gestaltung von Hanglagen: einen wunderschönen, mit

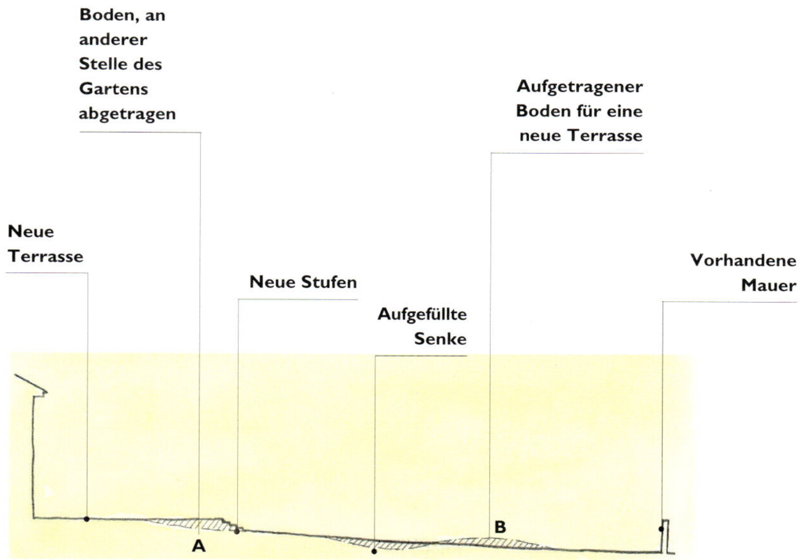

3

3 Die Zeichnung zeigt, wie man das Gelände durch Abtragen und Anfüllen von Erde umgestalten kann. Hier wurde Boden aufgebracht, der aus einem anderen Teil des Gartens stammt. Dadurch konnten zwei Terrassen angelegt werden. Die unterschiedlich hohen Bereiche sind durch Stufen miteinander verbunden.

4 Diese sorgsam angelegten kleinen Terrassen mit Stützmauern aus Naturstein bilden bepflanzbare Nischen und verbinden außerdem Haus und Garten.

Ziegelsteinen gestalteten Garten, der aus gepflasterten und bepflanzten Ebenen bestand und auch spiegelnde Wasserflächen einschloß.

Stufen müssen gut sichtbar sein, denn sie können auch eine Gefahr darstellen. Wenn sie bei Dunkelheit regelmäßig betreten werden, sollte man sie beleuchten (siehe S. 244). Am besten legt man mindestens zwei Stufen hintereinander an, denn eine einzelne Stufe wird leicht vergessen oder übersehen. Eine nach vorn etwas überstehende Auftrittsfläche wirft einen Schatten, der die Stufe besser sichtbar macht. Bei langen Treppen an steilen Hängen sollte man nach jeweils acht Stufen ein Podest einplanen. Wenn die Stufen leicht rutschig werden oder das Land sehr steil abfällt, sollte ein Geländer berücksichtigt werden. Gleiches gilt, wenn ältere oder behinderte Menschen oder kleine Kinder die Treppe benutzen.

Stufen können auch als fest eingebaute Sitze dienen, die einer Reihe von Terrassen ähneln. In diesem Fall ist eine Stufenhöhe von 35 cm ratsam. So hohe Stufen sind schwer zu ersteigen, aber es ist angenehm, auf ihnen zu sitzen. Neben solchen Stufen sollte eine Treppe verlaufen, über die man besser gehen kann – einem Amphitheater vergleichbar. Die Treppenränder können unterschiedlich gestaltet sein. Wenn genug Platz zur Verfügung steht, kann man Stufen in die umliegenden Hänge führen lassen, so daß gepflasterte und bepflanzte Flächen ineinander übergehen. Die architektonische Qualität der Treppen läßt sich aber auch durch neben ihnen verlaufende Mauern betonen. Wenn die Stufen ein leichtes Gefälle aufweisen, kann Wasser rasch ablaufen. Neben einer längeren Treppe sollte man einen Graben anlegen, der auch eine gute seitliche Begrenzung ist.

Durch Treppen lassen sich Höhenunterschiede im Garten sehr gut überwinden, doch für Rollstuhlfahrer und viele ältere Menschen sind sie ungeeignet. Rampen steigen sanfter an, nehmen aber deutlich mehr Platz ein. Sie sollten höchstens eine Steigung von 8 % aufweisen. (Das entspricht einer Höhendifferenz von 8 cm auf 1 m Strecke.) Ebenso wie Treppen sollten auch lange Rampen nicht durchgehend verlaufen. Man unterbricht sie ungefähr alle 10 m durch eine ebene Fläche. Für kleinere Gärten eignet sich oft eine Kombination von Treppen und Rampen.

Je steiler das Gelände abfällt, desto faszinierendere Möglichkeiten bietet die Gestaltung. An sehr steilen Hängen sind Stützmauern hilfreich, denn sie halten die Erde von neuen Ebenen, Terrassierungen oder Wegen fern. Weil die zurückgehaltene Erde großen Druck ausübt, müssen sie sehr stark sein. Stützmauern über 1 m Höhe müssen stabilisiert und mit Hilfe eines Fachmanns angelegt werden. Die meisten Stützmauern bestehen aus Ziegeln oder Steinen. Mauern aus zusammengesetzten Elementen (Profilsteinen und Konsolen) sind eine Neuerung und lassen sich leicht begrünen. Mit Kaskaden kletternder, bodendeckender oder alpiner Pflanzen sehen sie wunderschön aus und fügen sich trotz ihrer oft beachtlichen Größe harmonisch in den Garten ein. Vor allem Wasser macht Hanggärten attraktiv: Kaskadenartige Wasserläufe oder wasserspeiende Figuren faszinieren durch ihr Plätschern und Glitzern.

Um die architektonischen Formen von Stufen, Rampen und Stützmauern aufzulockern, können Sie die Hangflächen mit Sträuchern und Bodendeckern bepflanzen oder Rasen einsäen. Dadurch entstehen weiche und natürliche Konturen. Land, dessen Gefälle höchstens 33 % beträgt, kann mit Rasen begrünt werden. Der Übergang von ebenem zu abschüssigem Land muß jedoch langsam erfolgen, damit der Rasen problemlos gemäht werden kann. Unebenes Gelände wirkt viel interessanter als eine flache Ebene: Die Konturen werden zu einem dynamischen Element der Landschaft, dessen Formen durch unterschiedlichen Lichteinfall betont werden.

4

Der Rasen

In allen Gärten finden sich ausgefüllte und offene Bereiche. Die vorgesehene Nutzung und Ihr Geschmack entscheiden, ob Sie eine offene Fläche mit hartem Material pflastern oder durch Begrünen weich erscheinen lassen. Größere gepflasterte Flächen wirken oft schroff und nichtssagend. Gras ist eine viel weichere und ›benutzerfreundliche‹ Alternative. Ein Rasen gibt dem Garten etwas Ruhiges. Er hat eine schöne grüne Farbe und bietet Platz für Entspannung und Aktivität. In vielen Ländern blickt man neidisch auf den smaragdgrünen englischen Rasen und kopiert das Gleichgewicht zwischen glatten grünen Flächen und eindrucksvollen Rabatten. Durch seine gleichförmige, einheitliche Struktur ist der Rasen ein perfekter Hintergrund für Pflanzen. Außerdem ist es sehr angenehm, barfuß darüber zu gehen oder den Duft eines frisch gemähten Rasens einzuatmen.

Rasen besteht meistens aus verschiedenen Gräsern, deren Kombination sich nach der vorgesehenen Nutzung richtet. Feine Gräser (Straußgras und Schwingel) werden überwiegend für hochwertigen Zierrasen und für Sportanlagen verwendet, z. B. für Golf- und Tennisplätze, wo es beim Spiel auf Genauigkeit ankommt. Ein regelmäßig genutzter Rasen, auf dem beispielsweise Kinder spielen, muß aus robusteren Gräsern bestehen. Hier kommen Wiesenrispe und Weidelgras in Frage. Diese Gräser sind nicht so fein und dürfen nicht so kurz geschnitten werden, wie es für Golf und Tennis nötig ist. Dank der züchterischen Bearbeitung werden heute aber neue Sorten angeboten, die teilweise recht feine Halme besitzen. In vielen Ländern ist die Auswahl jedoch begrenzt. Hier kann man auf einheimische Pflanzen zurückgreifen, die eine homogene Fläche als Rasenersatz bilden.

Bevor Sie einen Rasen planen, sollten Sie bedenken, daß er regelmäßig gepflegt und bei längerer Trockenheit gewässert werden muß. In Westeuropa waren die Sommer in den letzten Jahren sehr warm und trocken, und manche Fachleute befürchten, daß Rasen an ein sich erwärmendes Klima schlecht angepaßt ist. Aus diesem Grund wird bereits nach neuen Möglichkeiten Ausschau gehalten.

1

2

1 Dieses spiralförmige Muster im Tau ist ein prachtvoller, aber vergänglicher Blickpunkt eines frühen Herbstmorgens. Schon bald wird es vollständig verschwunden sein.
2 Neben diesem von Gänseblümchen geschmückten würde ein unkrautfreier Rasen ausdruckslos wirken. Ohne ›Unkrautbekämpfung‹ entfalten sie ihre ganzen Pracht.

3

Hier kommen ›Rasenflächen‹ aus Ziergräsern oder niedrigwüchsigen Kräutern in Frage, z. B. aus Kamille. Mit ihrer Struktur und ihrem Duft sind sie zwar erfrischende Alternativen zum traditionellen Rasen, aber sie werden ihn niemals vollständig ersetzen können. Weil sie selbst bei vergleichsweise geringer Nutzung leiden, bilden sie eher eine dekorative Bepflanzung. Auch Kies kommt als Rasenersatz in Frage, vor allem in kleinen Stadtgärten. Er ist eines der besten harten Materialien für offene Flächen, aber unter den Füßen nicht so sicher und weich wie Rasen.

FORM UND GRÖSSE

Die Form Ihres Rasens sollte vom Stil Ihres Gartens abhängen. Klare, deutliche Formen wie Quadrate oder Rechtecke bilden einen Kontrast zu den angrenzenden Pflanzen und erleichtern die Pflegearbeiten, vor allem das Mähen. Selbst in kleinen Gärten können die Rasenflächen oft größer sein als jedes Zimmer in der Wohnung, und dies ist ein großer Vorteil. Meiden Sie sehr kleine Rasenflächen und komplizierte Formen, denn hier wäre die Pflege sehr aufwendig. Wenn Sie die Größe Ihres Rasens planen, sollten Sie immer überlegen, wie Sie ihn gut mähen können. Eine Einfassung aus flachen Kantensteinen ist sehr praktisch, denn dann wird der Rand vom Mäher kurzgehalten. Einfassungen lassen den Rasen etwas formaler erscheinen.

Ein Rasen ist eine lebende Fläche, die bei übermäßiger Nutzung leidet. Der Eingangsbereich sollte möglichst breit sein und am besten parallel zu einer Terrasse oder einem Weg verlaufen. Anderenfalls kommt es vor, daß ein Teil des Rasens zu häufig betreten wird, so daß der Boden in Mitleidenschaft gezogen wird und sich Unkraut ansiedelt. Hanglagen eignen sich nicht immer für Rasen, an steilen Hängen ist das Mähen oft schwierig und gefährlich.

Für selten betretene Flächen kommen Blumenwiesen in Frage (siehe S. 180). Die häufig geäußerte Vermutung, daß sie keine Pflege benötigen, trifft nicht zu, aber sie sind pflegeleichter als ein Rasen. Sie gedeihen nur, wenn die Umweltbedingungen ausgeglichen sind und den Wildblumen ebenso wie den Gräsern zusagen. Der Kontrast zwischen hohen und niedrigen Gräsern bietet interessante Gestaltungsmöglichkeiten. Im englischen Oxfordshire nutzte der Gartenarchitekt David Hicks diesen Kontrast in seinem Garten sehr schön aus: Formale, gemähte und gewalzte Rasenflächen heben sich von den langen, vertikalen Halmen schimmernder Wiesengräser ab. Man kann auch Wege durch hohe Blumenwiesen schneiden und ihren Verlauf jedes Jahr ändern.

Rasenflächen lassen sich auf ganz individuelle Weise gestalten: Man kann sie lang werden lassen, kurz mähen oder Muster in sie schneiden, oder auch zahllose Gänseblümchen oder eingewanderte Zwiebelblumen in ihnen blühen lassen. Besonders schöne Effekte entstehen, wenn man frühmorgens den Tau abstreift und dadurch prächtige geometrische Muster erzeugt, die nur in der kurzen Zeit zwischen Sonnenaufgang und spätem Vormittag zu sehen sind, bevor die steigenden Temperaturen den Tau verdunsten lassen. Diese einfallsreiche Gestaltung gibt uns die Möglichkeit, jeden Tag ein neues Kunstwerk zu schaffen. Wie Sie Ihren Rasen behandeln, liegt ganz an Ihnen.

4

3 In Gebieten mit heißem Klima wirken Pflanzen durch ihre Formen und Farben beruhigend und entspannend. In diesem Garten im neuseeländischen Auckland wurden Terrasse und Grünfläche kombiniert. Statt des wasserbedürftigen Rasens wächst hier Klee.
4 Dieser Rasen wurde mit Hilfe unterschiedlicher Schnitthöhen architektonisch gestaltet. Das Nebeneinander der verschiedener Grashöhen ist ein einfaches, aber wirksames Gestaltungsmittel. Mit ihm kann man Muster erzeugen, die an mittelalterliche Knotengärten erinnern.

Elektrizität im Garten

■1

■2

■3

■1 Die Beleuchtung von unten verleiht diesem Garten in Sydney nachts eine dramatische Wirkung. Die vertikalen Bambushalme werden angestrahlt, und auf den Wänden sind Schatten zu sehen.
■2 Dieser australische Garten wurde von Vladimir Sitta gestaltet. Hier wird mit Strom eine Nebelmaschine betrieben und die Umgebung eines Schwimmbeckens beleuchtet.
■3 Automatische Schattierungen halten diesen Wintergarten kühl und schattig.

Die Elektrizität hat den modernen Garten stark verändert und die Möglichkeiten seiner Nutzung und Gestaltung beträchtlich erweitert: Arbeitsflächen, Sommerhäuser und Gewächshäuser können mit Strom versorgt werden, Wasserspiele und Gartenbeleuchtung arbeiten auf Knopfdruck. Weil die Installation elektrischer Leitungen und Anschlüsse schwierig und manchmal auch gefährlich ist, können Sie bei der Planung einen Elektriker zu Rate ziehen. Bei den praktischen Arbeiten sollten Sie dies stets tun.

Viel zu häufig wird erst an die Stromversorgung gedacht, wenn der Garten bereits fertig ist. Es ist jedoch sinnvoll, dies schon zu Beginn der Planung zu tun, denn die im Boden verlaufenden elektrischen Leitungen müssen dick isoliert sein (Erdkabel) und aus Sicherheitsgründen in einer Bodentiefe von mindestens 60 cm liegen. Sicherheitshalber sollten die Kabel in einem schützenden Leerrohr verlaufen. Wenn man in einem fertigen Garten 60 cm tiefe Gräben anlegt, richtet man natürlich Schäden an. Werden die Kabel jedoch bei der Anlage des Gartens verlegt, kann man die Gräben an den dafür besten Plätzen ausheben. Lassen Sie die Kabel möglichst nahe an den Grenzen des Gartens oder den Kanten von Rasenflächen verlaufen, und meiden Sie Bereiche, die häufig umgegraben und neu bepflanzt werden. Es ist hilfreich, den Verlauf der Kabel in Ihren Gartenplan einzuzeichnen.

Überlegen Sie, wo Sie Steckdosen benötigen, um z. B. den Rasenmäher oder andere elektrische Geräte zu betreiben. Wenn Sie ein Wasserspiel haben, sollten Sie auch an eine Elektropumpe denken. Die Schalter der Außenbeleuchtung sollten sich möglichst im Haus befinden, Lichtschalter und Steckdosen innerhalb der Gartengebäude. Der im Freien verlaufende Stromkreis sollte eine zusätzliche Sicherung erhalten.

DIE BELEUCHTUNG

Die Außenbeleuchtung läßt sich auf vielfältige Weise einsetzen (siehe S. 244). Wenn man eine Kombination verschiedener Möglichkeiten wählt, kann man den Garten nachts sehr schön beleuchten. Systeme, die mit 12 oder 24 Volt betrieben werden, sind kostengünstiger und einfacher zu installieren als mit Netzstrom betriebene, und sie spenden ein sehr schönes Licht. Anschlüsse und Zubehör sind klein und können leicht im Garten

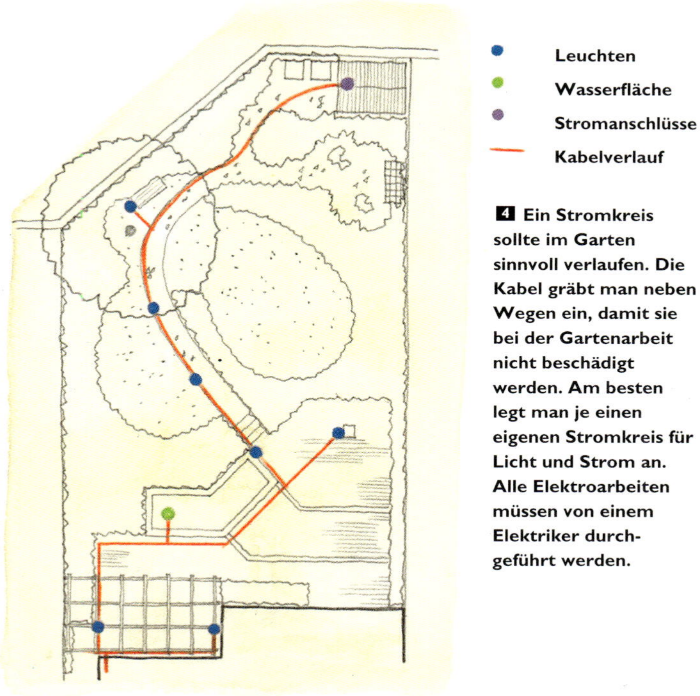

4 Ein Stromkreis sollte im Garten sinnvoll verlaufen. Die Kabel gräbt man neben Wegen ein, damit sie bei der Gartenarbeit nicht beschädigt werden. Am besten legt man je einen eigenen Stromkreis für Licht und Strom an. Alle Elektroarbeiten müssen von einem Elektriker durchgeführt werden.

5 Hier wird eine im Zentrum befindliche Pumpe mit Strom betrieben. Sie speist die Fontänen mit Wasser und bringt dadurch Verspieltheit und Dynamik in den kleinen, von Shodo Suzuki gestalteten öffentlichen Garten in Japan.

versteckt werden. Solche Niederspannungsanlagen werden von einem Transformator gespeist, der witterungsbeständig sein sollte. Die Kabel müssen nicht tief in der Erde vergraben werden, sollten sich aber in einem Leerrohr befinden. Auch hier ist es sinnvoll, den Verlauf der Kabel zu markieren oder aufzuzeichnen.

Ein Nachteil ist jedoch der Spannungsabfall über größere Entfernungen. Die maximale Reichweite von ungefähr 30 m ist auch in kleinen Gärten wenig; vor allem, wenn der Transformator im Haus steht. Oft ist es besser, den Transformator an einer zentralen Stelle im Garten unterzubringen und an das Stromnetz anzuschließen. Von diesem Transformator können Sie mehrere Stromkreise ausgehen lassen, wenn Sie entschieden haben, wo Ihre Leuchten stehen sollen.

Der Spannungsabfall steht auch mit der Zahl der angeschlossenen Leuchten und dem Querschnitt des Kabels in Zusammenhang. Ein Abfall um 5 % ist akzeptabel. Dies entspricht einem Spannungsverlust von 0,6 Volt in einem mit 12 Volt arbeitenden System. Die Ausgangsspannung des Transformators darf nur um ± 10 % von der Betriebsspannung der Leuchten abweichen. Ein im Freien befindlicher Transformator sollte sich mindestens 10 cm über dem Erdboden befinden, er kann z. B. an einer Mauer befestigt werden. Denken Sie an die Wartung Ihres Beleuchtungssystems, bevor Sie es installieren! Verzichten Sie auf interessante Effekte, für die Ihre Leuchten an schlecht zugänglichen Plätzen stehen müssen, so daß Sie nur mühsam eine Birne wechseln können.

WASSER

Nicht nur Beleuchtung, Rasenmäher und Bewässerungssysteme werden mit Strom betrieben, sondern auch Springbrunnen und wasserspeiende Figuren. Da Wasser und Strom zusammen tödliche Unfälle verursachen können, ist die Sicherheit bei Installation und Nutzung von größter Bedeutung. Die meisten Pumpen und Unterwasserleuchten werden heute mit Sicherheitskabeln verkauft. Das Kabel muß stets so lang sein, daß es nicht belastet wird, wenn man das Gerät bewegt.

Die Kabelverbindungen (Muffen) müssen aus Sicherheitsgründen außerhalb des Wassers liegen. Die meisten Wasserbecken bestehen aus Beton oder Kunststoffolie. Da Kunststoffolie nicht durchbohrt werden darf, ist es einfacher, das Kabel über der Folie bis zum oberen Rand des Beckens zu verlegen und es dann neben oder unter einer gepflasterten Fläche zu vergraben. Weil das Kabel über die Kante der Beckenabdichtung verlaufen muß, ist es an dieser Stelle zwangsläufig gut sichtbar und leicht zu beschädigen. Verstecken Sie es daher möglichst, beispielsweise durch einen bepflanzten Kübel, und lassen Sie es aus Sicherheitsgründen stets durch ein Leerrohr verlaufen.

Für sehr kleine Wasserspiele eignen sich vor allem Unterwasserpumpen, die man leicht auf dem Boden des Beckens verstecken kann. Außerhalb des Wassers müssen Pumpen separat untergebracht und verdeckt werden. Weil sie recht laut arbeiten, sollten sie in ausreichender Entfernung von den wichtigsten Aufenthaltsorten und Wegen stehen.

Dränage und Bewässerung

1

2

Wasser ist im Garten ein besonders kostbares Gut. In manchen Ländern ist es sehr knapp, in anderen kommt es im Überfluß vor. Die Bauern haben schon früh versucht, den Wasserhaushalt ihrer Felder zu regulieren, um günstige Bedingungen für ihre Pflanzen zu schaffen. Diesem Beispiel folgen die Gartenfreunde, um die verschiedensten Pflanzen zu kultivieren. Viele Fachleute raten, sich an die gegebenen Klimaverhältnisse anzupassen und nicht auf Dränagesysteme oder künstliche Bewässerung zurückzugreifen. Manchmal ist so etwas jedoch erforderlich, beispielsweise wenn Überschwemmungen verhindert oder auf einem sehr trockenen Standort zahlreiche Pflanzen angebaut werden sollen.

DRÄNAGE

Undurchlässige Böden in sehr niederschlagsreichen Gebieten machen oft ein Dränagesystem erforderlich. Dies gilt besonders für Tonböden, denn sie nehmen sehr viel Wasser auf und vernässen leicht, vor allem wenn sie während des Hausbaus von schweren Maschinen verdichtet wurden. Auf anderen Böden entstehen manchmal harte Krusten, durch die Wasser kaum versickern kann. Wo der Grundwasserspiegel an der Bodenoberfläche oder ein wenig unter ihr liegt, drohen Überschwemmungen. Dort steht fast immer mit jahreszeitlichen Schwankungen Wasser auf dem Boden. Beobachten Sie Ihren Boden eine Zeitlang, bevor Sie entscheiden, ob Sie eine Dränage benötigen!

Es gibt verschiedene Dränagesysteme – vom einfachen, mit Kies gefüllten Graben bis zu komplizierten, gitter- oder fischgrätenartig aufgebauten Anlagen. Die meisten Systeme nutzen die Schwerkraft aus. Die Dränrohre werden mit einem geringen Gefälle verlegt, so daß das Wasser abfließt. Pumpenbetriebene Systeme eignen sich vor allem für sehr niedrig gelegene Flächen. Die früher üblichen Rohre aus gebranntem Ton wurden von Kunststoffrohren mit wellenförmiger Wandung und eingestanzten Öffnungen

1 In einem großen Garten ist ein Wasseranschluß unverzichtbar. Ein Schlauch würde vom Haus aus nicht weit genug reichen. Dieser Wasseranschluß wird von einer niedrigen Hecke versteckt.
2 In Terence Conrans südfranzösischem Garten wird Wasser aus einem Bach umgeleitet, um die terrassierten Beete zu bewässern, wenn dies nötig ist. In heißem, trockenem Klima lohnt es sich, für eine automatische künstliche Bewässerung zu sorgen.

3

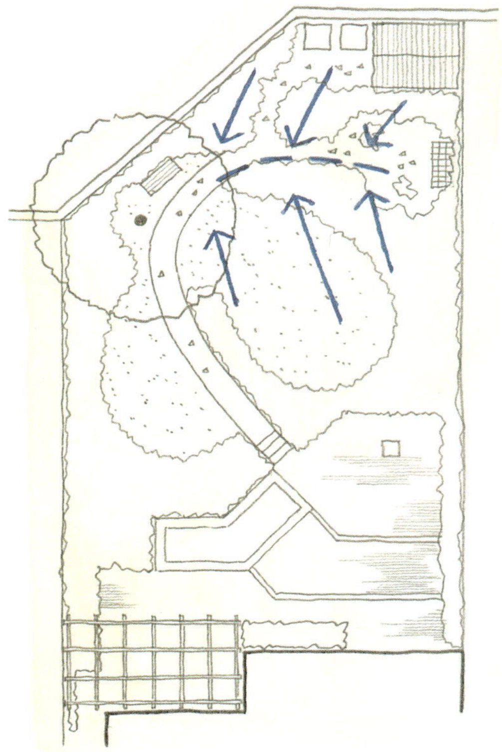

4

3 Neben einer flachen Stufe wurde ein unauffälliger Metallrost installiert, durch den überschüssiges Regenwasser abfließen kann. Die Terrasse besitzt ein leichtes Gefälle, so daß das Wasser gut abläuft.
4 In dieser Senke sollte ein einfaches Dränagesystem installiert werden, damit es nicht zu Staunässe kommt. Ein mit Kies gefüllter Entwässerungsgraben unter dem Kiesweg und ein leichtes Gefälle im Rasen leiten das überschüssige Wasser hinein.

abgelöst, die leichter zu installieren und haltbarer sind. In Verbindung mit Dränagesystemen werden häufig nicht verrottbare Gewebe genutzt, die feine Bodenteilchen und Sedimentpartikel zurückhalten und so verhindern, daß die Rohre verstopfen. Unterirdische Dränagesysteme sind unter Rasen, Rabatten und gepflasterten Flächen versteckt.

Eine Oberflächendränage sorgt dafür, daß das Wasser von einer gepflasterten Fläche gut abfließen kann. Diese sollte stets ein leichtes, kaum wahrnehmbares Gefälle aufweisen, damit das Wasser in einen Graben oder Kanal fließen kann und dann in einen Sickerschacht oder in ein nahe der Oberfläche verlaufendes Dränrohr gelangt. Meistens arbeitet man mit einem Gefälle von 1,6 %. Die Gräben können unauffällig sein, aber auch einen deutlichen Bestandteil der gepflasterten Fläche darstellen und aus Material mit anderer Farbe oder unterschiedlicher Struktur bestehen. Das von kleinen Terrassen abfließende Wasser kann man neben der befestigten Fläche versickern lassen, sofern der Boden durchlässig ist.

Sickerschächte sind eine Alternative zu aufwendigen Dränagesystemen. Es sind große, mit Kies oder Steinen gefüllte Gruben, aus denen das Wasser über einen längeren Zeitraum in den umliegenden Boden sickern kann. Sie sollten in ausreichender Entfernung von wichtigen Gartenteilen und Gebäuden liegen und eignen sich nicht für Tonböden.

BEWÄSSERUNG

Sehr vorteilhaft ist es, im Garten einen Wasserhahn zu haben. Er kann sich an einer Hauswand befinden. Sie können aber auch eine Wasserleitung im Garten verlegen, so daß der Wasserhahn an einer optimalen Stelle liegt.

Eine Bewässerung ist vor allem dort nötig, wo der Wassermangel große Probleme verursacht. Auch in Ländern mit feuchterem Klima ist es heute jedoch üblich, Gärten künstlich zu bewässern. Eine gute Wasserzufuhr verbessert Wachstum und Gesundheit der Pflanzen erheblich. Die Auswahl an Bewässerungssystemen ist groß und reicht von einem einfachen perforierten Schlauch, der auf dem Boden liegt und das Wasser langsam in den Boden sickern läßt, bis zu computergesteuerten Sprühanlagen und Regnern, die teilweise sogar im Boden versenkt werden können. Aufwendige Systeme müssen vor dem Anpflanzen oder Einsäen installiert werden, da sonst größere Schäden entstehen.

Ob man künstlich bewässern soll, ist zunehmend umstritten. Viele Gartenarchitekten und Gartenbesitzer ziehen es vor, mit den natürlichen Standortverhältnissen zu arbeiten. In der relativ trockenen südostenglischen Grafschaft Essex hat Beth Chatto auf einem früher als Parkplatz genutzten Gelände einen Garten angelegt, der fast kein zusätzliches Wasser benötigt. Die Pflanzen wachsen in einer Kiesschicht, und der Garten ist das ganze Jahr über farbenfroh und schön. Frisch gesetzte Pflanzen werden einmal gewässert und dann sich selbst überlassen. Wenn sie eingehen, werden sie entfernt. Am Black and White Cottage im englischen Surrey nutzt der Gartenarchitekt Anthony Paul die Feuchtigkeit des Flußtals, in dem sein Garten liegt, und zieht Pflanzen mit großen und schönen Blättern, die an feuchte Standorte angepaßt sind.

Deutsche Gartenarchitekten führten die großflächige Verwendung von standortgerechten, miteinander harmonierenden Stauden ein. Am Ende des 20. Jahrhunderts setzen diese Gartenarchitekten eine veränderte Vorstellung von der Bepflanzung um: Sie verbinden ihre gartenbauliche Kunst mit gestiegenem Umweltbewußtsein.

GÄRTEN ZUM LEBEN

Schon immer zeigten Gärten, was ihre Besitzer brauchten und schätzten. In ihnen gestaltete der Mensch die Landschaft nach seinen Vorstellungen. Gute Beispiele hierfür sind die sorgfältig abgeschirmten Blumengärten des Mittelalters, die aufwendigen italienischen Terrassengärten in der Renaissance, die komfortablen englischen Lauben der Jahrhunderwende und die amerikanischen Landhausgärten.

Heute sind Platz und Zeit knapp, so daß der Garten kostbarer ist als jemals zuvor. Uns steht immer weniger Raum zur Verfügung, aber wir möchten den Garten immer vielfältiger nutzen. Viele Inspirationen, die zur Lösung der hier möglichen Konflikte beitragen können, stammen von kalifornischen Gartenarchitekten, die nach 1945 wirkten. Thomas Church war einer der ersten, die Gärten für das moderne Leben gestalteten, dabei auf Schönheit achteten und die Besonderheiten des Standorts berücksichtigten.

Heute erfüllt der Garten vielfältige Funktionen. Er beherbergt Zierpflanzen mit schönen Farben, Düften oder Formen ebenso wie Obst und Gemüse, er bietet Bereiche zum Entspannen und für laute Spiele. Man kann in ihm sitzen, kochen, essen, reden, lesen oder schwimmen, und er bildet eine Brücke zur Natur. Vielleicht soll Ihr Garten aber noch mehr Wünsche erfüllen?

Zu Beginn sollten Sie eine klare Vorstellung davon entwickeln, was Ihr Garten für Sie sein soll. Wenn Sie mit der Planung beginnen, stellen Sie sich am besten vor, wie Sie durch den Garten gehen, und wie sich die verschiedenen Aktivitäten miteinander verbinden lassen. Wenn Ihre Vorstellungen bereits in diesem frühen Stadium der Planung klar sind, steht einem ausdrucksstarken, gelungenen Garten nichts mehr im Weg.

Die Abendsonne vergoldet einen Kreis rustikaler Stühle in einem Gehölzbestand. Dieser einfache Anblick erfüllt viele der heute oft gegensätzlichen Erwartungen, denen ein Garten entsprechen soll: Zufluchts- und Einkehrmöglichkeit, Ort von Einsamkeit und Geselligkeit, Aufeinandertreffen von Kultur und Natur, ein ganz privates Paradies.

BLICKFÄNGE UND SCHWERPUNKTE

Blickfänge und Schwerpunkte machen einen Garten besonders schön. Skulpturen, Statuen, Urnen, Bänke und Sommerhäuser sorgen für Dynamik und Abwechslung. Sorgsam ausgewählte Blickfänge sind sehr eindrucksvoll und geben dem Garten etwas ganz Persönliches.

Wo beginnt man? Auch ein sehr voller Garten ist reizvoll, aber am besten arbeiten Sie von den vielen kleinen Einzelheiten auf eine einzige Idee hin, die dann das Hauptthema des Gartens bildet. Derselbe Blickfang kann sehr unterschiedlich wirken. Wasser fließt Kaskaden und Kanäle oft sehr rasch herunter. Im Garten der Villa Lante in der Nähe von Rom fließt das Wasser der prächtigen Kaskade zwischen den Scheren eines steinernen Krebses hindurch und sammelt sich im Brunnen der Riesen. Ganz anders wirkt eine stille, dunkle Wasserfläche, in der sich die Wolken spiegeln. Ein Sommerhaus kann als Schwerpunkt dienen, aber auch versteckt sein. Eine Bank kann so aufgestellt werden, daß man von ihr aus einen Anblick genießen kann oder sie selbst zu einem Blickfang wird.

Zierende Elemente erinnern uns an andere Zeiten und Orte: Maurische Keramikfliesen *(azulejos)*, mit denen Springbrunnen, Wasserbehälter und Pavillons geschmückt wurden, bringen ein spanisches Element ein; eine massive steinerne Urne, die einen städtischen Hof ziert, ist eine verspielte Erinnerung an klassische Gärten; eine einfache Loggia, die eine Aussicht rahmt, läßt an Kalifornien denken. Wir können uns von der Vergangenheit inspirieren lassen, aber die meisten städtischen Gärten unserer Zeit können diese Pracht kaum aufnehmen. Die Herausforderung besteht also darin, neue Gestaltungsweisen zu entwickeln, die in unsere Zeit passen. Ein mit Bedacht plazierter Kübel oder ein Formschnittgehölz, ein Springbrunnen, eine Bank, ein einfaches Sommerhaus aus Holz, die Steine und das Treibholz in Derek Jarmans Garten in Dungeness (Kent) – all diese Blickfänge lassen uns den Garten genießen.

Wenn der Garten nicht ganz abgeschlossen ist, sollte die Umgebung das Aussehen des Gartens beeinflussen. Ein architektonischer englischer Garten sieht ganz anders aus als ein architektonischer amerikanischer Garten, und ein moderner französischer Garten unterscheidet sich von einem zeitgenössischen japanischen. Bei einer guten Gestaltung verstärken Blickfänge und Schwerpunkte den Einfluß des Standorts, ohne seine Individualität zu beeinträchtigen.

Ein Blickfang in einem Garten kann groß oder klein sein – wie ein Bild in einer Wohnung. Von nahem betrachtet, lenkt dieser Blickfang das Auge in seine Mitte. Aus der Entfernung hebt er die Laune und leitet auch den Blick nach oben. Wenn sie sorgsam ausgewählt wurden und sich ihre Größe gut einfügt, beleben Blickfänge den Garten.

Wintergärten und Glasbauten

Wintergärten und Glasbauten versinnbildlichen Pracht, Stil und Liebe zu Exotischem. Ihre Besitzer möchten den Garten das ganze Jahr über genießen. Weil man das Klima eines Wintergartens oder Glasbaus verändern kann, kann man darin alle Pflanzen ziehen, die man liebt. Möblierte Wintergärten sind ein Teil des Hauses, aber mit ihren Fenstern, ihren Glastüren und ihrer frischen Luft schaffen sie eine Verbindung zum Garten.

Die ersten Glasbauten, die Orangerien, gehörten den Mächtigen und Wohlhabenden, die eine Leidenschaft für exotische Früchte hatten. Bei den Adeligen Mitteleuropas waren sie seit der Mitte des 16. Jahrhunderts sehr beliebt, selbst in Rußland fand man sie. Mit der Einführung neuer Techniken bei der Eisenverarbeitung und Glasherstellung entstanden im viktorianischen England große Glaspaläste, z. B. das von Sir Joseph Paxton gestaltete Great Conservatory in Chatsworth, Derbyshire. Die heutigen Glasbauten und Wintergärten sind bescheidener, doch auch in ihnen kommt die Leidenschaft für dekorative Pflanzungen zum Ausdruck.

Glasbauten sind freistehend, Wintergärten grenzen an die Wohnräume des Hauses an. Durch sorgsame Planung kann man diese Einheit von Haus und Garten unterstreichen, indem man beispielsweise den Boden innen und außen mit dem gleichen Material befestigt und die Pflanzungen ähnlich gestaltet.

Wintergärten und Glasbauten sollten zu Stil, Größe und Gestaltung des Hauses passen. Ein Wintergarten im Stil der Jahrhundertwende sieht bei den meisten modernen Hausern deplaziert aus, während ein modern gestalteter Wintergarten hier harmoniert. Sie können einen passenden Wintergarten bei einem Architekten in Auftrag geben oder eine der vielen Firmen wählen, die vorgefertigte Wintergärten anbieten. Dank neuer Techniken und Baumaterialien ist das stützende Material vieler Wintergärten kaum noch sichtbar, so daß sie zu Häusern jeden Alters passen.

2

1

3

4

1 Dieser Wintergarten in Mount Vernon, Virginia, verbindet Innen und Außen durch hohe Orangerie-Fenster und den weichen Bodenbelag. Alte Gartengeräte strahlen Ordnung und Zurückhaltung aus.
2 Ein hübscher Teil eines Wintergartens: tropische Pflanzen wachsen direkt im Boden und umgeben die Sitzecke. Das spärlich bepflanzte Innere bleibt ausgespart.

3 Der dschungelartige Bewuchs hebt sich in dieser alten Pariser Fabrik von den klaren Linien der Metallstreben und des Holzdecks ab.
4 Die Atmosphäre in diesem Künstlerstudio entsteht durch die Nähe zu den Pflanzen.
5 Glasbauten müssen nicht an das Haus grenzen. Dieser Pavillon aus Aluminium, Kunststoff und Holz befindet sich am Rand eines Gehölzbestands.

5

6

7

8

6 Energiesparend: Die Lüftungsklappen versorgen das Haus mit frischer Luft. Die Luft wird durch einen Wärmeaustauscher abgekühlt und erneut in Umlauf gebracht.
7 Die beste Inspiration ist die Umgebung: Im Dschungel spendet ein Baum der Terrasse Schatten.
8 Nicht üppige Pflanzen, sondern der Raum bildet ein geometrisches Extrem.

Der Wintergarten sollte so angelegt werden, daß er der heißen Mittagssonne nicht lange ausgesetzt ist, denn Hitze und Trockenheit lassen die Pflanzen welken und fördern den Befall durch Schädlinge und Krankheiten. Wenn die Temperaturen nachts sehr viel niedriger sind als tagsüber, muß man vor allem in Dachhöhe für eine gute Belüftung sorgen. Blenden und getöntes oder Wärmestrahlen reflektierendes Glas verhindern zu starkes Aufheizen. Doppelverglasung und Heizungssysteme lassen es nicht zu kalt werden. Man muß berücksichtigen, daß gewässert, gedüngt, gespritzt und gelegentlich umgetopft werden muß. Außer in sehr kleinen Wintergärten sind daher eine dauerhafte Wasserquelle und ein unempfindlicher Bodenbelag erforderlich.

Welche Pflanzen Sie wählen, hängt von dem Klima ab. Wenn Sie einen Dschungel lieben, aber nicht dessen feuchtwarmes Klima, können Sie Pflanzen gemäßigter Gebiete verwenden, z. B. Weinreben und Zimmerlinden. Wenn die Pflanzen in Stufen angeordnet sind, erhalten sie viel Licht. Spaliere oder an der Wand befestigte Drahthalterungen eignen sich für schnellwüchsige Kletterpflanzen. Vielleicht wollen Sie den Wintergarten aber auch sparsam gestalten, damit er nicht vom Blick in den Garten ablenkt?

Wasser betont das Licht und seine im Tagesverlauf unterschiedliche Intensität. Ruhige, dunkle Wasseroberflächen reflektieren ebenso wie Glas, das Glitzern fließenden Wassers spiegelt sich an den Pflanzen, gepflasterten Flächen und Möbeln.

Ein möblierter Wintergarten ist besonders schön, wenn man Gartenmöbel aus Rohr, Rattan oder Metall in ihm aufstellt und Kübelpflanzen in Gruppen anordnet, so wie man es bei einem Patio oder einer Terrasse tun würde. Die Gestaltung des Raums hängt von der gewünschten Nutzung ab. So träumte Russell Page von einem ebenerdigen Raum, der teils Arbeitszimmer, teils Bibliothek, teils Studio und teils Geräteschuppen mit Platz für »all' die Ergänzungen und Hilfen für die Hände des Gärtners« sein sollte.

Sommerhäuser und Aussichtstürmchen

1

2

Sommerhäuser und Aussichtstürmchen (›Gazebos‹) geben einem Garten etwas Verspieltes und Romantisches. Sie bestehen oft aus leichtem Material und regen dazu an, mit Formen und Ideen zu spielen. In den phantastisch erscheinenden Gärten, die der Baron de Monville Ende des 18. Jahrhunderts schuf, befand sich ein zugewachsenes pyramidenförmiges Haus. (Das Haupthaus ähnelte einer gigantischen abgebrochenen Säule.) Natürlich können heutige Themen und Materialien ebenfalls Anregungen liefern!

Stil und Gestaltung des Gebäudes sollten von der geplanten Nutzung abhängen. Ein stilles Refugium, in dem Sie mit Ihren Gästen sitzen und essen, sollte anders gestaltet werden als ein Aussichtspunkt. Denken Sie immer daran, wie Sie Ihren Garten nutzen und genießen wollen.

Traditionellerweise sollten alle Elemente im Garten einfach gestaltet und in Material und Stil auf die umgebenden Gebäude abgestimmt werden. Dies ist sinnvoll, aber Sie können auch ruhig mutiger sein. Gartenschauen und Gartenzeitschriften stellen zahlreiche Gestaltungsmöglichkeiten vor, die Sie nach Ihren eigenen Vorstellungen verändern können. Einige der schönsten Bücher über die Gestaltung von Sommerhäusern stammen aus dem 18. Jahrhundert, der Stil der Häuser reicht von gotisch und chinesisch bis zur rustikalen Groteske und palladianischen Strenge.

Vielleicht möchten Sie das Sommerhaus sanft in seine Umgebung einfügen und Details des Hauses, wie Fenster- oder Dachformen, darin wiederholen. Sie können sich auch durch meisterhafte Werke wie die des amerikanischen Gartenarchitekten Thomas Church inspirieren lassen. Seine luftigen, an Teichen liegenden Loggien und mit Gitterwerk verzierten Pavillons fügen sich wunderbar in ihre im typisch kalifornischen Stil gehaltene Umgebung ein. Ein Sommerhaus, in das man sich zurückziehen möchte, sollte aus dunklen Materialien bestehen und eine einfache Form besitzen. Besonders heimelig wirkt es, wenn es von Pflanzen eingehüllt wird. Als Schwerpunkte gedachte Sommerhäuser werden hell und auffällig gestaltet. Aus Glas, Beton und Stahl kann man einen Pavillon errichten, der sowohl einfach als auch elegant ist.

Aussichtstürmchen bieten eine schöne Aussicht über den Garten und über dessen Grenzen hinweg. Hübsche Beispiele dafür sind die aus der Zeit Jakobs I. stammenden gemauerten Türmchen in Montacute im englischen Somerset. Auch die Begriffe ›Belvedere‹ und ›Mirador‹ bezeichnen erhöht liegende Gebäude. Aussichtstürmchen sind aus vielen Kulturen bekannt: von osmanischen Pavillons, die einen Blick über den Bosporus boten, bis zu japanischen Bauten, die zur Beobachtung des Mondes gebaut wurden.

Viele Türmchen sind an den Seiten offen, damit man verschiedene schöne Aussichten genießen kann. Manchmal sind die Seiten mit hölzernem Gitterwerk oder Eisenverzierungen geschmückt. Einige sind oben offen oder lassen sich durch Segeltuchbahnen verschließen, so daß man tagsüber geschützt ist, nachts aber die Sterne sehen kann. In großen Gärten und Landgärten erlaubt ein an der Gartengrenze stehendes Türmchen oft einen wunderbaren Blick über die Landschaft. Sie dienten aber auch als Blickfänge.

1 Dieses offene Gebilde ist weder ein Aussichtstürmchen noch ein Sommerhaus. Es verschmilzt mit seiner Umgebung und lädt zwischen Gehölzen und einer Wildblumenwiese zum Sitzen ein. Bei schlechtem Wetter kann das Dach abgedeckt werden.
2 Die Arbeitswelt ändert sich. Gartengebäude dienen auch als Büros. Dieses solide hölzerne Sommerhaus liegt zwischen Baumfarnen versteckt und ist an allen vier Seiten durchsichtig. Ein idealer Platz zum Schreiben!

3

3 Dieses moderne Aussichtstürmchen trägt den Namen ›Conran's folly‹ und erhebt sich 6 m hoch über die Landschaft von Berkshire. Es wurde von Tom Heatherwick als Gartenversteck für Zigarrenraucher angelegt und verdankt seine gewundene Form 500 identischen Hölzern.
4 Der offene Holzrahmen und das überstehende Holzdeck gehen sanft in die Landschaft über. Farbe, Material und Form betonen die Stille des tiefblauen Wassers und die naturnahe Bepflanzung.

4

5 Ein Aussichtstürmchen steigt aus dem nebligen Wald auf. Es ist zeitgemäß gestaltet und fügt sich gut in die Umgebung ein, denn seine Steine wiederholen sich in den Stufen, Stützmauern und Trockenmauerwänden. Es scheint in dem Hügel verwurzelt zu sein.

5

6

7

6 Stühle mit offenen Lehnen und ein runder Tisch passen gut zu den Gitterwänden dieses kreisrunden Gebäudes, in das man sich gut zurückziehen kann. Der Übergang nach draußen verschwimmt.

7 Klare Linien und weiße Mauern bilden einen Blickfang zwischen Gehölzen. Dieses Sommerhaus ähnelt einer Skulptur und scheint von seiner Umgebung isoliert zu sein.

8 Dieses nestähnliche Gebäude stellt eine Verbindung zu natürlichen Formen her und erscheint dadurch vital.

8

Lauben, Pergolen und Bögen

1

2

3

1 Mit ihren überhängenden Blütenständen ist die Glyzine weltweit eine beliebte Kletterpflanze. Kräftige Querbalken geben ihr Halt.
2 Diese efeuumrankte Laube ist so geometrisch wie der geschnittene Buchsbaum und paßt gut zu der kunstvollen Steinbank. Die lockere Bepflanzung dahinter mildert die Strenge.
3 Ein Tunnel aus ineinander verflochtenen, sommergrünen Stechpalmen schafft Kontraste: Er führt ins Licht, und Pflanzenformen umrahmen die Ränder der türartigen Öffnung in der Hecke.
4 Yves Saint Laurents Fußweg in ›Majorelle‹ (Marrakesch) ist wie der ganze Garten in Blau gehalten. Unter dem Blätterdach ist auch die Hitze erträglich.

Lauben, Pergolen und Bögen sind zur Strukturierung des Gartens gut geeignet, denn sie verbinden, trennen und geben Volumen und Höhe. Vor allem in Gebieten mit heißem Klima ermöglichen sie das Spiel mit Licht und Schatten. Sie bilden Tunnel, die zu einem Lichtpunkt führen.

Unter einer Laube versteht man ein schattiges Refugium – Bäume oder Kletterpflanzen wachsen an einem Gerüst aus Holz oder Metall. In Frankreich und den Niederlanden waren im 17. Jahrhundert Laubengänge *(berceaux)* besonders beliebt. Ein schönes Beispiel hierfür ist der königliche Garten im niederländischen Het Loo, in dem Hainbuchen an Holzbögen wachsen und abseits des offenen Hofes eine intime Atmosphäre schaffen. In den aus Spalierwerk bestehenden Lauben im französischen Villandry kann man im Schatten neben rauschenden Wasserfontänen sitzen.

Pergolen entstanden im alten Ägypten, wo man Wein an ihnen zog. Es sind langgestreckte Lauben, an denen man Schatten spendende oder Obst liefernde Kletterpflanzen hielt. Ende des 19. und Anfang des 20. Jahrhunderts schufen britische und amerikanische Gartenarchitekten ausgefallene Pergolen aus heimischen Materialien, die ein Gespür für den Standort vermittelten. So entwarf Frederick Law Olmsted in North Carolina eine Pergola mit Seiten aus Spalierwerk, in das ovale Fenster geschnitten waren, so daß man den Garten sehen konnte.

»Mir mißfallen armselige Pergolen, deren Latten so dünn wie Hopfenstäbe sind«, schrieb Gertrude Jekyll im Jahr 1899. Die Stützen sollten so breit und hoch sein, daß Ihre Kletterpflanzen sehr gut daran wachsen und Menschen bequem unter ihnen gehen können. Zunächst erscheint Ihnen die Pergola vielleicht zu hoch, aber die Kletterpflanzen schmücken sie rasch und wachsen auch nach unten. Holz, Ziegel, Stahl, Aluminium und stabiles Gitterwerk kommen für die Stützen in Frage, für die Querträger eignen sich vor allem Holz und Metall.

Sie können die Pergola an einem Weg errichten, mit ihr eine Aussicht hervorheben oder den Blick mit ihrer Hilfe an einer Hauptachse entlangführen. Eine Terrasse, auf der Sie gern mit Gästen sitzen, erhält durch eine Pergola etwas Heimeliges und einen Schutz vor intensiver Sonne und neugierigen Blicken. In neu angelegten Gärten schafft eine Pergola bereits eine angenehme Atmosphäre, wenn die Pflanzen noch sehr klein sind.

Bögen schmücken Eingänge und Übergänge. Wie Pergolen sollten sie auffällig, imposant und so großzügig gestaltet sein, daß man problemlos unter ihnen gehen kann. Hier kommen Kletterpflanzen besonders gut zur Geltung. Man kann Bögen auch unbepflanzt lassen und aus einem Material mit schöner Oberfläche gestalten. So werden sie zu architektonischen Schwerpunkten, die einen Kontrast zu den weicheren Formen der Pflanzen bilden.

4

5

5 Der japanische Landschaftsarchitekt Hiroshi Teshigahara schuf hier mit Bambusstäben einen Tunnel, der den Blick mit einer Krümmung verläßt.
6 Pergolen sind am eindrucksvollsten, wenn Design und Konstruktion Kraft ausstrahlen. Stahlträger folgen hier der Uferlinie des Gewässers und spiegeln sich darin. Weil die Träger nicht miteinander verbunden sind, wird die Glyzine mit Drähten zu einem grünen Dach erzogen.
7 Diese Laube besteht aus Holzpfählen, an denen Kletterpflanzen emporwachsen können. Sie könnte mit ihrem skulpturähnlichen Aussehen auch unbepflanzt bleiben. Solche Konstruktionen sind von kurzer Lebensdauer und müssen nach einigen Jahren erneuert werden.

6

7

Wasser als Schwerpunkt

1 Dichte Seerosen, eine üppige Randbepflanzung und Goldfischschwärme geben diesem durchdacht gestalteten Teich etwas Natürliches. Die zahlreichen Lebewesen sind für Kinder besonders interessant. Der Teich eignet sich nicht für Gärten, in denen Kleinkinder spielen!

2 Ruhiges Wasser fesselt uns mit seinen Spiegelungen. In dieser auf Terrazzo-Marmorplatten stehenden Wasserfläche sieht man die Bäume und die ziehenden Wolken. So kommen zu der Stille des Wassers Bewegung und Tiefe hinzu. Die tanzende Figur am Rand ist dafür nicht nötig.

Ein Garten ohne Wasser ist ein Ort ohne Seele. Schon ein ganz einfacher Teich oder ein Vogelbad verleihen dem Garten etwas Ausdrucksvolles. Wasser macht den Garten ansprechend, tiefgründig, faszinierend und geheimnisvoll, außerdem betont es die Schönheit der Natur. Die meisten Kinder interessieren sich brennend für die im Wasser lebenden Tiere und Pflanzen, und diese sind ebenfalls an der Wirkung beteiligt, die das Wasser auf Erwachsene hat.

Die Symbolik des Wassers läßt sich bis in die islamischen Wüstengärten zurückverfolgen. Diese kühlen, ummauerten ›Paradiese‹ wurden von den vier Flüssen des Lebens durchschnitten. Im 8. Jahrhundert brachten die Mauren diese Wassersymbolik nach Spanien. Im spanischen Granada entstanden später die berühmten Gärten der Alhambra und die Generalife-Gärten mit Kanälen, Becken, Springbrunnen und Wasserhöfen. Zu Beginn des 16. Jahrhunderts brachten die Mogulen die persischen Wüstentraditionen nach Afghanistan, in die staubigen Ebenen Indiens und in die grünen Berge Kaschmirs empor. Dort wurde das Wasser überaus kunstvoll präsentiert; man legte große Wasserfälle an, die das Licht einfingen.

Die italienischen Renaissance-Gärten waren außergewöhnlich prachtvoll. Sie versinnbildlichten den Glauben an die Fähigkeit des Menschen, die Natur zu beherrschen. In den Gärten der Villa d'Este in Tivoli bei Rom hört man noch heute das Plätschern des Wassers und die donnernden Geräusche der prachtvollen Springbrunnen und Kaskaden. Japanische Gärten sind viel ruhiger, hier symbolisieren Felsen und Sand gelegentlich das fehlende Wasser.

Wir können uns von diesen Anlagen inspirieren lassen. Die schottischen Gärten, die der amerikanische Architekturkritiker Charles Jencks zusammen mit seiner Frau Maggie Keswick anlegte, erinnern mit ihren wirbelnden ›Mondteichen‹ und skulpturartigen Erdmodellierungen an die Wassergärten des frühen 18. Jahr-

3

3 Diese moderne Kaskade wurde von Wolfgang Oehme und James van Sweden gestaltet. Sie besteht aus Naturstein und liegt nahe am Haus. Dort kann man das stetige Rauschen des fallenden Wassers hören.

4

5

6

4 Fließendes Wasser ist die beste Möglichkeit, um im Garten einen faszinierenden Lebensraum für Tiere und Pflanzen zu schaffen. Kieselsteine, selbstversäte Stauden wie Frauenmantel, Gräser, Sumpfpflanzen und Wildblumen bewirken ein natürliches Aussehen. In Gärten ohne fließendes Wasser kann man ähnliche Effekte mit Pumpen und einem Wasserkreislauf erzielen.

5 Eine überstehende Steinkante verwandelt an einem schattigen Ort einen Wasserstrom in einen dünnen, durchscheinenden Vorhang. Bubiköpfchen *(Soleirolia soleirolii)* und Streifenfarn *(Asplenium scolopendrium)* begrünen die Umgebung.

6 Diese Fontänen wurden von Alain Provost für den Parc André Citroën in Paris entworfen.

1

2

1 Wasser ist ein wahres Lebenselexier und schafft für uns Menschen zusätzliche Erlebnismöglichkeiten. Diese hübsche Wassertreppe auf Madeira leitet das Wasser durch den Garten. Das kühle, rauschende Wasser lädt zur Besinnung ein.
2 Nicht immer ist Wasser still. Man kann es auch auf vielfältige Weise spritzen und sprudeln lassen. Ein schönes Beispiel ist diese Wasserskulptur von Shodo Suzuki.
3 In diesem rasterförmig angelegten, amerikanischen Paradiesgarten wurde das Wasser von Martha Schwartz sehr zeitgemäß eingesetzt. Zwischen den Fontänen wachsen Zieräpfel, die von weißen Steinen besonders betont werden. Farbige, geflieste Kanäle verbinden die Fontänen miteinander. Nachts lassen eingebaute Leuchten die Becken schwefelgelb erstrahlen.

hunderts in Studley Royal in Yorkshire. Der mexikanische Gartenarchitekt Luis Barragán schuf schimmernde, zurückhaltend gestaltete Teiche und spiegelnde Kanäle nach maurischen Vorbildern, und Sir Geoffrey Jellicoe orientierte sich in seinen späten Arbeiten an Gärten der italienischen Renaissance und Kaschmirs.

Heute kann man Wasser auf fast jede erdenkliche Weise einsetzen und leiten. Man kann damit traditionelle Elemente aufgreifen und Ruhe in unser hektisches Leben bringen.

Architektonische Teiche zeichnen sich durch geometrische Formen und deutliche, harte Ränder aus. Meist sind sie nur spärlich oder gar nicht bepflanzt, denn Pflanzen wirken eher zwanglos. Seerosen und interessant geformte Pflanzen wie Schwertlilien, die einen vertikalen Kontrast zu den horizontalen Wasserflächen bilden, passen jedoch gut zu ihnen.

Stille Teiche mit reflektierender Wasseroberfläche geben dem Garten Tiefe, spiegeln die Wolken und schaffen eine besinnliche Atmosphäre. Diese Teiche sollten ungefähr 75 cm tief sein. Wenn man einen dunklen Teichgrund wählt, spiegelt die Wasseroberfläche besonders gut.

3

4

5

4 Moderne Materialien und eine natürlich erscheinende Bepflanzung lassen eine neue Harmonie entstehen. Hier wird das Wasser in einem Kreislauf gehalten. Es tropft von einem als Wasserspeier dienenden Stahlträger in ein Betonbecken, das von duftendem Lavendel umgeben ist.
5 Wasser bringt auch in den kleinsten Winkel Leben. Hier sprudelt es aus Kupferrohren heraus und versickert zwischen Steinen. Die winzige Fontäne ist auch für Kinder ungefährlich.
6 Das spiegelnde Becken in diesem architektonischen Wassergarten zeigt, wie Wasser die Stimmung der Umgebung einfangen und verstärken kann – hier das geheimnisvoll erscheinende Grün.

6

Für Stadtgärten eignen sich vor allem Kanäle und längliche Teiche, denn das von ihnen reflektierte Licht mildert die Strenge großer Mauern. Überlegen Sie gut, wo Ihr Teich liegen soll, damit schöne Spiegelungen entstehen. Ein schmaler Kanal sollte vom Haus fortführen. Ein breiterer Kanal läßt das Haus auf seinem Spiegelbild ruhen.

Frei gestaltete Teiche sind unregelmäßig geformt, oft von Felsen und Steinen eingefaßt und bewußt ›natürlich‹ bepflanzt. Auch Pflanzungen, die naturnah aussehen sollen, müssen gepflegt werden. Wasserpflanzen besiedeln und überwuchern kleine Blickfänge rasch. Bepflanzen Sie den Teichrand so, daß Ihr Gewässer mit der weiteren Umgebung harmoniert.

Wenn Sie den Teich in verschiedenen Wassertiefen bepflanzen, entstehen unterschiedliche Zonen. Unterwasserpflanzen, Schwimmpflanzen, Uferpflanzen und Sumpfpflanzen bieten Fischen, Fröschen und anderen Tieren unterschiedliche Lebensräume, locken auch Vögel und Libellen an. Meiden Sie starkwüchsige Pflanzen wie die Kanadische Wasserpest *(Elodea canadensis)*, die in vielen Ländern ein gefürchtetes Unkraut ist.

Fließendes Wasser sorgt mit seinem Glitzern für Lebendigkeit. Es strömt in hohem Bogen aus wasserspeienden Figuren oder rinnt über Felsen und wird dabei von der Sonne angestrahlt. Bei seiner Gestaltung von Haus Fallingwater in Bear Run (Pennsylvania) fügte Frank Lloyd Wright das Haus in die Umgebung aus Felsen, Wasser und Holz ein. Harmonisch wirkt Wasser in Sir Geoffrey Jellicoes Musik-Kaskade im Garten von Shute House (Wiltshire).

Wer nur wenig Platz oder Geld hat, braucht nicht auf Wasser zu verzichten. Auch kleine Becken, Springbrunnen und Vogelbäder sorgen für schöne Effekte. Wenn Sie einen geschlossenen Wasserkreislauf wählen müssen, betreiben Elektropumpen Springbrunnen, Kaskaden und Wasserfälle und belüften das Wasser dabei. Man kann Wasser aber auch effektvoll durch oder über gepflasterte Flächen fließen lassen. Dazu benötigt man ein Reservoir, z. B. einen kleinen Teich oder einen unterirdischen Wassertank, einen pumpenbetriebenen Zulauf und einen Überlauf. So kann das Wasser Erwachsene und Kinder erfreuen und die umgebenden Pflanzen feucht halten.

Skulpturen und anderer Gartenschmuck

1

2

3

1 Eine eindrucksvolle, wilde Landschaft inspirierte Derek Jarman bei der Gestaltung seines Gartens an der Küste von Kent. Vom Meer angespülte Gegenstände (rostendes Metall, Treibholz und Steine) wirken zwischen den Pflanzengruppen wie Skulpturen.
2 Diese steinernen Skulpturen von Peter Randall-Page ruhen am Rand eines gefrorenen Rasens und ähneln zu Boden gefallenen Früchten. Ihre glatten Oberflächen laden zum Berühren ein.
3 Ein übergroßes Gefäß ›sitzt‹ in Sir Frederick Gibberds Garten in Harlow (Essex) unter einem Obstbaum. Den Boden unbewachsen zu halten und nur ein Gefäß aufzustellen ist eine schöne Idee.

Skulpturen und andere zierende Elemente können die Stimmung des Gartens einfangen und vermitteln, wenn man sie richtig einsetzt. Im Garten der Villa Aldobrandini im italienischen Frascati erinnert eine durch den Unterwuchs lugende wasserspeiende Figur an die Pracht jenes Wassergartens, der sich in der Renaissance dort befand und inzwischen längst verfallen ist. William Kents attraktive Venus in Rousham (Oxfordshire) weist auf die Arkadien des frühen 18. Jahrhunderts hin. Die Steine und die ausgehöhlten Bronzeplastiken im Studiogarten von Barbara Hepworth in Cornwall zeigen die Verbundenheit der Künstlerin mit der Landschaft und dem Ort. Sie schrieb einmal: »Mich hat nie das Gefühl verlassen, daß ich, die Bildhauerin, selbst die Landschaft bin.«

Im Westen werden Skulpturen spätestens seit der Römerzeit als Gartenschmuck verwendet. Im 2. Jahrhundert schmückte Kaiser Hadrian seinen Garten in Tivoli mit zahlreichen Skulpturen, die von seinen Reisen zeugten. In der Renaissance und lange danach versinnbildlichten Skulpturen komplizierte Allegorien: Wer die richtige Bildung hatte, konnte einen Garten wie ein Buch ›lesen‹. Im 18. Jahrhundert betrachtete man die Landschaft mehr als ausdrucksvolles Element des Gartens. In der Zeit der englischen Landschaftsgärten kamen Statuen aus der Mode, doch das viktorianische England entdeckte seine Leidenschaft für Prunk und architektonische Formen.

Nach einer Zeit der Unklarheit haben Zierelemente heute wieder einen Platz im Garten. Thomas Church gefielen Skulpturen, »weil sie dem Wechsel der Jahreszeiten standhalten, sich aber ebenfalls verändern«. Vor allem natürliche Materialien bekommen mit zunehmendem Alter interessante Oberflächen und wirken je nach Lichteinfall unterschiedlich. Church rief dazu auf, mit den Konventionen zu spielen, und schrieb 1955 in seinem Buch *Gardens are for People:* »Das alte Konzept, daß Skulpturen das Umfeld dominieren oder sich am Ende jeder Haupt- und Querachse befinden sollten, trifft heute nicht mehr zu. Eine Skulptur kann auf einer Mauer stehen oder eine Ecke des Gartens verschönern.«

An einigen alten Regeln sollte man jedoch festhalten. Weil einfache, klare Elemente am besten wirken, sollten sie stets zurückhaltend eingesetzt werden. Große Skulpturen kommen auch in kleinen Gärten zur Geltung, diese sollten aber keineswegs mit Kunstwerken überfrachtet werden. Wenn Sie die Größenverhältnisse falsch einschätzen, können Skulpturen sogar bedrohlich wirken. Experimentieren Sie, bevor Sie Gartenschmuck kaufen! Sir Geoffrey Jellicoes übergroße Urnen auf dem Magritte walk (Sutton Place, Surrey) bilden einen amüsanten Anblick im öffentlichen Raum, werden aber vielleicht nicht gerade für den eigenen Garten gewünscht.

4

4 In japanischen Gärten werden zierende Gegenstände wegen ihrer Symbolkraft sehr durchdacht und sparsam eingesetzt. Sie werden so plaziert, daß besondere Situationen entstehen, wenn sich Gäste ehrfürchtig herunterneigen.
5 Ben Nicholsons Skulptur im Garten von Sutton Place (Surrey) bringt eine gegensätzliche Haltung zum Ausdruck. Mit ihrem kühnen Design und ihrer beeindruckenden Größe beherrscht sie das Wasserbecken und spiegelt sich darin. Die Beckenränder wiederholen die Linien und geschwungenen Formen der Skulptur.
6 Der einfache Schiefersockel erhebt diese kleine Flintstein-Skulptur von Peter Gough über ihre Umgebung. Sie zeigt einen Menschen im Schulterstand.
7 Skulpturenparks erfreuen sich wachsender Beliebtheit. Dabei sorgen ›natürliche‹ Formen für wertvolle Inspirationen. Dieses Werk aus verkohltem Eichenholz von David Nash steht im Goodwood Skulpturenpark im englischen Sussex.

5

6

Skulpturen laden zu näherer Betrachtung und zum Berühren ein. Mit ihnen können Sie den Kontrast zwischen festen, beständigen Materialien und lebenden, vergänglichen Pflanzen betonen. Richard Long und Andy Goldsworthy verwenden natürliche Formen und Elemente, die sich über die Landschaft erheben und zu einer Neubewertung der Begriffe ›Kunst‹ und ›Umwelt‹ anregen. Die gleiche Wirkung erreichte Derek Jarman mit Steinen und Treibholz in seinem Garten in Dungeness (Kent).

Der richtige Standort ist sehr wichtig. Wenn Ihr Garten bereits reichlich mit Pflanzen und anderen Blickfängen ausgestattet ist und dadurch einen bestimmten Stil besitzt, muß sich eine Skulptur gut in die Umgebung einfügen. Sie können eine Statue vor eine dunkelgrüne Eibenhecke oder eine efeubewachsene Mauer stellen. Als Schwerpunkte wirken Skulpturen am besten, wenn sie allein stehen. Ein sorgsam ausgewähltes Exem-

7

1

2

3

4

plar sieht immer eindrucksvoller als diverse wahllose Objekte. Sie können aber auch mehrere Skulpturen zu einer ›Geschichte‹ anordnen, vergleichbar der Reise des Aeneas durch die Grotten und Tempel von Stourhead in Wiltshire (England). Wenn Sie Ihre Besucher einladen möchten, den Garten genauer zu erkunden, weisen halb versteckte Statuen auf einen geheimen Weg hin.

Ob Ihre Skulptur einen Sockel braucht, hängt auch von der Umgebung ab. Kleine Exemplare können direkt auf Gras oder gepflastertem Untergrund aufgestellt werden. Ein schweres Stück braucht ein stabiles Postament. Wählen Sie neutrale Materialien, die die Skulptur ergänzen oder sich gut in die Umgebung einfügen, z. B. Stein oder glatten Beton.

Neben Statuen und Skulpturen gibt es viele weitere zierende Elemente für den Garten. Martha Schwartz schmückte einen Garten in Boston sogar mit *bagels*, einer Brotspezialität in Ringform, die sie durch einen Lacküberzug haltbar machte. Topher Delaney und Andy Cochran stellten an einem Berghang die kantigen Reste eines Steintisches und einer Betonterrasse auf, die zum Thema Eheschei-

1 Diese Sitzgelegenheit aus Birkenholz wirkt mit dem warmen, honigfarbenen Kies und den spätsommerlichen Gräsern im Hintergrund besonders ansprechend.
2 Aufrechte Steine sorgen hier für eine ganz eigene Atmosphäre. Sie sind von Flechten bewachsen und wiederholen die vertikalen Formen der Nadelbäume und Birken. Die ruhige Stimmung erinnert an die Heiligen Haine der alten Germanen.
3 Gefundene Gegenstände wie dieser alligatorähnliche Baumstumpf bringen Verspieltheit und willkommene Überraschungen in den Garten.
4 *Spires*, eine Schieferskulptur von Herta Keller, strahlt mit ihrer zurückhaltenden Farbigkeit und geometrischen Form in der grünen Umgebung Ruhe aus. Die kräftigen Umrisse und die feine Struktur lassen die Blätter frischer, weicher und grüner erscheinen.
5 Wie das vergessene Spielzeug eines Kindes liegt diese gestrichene Stahlskulptur von Gary Slater neben einem Schwimmbecken.

6 Die Form dieses japanischen Sandkegels bleibt erhalten, wenn man ihn häufig mit einer Maurerkelle glättet. Diese Kegel sind häufig in Tempelgärten zu sehen. Mit ihren abgestumpften Spitzen erinnern sie an den heiligen Berg Fuji – einen Vulkan. Sie könnten aber auch aus den Kieshaufen hervorgegangen sein, mit denen man die geharkten ›Wellen‹ des versinnbildlichten Meeres im Garten auffüllte.
7 Dieses Sandgebilde steht in einem Hof von Melbourne und erinnert an Termitenhügel. Die Architekten ließen sich von der australischen Landschaft inspirieren und legten einen modernen Hof an, der ohne die schmückenden Elemente vieler Stadtgärten und die damit verbundenen Pflichten auskommt.
8 Farbige Flaschen hängen an einem Metallzaun. Sie schmücken die Grundstücksgrenze und bringen den individuellen Geschmack des Besitzers gelungen zum Ausdruck.

5

6

7

8

dung eigens zerstört worden waren. Die wichtigste Regel lautet stets: Denken Sie einfach und doch mutig!

Mit der Zeit ändert sich nicht nur der Stil von Skulpturen und Statuen, sondern auch die Beliebtheit anderer zierender Elemente. Zur Zeit Jakobs I. wurden Balustraden gern mit ägyptischen und römischen Obelisken verziert. Später verwendete man diese zur Markierung der Grenzen georgianischer Güter. Antonio Gaudí schuf für den Parque Güell phantasievolle gewundene Mauern, in denen die fließenden Kräfte der Natur zum Ausdruck kommen.

Kübel, Urnen, Findlinge und andere zierende Elemente sehen besonders gut aus, wenn man sie in Gruppen anordnet. Bei architektonischer Gestaltung sollte man für ein ausgeglichenes Bild auf Symmetrie achten und stets mit geraden Zahlen arbeiten. Zwei Urnen eignen sich gut, um eine Treppe oder einen in eine Hecke geschnittenen Eingang zu flankieren. Ungerade Zahlen sorgen für eine dynamische Asymmetrie, die besser zu einer freien Gestaltung paßt. Wenn Sie Terrakotta-Töpfe in Gruppen aufstellen, können Sie verschiedene Größen und Formen verwenden, um die Wirkung zu verstärken. Sorgsam plazierte, nicht bepflanzte Urnen lassen sich mit ihren plastischen Formen als architektonische Schwerpunkte einsetzen. John Brookes dekorierte seine üppig bepflanzte Rabatte in Denmans Garden bei Chichester (Sussex) mit hohen, schön geformten Ölkrügen.

Ausgemusterte Materialien und architektonische Überbleibsel ermöglichen sehr persönliche Aussagen und kosten nur den Bruchteil einer Skulptur. Alte Wasserbehälter aus Blei oder Zink eignen sich als Übertöpfe. Ian Hamilton Finlays gestaltete Gärten und Landschaften geben mancherlei Anregung, wenn Sie Materialien kombinieren wollen, die eigentlich gar nicht zusammenpassen. Im Heiligen Hain des niederländischen Kröller-Müller-Skulpturenparks bei Arnheim läßt Finlay Bäume auf faszinierende Weise durch Sockel als Skulpturen erscheinen.

Damit man einen Garten richtig genießen kann, müssen Sitzgelegenheiten vorhanden sein. Stühle und Bänke können an Aussichtspunkten zum Verweilen einladen. Wie bei jeder Art von Gartenschmuck kommt es auch hier auf die richtige Plazierung an!

Die Beleuchtung

1

2

1 Das natürliche Licht läßt diese durchscheinenden Wände von Dean Cardasis erglühen. Eine diskrete Hintergrundbeleuchtung hat dieselbe Wirkung.
2 Beleuchtetes Wasser wirkt zauberhaft. Bei dieser von Delaney, Cochran & Castillo entworfenen schüsselartigen Brunnenskulptur sind die Leuchten unter dem äußeren Rand versteckt und erzeugen einen Saum fließender Strahlen.
3 Durch eine Kombination unterschiedlicher Beleuchtungsweisen wirkt ein baumumstandener Rasen unbekannt. Die Natursteine im Vordergrund färben sich durch Laserlicht kräftig gelb. Weiße Strahler betonen die Bäume aus unterschiedlichen Winkeln.

3

Wenn Ihr Garten beleuchtet ist, kommt er auch nachts zur Geltung. Durch das Licht ähnelt er einem Theater. Sie können sich wie ein Bühnenbildner fühlen, der Raum und Stimmung beeinflußt, Perspektiven geschickt verändert und Strukturen, Formen und sogar Farben neue Bedeutungen verleiht. Bei besonderen Anlässen wirken flackernde Kerzen, Fackeln und Lichterketten sehr hübsch. Bei den Mogulen gab es die schöne Tradition, hinter Wasserfälle zur Beleuchtung Kerzen zu stellen.

Viele Menschen haben erst am Abend Zeit für ihren Garten. Für sie ist die Beleuchtung besonders wichtig. Einige möchten ihren Garten nachts nach Schnecken absuchen, die sich tagsüber versteckt halten. Wenn Sie Ihren Garten planen, sollten Sie also auch überlegen, wie er gut beleuchtet werden kann.

Scheinwerfer sorgen für dramatische Effekte, denn sie betonen die wichtigsten Elemente des Gartens: eine Statue, eine Bank oder eine architektonische Pflanzung. Stellen Sie die Leuchten weit genug entfernt vom Objekt auf. Seitliche Beleuchtung bringt dreidimensionale Objekte besonders gut zur Geltung. Hier entstehen interessante Schatten, ohne daß die Lichtquelle sichtbar ist.

Teiche sollten nicht direkt beleuchtet werden. Strahlen Sie besser Pflanzen oder zierende Elemente am Teichrand an, so daß auf der dunklen Wasserfläche eindrucksvolle Schatten zu sehen sind. Deutliche Konturen sind besonders interessant, wenn man sie in stehendem Wasser verkehrt herum sieht. Unterwasserbeleuchtung muß sorgfältig ausgerichtet sein, damit Teichfolie, Pflanzkörbe und anderes Zubehör nicht angestrahlt werden. Unter einem Wasserfall oder einer Fontäne (z. B. beim Trevi-Brunnen in Rom) erzeugt sie wunderschöne Effekte.

Durch Beleuchtung von unten und Streulicht kann man Wege markieren. Man kann das Licht aber auch über Mauern, Zäune und andere vertikale Formen fließen lassen und rauhe Oberflächen aus Ziegeln oder Naturstein betonen. Eine Leuchte, die vor einer Mauer von unten durch Pflanzen hindurchstrahlt, macht die vom Wind bewegten Silhouetten der Pflanzen sichtbar. Auch dekorative Wind- und Sichtschutzeinrichtungen, Spalierwerk und winterkahle Bäume sehen dadurch besonders hübsch aus. Wenn man Baumgruppen beleuchtet, sollte das Licht aus unterschiedlichen Richtungen einfallen. Langgestreckte Alleen werden dagegen gern aus einer Richtung gleichmäßig beleuchtet.

Dachgärten erhalten durch eine Lichtquelle aus Glasbausteinen im Boden eine besondere Atmosphäre. Auch Licht aus dem Dachfenster kann in der Gestaltung berücksichtigt werden. Städte sind nachts meist sehr hell, und die Beleuchtung Ihres Dachgartens sollte in das Bild der Umgebung einfließen.

Durch Beleuchtung von oben erhält der Garten Tiefe und Perspektive. Wenn Sie eine Leuchte mit schmalem Lichtkegel in oder über einem Baum anbringen, ähnelt das Licht dem weichen, geisterhaften Mondlicht und sorgt auch für mehr Sicherheit. Bewegungsmelder sollten jedoch an einen eigenen Stromkreis angeschlossen und nur bei Abwesenheit eingeschaltet sein.

4 Eine Beleuchtung von unten wirkt bei Bäumen mit dicken Stämmen und gut sichtbaren Ästen am schönsten. Sommergrüne Bäume werden daher am besten nur im Winter von unten beleuchtet. Im Sommer kann man mit einer Beleuchtung von oben experimentieren, die das Mondlicht nachahmt. Die Gartenbeleuchtung ist eine flexible Kunst!

4

5

6

5 Ein Weg schlängelt sich zum Eingang der Villa Zapu im kalifornischen Napa Valley. Die Architekten haben bei dem Gebäude mit geraden Linien gearbeitet, während der Garten von gewundenen Formen beherrscht wird. Hier wirkt die Beleuchtung verbindend.
6 Am besten wirkt die Beleuchtung, wenn die Lichtquellen schwer auszumachen sind. Stühle lassen sich eindrucksvoll beleuchten.

Eine weiche Hintergrundbeleuchtung schafft eine geheimnisvolle Atmosphäre und läßt vertraute Pflanzen und Blickfänge ganz anders wirken. Wenn Sie gern draußen am Tisch sitzen, beleuchten Sie dessen Umgebung nicht zu stark. Auf umliegende Blickfänge und Pflanzen gerichtetes Licht wirkt weich und gedämpft. Beim Essen sind Kerzen auf dem Tisch besonders stimmungsvoll.

Fackeln und Laternen wirken romantisch. Eine preisgünstige Idee für Ihre Party sind Kerzen in braunen, mit Sand beschwerten Papiertüten. Schlagen Sie die Tüten kragenartig zurück, damit sie kein Feuer fangen. Im Garten verteilt, sorgen sie für ein wunderbar zartes Licht.

Für kleine Gärten eignen sich netzstrombetriebene Leuchten nur begrenzt. Niederspannungsleuchten sind hier praktischer, da Installation und Nutzung sicherer und einfacher sind. Weil sie nur wenig Wärme abstrahlen, schädigen sie die angrenzenden Pflanzen nur selten. Anschlüsse und Zubehör sind kompakt und leicht zu verstecken. Die oberirdischen Kabel sollten so lang sein, daß Sie Ihre Lichtquellen auch an einen anderen Platz stellen können. Zeichnen Sie den Verlauf der Kabel in Ihren Plan ein!

Weil verschiedene Leuchten unterschiedliches Licht ausstrahlen, sollten Sie vor dem Kauf um eine Demonstration bitten. Das weiße Licht von Halogenlampen betont Schwerpunkte gut. Für die Hintergrundbeleuchtung eignet sich das weiche Gelb von Glühlampen. In den letzten Jahren hat die Glasfasertechnik neue Möglichkeiten eröffnet, da das Licht durch sie gelenkt und die Lichtquelle in großer Entfernung von der beleuchteten Stelle installiert werden kann. Im Teich des Pariser Gartens von Gilles Clément befinden sich beispielsweise leuchtende Kieselsteine.

ARBEITSBEREICHE UND NUTZGARTEN

Gärtnern ist ein Vergnügen, bereitet aber auch Arbeit. Sie müssen pflanzen, Unkraut jäten, schneiden, graben, bewässern und den Boden pflegen, können den Erfolg Ihrer Arbeit aber am Wachstum der Pflanzen sehen. Wenn Sie lieber nur gelegentlich Hand anlegen, können Sie Ihren Garten so planen, daß er fast keine Pflege erfordert. Egal, welchen Garten Sie sich wünschen, jeder benötigt seine eigenen Arbeitsbereiche: zum Säen und Umtopfen, zur Vermehrung durch Stecklinge und zum Lagern von Werkzeugen und Gartengeräten.

Im 18. und 19. Jahrhundert waren auf den großen Landgütern ganze Heerscharen von Arbeitern damit beschäftigt, die extravaganten Lustgärten hinter den Kulissen zu pflegen. Topfquartiere, Gewächshäuser, Frühbeete, Komposthaufen, Bienenstöcke, Teiche zur Bewässerung der Pflanzen und die dichtgedrängten Häuser der Gärtner schmiegten sich zu kleinen Dörfern zusammen, die man vom Landgut aus nicht sehen konnte. So erschien jedes Landgut wie ein natürlicher Garten Eden. Heute sind unsere Gärten sehr viel kleiner, und die ›Heerscharen von Arbeitern‹ sind meist nur wir selbst.

Vor allem kleine Gärten müssen so geplant werden, daß der Platz genutzt wird und sie gleichzeitig schön aussehen. Zögern Sie nicht, einen Komposthaufen oder einen Schuppen in Ihre Gestaltung einzubeziehen. Auch Gewächshäuser, Frühbeetkästen und Vermehrungsflächen brauchen nicht versteckt zu werden. Durchdachte Entwürfe, phantasievolle Strukturen und geeignete Materialien können die Arbeitsflächen als Blickpunkte in den Garten integrieren. Skizzieren Sie Ihre geplante Gestaltung, um herauszufinden, wie sich die verschiedenen Bereiche am günstigsten verbinden lassen. Überlegen Sie auch, wieviel Platz Sie für jede Aktivität benötigen. Die Hauptwege sollten so breit sein, daß man sie mit einer Schubkarre befahren kann.

Bei Gemüse, Obst und Kräuter steht man vor der Wahl, die Pflanzen in einem abgetrennten Bereich zu ziehen oder in den Ziergarten zu integrieren, und z. B. Kräuter um eine Terrasse herum zu gruppieren oder Obstbäume in eine Rabatte zu pflanzen. Ein ›dekorativer Nutzgarten‹ (engl.: *potager)* ist nicht nur nützlich, sondern auch schön. Er enthält Blumen und Zierelemente. Wer Gemüse anbaut, der weiß, daß selbst der bescheidenste Nutzgarten das Auge und das Herz erfreuen kann – und natürlich den Gaumen!

Obst, Gemüse und Kräuter selbst anzubauen entspricht einem ganz ursprünglichen menschlichen Bedürfnis: Wir lieben es, zu pflanzen, zu pflegen und die Früchte unserer Arbeit zu ernten. Schöne Formen bereiten zusätzliche Freude.

Schuppen und Lagermöglichkeiten

1

2

3

4

Ein geordneter Schuppen ruft ein Gefühl der Zufriedenheit hervor. Er ist für alle Gartenaktivitäten wichtig, vom energischen Umgraben bis zum stillen Säen und Topfen. Ein durchdacht angelegter Schuppen ist jedoch vor allem praktisch, er erleichtert die Gartenpflege und bietet Platz zum Lagern.

Traditionell versteckt man Schuppen, Komposthaufen und Lagerflächen hinter Gitterwerk, Zäunen oder Pflanzungen. Bei geeignetem Material ist dies aber nicht nötig. Ein dekorativer Anstrich oder farbiges Material kann selbst die einfachsten Strukturen beleben. Thomas Church malte ein Trompe-l'œil-Muster auf eine leere Schuppenwand und verwandelte dadurch eine Problemzone in einen Blickfang.

Wo Sie Ihre Arbeitsfläche anlegen, hängt von der vorgesehenen Nutzung ab. Topfquartiere und Komposthaufen müs-

1 Kompost verrottet sehr gut in geschützten, luftigen Behältern. Dieser besteht aus Betonsteinen und Holzlatten, die bei Bedarf leicht entfernt werden können. Eine Abdeckung sorgt für gleichmäßige Bedingungen.
2 Schuppen bieten viele Möglichkeiten. Hier sparen die Haken Platz, und die an einem Draht hängenden Töpfe ähneln einer Girlande.
3 Dieser hübsche Schuppen ist ein wichtiger Blickfang des Gartens. Das Gitterwerk, an dem Kletterpflanzen emporwachsen können, macht ihn noch schöner.

5

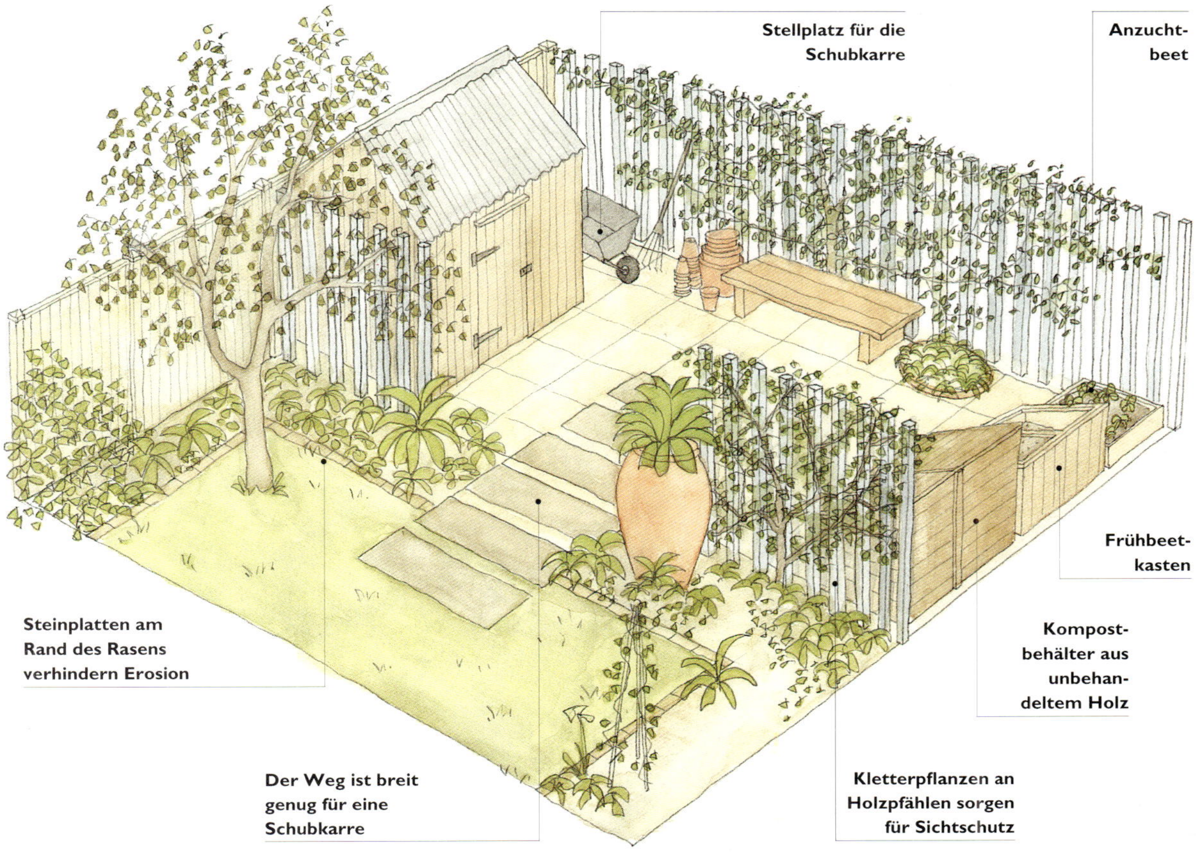

6

4 Ein ausgedienter Eisenbahnwaggon findet hier eine letzte Bleibe. Die einzelnen Abteile kommen den vielfältigen Aufgaben des Gärtners sehr entgegen.
5 Dieses australische Nebengebäude verdeutlicht, daß sorgsam konstruierte Schuppen keineswegs versteckt werden müssen.
6 Wer Schuppen und Arbeitsflächen vom übrigen Garten abgrenzen will, ohne sie zu verstecken, sollte auf ein gelungenes Design und passende Materialien achten.
7 Sehr kleine Flächen fordern die Phantasie heraus. In diesem kleinen Schuppen ist gerade genug Platz für Werkzeuge und Töpfe.

7

sen gut zugänglich sein. Für Aktivitäten, die drinnen und draußen stattfinden, sind Lagermöglichkeiten nahe am Haus besonders vorteilhaft. Dies gilt z. B. für einen Schuppen, in dem Brennholz lagert. Wenn Sie nur einen Arbeitsbereich planen, müssen Sie Kompromisse zwischen den Erfordernissen finden.

Die meisten Gartengebäude bestehen aus Holz, denn es ist ein leichtes und relativ kostengünstiges Material. Es eignen sich aber auch Beton, Ziegel und Stein. Im Handel sind einfache, vorgefertigte Schuppen erhältlich. Diese sollten für kleine bis mittelgroße Gärten mindestens 1,8 m lang und 1,2 m breit sein. Bei größeren Gärten sind größere Schuppen mit Fenstern und Arbeitstischen sinnvoll.

Winzige Stadtgärten erfordern Einfallsreichtum. Versuchen Sie, kleine Lagermöglichkeiten an Begrenzungen oder Hausmauern einzurichten. Solche Behälter sind im Handel erhältlich. Sie können sie aber auch selbst bauen. Wenn man sie anstreicht oder in passenden Farben wählt, fügen sie sich gut in die Umgebung ein. Zusätzlichen Stauraum geben spezialangefertigte Sitzbänke mit hochklappbarer Sitzfläche in abgestuften Gartenmauern oder ein leerer Raum unter einem Holzrost.

Guter Kompost ist ein besonders wertvolles Gut. Michael Pollan schreibt in seinem Buch *Second Nature:* »In amerikanischen Gärten hat der erfolgreiche Komposthaufen die vollkommene Teerosen-Hybride und die riesige Fleischtomate als äußeres Zeichen der gärtnerischen Kunst anscheinend übertroffen.« Zur Kompostierung eignen sich Rasen- und Heckenschnitt, unverholzte Zweige, abgefallenes Laub, verwelkte Blumen und Küchenabfälle. Kompost verbessert die Bodenstruktur und versorgt Ihre Pflanzen mit wichtigen Nährstoffen. Die einfachsten Kompostbehälter sind oft die besten: Behälter aus Latten. Schaffen Sie sich nicht nur einen Kompostbehälter an, ideal sind drei: einer für frische Abfälle, einer zum Verrotten und einer für reifen Kompost.

Gewächshäuser und Frühbeetkästen

1

In Gewächshäusern liegt ein kräftiger, würziger, sofort wahrnehmbarer Duft. Gewächshäuser eignen sich nicht nur für passionierte Pflanzensammler. In gemäßigten Klimazonen ermöglichen sie es vielmehr allen Gartenbesitzern, die Wachstumsperiode zu verlängern und mit einer größeren Vielfalt von Pflanzen zu experimentieren. In ihnen kann man Salat und andere Gemüsearten oder Obst besonders früh ernten, außerdem eignen sie sich sehr gut für die Vermehrung und damit zur Vergrößerung des Pflanzenbestandes.

In den früher üblichen eingefriedeten Gärten errichtete man Gewächshäuser vor sonnigen Mauern. Heute stehen sie an unterschiedlichen Plätzen, und dank der großen Vielfalt attraktiver Modelle sind sie wieder ins Blickfeld gerückt. Vieleckige Gewächshäuser sind besonders platzsparend und sehen eher wie Sommerhäuser aus. Wo wenig Platz ist, können Mini- oder Anlehn-Gewächshäuser an einer sonnigen Hauswand oder Mauer aufgestellt werden.

Ein günstiger Standort ist sehr wichtig. Ein Gewächshaus benötigt eine sonnige, geschützte Lage. Wenn der ganze Garten abschüssig ist, sollte es im oberen Teil stehen und nicht an Mauern oder andere höhere Strukturen grenzen. Wenn der Dachfirst in Ost-West-Richtung verläuft, fällt im Frühling viel Licht ins Gewächshaus. Überlegen Sie, ob Sie es beheizen möchten und womit (Strom, Gas oder Öl)? Viele moderne Gewächshäuser verfügen über eine Solarheizung, die geringere Betriebskosten verursacht. Auch gute Isolierung und Belüftung spielen bei der Temperaturregelung eine Rolle und sorgen für günstige Wachstumsbedingungen.

Der Rahmen des Gewächshauses kann aus Holz, verzinktem Stahl oder Aluminium bestehen. Das klassische Material ist Holz. Hartholz ist sehr dauerhaft und pflegeleicht. Zedernholz fault nicht und kann jedes Jahr behandelt werden, damit es seine Farbe behält. Weichholz sollte druckimprägniert sein und muß regelmäßig gestrichen werden. Schmale, glänzende Träger und Streben aus Metall lassen mehr Licht ins Gewächshaus. Aluminiumlegierungen erfordern besonders wenig Pflege. Verzinkter Stahl muß regelmäßig auf Rost untersucht und alle paar Jahre gestrichen werden.

In unbeheizten Frühbeetkästen kann man empfindliche Jungpflanzen abhärten, bevor man sie in den Garten setzt. Diese Kästen werden meist aus Ziegeln oder Holz gebaut und sind mit einer

2

3

1 In Gebieten mit sehr warmem Klima braucht man ein Schattenhaus oft dringender als ein Gewächshaus. Kletterpflanzen und Schattiervorrichtungen sorgen für zusätzlichen Sonnenschutz.
2 Dieses gut ausgestattete, in Grüntönen und Erdfarben gehaltene Gewächshaus ähnelt einem Wintergarten – hier kann man ebensogut sitzen wie arbeiten.

4

3 Anlehngewächshäuser profitieren von der Wärme des Hauses. Wenn sie jedoch nicht an einer sonnigen Mauer stehen, reicht das Licht z. B. für das Vermehren von Pflanzen nicht aus.
4 Gute Belüftung sorgt für günstige Temperaturen und beugt Krankheiten sowie Schädlingsbefall vor. Tische bilden Stellflächen.
5 Dieses klassische Gewächshaus steht an der Mauer, die das Grundstück begrenzt. Es harmoniert mit der zwanglosen, im Cottage-Stil gehaltenen Bepflanzung in Hausnähe.

5

abnehmbaren Glasabdeckung für warme Tage und kalte Nächte versehen. Unbeheizte Frühbeetkästen können freistehend sein (stellen Sie sie aber außerhalb der Reichweite von Kindern auf!), meistens werden sie jedoch an der Wand des Gewächshauses befestigt. Im Spätwinter und im Frühling sollten sie an der sonnigsten Seite des Gewächshauses stehen, damit sie möglichst viel Licht erhalten.

Ihr Gewächshaus muß so geräumig sein, daß Sie Stecklinge setzen, Samen aussäen und Sämlinge pikieren können. Die zur Tür führenden Wege sollten mindestens 1,2 m breit sein, damit man sie mit einer Schubkarre befahren kann. Alle Oberflächen müssen sich gut reinigen und desinfizieren lassen, damit Schädlinge und Krankheitserreger keinen Unterschlupf finden. Als Bodenbelag eignet sich Beton am besten.

Vermehrungsflächen liegen traditionell nahe an den Arbeitsbereichen. Hier kann man beobachten, wie sich neue Pflanzen in den Garten einfügen, bevor man ihnen eine zentrale Rolle zukommen läßt. Wer nicht viel Platz hat, kann die Vermehrungsflächen problemlos in den Garten integrieren. Eine einfache Gestaltung mit rechteckigen Beeten erinnert an die Heilkräutergärten früherer Zeiten.

6 Ein solches Gewächshaus ist sehr übersichtlich und praktisch, sein Bau erfordert sorgfältige Planung.
7 In unbeheizten Frühbeetkästen härtet man Pflanzen ab, die im Frühjahr im Gewächshaus herangezogen wurden. Hier kann man außerdem frostempfindliche Pflanzen und im Herbst gesäte Einjährige überwintern.
8 Dieses Gewächshaus besteht aus Glas und Aluminiumträgern. So kann besonders viel Licht eintreten.
9 Über einem Holzgerüst aufgespannte Polyethylenfolie bildet ein provisorisch erscheinendes Gewächshaus.

6

8

7

9

Obst

Knackige Äpfel, duftende Erdbeeren, sonnengereifte Pfirsiche und Aprikosen: Selbstgeerntetes Obst ist köstlich und sehr beliebt. Obstpflanzen wachsen vor allem im Nutzgarten, einzelne Exemplare sehen aber auch im Ziergarten gut aus. Viele Obstpflanzen lassen sich so erziehen, daß sie architektonische Formen bilden und sich gut in eine regelmäßige Gestaltung einfügen. Man kann freistehende Obstbäume als Mittelpunkt einer Rabatte nutzen und sich im Frühling an den zahlreichen Blüten und im Herbst an den prächtigen Farben und den köstlichen Früchten erfreuen. In Kübeln finden Obstpflanzen, z. B. Apfel- und Birnbäumchen oder Erdbeeren, selbst in den kleinsten Stadtgärten Platz.

Obstpflanzen werden in verschiedene Kategorien eingeteilt: Baumobst, Beerenobst (Sträucher und Erdbeeren), Kletterpflanzen (Weinreben, Kiwis und andere verholzende Arten), frostempfindliches Obst (Apfelsinen- und Zitronenbäume, Ananas) sowie Nüsse. Beim Anbau aller Obstpflanzen muß man bestimmte Regeln beachten. Die Pflanzen benötigen sonnige Standorte, an denen Hecken, durchlässige Zäune oder Bäume für Windschutz sorgen. Am besten lassen sich Obstpflanzen pflegen und abernten, wenn sie in Reihen wachsen. Für quadratische oder rechteckige Beete bietet sich ein regelmäßiges Bepflanzungsmuster an. Man kann die Beete mit Kräutern oder dekorativem Pflaster verschönern oder aber Gemüse hineinpflanzen und damit einen besonders ertragreichen Garten schaffen.

Größere Obstbäume und -sträucher sollten genug Platz haben, damit die Luft gut zirkulieren kann und ausreichend Platz zum Wachsen bleibt. Die Pflanzen müssen gut zu erreichen sein, damit man sie schneiden und abernten kann. Pflanzen Sie einen Obstbaum also nicht hinten in ein großes Beet! Äpfel und andere Obstarten nehmen es übel, wenn bodendeckende Pflanzen über ihren Wurzeln wachsen. Wege ermöglichen einen problemlosen Zugang und sorgen für zusätzliche Muster. Für Nebenwege, die zu Beeten und einzelnen Reihen führen, reicht eine Breite von 90 cm oder weniger.

Obstbäume benötigen viel Platz. In die meisten Gärten können aber ein oder zwei Obstbäume gepflanzt werden. Für kleine Grundstücke eignen sich freistehende Büsche, Halbstämme und zu Pyramiden erzogene Bäume am besten. In sehr kleine Gärten können Sie Bäume pflanzen, die auf eine schwachwüchsige Unterlage veredelt wurden, denn sie tragen gut und bleiben recht klein. Obstbäume können auch zu hübschen Formen erzogen werden. Spalierbäume, Kordons und Fächer wachsen an einer stützenden Mauer oder gedeihen an Spanndrähten. Ihre schlanken, eleganten Silhouetten sorgen auch im Winter für kräftige Akzente. Wenn man sie so erzieht, daß sie sehr niedrig wachsen und man über sie steigen kann, bilden sie attraktive Einfassungen eines Obst- oder Gemüsebeets. An Bögen gezogene Obstpflanzen zeigen besonders markante Formen und sind wichtige vertikale Schwerpunkte.

Einige Obstpflanzen sind kälteempfindlich und eignen sich nur für warme Gebiete. Die sonnige Süd- oder Westseite einer Mauer speichert Wärme, die oft

1

1 Frostempfindliche Obstgehölze wie diese Feige gedeihen am besten an einer warmen, geschützten Mauer. Wenn die Pflanzen in einem etwa 60 x 60 cm großen Beton- oder Steinbehälter wachsen, tragen sie mehr Früchte.

2 Diese Spalierapfelbäume sind so niedrig, daß man sie übersteigen kann, und bilden im Nutzgarten attraktive Einfassungen. Sie behalten ihre Form, wenn die Unterlage sehr schwachwüchsig ist und man sie fachgerecht schneidet.

2

3

3 An Drähten gezogene Weinreben bilden einen eleganten Bogen, der Schatten spendet und wohlschmeckende Früchte liefert. In kalten Regionen können Weinreben in Gewächshäusern kultiviert werden.
4 Dieser Pfirsichbaum wächst auf einer Wiese und beschattet den Gemüse- und Kräutergarten nicht. Pfirsichbäume blühen früh und müssen vor Frost geschützt werden. Sie benötigen einen sehr sonnigen Standort.
5 Wenn man Rhabarber in Töpfen treibt, kann man schon früh verlockend zarte, rosafarbene Stengel ernten und sich über die Schönheit dieser Pflanzen im Gemüsegarten freuen.
6 Käfige schützen Beerenobst und kleine Obstbäume vor hungrigen Vögeln. Man kann sie aus einem Holz- oder Metallgerüst bauen, das mit einem engmaschigen Netz bespannt wird.
7 Zu Kordons erzogene Obstbäume sehen gut aus und benötigen nur wenig Platz. Hier wachsen Birnen-Kordons an einer Mauer im Garten von Barrington Court (Somerset). An der Bepflanzung war Gertrude Jekyll beteiligt.

4

5

7

6

ausreicht, um die früh erscheinenden Blüten empfindlicher Pflanzen nachts vor Frostschäden zu schützen und das Reifen der Früchte zu fördern. Pfirsiche, Nektarinen, Aprikosen, Pflaumen, Birnen und Feigen wachsen an Mauern besonders gut.

Beerenobst ist deutlich kleiner, benötigt aber ebenfalls viel Platz. Himbeerreihen sollten beispielsweise ungefähr 1,5 m auseinanderliegen. Wer Platz sparen will, kann Stachel- und Johannisbeeren als Kordons an Spanndrähten ziehen. Beerenobst sollte vor Vogelfraß geschützt werden.

Schon die alten Römer pflanzten in ihren Gärten Weinreben, weil sie deren Schatten und die köstlichen Früchte schätzten. Wenn man eine Weinrebe an einer Pergola wachsen läßt, schützt sie vor der Sommerhitze und liefert im Spätsommer zahlreiche Trauben. In kalten Gebieten müssen Weinreben zeitweise oder ständig geschützt werden. Wenn man sie sorgsam pflanzt und pflegt, wachsen sie auch im Gewächshaus oder im Wintergarten. Pflanzen Sie sie an einem Ende des Gewächshauses, und lassen Sie sie an Spanndrähten vor einer Seitenwand emporklettern und dann unter dem Dach entlangwachsen. In Gewächshäusern, die sich an eine Mauer lehnen, kommt den Weinreben die von der Mauer gespeicherte Wärme zugute.

Erdbeeren eignen sich als dekorative Bodendecker und als Einfassungen für Wege, sind aber auch hervorragende Kübelpflanzen für Terrassen und kleine Gartenhöfe. Ihre Früchte sind sehr hübsch, und auch die kleinen weißen Blüten und dreizähligen Blätter sind attraktiv. Auch Feigen können in Kübeln gezogen werden und sehen mit ihren hübschen Blättern in jedem Garten schön aus. In mediterranen Gebieten zieht man Zitrusbäume schon seit langer Zeit in großen Kübeln, um sich am schweren Duft der Blüten und an den hübschen Früchten zu erfreuen. Weil Zitrusbäume frostempfindlich sind, muß man sie im gemäßigten Klima im Winter unter Glas halten.

Gemüse

1

2

3

Es ist einfach, nicht sehr zeitaufwendig und enorm zufriedenstellend, Gemüse selbst anzubauen. Dies gilt heute mehr denn je, denn Gemüse aus dem Supermarkt ist meist nicht sehr wohlschmeckend, und auch die Auswahl ist dort nicht sehr groß. Bevor Sie mit dem Anbau beginnen, sollten Sie jedoch gut überlegen, wieviel Zeit und Platz Sie dafür aufwenden wollen. Das Ziel der Selbstversorgung erfordert von beidem mehr, als die meisten Gartenfreunde entbehren können. Viele finden es lohnender, sich auf besonders ungewöhnliche oder attraktive Gemüsearten zu konzentrieren und ihre Ernte bei besonderen Anlässen zu servieren.

Gemüse wird schon seit Jahrtausenden zu Nahrungszwecken angebaut. In Europa wurden viele schöne alte Gemüsegärten liebevoll rekonstruiert und können uns manche Anregung geben. Zu Beginn des 19. Jahrhunderts legte US-Präsident Thomas Jefferson um seinen Landsitz in Monticello (Virginia) hübsche Terrassen für Gemüse und Obst an und verband damit die Schönheit mit der Nützlichkeit. Im englischen Cornwall wurden südlich von St. Austell vor wenigen Jahren die Lost Gardens of Heligan restauriert. Hier wachsen auf fast einem Hektar Land mehr als 300 Obst- und Gemüsearten und -sorten.

In ›dekorativen Nutzgärten‹ zieht man Gemüse eher wegen seines Aussehens. Separat angelegte dekorative Nutzgärten enthalten häufig auch Stühle, Lauben, Springbrunnen, Kübel und andere zierende Elemente. Die Beete sind klein und hübsch mit Lavendel, niedrigem Buchsbaum oder Kräutern eingefaßt.

In Villandry im Loiretal (Frankreich) befindet sich ein besonders sehenswerter Nutzgarten mit Obst und Gemüse. Hier wurde ein alter *jardin potager* rekonstruiert. In den geometrischen, mit Buchs eingefaßten Beeten wachsen Sellerie, Mangold, Gemüsekohl und Zierkohl in geraden Reihen. Ihre Farben und Formen sorgen für starke Kontraste. Auch wenn Sie viel bescheidenere Maßstäbe anlegen

4

1 Sorgsam angelegte Wege und schmale Beete machen diesen Gemüsegarten pflegeleicht. Die dekorativen Pflanzgefäße sowie eine altmodische Wasserpumpe lassen ihn außerdem schön aussehen.
2 Zwiebel- und Kohlpflanzenreihen wachsen nahe am Haus. Dank schwachwüchsiger Unterlagen wachsen auch Apfelbäume in Töpfen.
3 In gemäßigtem Klima braucht Gemüse viel Sonne. Bei Hitze ist auch Schatten willkommen. Für kühle Gebiete eignen sich z. B. viele Salatsorten.

4 Die Steinmauern und die niedrige Buchsbaumhecke sind streng geometrisch gehalten und umgeben Rabatten mit Gemüse, Kräutern und Blumen – ein klassischer Nutzgarten.
5 An diesen zeltartigen Holzgerüsten klettern Feuerbohnen empor. Weg und Beete sind mit Rindenmulch bestreut.
6 An Bögen gezogene Flaschenkürbisse, ein gemähter Rasenweg und ein skulpturartiger Stuhl sorgen in diesem Gemüsegarten in Sussex für einen unerwarteten, exotischen Anblick.

5

6

müssen, kann Ihnen dieser Garten manche Anregung liefern. Nicht zuletzt zeigt er, daß ein Küchengarten bei phantasievoller Gestaltung den Vergleich mit einem besonders hübschen Blumenbeet keineswegs scheuen muß.

Gemüsepflanzen sind attraktiv und passen gut zu mehrjährigen Blumen. In Rabatten sehen wachsüberzogene, blaugrüne Kohlblätter und farnartiges, fedriges Möhrenlaub sehr schön aus. Als farbenfrohe Einfassung eignen sich Blattgemüse, z. B. krause Salate und scharlachroter Mangold. Zucchinipflanzen füllen jede Lücke rasch aus. Wenn Sie nur sehr wenig Platz haben, können Sie die neuen zwergwüchsigen Sorten von Salat, Tomaten oder Erbsen in einem Balkonkasten ziehen.

Der größere Nutzgarten kann von Mauern und Hecken umgeben oder von Blumen eingefaßt sein. Besonders hübsch sind zu schönen Formen erzogene Obstbäume und mit Hopfen, Bohnen, Kletterrosen, Passionsblumen oder anderen Kletterpflanzen bepflanzte Spaliere. Die Abgeschlossenheit ermuntert zu einer recht strengen Gestaltung, die einen Kontrast zu der eher zwanglosen Bepflanzung des restlichen Gartens bildet. Früher legte man lange, gleichmäßige Reihen an, doch heute bevorzugt man kurze Reihen, die zu Quadraten oder Rechtecken angeordnet werden. Besonders praktisch sind quadratische Beete mit einer Seitenlänge von 1,0 bis 1,5 m. Um die Gestaltung aufzulockern, können Sie die Größe der Beete und den Stil der Bepflanzung variieren. Ihr Küchengarten muß aber vor allem praktisch sein.

Die geometrischen Muster von Ziegeln und Kopfsteinen passen besonders gut in den Küchengarten. Die gepflasterten Flächen sollten einfache Formen haben. Stangenbohnen, die an Bambus-Dreifüßen zu Pyramiden erzogen werden, sorgen in neu angelegten Gartenbereichen rasch für Höhe. Bepflanzte Töpfe und Urnen bilden farbenfrohe Blickfänge, müssen aber regelmäßig gewässert werden. Sie eignen sich vor allem für Gemüsearten, die mehrmals abgeerntet werden können und rasch nachwachsen.

Gemüse benötigt einen gut vorbereiteten, durchlässigen Boden, viel Sonne und Schutz vor zu starkem Wind. Denken Sie auch an die Bewässerung! Reichliche Gaben von Kompost, gut verrottetem Stallmist und Mulch verbessern den Boden, speichern Feuchtigkeit und unterdrücken Unkräuter. Außer bei Spargel, Artischocken, Meerkohl und anderen mehrjährigen Kulturen müssen Sie einen jährlichen Fruchtwechsel einhalten, damit Krankheiten und Schädlinge nicht überhand nehmen. Dazu bauen Sie Pflanzen aus gleichen Gruppen (Schmetterlingsblütler, Zwiebelgewächse, Wurzel- und Knollenfrüchte, Kreuzblütler usw.) nicht an einer Stelle nacheinander an.

7 **Mit Steinplatten gepflasterte Wege in einem französischen Nutzgarten ergänzen die architektonisch wirkende Bepflanzung (Kohl, Artischocken, Zwiebeln, Gartenmelde und bronzefarbener Fenchel).**
8 **Haus, Garten und hölzerner Staketenzaun wirken schlicht und sehr charmant. Blumen, Gemüse und Obst wachsen auf Beeten, die mit Holz eingefaßt sind.**

7

8

Kräuter

1

2

1 Kräuter werden manchmal zwar sparrig, verschönern aber jeden Teil des Gartens. In der Spätsommersonne werfen sie interessante Schatten.
2 ›Knoten‹ aus Heiligenkraut und Lavendel waren ab dem Ende des 15. Jahrhunderts in Europa verbreitet. Hier lädt ein Stuhl zwischen gelben, duftenden Nachtkerzen zum Verweilen ein.
3 Üppige Kräuter (Thymian, Salbei und Rosmarin) füllen die Lücken im Bodenbelag und verströmen weithin ihren aromatischen Duft.
4 Für Kräuter ist kein Garten zu klein. In diesem dicht bepflanzten Terrakotta-Gefäß wachsen Petersilie, Rosmarin und panaschierter Thymian.

Für Kräuter hat jeder Platz, und sei es nur für einige Gewürzpflanzen, die auf der Fensterbank oder in Töpfen auf der Terrasse wachsen. Kräuter sind sehr sinnliche Pflanzen und sollten neben Türen, Wegen oder Sitzgelegenheiten gepflanzt werden, wo man sie unbeabsichtigt streift. Bei Berührung wird der Duft frei, mit dem uns viele Kräuter an ihre Heimat, das heiße Mittelmeerklima, erinnern.

Der Begriff ›Kräuter‹ vereint Heilpflanzen, Gewürzpflanzen und Duftpflanzen – sehr zahlreiche Arten, unter denen sich einjährige Pflanzen und Stauden ebenso finden wie Sträucher und Bäume. Neben den verbreitet kultivierten Wildarten sind vielfach auch gezüchtete Sorten erhältlich, die noch stärker duften oder besonders hübsche Blätter besitzen. Zitronenthymian, gelbblättriger Majoran und purpur- oder gelbblättriger Salbei schmücken bunte Rabatten ebenso wie reine Kräuterbeete.

Schon die alten Griechen und Römer wußten Kräutergärten zu schätzen. Viele der heutigen Heilkräutergärten ähneln denjenigen auf mittelalterlichen Holzschnitten. Ihre strenge Geometrie gibt den oft unordentlich erscheinenden Pflanzen Struktur und sorgt auch im Winter für schöne Formen. Wenn man geometrische Beete mit Buchsbaum oder anderen kleinblättrigen immergrünen Pflanzen wie Raute oder Heiligenkraut einfaßt und dazwischen Wege anlegt, ergibt sich ein wunderschönes Bild. Man kann aber auch die Knotengärten des 17. Jahrhunderts mit ihren ineinander verschlungenen Einfassungen nachstellen und rechteckige, quadratische oder rautenförmige Beete mit niedrigen Hecken aus Buchsbaum einfassen.

Auch viele moderne Gärten sind geometrisch gestaltet. Hier trennen die Wege Quadrate, Kreise und andere Figuren. Wenn nur wenig Platz zur Verfügung steht, kann man verschiedene Arten in getrennte, mit Ziegeln eingefaßte Segmente pflanzen. Ganz anders sehen naturnahe Pflanzungen aus, die Wiesen gleichen. Hier wachsen die Kräuter in alle Richtungen und auch über die Wege.

Der Anbau braucht sich jedoch nicht auf den traditionellen Kräutergarten zu beschränken. Die Blüten von Kräutern sind zwar nur selten auffällig gefärbt, aber ihre hübschen Blätter machen sie zu guten Rabattenpflanzen: Purpurblättriger Fenchel hüllt seine Nachbarpflanzen in einen hauchdünnen Schleier. Mit Kräutern können Sie unauffällige Gemüsereihen im Küchengarten verschönern oder Lücken in Ziegel- und Steinwegen schließen. Die winzigen, hübschen Blätter des Thymians bilden einen schönen Kontrast zu den rundlichen Blütenständen des Schnittlauchs oder zu sparrigen Gräsern. Schön ist auch ein Schachbrettmuster aus verschiedenen Blattfarben.

3

4

5

6

7

8

Die meisten Kräuter stammen aus warmen Gebieten und bevorzugen sonnige Standorte mit durchlässigen Böden. Rosmarin, Thymian, Salbei und andere mediterrane Arten wachsen besonders gut, wenn sie mit Kies gemulcht werden. Höhere Kräuter müssen durch Mauern, Zäune oder Hecken vor Wind geschützt werden. Einige Kräuter gedeihen auch in lichtem Schatten. Engelwurz, Mutterkraut, Schnittlauch und einige andere Arten wachsen sogar an feuchten, schattigen Stellen. Wenn Sie einjährige und mehrjährige Kräuter nebeneinander anbauen, sieht Ihr Beet das ganze Jahr über schön aus. Häufig verwendete Kräuter pflanzen Sie am besten im Gemüsegarten an.

Kräuter sind auch vielseitige Kübelpflanzen. Töpfe mit glänzenden Oberflächen passen gut zu Kräutern mit rauhen, silbrigen oder grauen Blättern. Eine Gruppe von Kräutertöpfen macht sich neben der Küchentür besonders gut. Wer keinen Garten hat, kann Kräuter in Balkonkästen und Pflanzenampeln halten und sich an seinem Mini-Kräutergarten erfreuen.

5 **Mit ihren unterschiedlichen Grau- und Grüntönen sowie den sorgsam geschnittenen Formen wiederholen diese Hecken aus Heiligenkraut und Lavendel die Farben und Formen des Kiesweges sehr geschickt.**
6 **Die üppig wachsenden Kräuter und Stauden (darunter Ziest, Schafgarbe und Rittersporn) werden durch die Holzeinfassung deutlich abgegrenzt.**
7 **Heil- und Küchenkräuter wachsen zwischen duftenden Blumen, die ebenfalls in den Apothekergarten passen würden: Rosen, Mohn und Akelei.**
8 **Beerenobst, Kräuter, Sträucher und Rosen umschließen eine Sitzecke in diesem französischen Nutzgarten. Hier kann man den Duft und die ruhigen Grüntöne der Pflanzen wunderbar genießen.**

DER FREIZEITGARTEN

Freizeit ist sehr wichtig. So wie unser Leben im Haus um Küche und Kamin kreist, sind im Garten die Bereiche gestalterische Schwerpunkte, in denen man ißt und zusammensitzt und in denen sich die ganze Familie gern aufhält. In dieser Hinsicht gleicht die Gartengestaltung der Planung von Erholungsgebieten. Gleichzeitig soll der Garten aber auch schön aussehen und genug Platz für Bäume, Sträucher, Blumen, Gemüse und Obstpflanzen bieten. Er soll ein Ort sein, an dem Sie sich von Ihrer Arbeit erholen und Ihre Verbundenheit mit der Natur spüren.

Wenn Sie einen Garten für die Freizeitgestaltung und auch zum Spielen planen, müssen Sie überlegen, wie das Grundstück optimal gestaltet werden kann. Fragen Sie Ihre Kinder nach ihren Wünschen, und seien Sie bereit, Ihre Pläne zu ändern. Nehmen Sie sich viel Zeit, denn mögliche Konflikte sollten im voraus durchdacht werden. Auch auf kleinen Grundstücken kann man stille Refugien und größere Bereiche für ausgelassene Spiele anlegen. Spielflächen kann man hübsch gestalten: Ein kreisförmiger Weg um einen Rasen eignet sich z. B. sehr gut für kleine Fahrradfahrer.

Wenn Sie wissen, wie die Bereiche miteinander verbunden werden sollen, beginnen Sie, das Bühnenbild und die Requisiten zu sehen, die für eine optimale Gestaltung nötig sind. Gärten dienten lange Zeit als Kulisse für Theatervorführungen, als Hintergrund für höfische Maskenspiele. Die Arbeiten des englischen Bühnenbildners und Baumeisters Inigo Jones sind bekannte Beispiele dafür. Sie enthielten sogar der Theaterarchitektur entliehene Erdmodellierungen, wie das aus dem 18. Jahrhundert stammende rasenbewachsene Amphitheater in Claremont im englischen Surrey.

Die meisten Hausgärten sind natürlich bescheidener. Das Ziel ist, ein Bühnenbild zu schaffen, das Spieler und Zuschauer, Aktive und Passive zur Geltung bringt und gut zu nutzen ist. Überlegen Sie, wo Sie gern sitzen möchten und welche Art von Sitzgelegenheiten Sie sich vorstellen. Denken Sie auch an Sonne und Schatten, an Schutz vor Wind und Regen, an Schwimmbecken und Spiele. Überlegen Sie, wo Sie im Garten grillen und essen können, und – ebenso wichtig – auf welchem Weg Sie das Essen zum Tisch bringen. Wenn Sie diese Details sorgsam planen, wird Ihr Garten die Mühe belohnen. Sie werden sich in ihm erholen und vergnügen können, wie Sie es sich wünschen.

Gärten sind zum Genießen da. Nur die leidenschaftlichsten Gärtner haben keine Zeit, um ihr Werk für andere angenehme Tätigkeiten zu nutzen. Samuel Johnson wird die Bemerkung zugeschrieben: »Ein Mensch, der seines Gartens überdrüssig ist, ist auch des Lebens überdrüssig.«

Gartenmöbel

1

2

3

Mit Gartenmöbeln verbinden wir Behaglichkeit – die Vorstellung, im Schatten eines knorrigen Baumes zu sitzen, oder mit Freunden um einen Terrassentisch. Ein leerer, in einiger Entfernung stehender Stuhl lädt zum Entspannen ein, zwei leere Stühle zum Plaudern.

Stühle und Bänke können so gestaltet und aufgestellt sein, daß man gut auf ihnen sitzen, essen, ausruhen, sich unterhalten oder eine Aussicht genießen kann. Manchmal spielen sie auch eine zentrale Rolle bei der Gestaltung, z. B. wenn sie eine Blickrichtung abschließen. Sir Edwin Lutyens und andere Architekten der Arts-and-Crafts-Bewegung schufen Stühle und Bänke, die den Stil der Häuser wunderbar betonten. Aus der Vergangenheit sind viele phantasievoll gestaltete Gartenmöbel bekannt, von den geflügelten Löwen der Villa Garzoni im alten Rom bis zu Antonio Gaudís schlangenförmigen Bänken aus Beton mit Mosaiken im Parque Guëll in Barcelona.

Stil, Material und Standort hängen von der vorgesehenen Nutzung ab. In den meisten Gärten sehen witterungsbeständige Sitzgelegenheiten hübsch aus. Diese Bänke und Stühle können durch leichte Möbel ergänzt werden, deren Position man nach Bedarf verändert. Liegestühle, Segeltuch- oder Rohrstühle, ebenso gestrichene Caféhaustische und -stühle eignen sich hervorragend für Picknicks.

1 In einer Hängematte, die an zwei stabilen Bäumen befestigt ist, kann man viele Stunden faulenzen und den lichten grünen Schatten genießen.
2 Diese 1,80 m hohe Bank von Tom Heatherwick besteht aus Terrazzo und wirkt zwischen den Bäumen wie eine Skulptur.
3 Wasser verzaubert uns ebenso wie ein winterliches Kaminfeuer. Stufen, Bodenbelag und Stühle bestehen aus Holz, das den Eindruck von friedlicher Abgeschlossenheit und Stille verstärkt.
4 Die natürlich anmutende Bank paßt gut zu dem Baum. Sie scheint aus den pfeilerartigen Wurzeln zu wachsen.
5 Tisch und Bänke sind sehr schlicht gehalten. Sie stehen an einem geschützten, aber offenen Ort und fügen sich gelungen in eine traditionelle Umgebung ein.
6 Diese Stühle wurden von Luke Pearson für einen städtischen Dachgarten entworfen. Sie wiederholen die deutlichen Linien des Bodens und der Stahlgefäße perfekt.

4

5

6

7

8

9

7 Bei diesem Holztisch von Kenzo ist der Beinbereich in den Boden eingelassen, und die Schlichtheit des traditionellen japanischen Designs kommt gut zum Ausdruck. Der Tisch scheint förmlich zu schweben.
8 Diese leichten Stühle aus modernen Materialien harmonieren gut mit ihrer Umgebung – mit dem Spaliergitter und den blauen Pflanzen.
9 Auch in einer modernen Umgebung sorgen Korbstühle für eine Leichtigkeit, die an die Jahrhundertwende erinnert.

Viele Gartenmöbel bestehen aus Holz, denn dieses Material ist robust und schön. Achten Sie darauf, daß das Holz umweltschonend erzeugt wurde! Teak und andere Harthölzer entwickeln nach einiger Zeit eine silbriggraue Patina, die neben Laub hübsch aussieht. Wenn man diese Hölzer alle paar Jahre beizt oder ölt, bleiben ihre warmen Farben erhalten. Fichte und andere Weichhölzer sind meist gestrichen oder lackiert und erfordern mehr Pflege. Metall ist besonders vielseitig. Schmiedeeiserne Möbel sind leichter als gußeiserne, beide müssen jedoch zum Schutz vor Rost gestrichen werden. Sie sind in verschiedenen Formen und Stilen erhältlich. Heute verwendet man statt Eisen meist leichteres Gußaluminium, und die Möbeldesigner arbeiten auch mit verchromtem Stahl und gebürstetem Aluminium. Kunststoffmöbel sind billig, leicht und langlebig, aber selten besonders schön. Korbmöbel können drinnen und draußen verwendet werden, dürfen bei feuchtem Wetter aber nicht im Freien stehen.

Andere Sitzgelegenheiten sind z. B. niedrige Trennmauern, die so breit sind, daß man darauf sitzen kann. Eine ideale Höhe ist 35 cm, die Breite sollte mindestens zwei Ziegeln entsprechen. Ebenso kann man mit Treppen, Bodenstufen und Hochbeeten verfahren. So hat man immer genug Sitzgelegenheiten, wenn überraschend Gäste kommen.

Schatten und Windschutz

1

Religionen, die in der Wüste entstanden sind, versprechen ein Paradies, in dem große Bäume wachsen und kühles Wasser fließt, und das vor dem starken Wind und der brennenden Sonne der unwirtlichen Umgebung geschützt ist. Wenn man vom Licht in den Schatten tritt, kann das ein beeindruckendes Erlebnis sein, vergleichbar mit dem Betreten einer Höhle.

Viele der großen italienischen Renaissance-Gärten besaßen einen *bosco*, einen dichten Baumbestand, der als Schattenspender gepflanzt wurde und einen Kontrast zur Architektur des übrigen Gartens bildete. In Versailles gab es die *bosquets*, dekorative Gehölzpflanzungen, die Blickfänge und Wege umschlossen. Selbst die architektonischen englischen Gärten des späten 17. Jahrhunderts, z. B. von Ham House in Richmond, besaßen *wildernesses:* Wege zwischen geschnittenen Hecken und kleinen Bäumen. Der Franzose André Mollet empfahl sie im Jahr 1670 »entweder zum ruhigen Studieren oder zum Genießen der Gesellschaft mit zwei oder drei Freunden, einer Flasche Wein und einer kleinen Mahlzeit«.

Baumkronen erzeugen sehr natürliche Schatten, die im Laufe des Tages mit dem sich ändernden Sonnenstand wandern. Luis Barragán verwendete ›Schattenwände‹, großen Kinoleinwänden vergleichbar, um ihre ständige Bewegung abzubilden. Mit weißen Gartenmauern lassen sich ähnliche Effekte erzielen. Die Silhouetten zierlicher Birken oder Weißdorne sehen besonders dekorativ aus. Apfelbäume und Japanische Kirschen, z. B. *Prunus serrulata* 'Shirotae', werfen besonders breite Schatten.

Direkt an Gebäuden sollten jedoch keine Bäume stehen, denn ihre Wurzeln können Risse im Mauerwerk hervorrufen und Erdreich absinken lassen. In vielen Stadtgärten schützen Spaliergitter oder Markisen vor zuviel Sonne und neugierigen Blicken. Dächer aus Holzlatten oder Bambusstäben werfen gestreifte Schatten. Eine stabile Pergola, die von Glyzinen, duftendem Jasmin, Geißblatt, purpurfarbenem

1 Im Mittelmeerklima sind je nach Sonne und Jahreszeit unterschiedliche Schattenintensitäten nötig. Die Segeltuchmarkise kann später durch Weinreben ersetzt werden, die über die Holzbalken wachsen.
2 In einem niederländischen Garten dienen Baumstümpfe als improvisierte Sitzgelegenheiten. Der Wind wird von einer ›lebenden Wand‹ abgehalten, die auch den naturnäheren Bewuchs der Umgebung abgrenzt.
3 Auch diese Konstruktion ist rustikal. Eine Glyzine wächst an dem Gerüst aus Holzpfählen, das am Rand einer Wiese steht und hervorragend zum Standort paßt.

2

3

4

5

Scharlach-Wein *(Vitis coignetiae)* oder Kletterrosen bewachsen ist, erfüllt eine ähnliche Funktion.

Sonnenschirme spenden auf kleinen Terrassen und in Eßecken vorübergehenden Schutz. Zelte sind ausgefallener. Sie sind mit Stoff verhängt oder bespannt, erinnern an altmodische Moskitonetze und müssen mit Seilen oder Drähten verankert werden. Vor Regen schützen offene Pavillons. Sie bieten Zuflucht vor sommerlichen Schauern. Hier kann man das Trommeln des Regens auf dem Dach hören und die feuchte Erde riechen.

Viele Gärten benötigen einen Windschutz, denn starker Wind kann Menschen und Pflanzen Probleme bereiten. Dies gilt vor allem für Dachgärten, Balkone und Gärten in Küstennähe. Durchlässige Windschutzvorrichtungen sind besser als undurchlässige Barrieren, da diese weitere Wirbel verursachen. Schön sind Hecken, bepflanzte Spaliere, Balustraden, Palisadenzäune und Ziegelmauern mit dekorativen Öffnungen und Durchblicken.

Aussichtspunkte, von denen man auf windige Bereiche blickt, können durch Glasscheiben abgeschirmt werden. Dadurch entstehen oft surrealistische Effekte, die an die Bilder von René Magritte erinnern. Dies eignet sich auch für Dachgärten.

Windschutzvorrichtungen innerhalb des Gartens sorgen für zusätzliche Abgeschlossenheit, erlauben aber dennoch den Blick auf umliegende Bereiche. Sie lassen den Garten kleiner erscheinen und sorgen dafür, daß Sie sich in ihm wohlfühlen. Windschutzvorrichtungen können ganz unterschiedlich gestaltet sein – modern oder traditionell. Sie können aus farbigem Acrylglas, roh belassenem oder weiß gestrichenem Beton bestehen, aber auch aus dicht gedrängten Formschnitteiben oder Linden mit ineinander verflochtenen Zweigen. Vor kurzem entwickelten drei junge englische Gartenarchitekten für eine Gartenschau ein bewegliches Gerüst aus elastischem Segeltuch und Glasbausteinen, mit dem man den Garten nach Belieben unterteilen und immer neue Bereiche abtrennen kann.

4 Dieser private Bereich ist dicht von einer halbkreisförmigen Hecke umschlossen. Die geschnittene Baumkrone spendet Schatten und erinnert an einen Hut. Diese Gestaltung ist praktisch und zugleich ebenso hübsch wie ungewöhnlich.

6

7

5 Das zeltartige Haus mit stählernem Gerüst schmückt einen Hügel in Queensland (Australien) und wurde von Gabriel Poole entworfen. Es ist mit Segeltuchschattierungen versehen, die auch aufgerollt werden können.
6 In diese überdachte Ecke eines Stadtgartens kann man sich gut zurückziehen. Die weißen Mauern lassen den Schatten heller wirken, die Pergola schützt vor Sonne und neugierigen Blicken aus den oberen Fenstern.
7 Erfindungsgeist ist gefragt: Hier spendet ein Jachtsegel mittags Schatten. Wenn die Schatten am späten Nachmittag länger werden, wirkt das helle, weiße Dreieck besonders interessant.

Essen und Grillen

1

2

Im Freien schmeckt es besonders gut, auch wenn das Essen im Haus zubereitet wurde. Ein Butterbrot ist im Park viel wohlschmeckender als am Schreibtisch. Wenn man im Freien ißt, verwandelt sich eine einfache Mahlzeit in ein Festessen. Ein nächtliches Essen mit Freunden bei Kerzenschein unter freiem Himmel hat einen Zauber, den man im Haus nur selten erreichen kann.

Auch wenn der Trend zur freien Gestaltung geht, folgen wir einer langen Tradition des Essens im Garten. Ab dem 17. Jahrhundert waren in den Gärten reicher Adeliger Banketthäuser verbreitet. Sir Francis Bacon pries sie 1625 in seinem Essay *Of Gardens*. Im 18. Jahrhundert schrieb Horace Walpole eine sehr unterhaltsame Geschichte von einem Dinner im Park von Stowe – die älteren Gäste waren in Decken gehüllt und bewegten sich in der Dunkelheit unsicher.

Die meisten Menschen essen nur im Sommer draußen – an warmen Sommerabenden, wenn der Duft von Jasmin, Glyzinen, Lilien und tropischen Pflanzen wie Frangipani *(Plumeria)* die Luft erfüllt. Viele Eßecken liegen nahe am Haus, aber oft ist eine Terrasse am Ende des Gartens weniger gut einsehbar. In Nord- und Ostgärten erhalten Sie dort außerdem die meiste Abendsonne.

Gönnen Sie sich und Ihren Gästen genug Platz zum Essen und Entspannen. Wenn Sie Ihr Eßzimmer ausmessen und seine Größe auf Ihren Garten übertragen, bekommen Sie eine gute Vorstellung davon, wie viele Personen auf einer bestimmten Fläche bequem an einem Tisch sitzen können. Bedenken Sie dabei, daß ein gemauerter Grill, ein Lagerraum und Arbeitsbereiche zusätzlichen Platz erfordern. Stellen Sie den Grill so auf, daß Gäste und Nachbarn nicht in Rauch eingehüllt werden. Arbeitsflächen sollten witterungsbeständig und leicht zu reinigen sein.

Wenn Sie sich nicht so viel Mühe machen wollen, können Sie einen kleinen Grill kaufen, den Sie jeweils dort aufstellen, wo die Sonne gerade scheint.

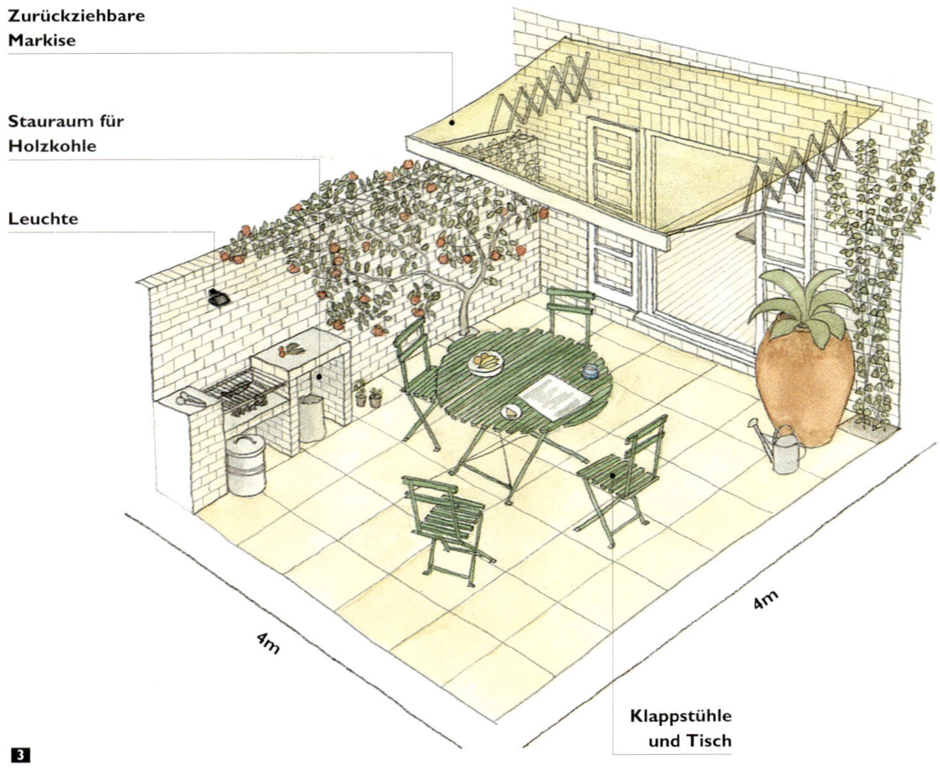

3

1 Mit gutem Essen, netten Gästen und ein bißchen Platz im Freien gelingt jede Grillparty.
2 Vom Tisch aus kann man die Panoramaaussicht genießen. Tischplatte und Findling sorgen für eine Verbindung der verschiedenen Materialien.
3 Eine kleine Terrasse muß vielseitig zu nutzen sein. Hier sind die Möbel zusammenklappbar, und eine Markise spendet bei Bedarf Schatten.
4 Beim Essen im Freien ist je nach Jahreszeit Sonne oder Schatten erwünscht. Diese von Blättern umgebene Eßecke ist nach Süden offen und wird im Sommer schattiger.
5 Dieses Eßzimmer im Freien ist so geräumig, daß die Möbel draußen bleiben können.

4

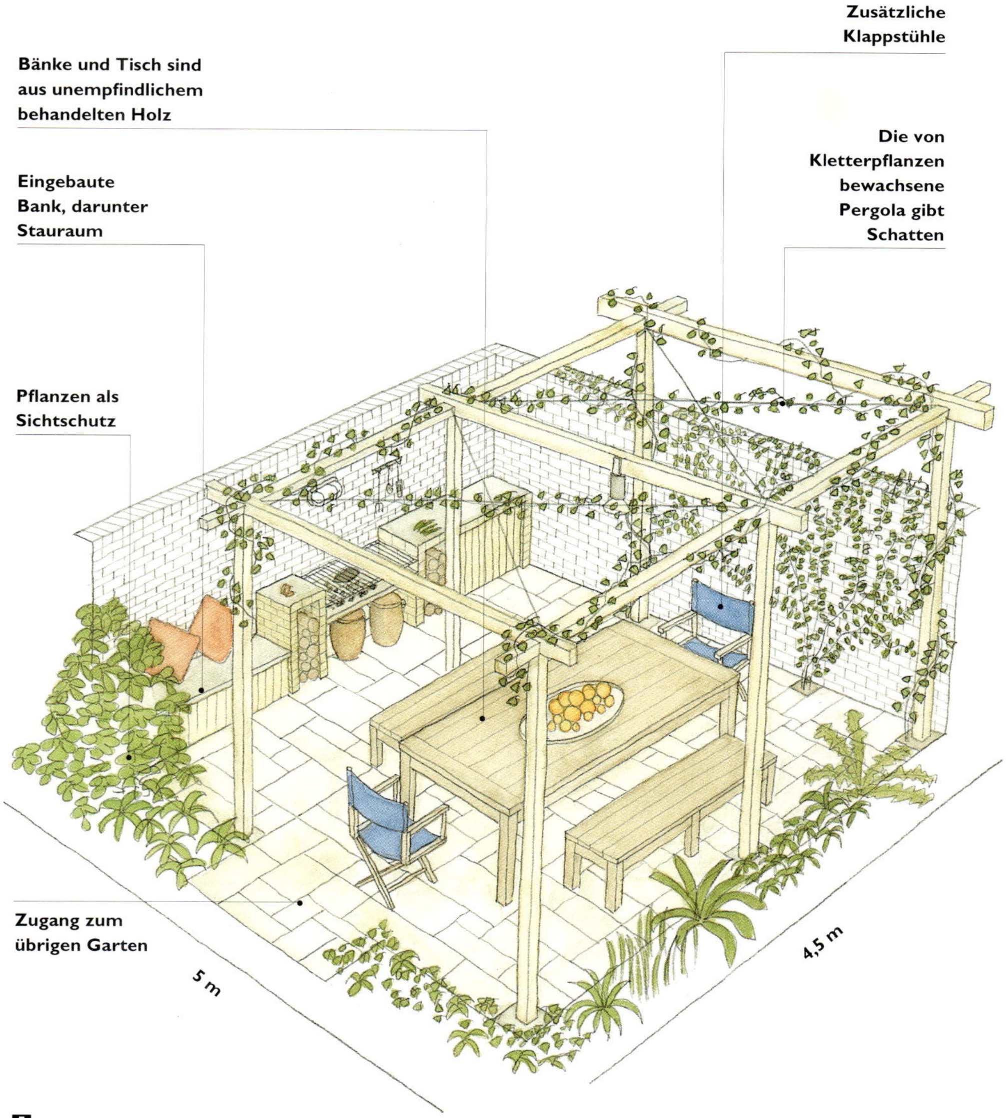

5

6

6 Dünne Bambusstäbe spenden dieser Terrasse Schatten. Eingebaute Gartenmöbel und Wohnmöbel lassen die Terrasse bewohnt erscheinen.
7 Geometrische Oberflächen und die rasterförmige Bepflanzung bestimmen diese Eßecke im Freien.
8 Die Latten bilden sich wiederholende Linien, die für Harmonie sorgen, und spenden der Eßecke willkommenen Schatten.

7

8

Familiengärten

1

2

»Ich bin immer ein begeisterter Gärtner gewesen«, schrieb der verstorbene Derek Jarman, »Blumen strahlten in meiner Kindheit, wie sie es in mittelalterlichen Handschriften tun.« Kinder spielen gern im Garten, und auch Erwachsene sitzen mit Vergnügen dort, um zu spielen oder in Ruhe ein Buch zu lesen.

Das Wort ›Familiengarten‹ klingt gut, aber es kann auch für Konflikte stehen. Kinder sollten zu sehen, aber nicht zu hören sein. Oder zu hören, aber nicht zu sehen? Oder beides? Oder beides nicht? Eltern müssen an die Sicherheit denken, aber auch daran, daß Kinder die Welt entdecken möchten – und welcher Ort eignet sich hierfür besser als die abgeschlossene, geschützte Welt des Gartens mit ihren vielen Bereichen?

Einige Konflikte sind unvermeidlich: zwischen Lärm und Ruhe, zwischen Platz zum Spielen und Platz für Pflanzen. Wer einen sehr großen Garten hat, kann ähnlich wie um die Landhäuser im Stil der Jahrhundertwende getrennte Bereiche anlegen, mit Tennisplatz, Fußballrasen, Teich, Blumenbeeten und Baumbestand.

Kleinkinder sollten nahe am Haus spielen, damit man sie sehen und hören kann. Dafür bietet sich ein Sandkasten an. Einige Jahre haltende Modelle können aus hellem, leichtem Kunststoff sein. Dauerhafte sollten in eine Terrasse oder eine geteerte Fläche integriert werden.

1 Kinder brauchen Platz für lebhafte Spiele. Dieses Abenteuercamp zwischen den massiven Baumstämmen eines Gartens in Cornwall eignet sich hierfür hervorragend.
2 Dieses robuste kalifornische Baumhaus versteckt sich wie ein übergroßer Nistkasten in den Bäumen. In ihm kann sich das Kind verbergen, das in jedem von uns steckt.
3 Für Familiengärten eignen sich vielseitige Bauten am besten. Dan Pearsons offenes Gerüst wird durch eine Plane zum Zelt und gefällt Kindern besonders. Man kann es auch mit Kletterpflanzen begrünen.
4 Dieses Planschbecken bereitet Kindern Vergnügen. Die Bepflanzung vermittelt den Eindruck von Abgeschlossenheit, behindert aber den Blick der Erwachsenen nicht.

3

4

5

6

5 Ein mit Kies bestreuter Hof bietet Platz zum Boule-Spielen. In Frankreich verwendet man hierfür eine bestimmte Kiesart, in anderen Ländern legt man darauf weniger Wert.
6 Dieses Baumhaus thront über einer Mauer und bietet einen wunderbaren Ausblick. Gleichzeitig schützt es den darunterliegenden Sandkasten.
7 Hier geht ein schmaler Steinweg in einen hohlen Baumstamm über, von dem Kletterpflanzen herabhängen – ein dschungelartiges Versteck.

7

Decken Sie Sandkästen stets nach dem Spiel ab, damit der Sand nicht von Tieren verunreinigt wird. Die meisten Kinder lieben Planschbecken und Wasser. Aber selbst flache Teiche sind für Kleinkinder gefährlich, und Wasserelemente sollten bewacht oder erst angelegt werden, wenn die Kinder älter sind.

Ältere Kinder spielen gern in einiger Entfernung vom Haus. Klettergerüste in auffälligen Farben können den Garten leicht räumlich und optisch beherrschen. Sie können Modelle aus natürlichem Material (z. B. Holz) wählen oder ihre Auffälligkeit als Blickfang in die Gestaltung einbinden. Ebenso wie Menschen entwickeln sich Gärten weiter, Sie werden nicht immer mit Rutschen und Klettergerüsten leben müssen. Ein Sichtschutz gibt Ihnen und Ihren Kindern wenigstens das Gefühl von Abgeschlossenheit. Hecken, z. B. aus Hainbuche, können so stark geschnitten werden, daß sie fast durchsichtig sind. Durch Spaliergitter, die unbepflanzt oder von zarten Kletterpflanzen bewachsen sind, können Sie die Kinder sehen, ohne daß diese sich bewacht fühlen.

Ältere Kinder (und Erwachsene) bauen gern Höhlen und Baumhäuser. In die Bäume gelangen sie mit Leitern oder dicken Seilen. Zwar bieten Spezialfirmen vorgefertigte Kletterspielzeuge an, aber viel besser als eine teure Ausstattung ist es, Kindern einen Bereich zu überlassen, den sie nach Belieben nutzen können, beispielsweise eine naturnahe Ecke mit Bäumen zum Klettern und hohen Bambushorsten. Auch schattige Winkel und geheime Wege laden zum Spielen ein.

Für die meisten Familienspiele ist Rasen ein hervorragender Untergrund. Dies gilt besonders für Fußball, Volleyball, Softball und Badminton. Die neuen feinblättrigen Weidelgräser bilden robuste Oberflächen. Für Boule benötigt man ein Rechteck aus verfestigtem Sand, am besten unter schattigen Bäumen. Wenn Sie gern Schach spielen, können Sie ein Schachbrett bauen, indem Sie Flächen aus unterschiedlich gefärbten Materialien, z. B. Beton, Kies oder Platten, einfügen.

Die Leidenschaft für den Garten kann schon sehr früh erwachen. Gertrude Jekyll bekam als Kind ihren eigenen kleinen Garten »in einer Ecke hinter den Sträuchern, mit einem Stuhl, der im Schatten einer 'Boursault Elegans'-Rose stand«. Der amerikanische Gartenbuchautor Michael Pollan erinnerte sich, daß er als Vierjähriger vor der elterlichen Obhut in den Garten floh, den er mit seiner Schwester und Freunden teilte. Es war ein kleiner unbepflanzter Streifen, der zwischen Hecke und Zaun eingezwängt war. In diesem Alter, schrieb er, »ist zwischen einem Fliederstrauch und einer Mauer Platz für eine ganze Welt.«

Schwimmbecken

1

Im heißen Klima südlicher Länder ist ein Schwimmbecken im Garten schon fast ein Muß, in gemäßigten Gegenden hingegen immer noch ein Luxus. Schwimmbecken dienen dem Vergnügen ebenso wie der Gesundheit.

In englischen Gärten gibt es schon seit dem 18. Jahrhundert ›Kaltbäder‹ (z. B. William Kents Oktagon-Teich in Rousham, Oxfordshire). Schwimmbecken kamen jedoch erst nach dem 1. Weltkrieg in Mode. Russell Page, der selbst zahlreiche anlegte, bewunderte vor allem das quadratische Becken von Sir Philip Sassoon in Port Lympne (Kent), dessen Wasserspiegel fast in den Horizont überging.

Der stilisierte Glanz von Schwimmbecken wurde mit Hollywood und den aufwendigen Esther-Williams-Filmen populär. 1947 schuf Thomas Church im kalifornischen El Novillero, Sonoma, ein eindrucksvolles Vorbild: einen geschwungenen Traum mit zierlichen Eichen vor Mammutbaumholz, federleichten Skulpturen und einem Salzsumpf im Hintergrund. Das moderne Schwimmbecken war geboren!

Ein Becken erfordert viel Platz. Durchschnittliche Becken sind 7 bis 10 m lang und 4 bis 5 m breit. Außerdem wird Platz benötigt zum Sitzen und Sonnen sowie für Filter- und Heizungsvorrichtungen.

Die Form des Beckens sollte sich nach den Konturen Ihres Gartens richten. Kleine Becken sind oft rechteckig, aber auch fließende Formen eignen sich gut. Betrachten Sie als Beispiele die Werke von Gartenarchitekten. Russell Page verabscheute Kreise und sorgte mit seinen ovalen Formen für besondere Faszination – mit einem Oval, »das einen geheimnisvollen Charme hat und immer ungezwungen erscheint«. Sportbecken eignen sich zum Trainieren. Sie sind lang, aber recht schmal und strahlen dadurch eine gewisse Eleganz aus.

Formen und Materialien sollten stets zur Umgebung passen. In nördlichen Gebieten sehen türkisblaue Fliesen nur bei strahlend blauem Himmel gut aus. Dunkelgrüne, blaue oder auch graue Farben

2

3

1 Die Gestaltung dieses kalifornischen Schwimmbeckens wurde von der sparsamen Geometrie des Luis Barragán inspiriert. An seinem Rand ist ein breiter Wasserstrahl als Dusche nutzbar.
2 Niedrige Pflanzen und ein hoher Wasserspiegel sorgen bei diesem Schwimmbecken für interessante Spiegelungen und ermöglichen einen wunderbaren Blick über den Garten. Die Form erinnert an ein Schneckenhaus.
3 An dieser aus dem 16. Jahrhundert stammenden toskanischen Wasserstelle führt eine Rampe zu einer ›Insel‹.

4

5

4 Haus und Schwimmbecken fügen sich in die Umgebung ein und sorgen dennoch für Kontraste. Ihre geraden Linien heben sich sehr schön von den geschwungenen Linien des Rasens ab. Die niedrigen Leuchten weisen Gästen den Weg. **5** Das plätschernde Wasser wirkt in diesem Dachgarten in Melbourne erfrischend. Der verputzte Beton und das Holzdeck passen gut zur Skyline.

passen hier oft besser zur Umgebung. Sehr dunkle Teiche spiegeln am besten, aber ihr schwarzes Wasser wirkt auf viele Menschen nicht gerade einladend.

Beton mit strukturierter Oberfläche, Stein, Ziegel und Holz eignen sich gut zum Einfassen des Beckens und zum Pflastern. Seien Sie jedoch vorsichtig mit Oberflächen, die in nassem Zustand rutschig werden. Wenn ein Schwimmbecken so hoch liegt, daß es vor dem Hintergrund des Himmels oder des Meeres zu sehen ist, kann man die Einfassung an mindestens einer Seite fortlassen. Dadurch verschwimmt die Grenze zwischen Wasser und Himmel oder Meer. Auch Pflanzen können dafür sorgen, daß sich das Becken in seine Umgebung einfügt, zudem verdecken sie Filtervorrichtungen und Pumpenraum. Hecken schaffen oft willkommene Abgeschlossenheit.

Heiße Bäder werden auf höhere Temperaturen erwärmt, mit Sauerstoff angereichert und für Massagen oder andere therapeutische Verfahren eingesetzt. Oft sind sie mit dem Schwimmbecken verbunden. Sie passen in Gärten, die zu klein für Schwimmbecken sind.

Denken Sie auch an die Beleuchtung. Wenn das Schwimmbecken in einiger Entfernung vom Haus liegt, müssen Sie den Weg zu ihm beleuchten. Schwimmen bei Mondlicht mit einer Unterwasserbeleuchtung ist besonders schön.

6

7

6 Dieses Becken auf einem modernen mallorquinischen Haus lädt dazu ein, oberhalb der Olivenbäume zu schwimmen. **7** Dieses Schwimmbecken fügt sich gut in seine Umgebung ein. Die geschnittenen Heiligenkrautreihen bilden eine natürliche Grenze.

GÄRTNERN AUF KLEINEM RAUM

Größe ist immer etwas Relatives. Ein europäischer Kleingarten wäre in Japan riesig, und nur wenige Australier oder Bürger der westlichen US-Bundesstaaten würden ihre Gärten gern auf europäische Größe verkleinern. Platz ist heute für viele Gartenbesitzer kostbar, und manche Gestaltung scheitert an räumlicher Enge. In Städten beschränkt sich der Garten oft auf einen Hof oder Durchgang, der im Schatten hoher Gebäude liegt. Wer in einer Wohnung lebt, hat sogar nur einen Fenstersims oder Balkon zur Verfügung. Auch hier kann man aber gärtnern. Vita Sackville-West, die Schöpferin des berühmten Gartens von Sissinghurst, sagte mit Bestimmtheit: »Jeder, der einen Garten anlegt, sollte auf seine Weise ein Künstler sein. Nur so kann man einen Garten anlegen – egal, welche Größe dieser hat oder wie wohlhabend man ist. Die kleinsten Gärten sind oft die hübschesten.«

Wer viel Phantasie hat, kann mit begrenzten Mitteln Wunder vollbringen und Höfe, Durchgänge, Portale, Veranden, selbst Fenstersimse und Türbereiche in üppige Minigärten verwandeln. Dazu braucht man nur eine Handvoll Töpfe, ein paar Kletterpflanzen und einige sorgsam ausgewählte Blickfänge. Erfolg bedeutet, mit den Einschränkungen des Standorts zu arbeiten, nicht gegen sie. Viele kleine Bereiche sind abgeschlossen und schattig. Sie lassen sich mit Sträuchern, Gräsern, Stauden und Bodendeckern begrünen, die an diese Bedingungen angepaßt sind. Besonders schön sind Blattpflanzen mit ihren vielfältigen Formen und Grüntönen: Efeu, Funkien *(Hosta)* und Farne.

Wenn Sie keinen Hof besitzen, können Sie vielleicht in luftiger Höhe einen Dachgarten anlegen. Zwischen Antennen und Schornsteinen finden sich einige besonders abenteuerliche Gärten. Hier müssen Sie bauliche Vorgaben beachten und auf Ihre Nachbarn Rücksicht nehmen, aber ansonsten können Sie den Garten ganz nach Ihren eigenen Vorstellungen gestalten. Ein grüner Dachgarten bringt faszinierendes Leben in eine Welt aus Beton und ist Ihre grüne Visitenkarte.

Auch die flammend roten Pelargonien, die auf dem obersten Balkon eines hohen Wohnblocks thronen, sind ein Ausdruck der Überzeugung, daß Gärten gut für uns sind. Selbst eine winzige Oase ist wohltuend für das Gemüt, zudem verschönert sie die Umgebung und die Straßen, in denen wir leben.

Ein Eimer mit Efeu und Gänseblümchen und ein Topf mit Stiefmütterchen verwandeln eine Fensterbank in einen Garten. Die Kreativität lebt von Grenzen und Einschränkungen; ein Sonett bereitet ebensoviel Freude wie ein Epos.

Vorgärten

1

1 Eine Holzrampe führt über eine grasbepflanzte Sandfläche zur Haustür; schon wenige Details lassen eine mediterrane Atmosphäre entstehen.
2 Die niedrigen Pflanzen zwischen den Pflastersteinen lassen diesen Parkplatz weniger schroff erscheinen. Der weiße Weg führt Besucher zu der versteckt gelegenen Tür.
3 Dieser elegante Stadtgarten ist von Grund auf englisch. Ein zwischen Kieselsteinen verlaufender Granitweg zeigt an, daß das Auto Menschen und Pflanzen Platz machte. Das Tor sorgt für Abgeschlossenheit, ohne die Sicherheit zu beeinträchtigen.

Im Vorgarten treffen sich Privatsphäre und Öffentlichkeit. Dieses Aufeinandertreffen wird in den verschiedenen Kulturen sehr unterschiedlich gestaltet.

In *Second Nature* beschreibt Michael Pollan den Rasen vor amerikanischen Häusern als »kollektives Gesicht der Vororte ... Hinter dem Haus konnte man praktisch tun und lassen, was man wollte, aber vorn mußte auf die Wünsche der Gemeinschaft und auf ihr Selbstbild Rücksicht genommen werden.« In vielen Teilen Europas findet man private, deutlich abgegrenzte Vorgärten, in denen der persönliche Geschmack dargestellt wird. Da der Vorgarten aber quasi öffentlich ist, entstehen oft Konflikte.

Kleine Vorgärten stellen uns vor gestalterische Probleme. Aus Sicherheitsgründen sollte das Haus von der Straße aus zu sehen sein, doch in einem Vorgarten ohne Privatsphäre verbringt niemand seine Freizeit. Da es immer mehr Autos gibt und Parkflächen knapper werden, werden viele Vorgärten zu Parkplätzen.

2

3

4

5

4 Dieses im Kolonialstil gehaltene Haus in Williamsburg (Virginia, USA) begrüßt seine Gäste im fließenden Übergang vom öffentlichen in den privaten Bereich – eine mutige Erklärung, daß es nichts zu verstecken hat.
5 Kakteen und andere Sukkulenten umgeben eine prächtige *Fouquieria splendens* und lenken den Blick auf die flachen, geschwungenen Stufen.

Wenn Sie wissen, wie Sie Ihren Vorgarten nutzen möchten, lösen sich viele Probleme. Thomas Church weiß dazu Rat: »Macht man den Eingang zu einem Willkommensgruß, sind Einfachheit und Harmonie die wichtigsten Hilfsmittel«, schrieb er in *Gardens are for People*. Vita Sackville-West vertrat einen anderen richtungweisenden Ansatz: »Wenn ich meinen eigenen Garten plötzlich verlassen und in einen Bungalow ziehen müßte, würde ich den Vorgarten ohne Zögern in ein asymmetrisches Durcheinander verwandeln und ihn so gut wie möglich einem Cottage-Garten annähern.«

Wenn Sie eine Parkfläche brauchen, sollten Sie zur Befestigung dunkles Material wählen, um Ölflecken und andere Verunreinigungen zu verdecken. Die Bereiche zwischen den Rädern können durch niedrige Pflanzen optisch aufgelockert werden. Kies knirscht schön, wenn man auf ihm geht, und ist bei Einbrechern höchst unbeliebt. Bei genug Platz können Sie die Flächen zum Begehen und zum Befahren unterschiedlich pflastern: z. B. mit Kopfsteinpflaster und Ziegeln oder mit Ziegeln und Kies. Bei größeren Flächen sollte eine Wendemöglichkeit gefährliche Manöver auf der Straße unnötig machen. Das Auto sollte den Vorgarten jedoch nicht dominieren. Beleuchten Sie die Haustür nachts gedämpft, damit Ihre Gäste den Weg und Sie das Schlüsselloch besser finden.

Türen laden dazu ein, mit Pflanzen geschmückt zu werden. Ein Paar immergrüner Gehölze in Kübeln, z. B. Lorbeer oder markant geschnittener Buchsbaum, schmückt den Eingang und macht die Haustür klar erkennbar. Zwanglose Gruppen von Kübelpflanzen sehen ebenfalls hübsch aus, vor allem bei großen Portalen und an Wegen. Möchten Sie für Überraschungen sorgen, können Sie fremde Pflanzen verwenden, die man in Ihrem Klima nicht erwarten würde: australische Zylinderputzer *(Callistemon citrinus)* im gemäßigten Europa, weiter nördlich die an den Mittelmeerraum erinnernde *Magnolia grandiflora*.

Kletterpflanzen und Sträucher verschönern kahle Wände. Kletterpflanzen mit schwachen Trieben, Kletterrosen und Waldreben *(Clematis)* benötigen Kletterhilfen. Statt dessen kann man aber auch selbstklimmenden Efeu, Jungfernreben oder Kletterhortensien pflanzen. Große laubabwerfende oder immergrüne Sträucher sorgen für Volumen. Weil sehr kleine Rasenflächen im Vorgarten oft nur mühsam zu mähen sind, sollten Sie Bodendecker und Sträucher vorziehen. Mit Pflanzen können Sie auch im Vorgarten aufgestellte Mülltonnen verstecken. Hohe Hecken, Mauern und Zäune sorgen für Abgeschlossenheit, geben aber auch Einbrechern Deckung. Hüfthohe Mauern und Hecken markieren Grenzen, ohne den Vorgarten abzuschirmen.

Größere Anlagen und gemeinschaftlich genutzte Vorgärten sollen vor allem gepflegt aussehen. Michael Pollan sprach in diesem Zusammenhang von *democratic landscaping* und schrieb mit einem verschmitzten Lächeln: »Die Pflege des eigenen Anteils dieser Landschaft gehörte zu den Bürgerpflichten. Man wählte jeden November, nahm regelmäßig an Elternabenden teil und mähte jeden Samstag den Rasen.« Wenn Ihnen ein makelloser Rasen nicht gefällt, finden Sie sicher andere Möglichkeiten, dem Gemeinschaftsideal zu dienen – vielleicht mit gemeinsamen Pflanzbehältern und aufeinander abgestimmter Gestaltung.

6

6 Die klaren Linien, die wenigen Bambuspflanzen und die Kiesbeete lassen vermuten, daß sich Vladimir Sitta bei der Gestaltung dieses Gartens in Sydney von japanischen Vorbildern inspirieren ließ. Die ruhigen, schwarzen Wasserbehälter lassen ihn noch stiller wirken.

Balkone und Fenstersimse

1

2

1 Auf diesen Balkon in der ersten Etage passen nur ein Tisch und Stühle, die Umgebung sorgt für schöne Pflanzen und Farben.
2 Die Lage dieser geschützten Veranda wurde wegen der herrlichen Aussicht auf den Wald und die entfernten Berge ausgewählt. Tisch und Bänke sind eingebaut.

Auch wer nur wenig Platz hat, gärtnert womöglich gern. In Deutschland stimmen Nachbarn ihre Pflanzungen häufig aufeinander ab, in Südeuropa schmückt man Fassaden gern mit hübschen Einzelpflanzen.

Schon seit Jahrhunderten sind Blumenkästen beliebt. In seinem 1722 erschienenen Klassiker *The City Gardener* empfahl der Londoner Baumschulbesitzer Thomas Fairchild für Balkone Orangenbäumchen und Myrten, nach dem großen Vorbild von Versailles, außerdem kunstvolle Wasserspiele, »die nach Belieben an die Wasserleitung angeschlossen und durch andere ausgetauscht wurden, die wir angenehm fanden«.

Manche Balkone brauchen nur spärlich oder gar nicht bepflanzt zu werden. Ein Balkon kann aber auch ein abgeschlossener Garten sein. Vor allem moderne Balkone bieten oft Platz für ehrgeizige Pflanzungen.

Kübel fügen sich harmonisch ein oder sorgen für Kontraste – z. B. Terrakotta vor einem gußeisernen Balkongitter, polierter Stahl vor Stein. Größere, nicht sichtbare Kübel aus Kunststoff oder Fiberglas sind besonders leicht, wasserundurchlässig und haltbar.

Die meisten Pflanzen, auch viele kletternde Arten, gedeihen in Kübeln. Prüfen Sie vor dem Kauf, wieviel Wurzelraum sie brauchen. Größere Kübel lassen Pflanzen auch unter ungünstigen Bedingungen überleben, z. B. bei viel Wind und Trockenheit. Für Kübel eignen sich Gräser, Bambus und kleinblättrige Pflanzen besonders gut, denn sie geben wenig Wasser in die Umgebung ab. Großblättrige Stauden und empfindliche Blüten werden leicht durch Wind und starke Sonne geschädigt. Wassertanks vereinfachen die Bewässerung.

Blumenkästen werden oft nur mit einjährigen Sommerblumen bepflanzt, können aber auch den Jahreszeiten entsprechend begrünt werden, mit Winter- und Frühlingszwiebelblumen zwischen gut geschnittenen Immergrünen oder mit Immergrünen als Dauerbepflanzung.

3 Eine sehr spärlich möblierte australische Veranda mit einer Brüstung aus Sicherheitsglas läßt den Blick ungehindert zum Wald gleiten. Die Grenzen zwischen Innen- und Außenraum verschwimmen.
4 Wohl jeder Stadtbewohner wünscht sich etwas Platz im Freien. Hier sorgen hohe Pflanzen für Abgeschlossenheit. Zugleich beleben sie den Balkon.
5 In Töpfen gezogene Bananen und andere Exoten lassen den Dschungel bis auf die Veranda dieses Holzhauses reichen. Der Bodenbelag leitet das Auge über die Veranda.

3

4

5

6

Am Fenster machen sich duftende Arten wie Lavendel besonders gut. Das Küchenfenstersims liefert wenigstens eine kleine Gemüseernte – dafür wurden in den letzten Jahren viele zwergwüchsige Sorten entwickelt. Für sonnige Küchenfenster eignen sich vor allem Gewürze und Duftkräuter. Wenn Sie Pflanzen in Blumenkästen setzen, sollten Sie an den Blick von innen und von außen denken. Das durch die Blütenpracht hindurchscheinende Sonnenlicht erfüllt Ihre Räume mit Farbe.

Blumenkästen bestehen aus Holz, Terrakotta oder besonders pflegeleichten Materialien wie Kunststoff, Beton oder Aluminium. Man kann Holz oder Terrakotta auch streichen, um bessere Harmonie oder einen Kontrast zu den Holzstrukturen des Hauses zu erreichen. Blumenkästen müssen sicher am Fenstersims befestigt werden. Wer nur ein kleines oder überhaupt kein Fenstersims hat, sollte Halterungen in der Mauer verankern. In die Kästen füllen Sie zunächst eine Schicht Kies oder kleiner Tonscherben und darüber eine mindestens 20 cm starke Substratschicht.

6 Dieses grasbewachsene Dach auf einem deutschen Haus sorgt für eine ökologisch sinnvolle Isolierung. Bambus und Spalierrosen lockern die klaren, modernen Formen des Balkons auf.
7 Flammendrote Pelargonien schmücken Balkone in einem Bergdorf – ein klassisches Bild aus Südfrankreich.

7

Höfe und Durchgänge

1

Die Gestaltung der kleinsten Gärten wird vor allem von den traditionellen japanischen Gartenhöfen und den islamischen ›Paradiesgärten‹ inspiriert. Wie ein Paradiesgarten sollte ein winziger moderner Hof sanft plätscherndes Wasser besitzen und sich so von der Außenwelt abheben.

Die schlichten japanischen Gartenhöfe passen gut zu modernen Gestaltungen. Mauern und andere Begrenzungen werden hier nicht versteckt, sondern einbezogen. Durch eine einfache Kombination von Blattstrukturen, Art der Pflasterung und Oberflächen entstehen Aussichten oder Szenen. Shodo Suzuki schuf einen zum Betrachten gedachten Gartenhof aus behauenen Steinblöcken, in Kaskaden nach unten strömendem Wasser und einer einzigen Efeupflanze. Er entwarf auch einen Hof mit einem Schachbrettmuster aus Kies, Marmor und kleinen Moosen, in dem zierliche, vieltriebige Scheinkamelien *(Stewartia pseudocamellia)* wachsen.

Die Art der Bepflanzung richtet sich nach den Wachstumsbedingungen, vor allem nach dem Lichteinfall. Für dunkle Standorte eignen sich schattenliebende Arten mit ihren beruhigenden Grüntönen. Am besten wachsen sie direkt im Boden, aber auch geräumige Kübel und Hochbeete kommen in Frage. Hohe Sträucher und Bäume sind nur geeignet, wenn sie den Raum nicht enger erscheinen lassen. Je nach Lichtverhältnissen verstecken schatten- oder sonnenliebende Kletterpflanzen unschöne Dinge.

Solche kleinen, nach innen gerichteten Räume erinnern manchmal stark an eine Theaterbühne und können so oft umgestaltet werden, wie Sie möchten. Spiegel und Trompe-l'œil-Muster sorgen für unerwartete Tiefen und Perspektiven. Streicht oder weißt man unansehnliche Mauern, werden die Schatten der Bäume und Pflanzen zum Element. (Ein Kalkmilchanstrich hält außerdem Schädlinge fern.) Warme Rot- und Orangetöne lassen einen kleinen Raum noch kleiner erscheinen. Blau- und Grüntöne rücken die Fläche dagegen nach hinten und sorgen für räumliche Tiefe.

Zäune aus Bambus oder geflochtener Weide besitzen faszinierende Strukturen. Natürliches oder künstliches Licht sorgt für geheimnisvolle Dichte, wenn es durch filigrane Zäune fällt. Kleine Bereiche sollten dezent beleuchtet werden. Meiden Sie grelles Licht. Wenn man Schwerpunkte von der Seite anstrahlt, entstehen schöne Schatten.

Der beste Rat ist, einfach zu bleiben. Eine einheitliche Fläche wirkt verbindend, während verschiedene kleine Einheiten die Fläche größer erscheinen lassen. Kies sorgt für eine interessante Struktur, man kann damit harte Oberflächen bedecken und Häßliches verstecken. Beton sieht gut aus, wenn er mit Bedacht eingesetzt wird. Er bekommt rasch eine schöne Patina, wenn man ihn mit Joghurt oder Rohmilch bestreicht.

1 Dieser moderne Hof ähnelt mit seinen Palmwedeln einem Wohnzimmer im Freien und einem islamischen Paradiesgarten. 2 In diesem von Anthony Noel gestalteten Hof umgibt niedriger Buchs eine frostempfindliche Hanfpalme. 3 Johnny Woodfords Hof bringt Humor zum Ausdruck: Stählerne Karotten mit Palmlilien thronen über Farnen und Schlangenbart.

2

3

4

5

6

4 Untere Mauern liegen oft im Schatten. Hier wurde selbst der Baumstamm weiß getüncht, um für Helligkeit zu sorgen. Metallstühle und Gartenschmuck bringen klare Formen ein, ohne voluminös zu wirken.
5+6 Dieser Hof von Jurgen Plecko im Süden von Melbourne ist nach maurischem Vorbild gestaltet. Er bringt Elemente des Paradiesgartens in ein modernes Haus: Palmenschatten, plätscherndes Wasser, etwas Grün. Die Wandleuchten lassen den Hof auch nachts wirken.
7 Naturteich und Bepflanzung bringen Elemente freier Landschaft in einen Hof im niederländischen Haarlem. Variationen im Bodenbelag lockern die Fläche auf.
8 Dieser kleine Londoner Hof beherbergt einen Dschungel mit ausdrucksstarken Blattformen. Blumen steuern tropische Rot- und Orangetöne bei, Pastell würde hier unpassend aussehen.

7

8

Dachgärten

1

2

3

4

1 Dachgärten werden mit Pflanzen gestaltet, die für Abgeschlossenheit sorgen. Sie wirken durch üppiges Grün.
2 Durch abgegrenzte Bereiche entstand auf einem Dach in New York dieser architektonische Garten – mit Sitzecke, Sträuchern und Kletterpflanzen.
3 Delaney, Cochran & Castillo haben avantgardistischen Humor in einen Dachgarten in San Francisco eingearbeitet – mit großen Steinen, gestrichenem Beton und streng geordneter Bepflanzung.

Dachgärten schwelgen in Extremen – extremen Licht-, Raum- und Klimaverhältnissen, einem Gewirr von Dächern und dem offenen Himmel. Weil sie in dieser Umgebung so unerwartet sind, ist man hier von erdgebundenen Konventionen befreit.

Zuerst erarbeiten Sie Ihr gestalterisches Konzept. Lebt der Garten von einer Dachfläche mit Gauben, Schornsteinen und beeindruckenden Stadtperspektiven? Wird man sich im Garten aufhalten oder ihn nur betrachten? Möchten Sie Pflanzen und Tiere zurück in die Stadt holen? In Stuttgart werden viele Dächer mit Gräsern, Bodendeckern und Schlingpflanzen begrünt, weil dies der Umwelt nutzt und das Auge erfreut. Die berühmtesten Dachgärten waren die Hängenden Gärten von Babylon, vermutlich im 6. Jahrhundert v. Chr. von König Nebukadnezar II. geschaffen. Doch erst im letzten Jahrhundert, als neue Bautechniken Fortschritte bei Wasserdichtigkeit und Stabilität brachten, kamen Dachgärten in Mode. Berühmte moderne Architekten haben Dachgärten angelegt: Le Corbusier und Frank Lloyd Wright arbeiteten mit geometrischen Formen von hoher Ausstrahlungskraft, Roberto Burle Marx mit fließender Pracht, Luis Barragán mit ummauerter Leere. In neuerer Zeit hat die Luftigkeit solcher Dachgärten auch Topher Delaney, Andy Cochran und andere Gartenarchitekten in ihren Bann gezogen.

Sichere Konstruktionen erfordern stabile Träger, leichte Materialien sowie zuverlässige Abdichtung und Entwässerung. Bei Neubauten kann man das Dach während der Bauphase verstärken. Bei einem fertigen Haus sollte man einen Fachmann zu Rate ziehen, um sicherzustellen, daß das Dach stabil genug ist. Vielleicht ist die Brüstung stark genug, um einen Holzrost zu tragen, der auch die Entwässerung vereinfacht.

Abgeschlossenheit sorgt für Sicherheit und Behaglichkeit. Balustraden und Begrenzungen müssen aber stets der Bauordnung entsprechen. Windschutzvor-

5

4 Bei der Gestaltung dieses Dachgartens im kalifornischen Santa Barbara ließ sich Isobelle C. Greene von der Würde japanischer Kiesgärten inspirieren. Die Ausrichtung nach innen wird mit sehr bescheidenen Mitteln erreicht: mit Kies, Gras, Steinen, Beton, niedrigen Sitzgelegenheiten und hübsch geformten Töpfen.
5 Flachwurzelnde Birken geben diesem New Yorker Dachgarten einen mutigen Haarschnitt und zeigen, daß die Phantasie auf dem Dach regiert.

6

7

richtungen sollten keine Panoramen versperren; daher eignen sich halbdurchlässige Barrieren aus Segeltuch, Gitterwerk oder Drahtgeflecht am besten.

Auf Dachgärten müssen die Pflanzen stets in Hochbeeten oder Kübeln wachsen. Darin sollten als unterste Schicht leichte, durchlässige Materialien liegen, darüber eine relativ dünne Substratschicht. Man sollte ein Bewässerungssystem einplanen, zumindest aber einen Wassertank auf dem Dach. Wer bereits vor dem Bau des Hauses einen Dachgarten plant, kann Pflanzbehälter in das Dach einlassen, so daß Bäume und Sträucher direkt aus dem Dach herauszuwachsen scheinen.

6 Das Schachbrett aus Kies und der Fingerhut in Töpfen wiederholen die Form der umliegenden Fenster. Die winzigen Bäume an dem weißgetünchten Schornstein wirken lustig.
7 Dieser japanische Dachgarten wurde zur Betrachtung angelegt. Die ineinanderfließenden Formschnittgehölze erinnern an Wolken. Diese Gestaltung eignet sich natürlich sehr gut für Gärten, die nah am Himmel liegen.

GESTALTUNG MIT PFLANZEN

Pflanzen sind das Wesentliche im Garten. Sie füllen unseren Plan mit Leben und lassen einen Stil erkennen. Zusammen mit dem Bodenmodell bestimmen die Pflanzen, die wir auswählen, und die Art, wie wir sie zusammenstellen, den Charakter des Gartens. Man sollte sich nach den Pflanzenbedürfnissen richten und nur solche nehmen, die zu ihrer Umwelt passen und sich vertragen.

Pflanzenkenntnis zu erwerben kostet Zeit. Doch das Verständnis ihrer Eigenschaften steigert unser Vergnügen an ihnen. Es läßt uns auch zuversichtlicher und freier im Entwurfsprozeß vorankommen, wenn wir z. B. wissen, daß eine Pflanze zur selben Zeit blüht wie ihr Nachbar, daß sie diesen nicht überwuchert oder ihm vielleicht das ganze Jahr über einen prächtigen Hintergrund beschert. Wie jede andere Kunst zieht auch die Pflanzkunst ihre Wirkungen aus dem Schaffen von Harmonien oder Kontrasten in Form und Umriß, Farbe und Struktur. Und weil die Pflanzenpalette so groß ist, ist die Gestaltung mit Pflanzen ein nie endender Entdeckungsprozeß – egal, ob man Anfänger ist oder bereits viel Erfahrung hat.

Beim Gestalten mit Pflanzen verbinden wir unsere praktischen Kenntnisse mit der ästhetischen Wahrnehmung ihrer Eigenschaften. Wenn man Pflanzen auch zunächst wegen ihrer Eignung für den Standort wählt und erst dann wegen ihres individuellen Ausdrucks und ihrer Harmonie untereinander, kann man sie doch so miteinander verweben, daß ihre Farben, Strukturen und Bewegungen zum Klingen kommen. Die jahreszeitlichen Unterschiede gehören zum schönsten Lohn, den ein Garten birgt. Die besten Pflanzungen sind vielschichtig und liefern eine Folge jahreszeitlicher Effekte.

Der Fingerhut *Digitalis ferruginea* bringt eine vertikale Betonung in diese naturnahe Pflanzung, die den Garten mit dem umgebenden Gebüsch verbindet. Der spätsommerliche *Stipa-gigantea*-Schleier liefert einen lockeren Hintergrund als Bindeglied dieser beiden Bereiche.

PFLANZEN VERSTEHEN

1

Pflanzen gehören zu den zähesten und anpassungsfähigsten Lebensformen der Erde. Ob an einem schwindelerregenden Berghang oder inmitten eines Sumpfes, jede Pflanzenart hat sich spezialisiert. Hinter dem Satz »die Natur verabscheut Leere« steht der Wille der Pflanzen, gegen alle Hindernisse zu wachsen. Gutes Gärtnern bedeutet, diese Anpassungsfähigkeit zu nutzen, und gute Pflanzenverwendung heißt, die Natur im Garten neu zu interpretieren. Etwas Kenntnis der Biologie der Pflanzen – ihrer Wuchsformen, Bedürfnisse und der Standorte, auf denen sie wachsen – erleichtert ihre Verwendung und Pflege.

Pflanzen werden in verschiedene Gruppen eingeteilt: Gehölze, Stauden, Kletterpflanzen, Ein- und Zweijährige. Diese Gruppen spielen sehr unterschiedliche Rollen im Garten. Jede gehört an den richtigen Platz. Die Wahl eines falschen Baumes kann z. B. einen kleinen Garten in Schatten tauchen, so wie der richtige Baum einen bisher blattlosen Bereich belebt. Pflanzenkenntnis hilft beim Sichten des großen, oft überwältigend scheinenden Pflanzensortiments. Wir sind von dem Angebot einheimischer und importierter Arten sowie neu eingeführter Sorten verwöhnt. Es fällt leicht, in den Garten eine unruhige Mischung aus Pflanzen entfernter Regionen zu bringen, die in einen Wettbewerb um Raum und Aufmerksamkeit treten.

Man sollte möglichst mit der Natur gärtnern, nicht gegen sie. Angesichts zunehmender Wasserknappheit ist es wichtig, Pflanzenbedürfnissen Rechnung zu tragen – also z. B. an einem Hang, der im Sommer austrocknet, trockenheitsresistente Pflanzen zu setzen. Die Tage, da man mit hohem Aufwand Pflanzen mit unterschiedlichen Ansprüchen zusammenstellte, sind gezählt. Pflanzen sind sehr anpassungsfähig. Kennt man ihre Wuchsformen, kann man bis an die Grenzen des Machbaren vorstoßen, indem man die Bestandteile kombiniert, ergänzt und gegeneinandersetzt.

Ein Garten sollte gewissermaßen jeden Tag des Jahres ›arbeiten‹. Das Verständnis der Lebenszyklen und jahreszeitlichen Phasen der Pflanzen ermöglicht es, die Pflanzungen so abzustimmen, daß sie immer gut aussehen. Jahreszeitliche Zyklen haben bei einer sorgfältig geplanten Pflanzung keinen Anfang und kein Ende, jede Bewegung schließt sich nahtlos an die nächste an.

2

1 In Gilles Cléments Garten wurde der Natur die Oberhand gegeben. Die kühle Laubumgebung fördert das Wachstum von Moosen, Farnen und Sauerklee.
2 Die spät blühenden *Deschampsia flexuosa* und *Phlomis russeliana* bringen kräftige Struktur in diese monochrome, trockenheitsverträgliche Pflanzung für sonnige Lagen.

3

3 Die Stützwurzeln des frostempfindlichen Banyanbaumes *(Ficus benghalensis)* bilden einen geschützten Platz für Pflanzen, die den trockenen Schatten seines Laubdaches vertragen.

4

4 Bambus verleiht einem Garten mit seinem kraftvollen aufrechten Wuchs schnell eine eindrucksvolle Atmosphäre, wenn die Standortbedingungen es erlauben.

5

5 Rotkohl, der sich in nur wenigen Wochen aus Samen entwickelt, kann als Gemüse oder wegen seiner attraktiven bläulichen geknitterten Blätter gezogen werden.

Pflanzentypen und -merkmale

Pflanzenkenntnis ist ein wesentlicher Teil guter Gestaltung und verhindert ungeeignete Auswahl und Kombination. Das Lesen von Büchern, der Besuch anderer Gärten, die Beobachtung, was in der Natur zusammen wächst, schult die Fähigkeit auszuwählen. Die Kenntnis der Pflanzenmerkmale wird durch ein umfangreiches Klassifikationssystem erleichtert, das Pflanzen nach ihren gemeinsamen Kennzeichen und Lebenszyklen und daher ungefähr ähnlichen Ansprüchen in Gruppen einteilt.

GEHÖLZE

Die größten unter den Pflanzen, die Gehölze, sind die stattlichsten, dauerhaftesten Gartenelemente. Sie steuern das dreidimensionale Gerüst bei, die bleibenden Formen, sie fungieren als Hintergrund und bieten Schutz und Schatten für andere Pflanzen und für die Menschen.

Wo immer man gärtnert, kann man aus dieser großen Gruppe etwas verwenden, ob man Schutz vor salzigen Seewinden oder Schatten in einem sonnigen Hof sucht. Man sollte nur im Planungsstadium einige Überlegungen anstellen, um nicht das falsche Gehölz zu wählen. Es kommt darauf an, Gehölze der geeigneten Höhe und Wachstumsgeschwindigkeit zu nehmen, auch wenn sie beschnitten werden können, um sie in Grenzen zu halten. Jungbäume können allzuleicht die Eleganz ihrer Jugend verlieren und unansehnlich werden. Ihr Standort ist daher entscheidend: Sie sollten kein wertvolles Licht wegnehmen oder unerwünschte Schatten werfen. Pflanzen Sie Bäume in vernünftigen Abständen zu Gebäuden, damit die Wurzeln nicht Mauern beschädigen und die Blätter keine Dachrinnen verstopfen.

Bäume und Sträucher haben verschiedene Wirkungen. Immergrüne wie Stechpalmen und Lorbeerkirschen sind solide, dauerhaft präsente Gestalten im Garten, im Gegensatz zu den laubabwerfenden Pflanzen, die lichter wirken, sobald sie ihre Blätter verloren haben. Laubabwerfende Gehölze – Obstbäume eingeschlossen – geben im Winter Ausblicke frei und lassen das Licht bis auf den Boden gelangen. Sie bringen damit das wichtige Element des jahreszeitlichen Wechsels in den Garten, zum Teil außerdem im Frühjahr Blüten und im Herbst eine reiche Laubfärbung. Eine Kombination immergrüner und laubabwerfender Pflanzen ist ideal, da sie zugleich eine bleibende Struktur und ein lichtes, immer wechselndes Element schafft.

Gehölze werden meist als langsamwüchsig betrachtet, doch ihre stetig zunehmende Masse erzeugt schnell einen imposanten Eindruck. In Gärten mit viel Platz sind langsamwachsende Gehölze wie *Magnolia grandiflora* mit schnellwüchsigen wie dem Schmetterlingsstrauch *(Buddleja davidii)* kombinierbar. Der letztere bietet anfangs Schutz und Masse, kann aber entfernt werden, wenn die Magnolie einmal groß geworden ist. Durch den Kauf großer Gehölze erzielt man schnell eindrucksvolle Ergebnisse, jüngere Pflanzen wachsen aber letztendlich schneller und überholen die zunächst größeren. Ein Heister erreicht die Höhe eines Halbstammes innerhalb von drei bis vier Jahren, weil der ältere Baum viel länger braucht, um sich in seiner neuen Umgebung einzugewöhnen und sich von dem Schock der Wurzelstörung zu erholen.

KLETTERPFLANZEN

Kletterpflanzen sind eine große, vielgestaltige Gruppe, die durch ihre Wuchsform definiert ist. Die meisten sind holzige Pflanzen, obgleich es auch einige krautige und wenige einjährige gibt wie die Prunkwinde *(Ipomoea)*. Sie ähneln in vielem den Gehölzen, nur ihre Wuchsform neigt dazu, etwas anderes als den eigenen Stamm zum Halt zu benutzen. Die meisten Kletterpflanzen wachsen mit einer Stütze unbeschränkt. Ohne diese wuchern sie am Boden entlang, und ihre dominante Natur führt dazu, daß sie alles erklimmen, was ihnen in den Weg kommt. Die wuchsfreudigen Kletterer sind aber dennoch als Bodendecker zu verwenden. In der freien Natur findet man sie oft im Wald, die Wurzeln im Schatten und die Kronen in der Sonne. So sind sie auch im Garten am glücklichsten. Kletterpflanzen sind als Element, das die Gartenlinien weicher macht, von unschätzbarem Wert.

Die Gruppe kann nach der Art des Klimmens unterteilt werden. Diese beeinflußt die Form der Stütze, die man als Starthilfe geben muß. Die Windenden wie Geißblatt *(Lonicera)* und Glyzine *(Wisteria)* schlingen sich um jede senkrechte Stütze, die sie erreichen können. Selbstklimmer wie der Wilde Wein *(Parthenocissus quinquefolia)* haben Haftwurzeln oder Ranken, die an festen Ober-

1 Der frostempfindliche Binsenginster *(Spartium junceum)* und einjähriger Klatschmohn leben an einer heißen, trockenen Stelle beisammen – ein schönes Beispiel für einen naturnahen Hausgarten.
2 Olivenbäume, Gräser *(Stipa tenuissima)* und Lavendel wurden an diesem kalifornischen Hügel in breiten Schwüngen zwischen aufrechten Zypressen verwendet. Die Olivenbäume bieten Schutz und betonen die Höhe des Berges, während das Gras Bewegung hineinbringt.
3 Eine gemischte Pflanzung aus Sträuchern und dicht als Bodendecker gepflanzten Duftkräutern schützt ganzjährig den Boden. Der klare Umriß der Pinie beherrscht die Pflanzung und leitet den Blick nach oben.

1

2

flächen wie Mauern oder Zäunen anhaften. Die Waldrebe *(Clematis)* hat besonders entwickelte Blattranken, die sich um Stengel, andere Blätter oder Zweige winden, und Passionsblumen *(Passiflora)* haben Sproßranken, die, einmal fest verankert, die Pflanze durch eine federartige Wickelung himmelwärts ziehen. Die Kletternden wie Brombeeren *(Rubus)* und viele Rosen benutzen dagegen ihre Stacheln wie Enterhaken, um weiterzukommen. Außerdem gibt es eine Gruppe träger Sträucher, die nicht eigentlich klettern, aber in ihrer schwerfälligen Natur von der Hilfe einer Mauer profitieren. Viele Kletterpflanzen erfordern regelmäßige Pflege und Schnitt, um in Grenzen gehalten zu werden und gut zu blühen.

STAUDEN

In der freien Natur, wo es genug Licht und Wasser gibt, bildet die Krautschicht die untere Pflanzenetage, die den Boden bedeckt und schützt. Sie umfaßt Stauden sowie Ein- und Zweijährige. Die Stauden dominieren in dieser Ebene und bilden den Übergang zur Gehölzschicht. Diese Gruppe findet man auf feuchtem und trockenem Land, im Schatten wie in sengender Sonne. Stauden unterscheiden sich von den Gehölzen darin, daß sie auf ihre fleischigen Wurzeln oder auf eine Laubrosette nahe dem Boden als Energiespeicher angewiesen sind, um alljährlich ihr Wachstum zu erneuern. Einige Stauden haben immergrünes Laub, aber die meisten sterben oberhalb ab.

Stauden sind vielgestaltig, von dichtmattigen Bodendeckern wie Goldnessel und Storchschnabel bis zu voluminösen Blattpflanzen wie der Herkulesstaude. Dazwischen gibt es eine Reihe krautiger Pflanzen, die wegen ihres Blattwerks verwendet werden, einschließlich der eigentlichen Kräuter, die man wegen ihrer Gestalt oder wegen ihres Duftes und kulinarischen Wertes schätzt. Zu den Vorteilen des dekorativen Blattwerks ge-

3

Baum

Mehrstämmiger Baum

Kletterpflanze

Strauch

Bäume, Sträucher und holzige Kletterpflanzen geben der Pflanzung Dreidimensionalität, leiten den Blick nach oben und dienen als Windschutz. Immergrüne wie laubabwerfende Gehölze verleihen dem Garten ein bleibendes Gerüst. Bevor man sie pflanzt, muß man jedoch ihre endgültige Wuchshöhe kennen.

Staude

Halbstrauch

Zwiebelpflanze

Aus niedrig wachsenden Halbsträuchern und Stauden erstellt man den größten Teil der Unterpflanzung, die den Boden bedeckt und schützt. Zwiebelpflanzen sehen während einer kurzen Blütezeit sehr dekorativ aus, bevor sie einziehen.

hört, daß es sich ständig ergänzt und erneuert. Das Feuchtigkeit liebende Schildblatt *(Darmera peltata)* etwa treibt innerhalb weniger Tage aus einem dicken Knoten ungefaltete tafelförmige Blätter von circa 1 m Durchmesser. Während ein Strauch fünf bis sieben Jahre zur Entwicklung braucht, können die Stauden bereits im ersten Jahr mitspielen. Sie sind ideal, um optische Übergänge innerhalb des Gartens zu schaffen und jahreszeitliche Mängel zu verdecken, so daß immer etwas Neues zu sehen ist.

Im Garten wurden Stauden traditionell isoliert in Rabatten und Blumenbeeten gepflanzt. Neuerdings ist großes Interesse an ihrer Eignung entstanden, großzügig gepflanzt große Flächen zu bedecken, was langfristig Unterhalt spart. Auch Ziergräser sind in den Blickpunkt geraten, da sie Bewegung, Anmut und Abwechslung in Pflanzungen bringen.

Heute werden Stauden nach Robustheit gezüchtet. Aufrechte Sorten, die auch nach dem Vertrocknen noch interessant aussehen, ersetzen solche, die gestützt werden müssen. Fenchel, Edeldisteln *(Eryngium)* und viele Gräser wirken auch im Winter. Obwohl einige Stauden noch häufiges Teilen erfordern, um kräftig zu bleiben, geht die Tendenz zu weniger pflegeintensiven Sorten. Die niedrige, blaublühende Verbene *(Verbena bonariensis)* z. B. blüht fünf bis sechs Monate. Nicht länger auf die Rabatten beschränkt, werden Stauden heute auch als Ersatz für Sommerblumen im öffentlichen Grün verwendet, einige, wie z. B. Blauschwingel *(Festuca glauca)*, nutzt man sogar als Kübelpflanzen.

1

2

1 Im Frühjahr nutzen ›Drifts‹ aus Winterling und Schneeglöckchen das Licht, bevor die Bäume austreiben. Sie bringen Farbe in dunkle Winkel.
2 Eine geplante Pflanzung soll im jahreszeitlichen Wechsel interessant bleiben. Hier fügt geschnittener Buchsbaum dem sommerlichen Bild der Funkien und schattenverträglichen Farne ein architektonisches Gerüst hinzu.
3 Trockenheitstolerante Mehrjährige – Aloe, Agaven und *Echeveria* – stehen wegen ihrer ästhetischen Qualität nebeneinander. Die Pflanzung von Ruth Bancroft zeigt, wie auch Trockengärten übers ganze Jahr wirken können.
4 Ein Band aus einjähriger Kosmee, die vom Sommer bis zum Frost blüht, bildet einen bewegten, farbenfrohen Gegensatz zum kräftigen Baumstamm.

ZWIEBELPFLANZEN

Zwiebelpflanzen besetzen zusammen mit den Knollenpflanzen eine einzigartige Nische. Ihre unterirdischen Speicherorgane befähigen sie, schnell zu wachsen und zu blühen, bevor die Bäume austreiben und die Bedingungen heißer und trockener Standorte für ihr Gedeihen zu hart werden. Sie überleben dann den Rest des Jahres unterirdisch im Ruhezustand.

Frühjahrsblüher wie Tulpen und Narzissen spielen eine wichtige Rolle im Garten. Sie beleben schattige Ecken, die in den Sommermonaten zu dunkel sind. In der toten Zone unter sommergrünen Sträuchern kann man Zwiebeln verwenden, und Rasenflächen werden im Frühjahr durch Zwiebelblüher belebt. Unter Stauden gepflanzt, können Zwiebelpflanzen die Blühsaison ausweiten. Solange ihre Blätter genug Sonne erhalten, liefern Herbstzeitlose *(Colchicum)* am Rand einer im Herbst nachlassenden Rabatte bis zum Ende der Saison leuchtende Farben.

EIN- UND ZWEIJÄHRIGE

Aus Samen gezogen und ihren ganzen Lebenszyklus in ein oder zwei Jahren vollendend, umfassen Ein- und Zwei-

3

jährige sämtliche Wuchsformen, vom Bodendecker bis zur Kletterpflanze. Sie liefern rasch lebhafte Blüten und verdienen auch als leicht austauschbares Element in einer langfristigen Staudenpflanzung Aufmerksamkeit. Man kann sie an Ort und Stelle säen oder zwecks früher Blüte im Haus vorziehen, bevor man sie auspflanzt. Goldmohn *(Eschscholzia)* und Kapuzinerkresse *(Tropaeolum)* werden beispielsweise unter Stauden gesät, um einem neuen Garten ein eingewachsenes Aussehen zu geben.

Viele Gemüse fallen in die Gruppe der Ein- und Zweijährigen, obwohl sie wegen ihrer besonderen Kulturanforderungen eher in einen abgetrennten Bereich des Gartens gepflanzt werden. Viele können aber wegen besonderer Wirkungen, etwa des Laubes beim roten Mangold oder der roten Blüten bei der Feuerbohne auch in Zierpflanzungen verwendet werden. Flaschenkürbisse kann man aussäen, um mit ihrem rasch wachsenden Laub Bögen oder Zäune zu bekleiden, Artischocken mit ihrer geometrischen Gestalt und silbernen Blättern können dramatische Akzente in der Rabatte setzen.

4

Pflanzung und Ökologie

1

Von den aufwendigen Parterres des Renaissance-Gartens bis hin zu den naturalistischen Gartenanlagen von heute hat die Gärtnerei viele verschiedene Gesichter gehabt. Der Garten hat gewissermaßen immer den Kampf des Menschen mit der Natur widergespiegelt – und die Natur hat gesiegt.

Doch Moden wechseln, und wir leben heute in einer der interessantesten Perioden der Gartengeschichte, in der unser reiches Erbe mit der Sorge für unsere zunehmend verletzliche Umwelt verbunden ist. Die eher ökologische Herangehensweise, die sich in den letzten zwanzig Jahren entwickelt hat, betrachtet die Natur als Vorbild für die Prozesse im Garten. Durch Kombination der vielfältigen Pflanzenressourcen mit moderner gartenbaulicher Erfahrung können wir Gärten planen, die vollkommen ihrer Umwelt entsprechen.

PFLANZEN IN DER NATUR

In der Natur werden Pflanzen ganz durch die klimatischen Bedingungen und das lokale Mikroklima bestimmt, in dem sie wachsen. Keine helfende Hand spendet ihnen Extrabewässerung, wenn sie Durst haben, oder zusätzlichen Schutz, wenn es kalt wird. Die Pflanzen müssen überleben, wo sie sind – oder eingehen. Auch unter härtesten Bedingungen gibt es eine heimische Flora, in den dunklen Schluchten ebenso wie in den windgepeitschten Dünen der Küsten. Nur in einer ernsthaft geschädigten Umwelt, wie in den vom Menschen durch drastische Landschaftseingriffe geschaffenen Wüsten, fehlt das Pflanzenleben ganz.

Quer durch die Biotope bilden Pflanzen Gemeinschaften, die Vorbild für unsere Gartenpflanzungen geworden sind. Das Lernen von der Natur führt uns zu einer angemessenen Art des Gärtnerns. Das bedeutet nicht, daß der Garten wild aussehen muß. Gefragt ist nur Rücksicht auf die vorhandenen Bedingungen, ein Arbeiten mit ihnen, nicht gegen sie. Das Ergebnis ist ein pflegeleichter Garten, in dem man nicht Stunden mit der Bewässerung feuchtigkeitsliebender Stauden an trockenen Plätzen verschwendet. Es gibt genug Stauden wie Thymian oder Salbei, die an trockenen Stellen gedeihen.

Pflanzen besiedeln nach und nach auf natürliche Weise jedes von Ackerbau oder Stadtentwicklung nicht in Anspruch genommene Stück Land. Diese Restflächen werden anfangs von Gräsern und anderen robusten Stauden besiedelt, später beginnen weitere Pflanzen das Grasland zu bevölkern. Samen von Brombeeren werden vor allem durch Vögel, Samen von Schmetterlingssträuchern *(Buddleja)* durch den Wind eingebracht. In der Folge treten schnellwachsende Bäume wie Birken unter die Brombeeren und verdrängen mit ihrem Schatten die Gräser. Ihr Schutzdach wird einer Reihe schattenverträglicher Arten wie Farnen, Moosen und Fingerhut zur Heimat. Waldgesellschaften, z. B. mit Eichen und Efeu, stellen das sogenannte Klimaxstadium am Ende der ökologischen Entwicklung dar.

Obwohl diese Sukzession auf dem Wettbewerbsprinzip beruht, zeigt sie doch auch die gesellschaftliche Natur der Pflanzen. Pflanzen aus ihrem Ökosystem herauszunehmen – aus einer Wiese, aus einem Wald – heißt, sie aus einer ausbalancierten Gemeinschaft zu reißen, in der alle Pflanzen gleichberechtigt gedeihen und sich in jeder Schicht gegenseitig schützen.

Mit ein wenig Überlegung können Sie ein Gartengrundstück den natürlichen Bedingungen annähern. Von einem Dachgarten, über den der Wind pfeift, können Sie Parallelen zu Küstenstrichen oder exponierten Hängen ziehen, und die dort gedeihenden Gesellschaften können Ihnen als Inspirationsquelle dienen. Nehmen Sie trockenheitsresistente Gräser, die ihre Blätter der Länge nach einrollen, um dem Wind nicht unnötige Angriffsflächen zu bieten, oder niedrige, polsterbildende Pflanzen wie Thymian und Grasnelke *(Armeria maritima)*, die ihre Statur und ihre Blätter auf ein Minimum reduziert haben. Silberblättri-

2

3

4

ge Pflanzen aus gewöhnlich exponierten Lagen wie der Wollziest *(Stachys byzantina)* wären ideal. Ihre Blätter setzen der Sonne eine reflektierende Oberfläche entgegen und reduzieren die Verdunstung.

Mit einer entgegengesetzten Situation wie einer schattigen, dunklen Allee konfrontiert, können Sie den Wald als Inspirationsquelle nutzen. Der Waldboden ist Heimat vieler Pflanzenarten – Farne, Elfenblume *(Epimedium)*, Lungenkraut *(Pulmonaria)*, Nieswurz *(Helleborus)* u. a. –, die ganz an die Bedingungen eines schattigen Wegrands angepaßt sind. Das Kleinklima profitiert vom Laubdach, und ähnlich ist es mit den Mauern eines Gebäudes, so daß auch dort schattenliebende Pflanzen, die breite, das Licht einfangende Blätter entwickelt haben, ideal sind. In einer exponierten Lage wären sie dagegen wie ein Segel dem Wind ausgeliefert.

Wenn der Boden feucht ist, sollte man besser nach geeigneten Sumpfpflanzen Ausschau halten, als ihn mit großem Aufwand zu entwässern. Auf diese Zone spezialisierte Pflanzen findet man in der Natur um Tümpel und Seen, z. B. Weiden, Hartriegel und Schwertlilien.

NATUR ALS INSPIRATIONSQUELLE

Es ist sinnvoll, sich in der Natur nach Ideen umzusehen. Ein eher zwangloses, naturalistisches Vorgehen erlaubt es, Rasenflächen teilweise in Wiesen zu verwandeln, deren dicht gemischte Gesellschaften die Natur bildet. Rabattenpflanzen läßt man lieber ungezwungen wachsen, so daß Gesellschaften entstehen, die einander besser stützen als schutzlos und verwundbar einzelnstehende Pflanzen. Dieser Naturnähe darf man an anderer Stelle einen strengeren Zug entgegensetzen, um etwas Ordnung hineinzubringen. Ein gemähter Weg durch hohes Gras erscheint eher geplant als zufällig, und eine geschnittene Hecke schafft Ordnung und einen Gegenpol zu lockerer Pflanzung.

Beim Gestalten mit Pflanzen sollte die Natur ein ständiger Bezugspunkt sein: Ein Plan, der Muster und Rhythmen vorgibt, wie sie in der Natur zu finden sind, ermöglicht eine geordnete Entwicklung. Ganz gleich, in welchem Stil man gärtnert: Die Pflanzung nach den natürlichen Bedingungen ist der sicherste Weg zum Gleichgewicht – und darauf kommt es bei einer guten Pflanzung an.

1 Selbst noch in der ungastlichsten Umgebung bevölkern Pflanzen den Boden. Hier erlauben feuchte Bedingungen Moosen und Schachtelhalm, sich auszubreiten.
2 Die Wüstenflora ist vom Tau als Feuchtigkeitslieferant abhängig. Durch ihn können Pflanzen selbst unter trockensten Bedingungen gedeihen.
3 Jeder Lichtstrahl, der das dichte Laubdach der Buchen durchdringt, kommt den unteren Pflanzenschichten zugute, die sich an kühle Waldbedingungen angepaßt haben.
4 An der Grenze von Land und Wasser wuchern Binsen und bilden den Übergang zwischen der Wasserzone und dem Eichenwald im Hintergrund.

PFLANZPRINZIPIEN

1

Ein Pflanzplan hat mehrere Aspekte abzudecken. Vor allem sollten sich die Pflanzen in ihrer Umgebung wohlfühlen. Doch auch andere Aspekte müssen in Betracht gezogen werden. Eine Pflanzung muß dreidimensional über alle Etagen, von der obersten Ebene bis zur Bodenoberfläche, durchkomponiert sein.

Die vierte Dimension heißt Zeit. Der Plan sollte nicht nur an jedem Tag, sondern auch zu jeder Jahreszeit und in jedem Jahr brauchbar sein. Mit den Jahreszeiten zu arbeiten und dem Wechsel Raum zu geben ist beim Gestalten mit Pflanzen ganz wesentlich.

Gewappnet mit Informationen, wie sich die Pflanzen verhalten und was sie benötigen, können Sie beginnen, über ihre Verwendung nachzudenken. Pflanzprinzipien beruhen auf der Kombination von praktischem Wissen mit dem Bewußtsein für Farbe, Form und Struktur. Eine gute Pflanzung im Garten wirkt genauso wie ein gut gewählter Stoff in einer Wohnung: Sie schafft Atmosphäre und verleiht Stil – mag er regelmäßig oder frei sein, traditionell oder modern, kontrolliert-minimalistisch oder üppig-überbordend. Eine Pflanzung, die für ein Bauernhaus geeignet ist, macht sich nicht unbedingt ebensogut auf einem Dachgarten oder in einem Hinterhof – und umgekehrt.

Das Pflanzen ist eine Kunst, die Elemente der Malerei und Bildhauerei verbindet und durch die Schaffung von Harmonien oder Kontrasten in Farbe, Form und Struktur sowie durch das Erfinden von Mustern und Rhythmen wirkt. Es gibt Prinzipien wie den Farbkreis, die man kennen sollte, um sie als Regeln einhalten oder absichtlich durchbrechen zu können. Die herausragendsten Kombinationen sind meist die am wenigsten erwarteten. Eine gute Methode, um Zusammenstellungen zu prüfen, ist es, Sträuße aus Blumen und Blättern zu binden, so wie ein Innenarchitekt mit Stoffstücken experimentiert. Sie werden schnell herausfinden, was zusammenpaßt.

Wenn Sie den auf den folgenden Seiten skizzierten Prinzipien folgen, werden Sie einen Garten schaffen, der lang- wie kurzfristig wirkt und Überraschungen zuläßt. Indem gute Pflanzung auf ein paar vernünftigen Grundsätzen aufbaut, bewegt sie sich wie in einem der Natur angelegten Zaumzeug, nicht wie in einer Fessel. Die Begegnung von Mensch und Natur ist etwas Persönliches und wird niemals für zwei Personen dieselbe sein.

2

1 Die weiche Federgestalt des Fenchels bildet den Hintergrund einer in Form und Farbe klaren Taglilie *(Hemerocallis lilioasphodelus).*
2 Eine Birkengruppe am Waldrand lockert die Dunkelheit der dahinter stehenden Bäume auf. Die Blumenwiese darf sich bis zum Waldsaum ausbreiten.

3

3 Die Wolfsmilch *Euphorbia x martinii* ist eine pflegeleichte Pflanze mit schönen Blättern und Blüten für heiße, trockene Lagen. Morgendlicher Tau verziert hier ihr junges rötliches Laub.

4

4 Die üppigen Blüten des Türkischen Mohns *Papaver orientale* 'Beauty of Livermere' wirken prächtig, auch wenn die Blüten nur wenige Wochen halten.

5

5 Die Blätter der frostempfindlichen rotnervigen *Begonia grandis* var. *evansiana* haben einen klaren Umriß und bieten ein schönes Farbspiel.

Stil und Stimmung

Stil ist bei der Bepflanzung ein weit wichtigerer Faktor als bei den gebauten Gartenelementen. Wenn man bei der Bodenmodellierung auch harte Linien geschaffen hat, so sind es doch die Pflanzen, die den Garten bekleiden und seine Atmosphäre entstehen lassen. Die Entscheidung für einen Stil – sei es strenge Formalität, orientalische Einfachheit oder romantischer Überfluß – bestimmt (und begrenzt) das Pflanzensortiment und hält den Entwurf zusammen. Denken Sie daran: Weniger ist mehr, eine Pflanzenliste sollte immer rechtzeitig um mindestens die Hälfte gekürzt werden, wenn ein schlüssiger Stil entstehen soll.

Im Anschluß an die Auswahl der Pflanzen folgt die Art und Weise der Verwendung. Der Bepflanzungsstil hängt vom Aussehen und der Lage Ihres Gartens ab. Pflanzenkombinationen können einen Raum so stark beeinflussen, daß sie seine Ausstrahlung verstärken – oder zunichte machen. Glücklicherweise gehört die Bepflanzung zu den veränderlichen Gartenelementen, und düstere Ecken können durch gute Bepflanzung in wenigen Monaten belebt werden. Der Gegensatz des breiten Laubes der Segge *Carex elata* 'Aurea' zu Waldmeister kann Leben in einen schattigen Winkel bringen.

ARCHITEKTONISCHE STILE

Der architektonische Stil wird im Garten am besten durch mehrere, niedrig geschnittene Pflanzen erreicht, die den Blick auf ihre Form konzentrieren, ohne durch verschiedene Farben und Strukturen abzulenken. Eine symmetrische Anordnung betont den architektonischen Stil. Beschnittene Pflanzen passen gut zu einer klaren, reduzierten Gestaltung oder einer Verbindung mit harten Strukturen im Garten oder seinem Umfeld.

Ein hervoragendes architektonisches Element sind Hecken. Es empfiehlt sich aber, dunkle Hecken wie z. B. Eiben durch eine hellere Vorpflanzung aufzulockern, etwa durch Fackellilien *(Kniphofia)*, wenn man es nicht auf den düsteren Effekt abgesehen hat. Smaragdgrüner Buchsbaum und sommergrüne

1

1 Dieser zeitgenössische japanische Innenhof ist ein außergewöhnliches Beispiel für eine graphische Komposition aus geschnittenem Buchsbaum. Die organischen Pflanzenformen wurden rigoros in eine architektonische Ordnung gebracht.

3

2

4

2 Lotusland in Kalifornien hat seine ganz eigene Atmosphäre. Phantastische Züge sind wie in einem Wunderland mit naturnahen Formen kombiniert. Unter den trockenen, heißen Bedingungen in diesen Gärten dominieren Umriß und Struktur der Pflanzen.

3 Die fahlen Stämme der Birken und der Bodendeckerteppich darunter erzeugen eine Stimmung kühler Abgeklärtheit.

4 Ein Gewirr aus *Crambe cordifolia* und Türkischem Mohn ruft den Eindruck leichter Vernachlässigung hervor und das Gefühl, daß die Natur dominiert.

Hecken, z. B. Buchen- oder Hainbuchenhecken, wirken nicht so schwer. Geometrie braucht nicht unbedingt harte Linien. Man kann auch eine phantasievolle Mondlandschaft aus geschnittenen Gehölzen herstellen oder Hecken in Wellen und Schlangenlinien pflanzen.

Die äußerste Form des menschlichen Eingriffs ist die strenge Formalität, die man in Gärten aller Zeiten findet. Von den Zen-Gärten Asiens bis zur geschnittenen Architektur von Versailles wurden Pflanzen verwendet, um Berge, Zimmer und Figuren darzustellen. Die großen exzentrischen Eiben-Skulpturen in Levens Hall (Cumbria, England) stellen ein extremes Beispiel für unseren Wunsch dar, die Natur zu beherrschen. Die heutige Neigung ist jedoch entspannter.

Der architektonische Stil kommt am besten zur Geltung, wenn statischen Formen Pflanzen gegenübergestellt sind, die eher unregelmäßig wirken, so daß gleichzeitig maximaler Kontrast und die nötige Ausgewogenheit entstehen. Das Ergebnis ist eine anregende Mischung von Ordnung und Unordnung.

UNREGELMÄSSIGE STILE

Die Vorstellungen vieler Menschen von einem schönen Garten sind sehr romantisch. Pflanzen sorgen dabei für eine sensible, weiche Atmosphäre. Der romantische Stil verlangt, daß man die Zufälligkeit, mit der Pflanzen wachsen, und ein gewisses ›organisiertes Chaos‹ akzeptiert. Das ist zu erreichen, indem man einen Ast über den Weg hängen, an einer Pergola eine Glyzine in Kletterrosen hineinranken oder selbstversäende Pflanzen wie Frauenmantel *(Alchemilla)* oder Königskerzen *(Verbascum)* in Pflasterfugen wachsen läßt.

Ein unregelmäßiger Garten hat mehrere Pflanzenebenen, die sich gegenseitig stützen, und Bestandteile, die sich selbst überlassen miteinander oder gegeneinander arbeiten. Hinter der entspannten Atmosphäre des Zufalls muß aber eine bestens organisierte Planung stehen, denn bei allem unordentlichen Aussehen müssen die Pflanzen sorgfältig ausgewählt sein, um zu harmonieren statt in Konkurrenz zu treten. In den letzten Jahren wurde diese extensive Methode zusammen mit der Idee des Naturgartens weiterentwickelt. So läßt sich z. B. ein Pflanzplan erstellen, der wie eine wilde Wiese am Waldrand wirkt, aber in Wirklichkeit ganz aus distelartigen Zierpflanzen wie *Eryngium* und *Cirsium rivulare* 'Atropurpureum' besteht. Auch Ziergräser wie *Stipa* haben gewaltigen Einfluß auf diese Art der Gartengestaltung genommen.

GÄRTEN IN DER STADT

In der Stadt ist die Umgebung meist weniger wichtig. Die Bepflanzung ist eher eine Art Bühnenbild, weil die Raumgrenzen schon vom Menschen vorgegeben sind. Pflanzen rufen leicht eine ganze Reihe von Assoziationen hervor – oft genügt eine einzige Pflanze wie der Bambus. Man kann die Assoziation von Wasser und eine kühle Atmosphäre mit Blattpflanzen wie Brustwurz *(Angelica)* und Goldkolben *(Ligularia)* schaffen, ebenso ein sonnendurchflutetes Ambiente mit skulpturartigen Sukkulenten. Auch Farben tragen zur Atmosphäre bei, von kühler Kontemplation bis zu stimulierender Hitze.

Vor allem sind es Ihre persönlichen Vorstellungen, die den Gartenstil bestimmen, die Pflanzenverwendung beeinflußt die Atmosphäre. Ein Garten kann aber auch mehrere verschiedene Stile und Stimmungen enthalten, sofern Ihre Vorstellungen klar und deutlich sind.

Ebenen der Pflanzung

1

Eine komplizierte, vielschichtige Komposition hängt wie alle Elemente einer guten Pflanzung zunächst vom optischen Gegensatz sowie vom Gedeihen der Pflanzen ab. Betrachtet man das Wasser eines Tümpels oder eine Waldlichtung, so findet man eine natürliche Hierarchie. Jeder Teil hat darin seine eigene Nische. Im Wald schützt die Kronenschicht alles Leben darunter. Efeu rankt die Stämme empor, und Arten mit unterschiedlicher Schattenverträglichkeit besetzen die anderen Ebenen. Wenn ein Baum gefällt wird, erlaubt der Sonneneinfall weiteren Arten zu gedeihen. Jede konkurriert mit der anderen, und doch gibt es ein ausgewogenes Gleichgewicht. Wenn im Winter zusätzliches Licht in den Laubwald fällt, nutzt eine weitere Schicht, die der Zwiebelpflanzen, die kurze Vegetationsperiode, bevor die neuen Blätter an den Bäumen erscheinen und den Waldboden wieder in Dunkelheit tauchen.

Im Garten geht es ähnlich wie im Wald zu, wenn die Bepflanzung verschiedene Ebenen besitzt. Beim Erstellen eines Pflanzplans müssen Sie sich vom zweidimensionalen Denken verabschieden und Vertikalen hineinbringen, um den Blick nach oben zu führen und Überraschungen zu bieten. Sobald hohe Pflanzen vorhanden sind, wird die Umgebung unmittelbar beeinflußt und wenigstens teilweise beschattet. Das gibt Ihnen die Möglichkeit, vielschichtige Wirkungen hervor zu bringen, nicht nur, um die unteren Ebenen interessanter zu machen, sondern auch, um dem Boden eine schützende ›Bettdecke‹ zu geben.

In der Natur findet man kaum nackten Boden, er würde von Wind und Regen erodiert werden, was den entscheidenden Humusanteil wegführen und die ihrer wertvollen Nährstoffe beraubte Erdoberfläche schutzlos machen würde. Die Erde ist daher meist von einer dichtgefügten Gesellschaft bodendeckender Pflanzen besiedelt, die Boden und Nährstoffe festhalten helfen. Es sollte das Ziel sein, keinen nackten Boden im Garten zu haben; er würde nur als Unkrautreservat dienen, das dem Gärtner mehr Arbeit macht.

SCHICHTWEISE BEPFLANZUNG

Unterschiedliche Pflanzen wachsen am liebsten in unterschiedlichen Ebenen, angefangen bei denen, die ihre Häupter in die Sonne erheben wie Waldrebe *(Clematis)* oder Geißblatt *(Lonicera)*, bis zu Pflanzen wie Farne oder Nieswurz *(Helleborus)*, die am Boden am glücklichsten sind, weil sie den Schutz ihrer Begleiter und den Halbschatten brauchen. Die mittlere Schicht kann auch als wertvoller Untergrund für die darübergelegenen dienen. Schichtweise Bepflanzung hat nicht nur praktische Vorteile, sondern erlaubt auch einer größeren Zahl Pflanzen zu gedeihen und gibt die Möglichkeit, Harmonien und Kontraste zu schaffen, die nicht erzielt werden können, wenn jede Pflanze solitär wächst.

Ein ausgewogenes Gleichgewicht zwischen den Pflanzen verschiedener Ebenen ist sehr wichtig. Jede Pflanze muß mit ihrem Nachbarn auskommen. Ein Sonnenliebhaber wie die Katzenminze *(Nepeta)* wächst nicht im Schatten einer höheren und in die Breite gehenden Pflanze wie des Schmetterlingsstrauchs *(Buddleja)*. Oft müssen die Ebenen nach und nach gepflanzt werden, weil solche Arten, die am Ende über der Augenhöhe

1 Diese einfache Pflanzung verwandelt sich im Laufe des Jahres durch Wachstum und späte Blüte des Wasserdosts *(Eupatorium)*. Geschnittener *Euonymus* und der Efeuvorhang an der Mauer liefern dauerhaftes Grün.
2 Diese Rabatte umfaßt alle Ebenen. Eine weiße *Buddleja davidii* schafft Volumen, *Clematis* webt sich hindurch. *Geranium macrorrhizum* liefert den Bodendecker, *Camassia* und *Iris* ragen daraus hervor, um vertikale Akzente zu setzen.

2

3

4

5

wirken sollen, in den ersten Jahren leicht von ihren Nachbarn unterdrückt werden. Manche Sträucher muß man zunächst allein pflanzen, bis sie stärkere Triebe gebildet haben. Im ersten Winter kann man dann schwache Zweige ausschneiden.

Unter Rosen empfiehlt sich eine schützende, nahrhafte Mulchschicht während der ersten Saison. Im zweiten Jahr kann dort eine niedrige Schicht bodendeckender Stauden gepflanzt werden wie etwa Storchschnabel-Arten, die als Hintergrund und Kontrast dienen und gleichzeitig das Unkraut unterdrücken. In der Folge können den Stauden noch andere Ebenen hinzugefügt werden, darunter die im Frühjahr und Sommer blühenden Zwiebelpflanzen. Später, wenn die Sträucher stark genug geworden sind, kann man noch Kletterpflanzen einfügen und dadurch die Blütezeit frühblühender Gruppen weiter in den Sommer ausdehnen.

Auch bei Staudenpflanzungen, die zunächst ganz ebenerdig aussehen, gibt es immer Gelegenheiten, Akzente hinzuzufügen, etwa Zwiebelpflanzen oder Bodendecker, die einen grünen Kranz um die mehr aufrecht wachsenden Stauden legen. Nehmen Sie aufrechte ebenso wie niedrige, um zu variieren, und nutzen Sie den Platz gut, damit das ganze Jahr hindurch etwas Interessantes zu sehen ist. Herbstblühende Gräser können z. B. durch Kratzdisteln *(Cirsium)* wachsen, wenn der Sommer fortschreitet.

Ein Garten entwickelt sich im Laufe der Jahre, die meisten Pflanzungen werden allmählich vom Schatten dominiert. Von Zeit zu Zeit müssen Sie einige Pflanzen herausnehmen. Arten, die den Schatten besiedelt haben, stehen dann plötzlich in der Sonne. Das ist kein Grund zur Besorgnis, eine solche Änderung ermöglicht es, dem Garten neue Aspekte zu geben.

Die Gartenebenen können miteinander verschränkt werden, da die Bedürfnisse und Standorte Ihrer Pflanzen wie Puzzleteilchen ineinanderpassen. Das fertige Bild verlangt oft eine feine Abstimmung, ein Garten mit mehreren Ebenen ist aber in jedem Fall für Ihren Lebensraum im Freien eine Bereicherung.

3 Die Blütentrauben des frostempfindlichen *Echium candicans* verbinden sich mit dem Hintergrund, und niedriger Lavendel in der Mitte antwortet ihnen. Im Vordergrund blüht eine sukkulente *Kalanchoë*-Art.

4 In einer Lichtung führen verschiedene Ebenen den Blick vom Laubdach über die *Astrantia* und die mittelhohe *Rodgersia* (rechts) nach unten, wo das Gras *Hakonechloa macra* 'Aureola' und der Farn *Adiantum pedatum* zu sehen sind.

5 An diesem Waldrand wurden Graspflanzungen aus *Miscanthus* und *Pennisetum* großzügig als Unterbau eingesetzt. Sie verbinden die kühle Rasenfläche mit der umgebenden Wildnis. Die Pflanzung erlaubt Einblicke in den Wald.

Veränderungen einplanen

Die lebendigen Veränderungen eines Gartens von Jahr zu Jahr zu beobachten ist eine Quelle steter Freude. Auch von einem Tag zum anderen ist er niemals derselbe. In der Natur bietet der Wechselprozeß reiche Erfahrungen, und die Ruhemomente sind ebenso interessant wie die Veränderungen. Die Lebenszyklen der Pflanzen liefern uns bei der Gartengestaltung zusätzliche Herausforderungen und Möglichkeiten.

Man kann das Tempo des Wechsels beeinflussen, so daß saisonale Höhepunkte wie die Entfaltung der Blüten im Frühjahr vor einem Hintergrund aus Pflanzen, die wegen ihrer langen Blühdauer ausgewählt wurden, verteilt sind. Die Täler zwischen den Höhepunkten können unterdessen mit Pflanzen geschmückt werden, die durch alle Jahreszeiten eine ruhige Folge von Blüten oder Früchten bieten.

Ganzjährig interessant zu pflanzen ist eine Kunst für sich. Sofern Sie keinen berechenbaren Garten aus Immergrünen haben wollen, müssen Sie die Bepflanzung mit einer Abfolge saisonaler Effekte sorgfältig planen. Eine Pflanzung, die nach einem zunächst großartigen Crescendo plötzlich, oft zur Sommermitte, zu einer ›grünen Soße‹ abfällt, kann in einem Garten, der groß genug für verschiedene Pflanzbereiche ist, einen Platz haben, in einen kleinen Garten gehört sie nicht. Jede Pflanzung hat normalerweise eine Hauptsaison, die von den jeweiligen Leitpflanzen abhängt, etwas Auffallendes sollte aber zu jeder Zeit dasein. Einige Ziergräser beleben das übliche ›Spätsommerloch‹ in vielen Gärten. Auch an kleinsten Stellen kann man, eine dauerhafte Rahmenpflanzung vorausgesetzt, Arten von vorübergehendem Wert einfügen wie frühblühende Zwiebelpflanzen oder Stauden, die durch ihren Winteranblick wirken.

Wählen Sie bei der Zusammenstellung Ihrer Liste einige Pflanzen, die alle vier Jahreszeiten abdecken, damit bei der Bildung besonderer Kombinationen eine sichere Basis vorhanden ist. Einen dauerhaften Rahmen schaffen heißt, eine Pflanzenkombination zu wählen, die in möglichst vielen Monaten des Jahres Verdienste hat. Eine immergrüne Bodendecke ist ein stabiler, dauerhafter Unterbau. Vielleicht bevorzugen Sie auch eine Staude, die sich während des Jahres wandelt, aber in jedem Stadium schön bleibt wie die Edeldistel *(Eryngium)*, oder einen niedrigen Strauch, der im Winter ebenso wie im Sommer gegenwärtig ist, eine Massenpflanzung aus Lavendel etwa.

Der Unterbau kann aus einer dynamischen Pflanzenkombination bestehen, die ganzjährig interessante Wechsel bietet wie die Wolfsmilch *Euphorbia cyparissias*, mit der dunklen Kleesorte *Trifolium repens* 'Purpurascens' gemischt. Er kann einen saisonalen Höhepunkt haben und den Rest des Jahres über ruhiger bleiben: Braunrote Bergenien und *Tellima grandiflora* beleben den Boden bis zum Frost. Andere vorübergehende Elemente, die eingebaut werden können, sind farbige Rinden für den Winter, Beerensträucher für den Herbst und verschiedene Zwiebelpflanzen für einen farbenreichen Frühjahrsanblick.

Kletterpflanzen spielen im Verlauf des Pflanzenjahres eine besondere Rolle, weil sie bei der Gartengestaltung in senkrechten Lagen und in Ebenen verwendet werden, die anders nicht begrünt werden können. Die Waldrebe *(Clematis)* erklimmt auch Gehölze, die sonst nur von kurzem saisonalen Interesse sind wie die frühblühenden Kirschen. Viele Kletterpflanzen blühen im Spätsommer und manche wie die Scheinrebe *(Ampelopsis)* mit ihren unverkennbaren blauen Beeren wirken durch sehr deko-

1

1 In dieser Spätsommerpflanzung des holländischen Gestalters Piet Oudolf bilden frühblühende Pflanzen wie Fenchel den Hintergrund für später erscheinende wie *Polygonum* und *Eupatorium*.
2 Viele Pflanzen sehen auch im Winter eindrucksvoll aus, besonders, wenn Rauhreif ihr Gerüst betont. Es lohnt sich, Stauden wie *Sedum* und Astern – wie im Bild gezeigt – bis ins Frühjahr stehenzulassen.

Eine gut geplante Pflanzung verändert ihr Aussehen während eines Jahres. Hier bildet eine Ölweide *(Elaeagnus)* das Gerüst – auch in blattlosem Zustand –, während eine Folge passender Stauden für Abwechslung sorgt.

Winter / Frühling

Sommer

rative Blätter oder Früchte am besten im Herbst.

Jeder Platz hat Besonderheiten, die eigene Anforderungen stellen, und die erfolgreichste Pflanzenkombination hierfür, will durch Erfahrung entwickelt werden. Es ist klar, daß man Pflanzen zusammenstellt, die für die jeweilige Ebene geeignet sind, andererseits muß man ein offenes Auge für die saisonalen Effekte haben.

Viele Pflanzen wirken auch noch in ihrer Wintergestalt bezaubernd, und wenn man sie aus lauter Ordnungsliebe herunterschneidet, raubt man dem Garten einen interessanten Aspekt. Die kräftigen Triebe verschiedener *Sedum*-Arten nehmen im Winter einen zimtfarbenen Ton an, ihre spröde Wintergestalt wird vom Frost noch gesteigert – viele andere Stauden wie Disteln und Gräser sind dann längst eingezogen. Die Stämme von Weiden und Hartriegeln bringen Farbe in die Winterszene, auch manche anderen Bäume haben farbige und strukturierte Rinden, die im Winter neben ihrem Umriß schön zur Geltung kommen.

Die beste Bepflanzung ist vielschichtig und wechselt mit den Jahreszeiten. Wenn man Gehölze und Stauden, Einjährige, Zweijährige und Zwiebelpflanzen einfühlsam kombiniert, in dichter und ausgewogener Gesellschaft, schenken uns die Zyklen von Werden und Vergehen eine stets in Entwicklung begriffene Umgebung voll Kontrast, Dynamik und Harmonie.

A ***Elaeagnus* 'Quicksilver'**
B ***Leucojum aestivum***
C ***Helleborus foetidus***
D ***Clematis tibetana* var. *vernayi***
E ***Foeniculum vulgare* 'Purpureum'**
F ***Papaver orientale***
G ***Sedum* 'Herbstfreude'**

Herbst

2

Die Farbe der Pflanzen

Farbe bereichert unsere ganze Welt. Sie ist eines der kraftvollsten Gestaltungsmittel des Gärtners. Richtig angewandt, macht sie den Garten lebendig und verleiht ihm eine besondere Atmosphäre. Sie wirkt auch auf unsere Gefühle: Eine Farbe kann beruhigen oder erfrischen, anregen oder schockieren; nur selten läßt sie uns völlig kalt.

Im Garten verleihen Farben Ihrem eigenen Geschmack Ausdruck – ob er nun gewagt und kompromißlos oder subtil und bescheiden ist, ganz, wie Sie Farben bei der Inneneinrichtung verwenden. Natürlich ist Farbe im Garten überhaupt nicht statisch. Sie kann sich je nach Wetter und Tageszeit wandeln, so daß man es das ganze Jahr über mit einer Metamorphose zu tun hat.

Man sollte sich der Wirkung bewußt sein, die das Licht auf die Farbe der Gegenstände im Freien hat. Berücksichtigen Sie immer das örtliche Klima, wenn Sie Pflanzen nach den Farben aussuchen. In der Natur haben vor allem tropische Pflanzen Blüten von brillanter Farbe. In den sonnenerfüllten Gärten Kaliforniens und des Mittelmeerraums, unter strahlendem Himmel, sind kräftige, leuchtende Farben zu Hause. Gedeckte Farben und zarte Pastelltöne erscheinen in starkem Sonnenlicht fahl und ausgeblichen, im weichen, diffusen Licht gemäßigter Zonen entfalten sie dagegen ihre subtile Schönheit.

FARBPRINZIPIEN

Weil Farbe eine so gewaltige Wirkung im Garten hat, lohnt es sich, ihre gute Verwendung zu studieren. Manche Menschen haben einen natürlichen Blick für Farbe, doch die meisten müssen lernen, wie man Farben zusammenstellt und Kombinationen vermeidet, die zu schwach oder zu disharmonisch sind.

Der Farbenkreis, der auf dem Farbspektrum der Natur, dem Regenbogen, basiert, ist ein brauchbarer Ausgangspunkt bei der Erkundung der Farbbeziehungen im Garten. Eine auf harmonischen Kombinationen beruhende Pflanzung benutzt die im Farbenkreis benachbarten Töne, während eine auf Kontrast beruhende, gegenüberliegende zusammenstellt. Die intensivsten Kontraste bestehen zwischen einander direkt gegenüberliegenden Farben wie Rot und Grün, Blau und Orange, Gelb und Violett. Solche Farbenpaare werden als Komplementärfarben bezeichnet.

Der Farbausgleich im Garten ist nicht so leicht wie im Innenraum, weil jeder Pflanzenteil eine Farbe hat – Blütenblätter, Staubgefäße, Laubblätter, Stengel, Rinden, Beeren und Samenstände –, sollte man alle Teile berücksichtigen. Man kann die Blütenblätter einer Pflanze mit den Staubgefäßen einer anderen kombinieren, deren Laubblätter eine weitere Variation des Themas liefern.

VORBILDER FINDEN

Farbeffekte finden wir überall, und die Natur ist eine besonders reiche Ideenquelle. Vielleicht lassen Sie sich von den Bronze-, Braun- und Purpurtönen eines Moorgebietes inspirieren, oder von den lebendigen Blau- und Grünvarianten der Kiesel an einem Strand. Oder Sie möchten die Atmosphäre eines Ortes, an dem Sie einmal waren – die reichen Orange- und Violettöne Indiens oder das flimmernde Gemälde einer Stadt am Meer –, beschwören. Ein Stoff kann ebenso wie eine Malerei Farbvorbild einer Pflanzung sein.

Welche Kombination gefällt, welche nicht, ist eine so persönliche Sache wie Ihr Kleidungsstil. Der Harmoniebegriff des einen entspricht für den anderen größter Unordnung. ›Künstlerische‹ Kontraste können als vulgär betrachtet, ›geschmackvolle‹ Kombinationen als abgedroschen und langweilig abgetan werden. Experimentieren ist der beste Weg, um herauszufinden, was am besten zu Ihnen paßt. Benutzen Sie die Pflanzen in Ihrem Garten wie eine Palette, um die gewünschten Wirkungen zu erzeugen. Wie man bei der Raumdekoration verschiedene Stoffmuster zusammen ausprobiert, so kann man bei der Bepflanzung mit den Blüten und Blättern eines Straußes arbeiten. So mag der Zufall unerwarteten Erfolg bescheren, den man bei rein theoretischem Vorgehen nie gehabt hätte.

DIE VERWENDUNG VON FARBTHEMEN

Die thematische Farbzusammenstellung kombiniert verwandte Farben nach ihrer Temperatur. Rot, Orange und Gelb sowie die strengeren Violett- und Purpurtöne gehören zu der warmen Seite des Farbenkreises, ruhiges Blau und Grün, auch zartes Rosa zählen dagegen zu den kalten Farben. Jede Gruppe hat ihre eigenen Besonderheiten und legt bestimmte Verwendungsweisen nahe. Warme Farben haben eine kräftige, stimulierende Wirkung, sie drängen sich in den Vordergrund unserer Wahrnehmung. Kalte Farben sind leiser und weniger fordernd, sie ziehen sich eher zurück. Außerdem gibt es die ›unreinen‹ Farben und die zarten Pastelltöne, die meist komplexere Wirkungen hervorrufen und getrennt behandelt werden.

Alle Farben in diese beiden Temperaturgruppen zu zwängen ist eine sehr grobe, aber für den Garten nützliche Methode. Die Wahl eines Farbthemas ist ein guter Weg zu einem bewußten Gestalten mit Pflanzen. Mit der Verwendung harmonischer Farben vermeidet man unangenehme Zusammenstellungen; mutige Gärtner aber kombinieren die Gruppen, so daß aus aufregenden Kontrasten ganz eigene Farbszenarien entstehen.

Innerhalb der warmen und kalten Gruppe können die Farben weiter unterschieden werden: Intensität und Sättigungsgrad einer Farbe ergeben verschie-

1

2

1 Eine blauviolette Gartenhortensie – im Schatten und in der Dämmerung scheinen solch kühle Blautöne zu schweben.
2 Das Violett der *Liatris spicata* singt in energischer Kombination gegen das reine Blau der *Perovskia* 'Blue Spire' an.
3 Als kühlste Farbe bringt Weiß (hier von Fingerhut und Rosen repräsentiert) Licht in den Schatten.
4 Die satte Farbe von *Geranium psilostemon* leuchtet vor dunklem *Taxus*.
5 *Cornus alba* 'Aurea' bildet hier den Hintergrund vor gelbblühenden frostempfindlichen Baumlupinen und dem gelbgrünen Schaum von *Alchemilla mollis*.

3

4

5

dene Farbtöne. Gesättigte Farben springen in einer gedämpften, von Blattwerk bestimmten Umgebung hervor, während eine Farbe um so stärker in den Hintergrund tritt, je mehr Schwarz- oder Weißanteile sie besitzt. Man kann bei gleichem Sättigungsgrad harmonische Kombinationen durch im Farbenkreis nah benachbarte Farben wie Gelb und Orange erzeugen, oder durch Kombinationen aus entgegengesetzten Gruppen, z. B. von orangefarbenem Goldmohn *(Eschscholzia)* mit der rostroten Tagliliensorte *Hemerocallis* 'Stafford' oder von porzellanblauem Hornveilchen *(Viola cornuta)* mit einem violettroten Storchschnabel *(Geranium sanguineum)*. Viele Gärtner werden sich wegen eines klaren Bildes auf eine beschränkte Zahl von Farben festlegen.

KALTE FARBEN

Grün ist die vorherrschende Farbe aller Gärten, sie ist die Farbe des Hintergrundes und oft auch des Bodens, der aus Rasen ebenso wie aus Moosen und Flechten auf Steinen und Pflasterungen bestehen kann. Bekanntlich ist Grün äußerst variabel: Jede Blättersammlung zeigt blaugrüne, gelbgrüne und solche, die purpurn, bronzefarbig und auch braun angehaucht sind. Die Grüntöne sollten die Grundlage für die meisten Bepflanzungen sein, weil das Blattwerk den größten Teil des Jahres dominiert.

Grün ist eine beruhigende und erfrischende Farbe und eine, die keinerlei Zusätze braucht, um zu wirken. Gärten nur aus Blattwerk können therapeutisch wirken, weil sie beruhigen und nur wenig ablenken. Denken Sie an die traditionellen Tempelgärten Japans. Wichtiger wird die Wahl der Grüntöne, sobald andere Farben hinzukommen. Blaugrüne Farben wie bei der Raute *(Ruta graveolens)* oder der Blaublattfunkie *(Hosta sieboldiana)* geben in Pflanzungen den Ton an, weil sie kälter und weniger flexibel sind als mittlere Grüntöne wie bei der Hainbuche. Dunkle Töne wie bei der Eibe bringen Gewicht und Tiefe, weichen aber zurück, wodurch sie einen Hintergrund für kräftige Farben abgeben und blasse Töne licht machen. Ihr Nachteil ist, daß sie eine düstere Stimmung erzeugen können. Lebhaftes Grün wie bei der Buche ist ein perfektes Gegenmittel. Es gibt mit seinem Funkeln die Illusion von Sonnenschein, besonders vor einem dunklen Hintergrund. Das Lind- und Smaragdgrün des Goldhopfens *Humulus lupulus* 'Aurea' oder der Hartriegelsorte *Cornus alba* 'Aurea' kann fast gelb erscheinen. In allen Schattierungen ist Grün vollkommen

2

1

3

4

1 Diese kräftige dunkle Farbe einer Papageientulpe wirkt im Frühjahr ungewöhnlich.
2 Die samtigen Blüten von *Clematis* 'Niobe' ergänzen die rotgerandeten dunklen Blätter von *Cotinus coggygria* 'Royal Purple'.
3 Die lebhaften Blüten des einjährigen kalifornischen Goldmohns (*Eschscholzia californica* 'Orange King') erinnern an Sonnenschein.
4 Farbe ist in allen Pflanzenteilen enthalten – hier bilden die scharlachroten Kronblätter und die dunkelpurpurnen Staubfäden von *Papaver orientale* 'Curlilocks' einen interessanten Kontrast.
5 Die dunkelvioletten *Coleus*-Blätter mit hellgrünem Rand geben einer Sommerpflanzung Tiefe und Gewicht. Die beliebte Pflanze ist nicht winterhart.

zuverlässig. Es ist sauber, klar und unkompliziert, ein wesentlicher Teil jeder Pflanzung.

Während Grün oft verwendet wird, um Dunkelheit in die Pflanzung zu bringen, bringt Weiß buchstäblich Licht in den Garten. Einer der Gründe, warum Vita Sackville-West ihren weißen Garten in Sissinghurst schuf, war, daß er sie vom Wohnzimmer in ihre Schlafräume im Turm führte. Weiß hat Poesie. Sackville-West schrieb über ihren weißen Garten: »Ich hoffte, daß die große, geisterhafte Schleiereule leise durch seine sommerliche Blässe herübergleiten würde.«

Weiß, die hellste Farbe, bietet beinahe immer einen Kontrast zum Laub und meist auch zu den Blüten. Während Grün als eine der ersten Farben in der Dämmerung verschwindet, bleibt Weiß am längsten sichtbar. Dadurch ist es für schattige Bereiche ideal, wo andere Farben verlorengehen würden. Weiß, die Farbe der Reinheit, sollte in jedem Garten wegen ihrer beruhigenden, sauberen und neutralisierenden Wirkung vorkommen, für Höhepunkte ist sie jedoch weniger geeignet. Sparsam verwendet, macht Weiß eine Pflanzung leichter und heller, die sonst etwas bleiern werden könnte.

Die weißen Töne sind komplexer, als es zunächst scheinen mag. Mehrere davon zu kombinieren, kann aufgrund verschiedener Creme-, Grün- und Rosaanteile problematisch sein, die aus der Entfernung nicht auffallen mögen, aus der Nähe aber einen deutlichen Unterschied ausmachen. Das reine Weiß des Aronstabs kann beispielsweise das Cremeweiß der Doldenblütler schmutzig wirken lassen, weshalb sie niemals zu nahe beieinander plaziert werden sollten.

Blautöne bringen Leuchtkraft und Friedlichkeit in den Garten. Die Farbe des Himmels und das Blau seiner Reflexion im Wasser suggerieren Weite und Frische. Als eine der letzten Farben des Spektrums ist Blau dunkel und die allerbeste Dämmerungsfarbe. In einer kühlen, schattigen Ecke kommen die meisten Blautöne zur Geltung, während sie in der harten Mittagssonne ausbleichen und untergehen. Weil sie kühl sind, neigen sie meist zum Zurücktreten und drängen sich nicht in den Vordergrund. Am Ende des Gartens geben blaublühende Pflanzen wie die Bartblume (*Caryopteris* x *clandonensis*) die Illusion von Ferne.

5

Blau-weißem Chinaporzellan vergleichbar, machen blaublühende oder blaulaubige Pflanzen einen sauberen, frischen, unkomplizierten Eindruck. Echtes Blau wie beim Scheinmohn *(Meconopsis betonicifolia)* und der Ochsenzunge *Anchusa azurea* 'Lodden Royalist' ist eine der seltensten Farben im Garten, mit Tendenz in Richtung Rot, Purpur oder Grün findet man Blau eher häufig. Blüten mit einem starken Grünanteil wie beim Enzian neigen dazu, lebhafter zu sein, und erscheinen gleichsam reiner. Ihre Vitalität und Energie beleben die Pflanzung. Blau mit mehr Rotanteil bewegt sich gegen Violett und wirkt weicher, wie man bei Glockenblumen sieht. Bei bestimmter Beleuchtung changieren sie dramatisch. Blau ist ein wichtiger Bestandteil von manchem Laub und ein guter Hintergrund für die meisten anderen Farben.

Rosa kann in der warmen wie in der kalten Gruppe erscheinen. Kraftvolles Kirschrosa hat eine Kraft und Vitalität, die es zu den heißen Farben stellt. Die Vexiernelke *(Lychnis coronaria)* mit ihrem grauen Laub und den purpurroten Blüten kann in der Pflanzung einen starken Akzent setzen. Rosa wird öfter wegen seiner Sanftheit verwendet, die vom leichten Zartrosa vieler Rosen bis zum warmen Pink der Fingerhutsorte *Digitalis purpurea* 'Sutton's Apricot' reicht. Zuviel des Guten kann jedoch schaden, Rosa verbindet sich gut mit Blau und mit silbernen Blüten wie Blättern.

WARME FARBEN

Die warmen Farben erfüllen den Garten mit Kraft und Wärme. Viele Leute scheuen vor ihrer Verwendung zurück, weil ihre stimulierende Natur sie zugleich aufdringlich wirken läßt und sie weniger leicht zu integrieren sind. Aber sie bilden eine kraftvolle Gruppe, die einer Pflanzung Würze gibt und sie garantiert vor Reizlosigkeit bewahrt. Gut verwendet, sind die warmen Farben der Verstärker, den so mancher Garten braucht. Im Gegensatz zu dem zurücktretenden Blau springen die warmen Farben hervor und kündigen ihre Gegenwart im Garten dem Auge deutlich an. Wenn man in ein blau-violettes Schema Orange einfügt, etwa eine Gruppe Inkalilien *(Alstroemeria)* zwischen Schmetterlingssträucher der Sorte *Buddleja davidii* 'Black Knight', gibt das der Pflanzung einen Schuß Spannung und Vitalität.

Rot, mit ›Kraft und Direktheit‹ wie auch mit ›Gefahr‹ assoziiert, wird oft als schwer zu verwenden angesehen. Es kann aber im Garten, von Pink einmal abgesehen, mit fast jeder Farbe verbunden werden, und am rechten Platz verleiht das Scharlachrot des Mohns oder das Zinnoberrot der Dahlie 'Bishop of Llandaff' der Pflanzung Wärme und zugleich einen starken Anziehungspunkt. Der Grund dafür, daß Rot eine der potentesten Gartenfarben ist, liegt in dem Gegensatz zum verbreiteten Grün. Rot findet sich eigentlich überall im Garten. Es ist Bestandteil vieler Pflanzen, so des jungen Rosenlaubs, der Blätter der Berberitze oder des Perückenstrauchs und verschiedener Stauden wie des Purpurglöckchens *Heuchera micrantha* 'Palace Purple'. Rot ist auch im Braun der Rinden, der Erde und der gefallenen Blätter enthalten.

Haben Sie keine Angst, Rot zu verwenden. Seine Variationen sind so vielfältig, daß es für jede Situation den passenden Ton gibt. Dunkles Rubinrot läßt sich am leichtesten verwenden. Es neigt dazu, im Hintergrund zu versinken, und bietet anderen Pflanzen einen kostbaren, samtigen Untergrund. Purpur besteht aus Rot und Blau und ist oft besser geeignet als reines Rot. Während Rot auf Vitalität verweist, wirkt Purpur opulent – man denke nur an den prachtvollen Auberginetön und das Portweinrot der dunkelsten Stockrosen. Mit diesen reichen, satten Purpurtönen kommt man Schwarz im Garten am nächsten.

Eine der schwierigsten Farben ist Gelb, weil es so heftig auf andere Farben reagiert und geradezu vulgär wirken kann. Man verwendet es oft sparsam im Kontrast zu Blau, was aber auch grob wirken kann. Besser paßt es zu anderen warmen Farben wie Orange oder zu neutralen Tönen wie bronzenem Laub. Ein aufmerksamer Blick wird es überall im jungen Laub der Wiesen und Hecken entdecken, es ist eine fröhliche Farbe, die an das Sonnenlicht erinnert, an die Erntezeit, an Kraft, und genauso sollte sie auch eingesetzt werden – zur Aufhellung der Pflanzung. Im Schatten liefert Gelb den Effekt künstlichen Sonnenlichts.

Sparsam verwendet, bringt Gelb Kraft in den Garten, *en masse* dagegen verschafft es sich, wie z. B. eine Schar Osterglocken, nachdrücklichen Einfluß wie keine andere Farbe. Frühjahrsgelb hat oft einen Stich ins Grüne und ist kühl und ausgleichend, ganz anders warmes Gelb, das im Spätsommer wie ein angenehm warmer Regen

1

wirkt. Noch wärmer ist Orange, wie man es beim Goldmohn *(Eschscholzia)* und der Kapuzinerkresse *(Tropaeolum)* findet. Es nähert sich der Direktheit des Rot und wird deshalb am besten zur Kontrastbildung und Betonung verwendet.

2

DIE ›UNREINEN‹ FARBEN

Die ›unreinen‹ Farben sind nicht so leicht zu definieren. Es sind Farben, die ihre Strenge verloren haben oder mit anderen Tönen infiziert sind. Eingeschlossen sind Pastelltöne und Erdfarben. In der Pflanzung nehmen sie eine wichtige Stellung ein und müssen sorgfältig behandelt werden, damit sie nicht in einer unbestimmten, leblos-faden Masse versinken. Es ist wichtig, als Kontrastmittel eine kräftige Farbe vorzusehen, etwa einen gesättigten Ton aus derselben Farbenfamilie. Dank ihrer freundlichen Natur harmonieren die ›unreinen‹ Farben gut mit Gräsern und silbernem Laub als wirkungsvolle Hintergründe für reichere Farben. Viele braunrote Gräser wie *Stipa arundinacea* können nahezu für das gesamte Farbspektrum als Hintergrund genommen werden. Trotz ihrer bescheidenen Wirkung sind einige Pastelltöne hochinteressant und können für Pflanzungen benutzt werden, die etwas abgelegen, aber möglicherweise von magischer Anziehungskraft sind.

DAS BLATTWERK

Denken Sie nicht, daß das Zusammenstellen von Blüten nach ihrer Farbe schon alles wäre. In Wirklichkeit sind die Blüten nur ein nebensächliches Element der meisten Pflanzungen. Die Blätter machen den Hintergrund aus und sind Grundlage der besten Kombinationen; sie müssen nicht grün sein, es gibt viele Variationen, von Braun über Rot und Purpur hin zu einer Myriade von Grüntönen, selbst Gold und Silber. Weiß und cremefarben panaschierte Blätter erweitern die Auswahl noch, können aber Unruhe hineinbringen, wenn das Laub anderen Farben als Hintergrund dient. Für diese Rolle ist zweifarbiges Laub nicht geeignet.

1 In dieser Rabatte sind die ungewöhnlich geformten Blüten der Indianernessel *(Monarda)* gegen den dunklen, erdigen Hintergrund der roten Melde *(Atriplex hortensis* 'Rubra') gesetzt.
2 Breite Bänder von *Miscanthus sinensis* und *Eupatorium purpureum* 'Atropurpureum' lassen an die Pinselstriche auf der Leinwand eines Malers denken.

Dunkelgrünes Laub gibt einen tiefen, üppigen Hintergrund für heller blühende Arten, während blasses Laub dunkleren Farben Volumen verleiht. Schwarze Schwertlilien *(Iris)* kommen beispielsweise durch lichte Zwischenpflanzungen mit dem Flattergras *Milium effusum* 'Aureum' viel dramatischer zur Geltung. Silber tritt nicht so stark hervor, wie man meinen könnte, es reicht von nahezu Weiß bis Cremefarben mit etwas Gelb fast bis Blau oder Grau. Die Vielfalt der Silbertöne begrenzt die Reihe der Pflanzen, die als ihre Begleiter verwendet werden können. Eine silbrigblaue Pflanze vom kühleren Ende des Spektrums wirkt mit einer warmen Farbe großartig, so die Funkie *Hosta sieboldiana* mit der zinnoberroten *Lobelia fulgens*. In einer harmonischeren Partnerschaft könnte die silbrigblaue Funkie auch durch kühle blaue Vergißmeinnicht in ihrer Wirkung verstärkt werden.

DAS KOMBINIEREN DER PFLANZEN NACH FARBEN

Die Wirkung des Gartengemäldes hängt weniger von den Einzelpflanzen als von deren Kombination ab. Weil jede Farbe ihre Umgebung beeinflußt, ist die Zusammenstellung so wichtig. Eine monochrome Pflanzung zu erstellen ist gar nicht so einfach, wie es scheint. Sosehr der puristische Betrachter eine Beschränkung wie im Weißen Garten in Sissinghurst würdigt, so schwer ist sie zu bewerkstelligen, weil man weder die Auswahlmöglichkeiten wie bei einer gemischten Pflanzung noch die nötigen Kontrastmittel zur Verfügung hat.

Eine optimale Farbenkombination ermöglicht es, den Garten dynamischer zu machen und zählt zu den interessantesten Planungsphasen. Elektrisierende Kräfte oder ruhige Harmonien können hervorgerufen werden – oder sogar beides zusammen, ein vermittelndes Zwischenele-

3

4

5

3 Spröde pergamentfarbene Mohnkapseln von *Papaver somniferum* vor einem farbenfrohen Spätsommerschleier aus blühender Goldrute *(Solidago)*.
4 Dieser Fingerhut *(Digitalis ferruginea)* hat außergewöhnliche rost- oder erdfarbene Blüten.
5 Die getrockneten braunen stacheligen Hüllblätter dieser Edeldistel *(Eryngium giganteum)* bringen eine geisterhafte Schönheit in den Herbstgarten.

ment vorausgesetzt. Gute Farbenkombination mag am Anfang schwerfallen, denn sie ist Erfahrungssache. Für das Erlernen müssen vor allem die Sinne offen sein. Die Pflanzenkombination nach Farben sollte jedoch immer nachrangig zur ökologischen Verträglichkeit gesehen werden. Wenn zwei Pflanzen nicht gerne zusammen wachsen, wird sich nie die gewünschte Wirkung einstellen.

FARBHARMONIEN

Es gibt viele Wege, Farben zu kombinieren, und viele Gärtner wählen im Farbenkreis benachbarte Farben für ihre Pflanzungen aus. Kombinationen mit ähnlicher Tönung wirken zusammen besonders harmonisch. (Die Tönung gibt an, wie gesättigt eine Farbe ist). Pflanzen, die unterschiedlichen Farbenfamilien entstammen, aber eine ähnliche Tönung haben, kann man unter Ausnutzung des ganzen Spektrums zusammenstellen, nicht abrupt, sondern allmählich von einer Farbe zur nächsten übergehend. Dunkelrot kann neben Kastanienbraun stehen, Kastanienbraun neben Purpur, Purpur neben Dunkelblau usw. Man muß sicherstellen, daß es Überraschungen ebenso gibt wie Feinheiten. Dieses Braun/Rot-Schema bedarf nicht unbedingt einer Komplementärfarbe, um zu zünden, zur Belebung genügt eine Prise Orange oder ein wenig Zinnober von der warmen Seite des Farbenkreises.

Kalte Farben können so kombiniert werden, daß sie aufgrund von Kontrasten eher beruhigend als anregend wirken. Damit die kalten Farben nicht zu sanft werden, fügt man eine starke, gesättigte Grundfarbe hinzu, die der Pflanzung Gewicht und Resonanz gibt – z. B. einen kräftig himmelblauen Lein *(Linum perenne)* unter blaßblaue *Camassia cusickii* und violetten Meerlavendel *(Limonium)*. Obgleich reines Weiß mit fast allem kombiniert werden kann, sollten Weißrosatöne bei den wärmeren Farben gehalten werden und gelb- oder grünliche Weißtöne bei den kälteren.

FARBKONTRASTE

Die vielleicht reizvollsten Wirkungen entstehen durch Kombination von Komplementärfarben. Obwohl es dazu Mut braucht, kann dieser Grundsatz von Nutzen sein, wenn die Pflanzung etwas langweilig aussieht. Einige Komplementärkontraste wirken besser als andere, ihr Effekt kann elektrisierend sein. Man denke an die Verbindung der tomatenroten Wolfsmilch *Euphorbia griffithii* 'Fireglow' mit dem giftgrünen Straußfarn *(Matteucia struthiopteris)* – eine aufregende Partnerschaft, die die Farben zum Leuchten bringt. Ein ähnlicher Effekt kann mit dem harten Karmesinrosa der Vexiernelke *(Lychnis coronaria)* und dem Goldgelb der Goldrute *(Solidago)* geschaffen werden – nicht die verträglichste Partnerschaft vielleicht, aber eine mit Ausstrahlung, die der möglichen Monotonie zu vieler Gelbtöne Tiefe verleiht.

Immer wenn eine Pflanzung erkennen läßt, daß sie etwas Kraftzufuhr braucht, gibt ihr ein Gegensatz den nötigen Zündfunken. Es muß nicht viel von der Komplementärfarbe sein, nur ein wenig davon hingeworfen, und es sieht nicht zu ausgesucht aus. Die Menge einer Farbe im Verhältnis zur anderen trägt viel zu dem Eindruck bei, den eine Zusammenstellung macht. Im Garten von Hidcote Manor (Gloucestershire) darf die Kapuzinerkresse *(Tropaeolum speciosum)* in eine dichte Masse dunkler Eibenhecken hineinranken, ihre kleinen zinnoberfarbenen Blüten geben einer sonst schnell trostlos wirkenden Szene Würze.

Haben Sie einmal das Charakteristische einer jeden Farbengruppe verstanden und schon mit verschiedenen Kombinationen experimentiert, dürften Sie genug Selbstvertrauen haben, um Farben erfolgreich im Garten zu verwenden. Obgleich die Arbeit mit zunehmender Erfahrung leichter wird und instinktiver vonstatten geht, läßt die uns endlose Pflanzenvielfalt erfreulicherweise immer etwas Neues entdecken und gibt uns um so mehr Stoff zum Lernen.

Gestalt und Struktur der Pflanzen

Die Pflanzengestalt und -struktur sind für das Gerüst des Gartens wesentlich, sie lassen eine dreidimensionale Komposition entstehen. Während die Gestalt immergrüner Pflanzen die skulpturalste Komponente der Pflanzung ist, die den Aufbau betont und Volumen gibt, liefert die Struktur des Blattwerks einen soliden Hintergrund für andere, fließendere Attraktionen wie Blüten. Die Art, wie Umrisse und Formen der Pflanzen verwendet und ihre Strukturen abgestimmt werden, verleiht dem Garten sein unverwechselbares Aussehen.

DIE PFLANZENGESTALT

Jede Pflanze hat einen besonderen Umriß und Charakter, und am besten verwendet man Pflanzen wie Baukastensteine, um Harmonien und Kontraste zu schaffen. Während die Form immergrüner Gehölze relativ konstant ist, sind andere Pflanzen wie Zwiebelgewächse und Kräuter in ihrer Erscheinung so vergänglich wie Blüten, sie ziehen am Ende der Saison ein. Andere wechseln ihre Gestalt im Verlauf ihres Wachstums oder – wie die sommergrünen Bäume – im Lauf der Jahreszeiten.

Pflanzen sind unglaublich vielgestaltig, vom himmelstürmenden Waldbaum bis zu den Bodendeckern. Es gibt statische Formen, die den Blick bannen, etwa Lavendelpolster oder Säulenkoniferen, andere führen ihn himmelwärts wie Fingerhut *(Digitalis)*, Steppenkerze *(Eremurus)* oder Zierlauch *(Allium)*. Manche rufen Stimmungen hervor, sei es durch die emphatisch-spitzen schwertförmiger Blätter bei Palmlilie *(Yucca)* und Neuseeländer Flachs *(Phormium)*, durch den zarten Umriß gefiederter Blätter wie beim Fenchel oder durch die feierliche Grazie der Trauerweide.

Jede Gestalt bildet eine besondere Form, einige aber sind wirkungsvoller als andere. Es gibt keine Regel für die Verwendung von Pflanzengestalten, aber ihre Anordnung sollte der Pflanzung ein deutliches Gerüst geben, das dann mit Blüten und Farben ausstaffiert wird.

Selbst die unregelmäßigsten Pflanzungen werden durch Beachtung der Gestalt zusammengehalten – die senkrechten Grashalme einer Wildblumenwiese z. B. geben dem Auge Halt. Die Gestalt sollte bei der Auswahl immer Vorrang haben; ohne sie ist die weitere Ausschmückung vergeblich.

Manche Gartengestalter haben strenge Theorien für Pflanzpläne entwickelt und die Pflanzen in Gruppen nach senkrechten, rundlichen oder waagerechten Formen eingeteilt. Diese werden dann so kombiniert, daß sie die Ebenen der Pflanzung bilden, die waagerechten als Bodendecker, die rundlichen in der Mitte, und die senkrechten führen den Blick in die Höhe. Aber man muß Pflanzpläne nicht auf so formalistische Weise erstellen. Ein offener, weiter Raum kann einen größeren Anteil senkrechter Pflanzen vertragen, um den Blick von der Ebene abzulenken, an anderer Stelle kann es wünschenswert sein, den Blick unten zu halten, um durch Zusammenstellen rundlicher Pflanzen, die vielleicht eine Felsgruppe suggerieren, einen ruhigen, kontemplativen Raum zu schaffen.

DIE PFLANZENSTRUKTUR

Während die Gestalt als Basis der Pflanzung zu sehen ist, kann die Struktur als ihre Oberfläche betrachtet werden. Es ist eine mehr fühlbare, haptische Angelegenheit. Wenn man beobachtet, wie jemand durch den Garten geht, kann man die Bedeutung der Strukturen erkennen: Pflanzen werden vorsichtig berührt und gestreichelt, um die Behaarung von Gräsern, das filzige graue Laub des Wollziests *(Stachys byzantina)*, die rauhe Borke eines Baumes oder mit den Füßen das sanfte Gefühl kühlen Rasens zu spüren. Die meisten Strukturpflanzen tragen, am Wegrand gepflanzt, zur Bereicherung des Gartenrundgangs bei. Besonders wertvoll sind sie in Gärten für Sehbehinderte.

Die Struktur umfaßt nicht nur Tastqualitäten. Auch visuell hat sie Rauhes wie Weiches, Mattes wie Glänzendes zu

1

2

1 Die gefurchten Blätter von *Hosta plantaginea* mit ihren deutlichen Umrissen werden in üppiger Pflanzung zum Anziehungspunkt.
2 Das nadelförmige Laub der Kiefer und der weichere, aufrechte Wuchs der Heide sind hier ganz bewußt kombiniert worden.

3

4

bieten. Strukturen bewirken die Tiefe und Dichte des matten Laubes der Eibe, auch der glänzenden, reflektierenden Oberfläche der Stechpalmenblätter geben sie ihr Funkeln. Selbst innerhalb einer einzigen Pflanze bietet die Natur Kontraste: Die filzige, lichtabsorbierende Blattunterseite der *Magnolia grandiflora* kontrastiert heftig mit dem polierten Glanz der Oberseite. Glänzende Blätter sind eine Folge glatter Struktur, und sie können als besondere Höhepunkte im Blätterkonzert gelten. In der Sonne wirken die Blätter der Stechpalme *(Ilex)* oder des *Acanthus latifolius* wie reflektierende Spiegel, die die Dunkelheit abwenden und benachbartes mattes Laub aufhellen. Bei der Struktur ist Ausgewogenheit alles: Wo glänzendes Laub im Übermaß vertreten ist, bringt etwas mattes Laub in der Nähe Abwechslung.

Strukturunterschiede sind ein weiterer wichtiger Aspekt der Pflanzenkombination, und viele der bewährtesten Zusammenstellungen beruhen hauptsächlich auf den verschiedenen Strukturen der Blätter, Sprosse und Früchte. Gärten nur aus Blattpflanzen zeigen eine reiche Tapisserie verwobener Oberflächen. Blätter können matt und weich sein, runzelig, gerippt, glatt oder reflektierend, andere sind bei Berührung ledrig oder hart und spröde. Die Rinde der Bäume kann ge-

3 Hier wurden lose Gruppen von *Miscanthus*-Gräsern wegen ihrer runden Form benutzt, um dem Auge inmitten der senkrechten Baumstämme und des schmalen Laubes der Stauden einen Ruhepunkt zu bieten.
4 Man kann Pflanzenformen verändern, um skulpturenähnliche Elemente in den Garten zu bringen. Hier wurden dichte Reihen aus (nicht ganz winterhartem) Heiligenkraut so geschnitten, daß sie wie Meereswellen oder Hügelketten aussehen.

schmeidig wie Seide sein oder gekerbt und narbig, und während sich manche Früchte trocken und körnig anfühlen, sind andere wachsern und stumpf. Diese Strukturunterschiede kann man wie eine Auswahl von Stoffen verwenden, um das Auge zu verführen, zu brüskieren, zu erschrecken oder zu beruhigen. In Verbindung mit Farbe und Gestalt bringt Struktur eine wertvolle Dimension in die Pflanzung.

GESTALT, STRUKTUR UND FARBE

Gestalt und Struktur der Pflanze sind in vielen Pflanzplänen alles, was man zum Arbeiten braucht. Blattpflanzen allein können verwendet werden, um vor allem schattige Gartenpartien zu bestücken, die ruhig und beschaulich als Ruhepunkte des Auges zur Erholung von lebhafteren Farbeindrücken wirken sollen. Solche Oasen der Stille können auch als Hintergrund für vergänglichere Blüten dienen. Die endlosen Gestaltvariationen und Laubfeinheiten werden eingesetzt, um die Pflanzung vor Schäbigkeit zu bewahren. Grasbüschel, die sich aus einer weichen, braunroten Matte von Stachelnüßchen *(Acaena)* erheben, verleihen der Pflanzung Leichtigkeit und Dynamik. Umgekehrt können Kontraste dramatisch inszeniert werden, etwa schwarzhalmiger Bambus *(Phyllostachys nigra)* neben der spitzen Gestalt der silbrigen *Astelia*.

Bei der Kombination muß man den individuellen Charakter der Pflanzen berücksichtigen, entweder zur Steigerung oder zur Harmonisierung. Man kann die seidige Rinde von *Prunus serrulata* mit einem Bodendecker wie dem Storchschnabel *Geranium macrorrhizum* kombinieren, dessen matte, lichtabsorbierende Blätter die reflektierende Rinde in den Vordergrund treten lassen. Dieses Prinzip funktioniert auch umgekehrt. In einer Schattenpflanzung könnte das mattgrüne Laub der Eichenhortensie *(Hydrangea quercifolia)* leicht in der Laubstreu eines nicht reflektierenden Waldbodens untergehen. Unterpflanzt man sie hingegen mit Haselwurz *(Asarum europaeum)*, dessen glänzende, runde Blätter das Licht reflektieren, hebt der Boden das Hortensienlaub hervor.

Obgleich Gestalt und Struktur das Gerüst und wesentlich auch die Oberfläche der Pflanzung bilden, kommt Farbe automatisch hinein, weil sie in allen Pflanzen enthalten ist, ob sie blühen oder nicht. Wir finden sie im Pflanzengewebe, bei den Stämmen der Gehölze, den Stengeln der Stauden und bei allen Blättern. Wie wir gesehen haben, gibt es neben der Vielfalt der Blütenfarben endlose Variationen von Braun- und Grüntönen.

Die Kunst der guten Pflanzung besteht darin, auf alles ein wachsames Auge zu haben und nicht zu übersehen, daß die Pflanzengestalt der wesentlichste Baustein ist. Da man die Oberflächenfarbe der Pflanze gleichzeitig mit ihrer Gestalt und Struktur wahrnimmt, muß man diese drei Elemente auch gleichermaßen berücksichtigen. Die gewünschten Farben, die Sie beim Aussuchen der Pflanzen fest im Kopf behalten sollten, müssen aber zurückstehen, solange Sie nicht wissen, ob Ihre Pflanzen hinsichtlich Gestalt und Struktur zusammenpassen.

1 Die pelzige Weichheit der Weidenkätzchen lädt zum Berühren ein.
2 Rinden können so rauh und zerfurcht sein wie bei *Araucaria araucana* oder so seidenglatt wie bei *Prunus serrulata*.
3 Die getrockneten Samenstände dieses Zierlauchs *(Allium christophii)* sind eine spröde, aparte Ergänzung des spätsommerlichen Staudenlaubs.

1

2

3

4

5

4 Die Kakteenstacheln der Opuntie sind ein Verteidigungsmittel. In Pflanzungen ziehen sie den Blick auf sich und drohen: Nicht berühren!
5 Struktur kann der Pflanzung neben Form und Farbe eine weitere Dimension geben. Hier hebt Streiflicht eine körnige Baumrinde hervor.
6 Das glatte, stumpfe Blatt der Kapuzinerkresse läßt Wassertropfen abperlen, die in der Sonne funkeln.

6

DER ENTWURF DER PFLANZPLÄNE

1

Es gibt wenige so entmutigende Dinge im Leben wie ein weißes Blatt Papier oder ein nacktes Stück Erde im Garten. Einen eigenen Anfangspunkt zu finden ist demnach das Schwierigste. Der Entwurf eines Pflanzplans sollte immer mit der Sammlung von Ideen und einem Notizbuch beginnen. Dieser Prozeß hilft dabei, alle Ideen zusammenzufassen und zu ordnen. Haben Sie bereits eine Fülle von Anregungen erhalten und können sich nicht entscheiden, so hilft das Aufschreiben sehr.

Bei jeder Zusammenstellung der Pflanzen sind alle hier beschriebenen Prinzipien zu berücksichtigen, zuerst die Anpassung des Plans an die Standortverhältnisse, dann die Auswahl der Pflanzen nach Jahreszeiten, Formen, Strukturen und Farben, damit die Pflanzung ebenso im Raum wie in der Zeit wirkt. Wenn einmal eine Liste mit Pflanzen aufgestellt ist, die diese Anforderungen erfüllen – aber vor dem Kauf oder der Bestellung irgendeiner Pflanze! –, ist es sinnvoll, die Liste in ihre Bestandteile zu zerlegen und erst dann auf dem Papier den Pflanzplan zu erstellen.

Eine Pflanzenliste zusammenzustellen ist ein bißchen wie das Schreiben einer Kurzgeschichte. Hier wie dort sind ebenso Gewicht und Substanz gefordert wie Rhythmus und Dynamik. Die erfolgreichsten Zusammenstellungen sind die mit den klarsten Ideen. Bestimmte Pflanzen erhalten in der Komposition und in der Atmosphäre, die geschaffen werden soll, eine Schlüsselrolle. Sie dienen als Fixpunkte, um welche die verschiedenen Ebenen sowie die letzten Verfeinerungen herumgewoben werden. Diese Leitpflanzen verleihen Struktur und Charakter, die Füllpflanzen und Bodendecker legen die Fundamente der Pflanzung, und die Akzentpflanzen versehen sie mit Rhythmus und Energie.

Der Entwurf des Plans ist nur der Ausgangspunkt, denn eine Pflanzung bleibt nie statisch, sondern entwickelt sich in einer Weise, die man nie vorhersagen kann. Gestaltung mit Pflanzen ist daher eher ein kontinuierlicher Prozeß als ein fertiges Produkt, und Gärtner brauchen, um die Gartenentwicklung im Griff zu behalten, praktisches Wissen ebenso wie Entwurfsfähigkeiten. Die Überwachung der Pflanzung während ihrer Weiterentwicklung gehört mit zum kreativen Prozeß und zum Reiz des Gärtnerns.

2

1 Man kann Pflanzungen ganz auf eine Farbe ausrichten. Hier gibt *Crocosmia* 'Lucifer' den Ton an für eine ›warme‹ Komposition.
2 In diesem Garten des belgischen Landschaftsarchitekten Jacques Wirtz bilden Pflanzen eine Heckenarchitektur und gleichzeitig schleierartige Schilfvorhänge.

3

3 Pflanzen wie *Phormium* und Gräser können Leitbestandteile der Pflanzung werden, indem sie kräftige Bezugspunkte setzen und Atmosphäre schaffen.

4

4 In den japanischen Tempelgärten von Ryoan-ji dürfen Moose gedeihen und zur Stimmung von Frieden und Ruhe beitragen.

5

5 *Miscanthus sinensis* leuchtet bei niedrigem Sonnenstand weißglühend. Das Gras wirkt am Ende der Saison am besten, hat aber auch noch im Winter seinen Reiz.

Leitpflanzen

Beim ersten Entwurf Ihrer Pflanzenliste und bei der anschließenden Verfeinerung bis zur definitiven Auswahl ragen bestimmte Pflanzen als Höhepunkte heraus. Dies sind die Leitpflanzen, die der Pflanzung eine persönliche Prägung geben.

DIE ERSTELLUNG DER LISTE

Pflanzenkataloge, Fotos in Zeitschriften und Büchern sowie Notizen von Gartenbesuchen helfen bei der Erstellung einer Liste möglicher Pflanzen. Prüfen Sie diese Liste genau, um zuerst alles Überflüssige zu streichen und später das Ganze genauer auf den Gartenstil und die angestrebte Atmosphäre abzustimmen. Ob Sie nun eine Waldszenerie erstellen möchten oder einen Farbengarten, in jedem Fall müssen die Pflanzen hinsichtlich ihres Gedeihens am Standort wie ihres Aussehens geeignet sein.

In frühen Planungsstadien müssen Sie darauf gefaßt sein, Ihre Pflanzenauswahl noch einmal um die Hälfte zu reduzieren. Sind nur die wesentlichen Pflanzen übriggeblieben , schreiben Sie zu den einzelnen Arten noch ihre Farben und reizvollen Jahreszeiten. Sie sollten auch eine Vorstellung von der relativen Größe und Wachstumsgeschwindigkeit aller Pflanzen haben. Das kann das Streichen weiterer ungeeigneter Pflanzen bedeuten. Die flexible Natur der Pflanzungen ermöglicht es aber, im Laufe der Jahre noch andere Details hinzuzufügen.

Die Leitpflanzen sollten sich von selbst erklären. Indem sie oft die höchsten sind, neigen die Leitpflanzen dazu, auch die auffallendsten und ausdauerndsten zu sein. Es sind also gewöhnlich, wenngleich nicht zwingend, Gehölze. Die Leitpflanzen in einer Staudenrabatte wären die auffälligsten, vielleicht auch die größten, Stauden. Das Äquivalent zur Leitpflanze wäre bei der Möblierung eines leeren Wohnzimmers das Sofa, das wegen seiner wuchtigen Erscheinung zuerst aufgestellt wird und den Raumcharakter mehr als alles andere beeinflußt. Um diesen Angelpunkt drehen sich dann die anderen Gegenstände.

DER CHARAKTER DER AUSWAHL

Leitpflanzen haben am meisten Persönlichkeit und geben die Richtung der Pflanzung vor. In einem Blattpflanzengarten zeigt sich z. B. ein ausdrucksstarker Bambus als asiatisches Element und führt die Assoziation in diese Richtung. Wo das Klima mediterrane Pflanzen zuläßt (Zypressen, Palmen) oder gar tropische wie Bananen, werden Gedanken an das Mittelmeer oder den Urwald evoziert. In Deutschland wird man sich zu diesem Zweck meist mit Kübelpflanzen behelfen müssen. Wollen Sie deutliche Vorstellungen erwecken, müssen Sie die Leitpflanzen stets nach ihrer charakteristischen Ausstrahlung auswählen.

Leitpflanzen dürfen die Pflanzung aber nicht allzu offensichtlich beherrschen. Es können Arten und Sorten mit subtiler Erscheinung sein, solange sie genügend Charakter haben, um die Pflanzung zusammenzuhalten. So kann man für eine naturnahe Pflanzung ein immergrünes Gras wählen oder für eine Waldszenerie den geschlitztblättrigen Holunder (*Sambucus nigra* 'Laciniata').

DER STRUKTURGEBENDE RAHMEN

Da die Leitpflanzen Ihre Pflanzung gliedern und auch am stärksten beeinflussen, müssen sie zuerst gesetzt werden – als Fundament. Diese Gliederung kann auf verschiedene Weise erfolgen: Sie können die Kompaktheit einer dichten immergrünen Pflanze, auch die unregelmäßige Masse einer Wildrose benötigen, um Blütenpflanzen einen bewegten Hintergrund zu geben. In einer ausdauernden Pflanzung, deren Wirkung während der Jahreszeiten zu- und abnimmt, stellen Formschnittgehölze bleibende Skulpturen dar. In solchen Fällen wird die ausgesprochene Zurückhaltung dieser charaktervollen

1

1 In dieser Sukkulentenpflanzung im Klostergarten Tresco auf den Scilly-Inseln ist *Yucca gloriosa* 'Variegata' die Leitpflanze. Ihre kraftvolle Form wirkt dramatisch und hält die kleineren Details zusammen.

Gehölze zum Aufhängepunkt der Pflanzung. Zwar sind diese Leitpflanzen damit nicht unbedingt die Stars der Pflanzung, doch helfen sie zu vermeiden, daß sie eine amorphe Masse wird. Optisch stehen sie in der hinteren Reihe und stellen den Hintergrund für die attraktiveren Pflanzen dar. Auch tragen sie dazu bei, das Gelände zu gliedern, indem sie es aus der Horizontalen herausreißen und zugleich Nischen für kleinere Pflanzen bieten.

Wenn Sie Ihre Pflanzung konzipieren, sei es auf dem Papier oder im Gelände, setzen Sie die Leitpflanzen so ein, daß Sie dem Raum Form und Gliederung geben, die Aufmerksamkeit auf die richtige Stelle lenken und so das Beste aus dem vorhandenen Raum machen. Wenn Sie die Leitpflanzen ausgewählt und ihre Namen notiert haben, werden sich die übrigen Pflanzen bequem in die verbleibenden Lücken einfügen.

2 Ein Kirschbaum als Ausgangspunkt einer unregelmäßigen Pflanzung – er gibt den umgebenden Staudenbändern nötigen Halt.
3 Hier bilden skulpturähnlich geformte Buchsbaumberge Schwerpunkte, die der Pflanzung ringsum Masse und Gewicht verleihen.

2

3

Bodendecker

1

2

Füllpflanzen und Bodendecker machen den weicheren, schwerer bestimmbaren Teil der Pflanzung aus. Sie füllen die Lücken zwischen größeren Sträuchern und Stauden und geben den Hintergrund für kurzfristige Darsteller wie die Frühjahrsblüher ab. Sie sind, im Gegensatz zum Oberbau der Gehölze, der Unterbau, denn auf allen Ebenen soll Interessantes zu sehen sein. Haben Sie die Leitpflanzen festgelegt, sollten Sie Füllpflanzen und Bodendecker aussuchen, die demselben Standort entsprechen und gleichzeitig optisch zu jenen passen. Diese untere Ebene ist die Grundlage der Pflanzung, sie kann zu den dauerhaftesten, ganzjährigen Elementen gehören, obgleich sie eigentlich erst im Winter, wenn die Gehölze ihr Laub verloren haben, ganz zu sich selbst kommt.

Bei der Auswahl der Pflanzen für die Krautschicht sind Arten und Sorten zu nehmen, die untereinander und mit dem Standort verträglich sind. Es sind auch Pflanzen von entgegengesetztem Habitus einzubeziehen, die sich aus dem bodendeckenden Laubteppich erheben und, wo es nötig ist, Akzente setzen. Die Pflanzen des Unterbaus müssen nicht alle am Boden kriechen, es können auch höhere Stauden sein wie Schaublatt *(Rodgersia)*, Zierrhabarber *(Rheum)* und Storchschnabel *(Geranium)*, die wichtigsten Blattpflanzen der Sommersaison. Obwohl sie im Winter einziehen, schützen ihre Blätter den Boden noch für den größten Teil des Jahres.

BODENBEDECKUNG

In praktischer Hinsicht ist die Bodenbedeckung wesentlich für das Gedeihen jeder Pflanzung, weil sie die Erde wie eine ›Bettdecke‹ schützt, dem Aufkommen von Unkraut vorbeugt und auch das Austrocknen des Bodens sowie die Erosion durch Regen und Wind mindert. Weil nackter Boden unnatürlich und auch unerwünscht ist, muß jede Bepflanzung ihn zu vermeiden trachten. Bodendecker sind das beste Mittel dazu.

Eine Bodendecke vorzusehen ist aber noch nicht die Lösung aller Probleme. Es ist auch nötig, den Boden vor der Pflanzung sorgfältig zu bearbeiten, um den Pflanzen zu helfen, in die ihnen zugewiesene Rolle hineinzuwachsen. Wenn man es versäumt hat, den Pflanzen eine vollkommen saubere Startfläche zu geben, können ausdauernde Unkräuter leicht eine noch so sorgsam geplante Krautschicht durchwuchern und sie unbrauchbar machen. Zur Sicherheit sollte man den Boden ein paar Monate brachliegen lassen, um sich zu vergewissern, daß die Unkrautbekämpfung erfolgreich war, so hat man die Möglichkeit, gegebenenfalls nachzubessern. Danach sollte er gut gedüngt werden, denn Bodendecker brauchen Nahrung zum Gedeihen.

Versuchen Sie, wenigstens einige Immergrüne einzufügen, darunter Bodendecker wie Stachelnüßchen *(Acaena)*. Diese können mit Stauden verwoben werden, die im Laufe der Jahreszeiten kommen und gehen und so für Abwechslung sorgen. Unter dem Vorhang überhängender Arten können sich Bodendecker unter ungastlich erscheinenden Bedingungen richtig ausbreiten und gut leben. Denken Sie auch über die zukünftigen Bedingungen in Ihrem Garten nach: Wo beispielsweise neu gepflanzte Gehölze eines Tages Schatten geben, sind dementsprechende Bodendecker zu wählen.

STAUDEN

Ein Großteil der Füllpflanzen und Bodendecker sind Stauden. Diese Gruppe kennt verschiedene Arten des Wachstums und der Ausbreitung. Die Kenntnis ihrer Wuchsformen hilft, geeignete Pflanzen zusammenzustellen. Die polsterartigen wie Frauenmantel *(Alchemilla)* und Katzenminze *(Nepeta)* wachsen aus einem zentralen Wurzelstock und bilden ein sich ringsum ausbreitendes Polster. Beachten Sie den zu erwartenden Durchmesser – Frauenmantel breitet sich in einem Jahr auf 40 cm aus –, und pflanzen Sie die Stauden in ausreichendem Abstand zueinander, so daß sie sich eines Tages berühren und den Boden bedecken. Gruppenbildende Stauden wie der Storchschnabel *Geranium macrorrhizum* und Beinwell *(Symphytum)*, die sich durch einen kriechenden Wurzelstock ausbreiten, sind vielleicht die wirkungsvollsten Bodendecker. Ausläuferbildende wie die Wolfsmilch *Euphorbia griffithii* breiten sich unterirdisch aus. Weil sie im Winter verschwinden und nackte Erde hinterlassen, werden sie am besten mit immergrünen polster- und gruppenbildenden Pflanzen kombiniert, die dauerhaftere Decken liefern.

3

4

1 Ein smaragdgrüner Samtteppich im Moosgarten Saiho-ji in Kyoto bildet einen Gegensatz zu den felsartigen Baumstämmen, die sich daraus erheben, und lockert die Szene auf.
2 Bevor sich in diesem englischen Wald die Blätter entfalten, nutzen Hasenglöckchen *(Hyacinthoides non-scripta)* das Licht, um den Boden mit einem blauen Schleier zu bekleiden – ein gutes Vorbild für einen Waldgarten.
3 Dichter Bewuchs kann durch Kombination von kriechenden Pflanzen wie *Geranium macrorrhizum* mit höheren, gruppenbildenden Pflanzen wie *Stipa arundinacea* und *Sedum* 'Herbstfreude' erreicht werden.
4 Eine duftende immergrüne Bodendecke für einen warmen, geschützten Dachgarten bildet Thymian, dicht mit der Segge *Carex comans* 'Bronze Form', Schopflavendel *(Lavandula stoechas)* und etwas Islandmohn am Rand gemischt.

5

6

Die besten Bodendecker-Zusammenstellungen nutzen die Charakteristika aller drei Gruppen, um eine unabhängige Pflanzengemeinschaft zu erzielen. Während gruppenbildende Arten Gewicht und Masse liefern, füllen die polsterbildenden die Lücken aus, und ausläuferbildende bewegen sich hier und da durch die Pflanzung. Bodendecker sollten so eng wie möglich ineinandergreifen, dieser Ebene kann man die Repräsentation anvertrauen, bis die langsamer wachsenden Gehölze groß genug sind.

Versuchen Sie immer, die Bodendecker eng an die größeren und auffallenderen Leitbestandteile einer gemischten Pflanzung anzubinden. Weil sie die beweglichste Ebene der Pflanzung bilden, sollten sie zuletzt gesetzt werden – sowohl auf dem Plan als auch im Gelände –, damit sie die Lücken zwischen anderen Pflanzen füllen können und nackten Boden zum Verschwinden bringen. Stellen Sie sich diese Ebene nicht isoliert vor, sondern als integralen Bestandteil, der die Grundlage einer Pflanzung schafft.

5 Die üppige Bodendecke aus Thymian verlängert den grünen Anblick der Wiese dahinter. *Liatris spicata* und *Liriope muscari* durchbrechen die Horizontale.
6 Dichte Sträucher wie *Potentilla fruticosa* schützen den Boden mit einer undurchdringlichen Decke.

Akzentpflanzen

1 Fackellilien *(Kniphofia)* und Kerzenknöterich *(Polygonum amplexicaule)* recken sich in dieser gemischten Pflanzung im Garten von Powis Castle (Wales) in die Höhe.

Ein Akzent wird in der Pflanzenkomposition ähnlich einer Betonung in der Sprache verwendet, um der Pflanzung durch gliedernde Satzzeichen Nachdruck zu verleihen – weniger durch Ausrufungszeichen. Akzentpflanzen haben häufig eine streng vertikale Gestalt, die den Blick nach oben lenkt, z. B. Steppenkerze *(Eremurus)*, Zierlauch *(Allium)* und *Veronica virginica*. Andererseits können sie auch eindeutig horizontale Gestalt haben, wie z. B. Thymian, und damit kräftige seitliche Akzente setzen.

Anders als individuell wirkende Leitpflanzen werden Akzentpflanzen in Gruppen gesetzt und mit anderen Pflanzen verwoben, um Impulse und Dynamik in die Pflanzung zu bringen. Wenn auch an sich nicht bemerkenswert, können diese Akzente in Gruppen selbst der formlosesten Pflanzung Leben geben, sie wirken prägend, wo optische Disziplin not tut. Die strengen Linien von *Salvia* x *superba* etwa können in Streifen durch eine wolkenartige Staudenpflanzung gezogen werden, um dem Auge einen Ruhepunkt zu bieten. Vertikalen geben die nötige Betonung, besonders wenn die Pflanzung zum Wellenförmigen neigt, und halten eine lockere Pflanzung zusammen, die in Vielfalt unterzugehen droht, oder der eine eigene Richtung fehlt.

1

VERTIKAL UND HORIZONTAL

Akzentpflanzen und ihre Charakteristika werden oft in der Pflanzung wiederholt, um ihr eine Einheit zu geben. So verbinden sie zerstreute Elemente wie ein optisches Band von einem Pflanzbereich zum nächsten. Die aufrechte Gestalt der Salvien kann beispielsweise an anderer Stelle von den vertikalen Blättern der Schwertlilien oder der kräftigen Aufwärtsbewegung von Gräsern wie *Calamagrostis* x *acutiflora* 'Karl Foerster' oder *Molinia caerulea* 'Heidebraut' aufgegriffen werden, die dem Auge gute Haltepunkte liefern.

Waagerechte Akzente können ganz ähnlich benutzt werden. Sie wirken breit gelagert und erzeugen optische Verbindungen. Einzelne Leitpflanzen können durch waagerechte Akzente noch aufgewertet werden, weil sie dann aussehen wie auf Sockel gestellt. Die horizontale Gestalt von Pflanzen wie der Zwergmispel *Cotoneaster horizontalis* oder niedrig wachsenden Eiben-Sorten liefert einen kräftigen Gegensatz zu vertikalen Akzenten. Kombiniert erzeugen beide eine echte Dramatik, indem sie die Reibung zwischen den erdgebundenen Horizontalen und den himmelstrebenden Vertikalen ausnutzen. Stellen Sie sich vor, wie sich z. B. Säuleneiben aus Lydischem Ginster *(Genista lydia)* oder *Cotoneaster horizontalis* erheben, durch die eine Gruppe *Miscanthus sacchariflorus* wächst.

Gute horizontale Akzentpflanzen findet man unter Stauden. In großen Gruppen gepflanzt, führen die Blütenbüschel von Fetthenne oder Garbe den Blick sofort zum Boden. Definitionsgemäß bilden horizontal wachsende Pflanzen aber wegen ihres sich ausbreitenden Wuchses auch beste Bodendecker. Ob es sich nun um Akzentpflanzen oder Bodendecker handelt, hängt daher ganz von der Rolle ab, die ihnen in der Pflanzung zugewiesen wird. A. E. Bye verwendete in einem seiner Entwürfe niederliegende Wacholder seitlich einer Treppe, um einerseits eine Verbindung zu den Umrissen der Stufen, andererseits einen Kontrast zu den umgebenden rauhen Felsblöcken zu schaf-

fen. Auch gruppenbildende Pflanzen wie Stachelnüßchen *(Acaena)* können als Kontraste zu hochragenden Elementen verwendet werden.

Akzentpflanzen sollten stets mit Leitpflanzen maßstäblich im Gleichgewicht stehen. Obwohl sie in großen Massen eine kraftvolle Wirkung entfalten, sollten sie nicht mit anderen Pflanzen konkurrieren. Während Leitpflanzen das Grundgerüst bilden und Füllpflanzen mit Bodendeckern die Basis, schaffen Akzentpflanzen eine fließende Bewegung. Die Leitpflanzen verleihen bereits eine deutliche Gestalt, die von den Akzentpflanzen aufgegriffen und fortgesetzt wird. Die mächtigen Steppenkerzen können durch vertikalen Fingerhut und Fackellilien wiederholt oder in einen Kontrast zu den abgeflachten Dolden von *Sedum* 'Herbstfreude' gebracht werden. Harten Zügen wie diesen müssen fließendere Füllpflanzen und Bodendecker für die erforderliche Balance entgegengesetzt werden.

Akzente sind die lebendigen Elemente jeder Pflanzung. Ohne diese Betonungen würden die Pflanzen optisch verschmelzen, und eine Pflanzung bricht in sich zusammen, weil nichts dem Auge Halt gibt. Akzentpflanzen machen die entscheidenden Punkte der Pflanzung aus und erzeugen aus Gegensätzen Energie.

2

3

2 Die kugeligen Formen des Zierlauchs *Allium giganteum* verleihen dieser weichen Wiesenfläche Richtung und Rhythmus.

3 *Agave americana*, im Bestzustand über einer Bodendecke aus Sukkulenten, setzt einen kraftvollen, beinahe aggressiven Akzent vor einer kompromißlosen Architektur. Mildes Klima ist für diese Pflanzung Voraussetzung.

Pflanzpläne zeichnen

Pflanzpläne sind hinsichtlich Verwendbarkeit und Maßstab enorm vielfältig, ein Plan ist aber in jedem Fall von Wert – bei der Bepflanzung einer kleinen Ecke am Haus ebenso wie beim großen Grundstück eines Landsitzes. Das Zeichnen eines Plans mag als überflüssige Übung erscheinen – schließlich sind Pflanzensymbole auf dem Papier etwas ganz anderes als die realen Pflanzen im Gelände –, doch ein Plan ermöglicht es Ihnen, sich die Pflanzung als Ganzes zu vergegenwärtigen, während eine bloße Pflanzenliste die Aufmerksamkeit oft nur auf einzelne Pflanzen lenkt. Wenn auch einige der besten Gartengestalter wie Beth Chatto in England Pflanzpläne ablehnen und lieber nach Listen und Erfahrung pflanzen, nehmen Pflanzpläne bei Unerfahrenen eine wichtige Stellung im Entwurfsprozeß ein. Sie fördern das Nachdenken über die gewünschten Effekte, helfen, ein Gleichgewicht zwischen den verschiedenen Teilen der Pflanzung zu finden, und sind der beste Ort, um Fehler zu machen. Ein Pflanzplan hilft auch, die Menge der Pflanzen und die zu erwartenden Kosten besser abzuschätzen sowie einen Zeitplan aufzustellen.

VON DER PFLANZENLISTE ZUM PLAN

Die Pflanzenzusammenstellung erfordert Voraussicht, da sich Pflanzen unterschiedlich schnell entwickeln. Vor der Übertragung der Pflanzen aus der endgültigen Liste auf den Plan müssen Sie die Endgröße jeder einzelnen Pflanze in Erfahrung bringen. Eine Staude erreicht ihre Endhöhe meist nach drei bis fünf Jahren, ein Gehölz in fünf bis zehn, und das sollten Sie berücksichtigen. Die Angabe der endgültigen Höhe und Ausbreitung neben den Pflanzennamen auf Ihrer Liste erleichtert das Zeichnen der Pflanzen auf dem Plan. Auch Anmerkungen über Blütezeit und Farbe sind hilfreich.

Zerlegen Sie die Liste in ihre Hauptbestandteile, damit deutlich wird, welche Rolle jede Pflanze spielt, ob es eine Leitpflanze, ein Bodendecker, eine Füll- oder Akzentpflanze ist. Wie oben gesagt, muß man immer mit den Leitpflanzen anfangen, da sie das Gerüst liefern und Bezugspunkte setzen. Ganz von selbst erweisen sich diese Pflanzen als die mit dem größten Gewicht und Einfluß. Teilen Sie die Bodendecker und Füllpflanzen in polster-, gruppen- und ausläuferbildende Sorten ein, und sondern Sie die Akzentpflanzen als Höhepunkte aus.

Kommen Sie zurück auf Ihren ursprünglichen Entwurfsplan für das Grundstück (siehe S. 48) und benutzen Sie ihn, um einen Detailplan für die Pflanzflächen anzufertigen. Wenn Sie es hilfreich finden, verwenden Sie Karopapier. Der Pflanzplan ist als Arbeitsplan zu verstehen, der auch die richtigen Verhältnisse zwischen Leitpflanzen, Bodendeckern und Akzentpflanzen zu finden hilft. Die Anzahl hängt von der Größe und der Gesamterscheinung der Pflanzung ab. Gewöhnlich wirken Pflanzen natürlicher, wenn sie in ungerader Anzahl gruppiert sind. Das Zeichnen des Plans bringt also Klarheit in den Entwurf, ermöglicht es, Pflanzen im Geiste hinauszuwerfen oder umzusetzen und die Pflanzung zu verbessern. Wenn man die Pflanzung dann dem Gelände anvertraut, kann man weiter verfeinern, damit die gewünschte Wirkung erzielt wird.

DAS EINZEICHNEN DER PFLANZEN

Plazieren Sie die Leitpflanzen zuerst, es werden meist Gehölze sein. Diese sollten so angeordnet werden, daß ihr Volumen am besten zur Geltung kommt. Vielleicht wollen Sie einige herausstellen, um den Blick zu lenken oder um Nischen für andere Pflanzen zu schaffen. Manche Gehölze können absichtlich sehr eng gruppiert werden, so daß die Individuen zu einer einzigen Masse verschmelzen, die größeren Eindruck macht. In großen Gärten können Sträucher oder Bäume zu dichten Gruppen zusammengestellt werden. In Staudenpflanzungen werden diejenigen Pflanzen, die am nachhaltigsten wirken, Leitpflanzen sein. Um sicherzugehen, daß die Pflanzen zusammenpassen, denken Sie immer an die Maxime ›Weniger ist mehr‹. Eine rigoros gekürzte Pflanzliste ist eine bessere Voraussetzung für wirkungsvolle Pflanzungen als eine, die viele Formen, Varietäten und Farben umfaßt. Verwenden Sie die Leitpflanzen besonders klar und diszipliniert. Sie sind das Rückgrat der Pflanzung, und zuviel Abwechslung stiftet nur Verwirrung.

Als nächstes zeichnen Sie die Akzentpflanzen ein. Obgleich sie überall vorkommen können, sollten Sie sie immer in eine Verbindung zu den Leitpflanzen bringen. Die Leitpflanzen könnten beispielsweise einen Gegensatz zu den horizontalen und vertikalen Akzenten setzen. Sie können sämtliche Symbole wie Münzen wegnehmen und neu setzen, bis der Entwurf ausbalanciert ist und eine eigene Dynamik hat. Dann können Sie die Füllpflanzen hinzufügen und mit den Akzentpflanzen verbinden.

1

1 Unter den trockenwarmen Bedingungen eines kalifornischen Gartens variieren Sukkulenten aus Australien und Südafrika das Thema ›warme‹ Farben. Aloe wurde als Leitpflanze in *Lampranthus*-Gruppen gesetzt.

2 Baum- und Strauchsymbol – in diesem Plan steht es für eine Eiche. Der maßstäblich reduzierte Umriß stellt die erreichbare Ausdehnung dar.
3 Eine Gruppe Leitstauden oder kleinerer Sträucher. Sie kann im Plan durch eine Linie verbunden werden, damit man sie nur einmal bezeichnen muß.
4 Kleinere Pflanzen, maßstäblich verkleinert und durch Farbe oder Muster gekennzeichnet.

2

3

4

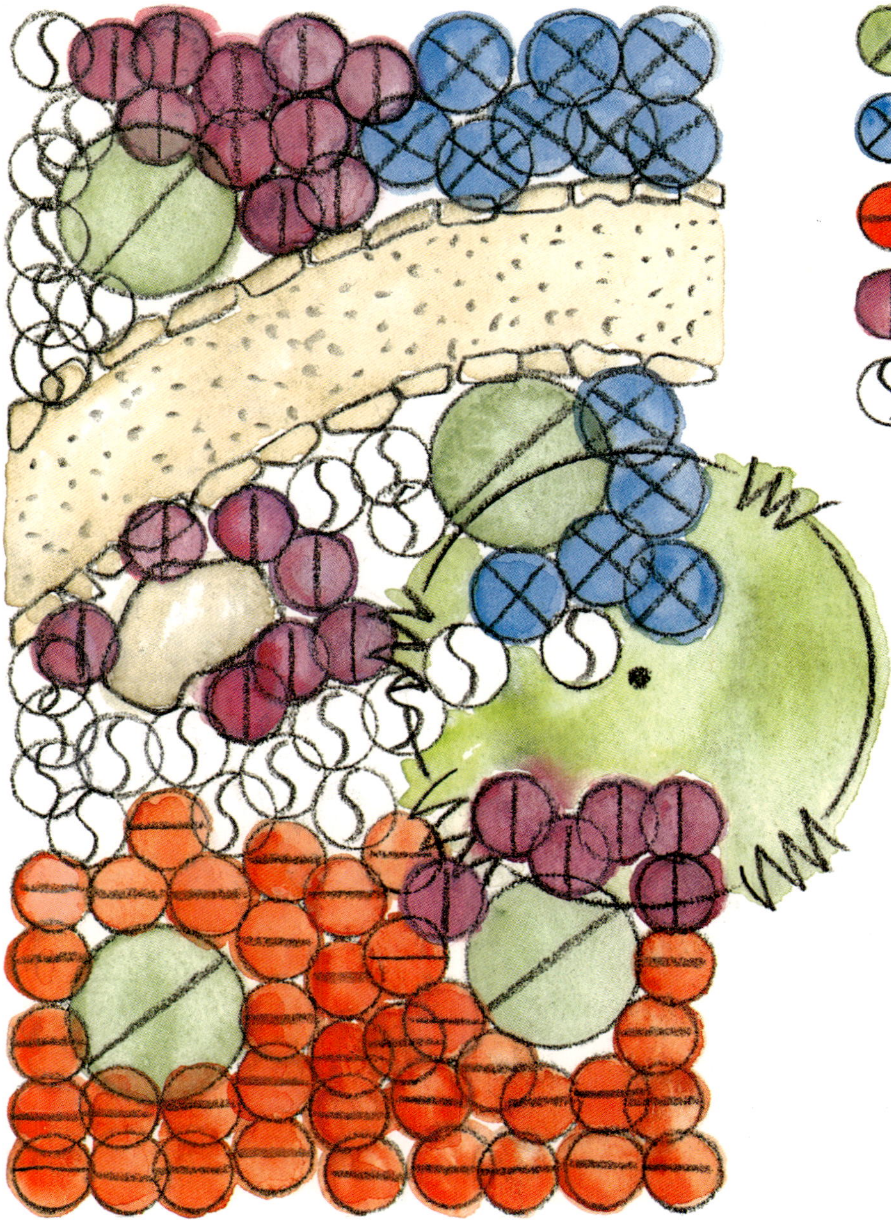

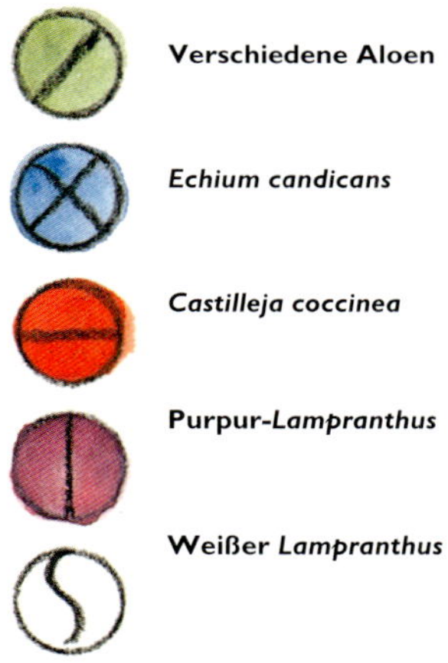

5

5 Das Zeichnen eines Plans ermöglicht die freie Kombination verschiedener Pflanzen. Setzen Sie die Symbole zur Probe an unterschiedliche Stellen, bevor Sie sich für die Ihnen besonders ausgewogen erscheinende Pflanzung entscheiden. Beginnen Sie beim Zeichnen mit den Leitpflanzen, fügen Sie dann die Akzentpflanzen hinzu und zuletzt die niedrigste Ebene, die Bodendecker.

Plazieren Sie die Bodendecker zuletzt, denn diese Ebene der Pflanzung darf sich unter den Sträuchern üppig entfalten und in den freien Raum zwischen anderen Pflanzen hineinwachsen. Dies ist sowohl bei symmetrisch-architektonischen wie bei unregelmäßigen Gartenentwürfen die wohl flexibelste Ebene der Pflanzung.

Jedem Winkel des Pflanzplans müssen Sie die gleiche Aufmerksamkeit widmen und immer das Ganze im Auge behalten. Versuchen Sie, an strategischen Punkten der Pflanzung gewisse Nebenzentren voll interessanter Details zu setzen, und stellen Sie sicher, daß sie eine solide Grundlage mit einer ausreichenden Zahl ganzjährig wirkender Pflanzen enthält. Eine erfolgreiche Pflanzung ist immer im Fluß. Wenn ein Höhepunkt verblaßt, wird er durch einen neuen ersetzt.

1

Die Ausführung der Pflanzung

Pflanzungen müssen ständig überwacht und korrigiert werden, aus ästhetischen Gründen ebenso wie zur Gesunderhaltung der Pflanzen. Ein einfühlsamer Gärtner beobachtet stets die Entwicklungen, positive wie negative. Es ist an Ihnen, die Pflanzung anhand der festgelegten Linie zu steuern. In ihrer Beweglichkeit liegt die Schönheit der Pflanzen, die Pflanzung kann daher von Saison zu Saison und von Jahr zu Jahr geändert werden, je nachdem, wie Sie ihre Vorzüge und Fehler einschätzen. Kein Gärtner macht von Anfang an alles richtig. Ärgern Sie sich nicht, wenn Sie Pflanzen umsetzen müssen, wie Sie ja auch die Möbel in der Wohnung umstellen, bis Sie den idealen Standort gefunden haben.

2

1 Ein Gemüsebeet erfordert viele Stunden hingebungsvoller Pflege, doch ist es eine lohnende Art der Gärtnerei.
2 In diesem niedrig gehaltenen, zeitsparenden Garten, der von Delaney, Cochran & Castillo entworfen wurde, erfordern Gräser und einige Kletterpflanzen wenig Pflege.

DER GARTEN ENTSTEHT ALLMÄHLICH

Pflanzen wachsen unterschiedlich schnell. Sträucher und Hecken brauchen in der Regel drei Jahre, um überhaupt bemerkt zu werden, und fünf, bis sie ein ansehnliches Volumen haben, Bäume noch länger. Stauden können hingegen gleich miteinander vernetzt werden und sehen schon am Ende der ersten Saison gut aus. Was aber im ersten Jahr nach der Pflanzung wirken mag, wirkt nach drei Jahren vielleicht nicht mehr. *Verbena bonariensis,* die im ersten Jahr eine Pflanzung ausfüllt, muß später eventuell herausgenommen werden. In gemischten Pflanzungen muß man deshalb sicherstellen, daß die Stauden während der ersten drei Jahre nicht junge Sträucher verschatten, und weise ist es, Unterpflanzungssträucher vor der zweiten Saison zu entfernen oder zumindest junge Stauden mit einem Sommerrückschnitt im Zaum zu halten, bis die Sträucher über die Kampfzone hinausgewachsen sind.

In künftigen Jahren kann das Verhältnis umgekehrt sein: Man muß Stauden entfernen, die von Gehölzen überschattet werden, oder man muß die Sträucher beschneiden, um genug Licht für die Stauden hineinzulassen. Widerspenstige Kletterpflanzen brauchen in den ersten ein, zwei Jahren eine Stütze, die ihr Wachstum in die richtige Richtung lenkt.

So sorgfältig Sie auch eine Pflanzung planen, immer wird es Überraschungen geben. Einige Pflanzen gehen ein, einige wachsen langsamer, als man dachte, und andere versäen sich unmäßig. Selbst auf einer relativ kleinen Fläche kann eine Reihe von Bedingungen wie der Schatten eines Hauses oder ein Felsen unter der Bodenoberfläche eine Pflanze zu untypischem Verhalten zwingen. Beobachten Sie die Zuwachsraten in gemischten Pflanzungen: Während die vitalsten Stauden anfangen, sich aggressiv auszubreiten, und gezügelt werden müssen, brauchen Pflanzen, die sich mit dem Wachsen Zeit lassen, zu ihrem Gedeihen Platz. Daher ist es wichtig, alle Pflanzflächen unkrautfrei zu halten, denn Unkraut ist hartnäckig und rücksichtslos und tritt mit zarteren Pflanzen in Nährstoff- und Wasserkonkurrenz.

3 Die Gegenüberstellung von ›gepflegt‹ und ›wild‹ als Entwurfsgrundsatz verleiht dem Garten ein vertretbares Maß an Unordnung – so entstehen interessante Kontraste, und man spart Gartenarbeit. Formschnitt erfordert erfahrungsgemäß weniger Zeit (zwei Schnitte im Jahr) als eine gut unterhaltene Wildblumenwiese.
4 Gefäße sind arbeitsintensiv, aber ideal für kleine Höfe. Große Gefäße reduzieren den Bewässerungsaufwand.
5 In Gilles Cléments Garten zeigt ein geschnittener Strauch zwischen hohem Gras, daß diese ›Wildnis‹ gepflegt wird. Solche Details verhindern eine Atmosphäre der Vernachlässigung.

3

4

PFLEGE DER PFLANZUNG

Das Gleichgewicht der Pflanzung zu erhalten, bedeutet ständige Pflege oder den Einsatz drastischer Mittel. Es ist besser, der Pflanzung immer ein wenig Aufmerksamkeit zu widmen, als den Dingen ihren Lauf zu lassen. Wenn Sie merken, daß das Gleichgewicht in die falsche Richtung neigt, wenn beispielsweise ein Strauch anfängt, benachbarten Pflanzen das Licht zu nehmen, oder eine Kletterpflanze einen Strauch im Wachstum behindert, müssen Sie eingreifen, solange die Pflanzen noch jung sind. Wahrscheinlich können Sie das Problem durch Beschneiden der kräftigeren Pflanze lösen. Muß sie aber ganz entfernt werden, ist es besser, eine Lücke in Kauf zu nehmen, als am Ende zwei mißgestaltete Pflanzen zu haben. Möglicherweise können Sie einen Strauch an einen neuen Standort versetzen, weil etwas eingegangen ist und eine häßliche Lücke hinterlassen hat oder weil eine Pflanzung aus dem Gleichgewicht geraten ist. Gelungene Bereiche können durch Ausweitung nur gewinnen, erfolglose Pflanzungen sind zu revidieren. Eine Neuerwerbung kann eine Pflanzung ganz verändern, und Sie müssen sie neu überdenken.

Manche Pflanzen verlangen mehr Aufwand als andere. Obst- und Gemüsegärten fordern die meiste Anstrengung, um gute Erträge zu erbringen. Sträucher im Formschnitt (›Topiary‹) und architektonische Hecken müssen regelmäßig geschnitten werden. Staudengruppen überschreiten gelegentlich ihren Raum und sollten alle zwei oder drei Jahre geteilt werden. Einige der so gewonnenen Pflanzen können in andere Bereiche versetzt werden, um das Motiv im Garten zu wiederholen und Zusammenhänge zu schaffen. Herbst und Winter sind gute Zeiten, um die Pflanzungen zu prüfen, da Sträucher in der Ruheperiode verpflanzt werden können. Der Winter ist auch die Zeit für eine gründliche Reinigung, für das Aufbringen einer organischen Mulchschicht und für den Spätwinterschnitt.

5

Home Farm

ENTWURF: DAN PEARSON

1

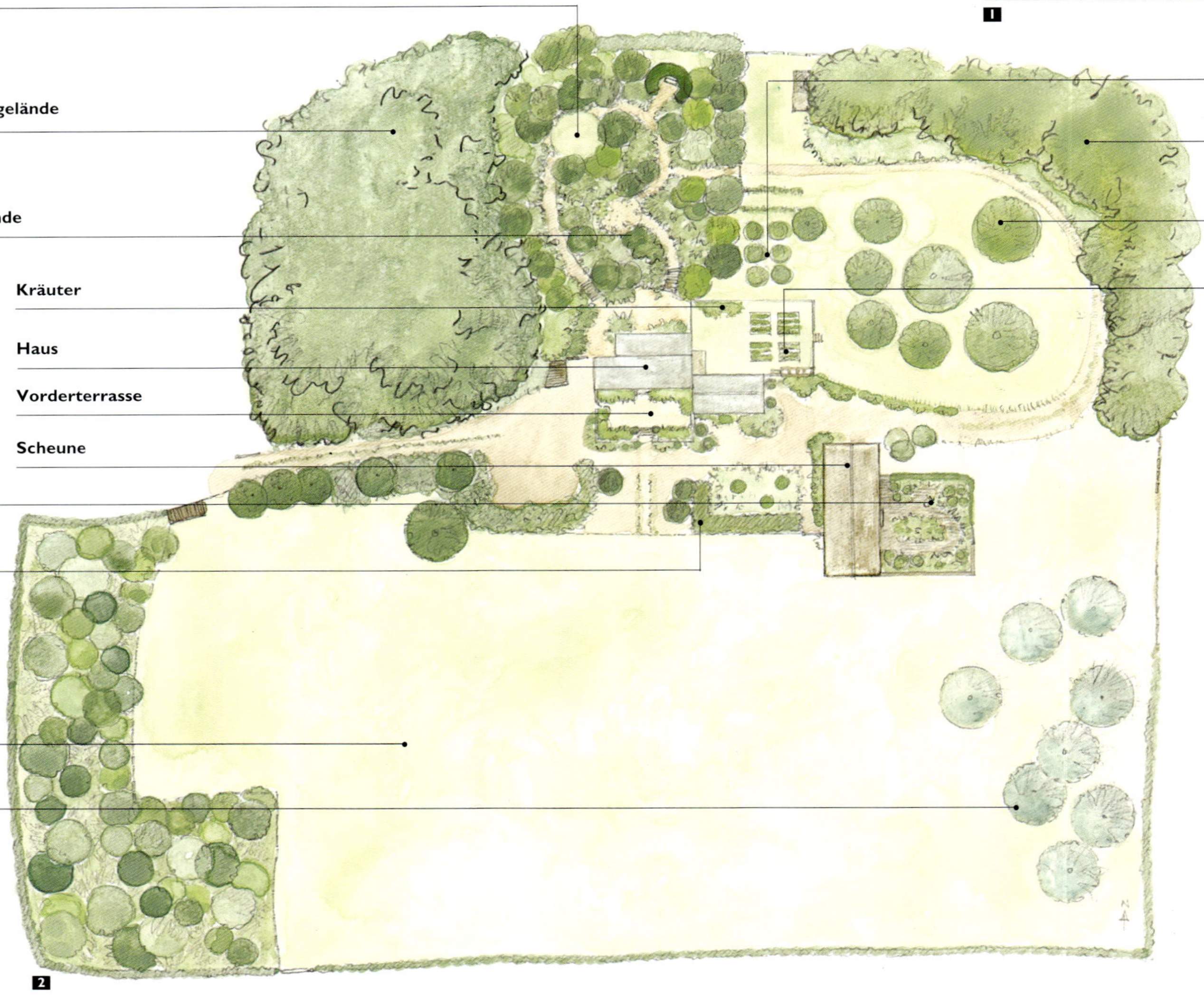

2

1 Die obere Wiese auf einer kleinen Lichtung ist ein Ruheplatz, von dem man den Garten überschauen und genießen kann. Im Frühjahr darf das Gras wachsen, ein Pfad wird hindurchgemäht, um die Ziegelwege zu verbinden, während es im Sommer kurz gehalten wird, damit der Platz zu einem Rückzugsort inmitten des üppigen Laubes wird.

2 Der Plan des zehn Jahre alten Gartens zeigt die Beziehungen der Gebäude zu den Sondergärten und den offeneren Bereichen, die ihn mit der Landschaft verbinden.

4

3

5

3 Wie ein Waldpfad verläuft der Ziegelweg durch die scheinbar zufällige Pflanzung. Er ist mit Sand verfugt, so daß Sämlinge und Moos seine Oberfläche auflockern. Die Pflanzung soll das Gebüsch an den hinteren Garten anbinden und die Grenzen verwischen.

6

4 *Astrantia major* ssp. *involucrata, Alchemilla mollis, Cirsium rivulare* 'Atropurpureum' und *Salvia x superba* bilden lockere Gruppen im hinteren Garten. Die *Clematis* 'Bill MacKenzie' schmückt die Hinterseite des Hauses.
5 Die Scheune wird mit dem Haus durch eine Lindenhecke verbunden. Die Gräser *Stipa tenuissima* und *Molinia arundinacea* 'Windspiel' bringen Bewegung in Inseln aus *Perovskia. Eryngium giganteum, Linum perenne, Aster divaricatus* und Meerlavendel *(Limonium)* steuern Farbtupfer bei.
6 Helle Grüntöne bringen künstliches Sonnenlicht an die Rückseite des Hauses. *Alchemilla* fließt durch *Angelica* und *Cornus alba* 'Aurea'.
7 An der Vorderseite des Hauses tragen auf den Weg gesäte Margeriten etwas Unregelmäßigkeit bei.

Home Farm liegt an einem leichten Südhang im Herzen Englands. Die Gebäude aus dem 18. Jahrhundert bildeten den Herrenhof eines größeren Anwesens, sie wurden 1987 zusammen mit 1,6 ha Land verkauft. Obwohl das Anwesen fast aufgegeben war, hatte es eine wunderbare Atmosphäre, und, vom alten Ackerland umgeben, einen starken ›Genius Loci‹.

Der Eigentümer, der beruflich mit Textilien und Mode zu tun hat, liebt Pflanzen und die Landschaft. Wir fühlten, daß dieser Garten eine Hommage an die ländliche Umgebung werden sollte. Während Teile der Strategie sofort klar waren, wurden andere erst im Laufe der Jahre deutlich, so die Betonung der Atmosphäre. Mein Auftrag war es, so frei wie möglich mit der Natur umzugehen und Ideen aus natürlichen Pflanzengesellschaften zu übernehmen. Der Garten sollte aussehen, als hätte er sich von selbst entwickelt. Die Steinmauern des Gebäudes und die Umgebung waren Rahmen genug.

DER HINTERE GARTEN

Hinter dem Haus wurde eine Böschung angelegt, die eine deutliche Zäsur im Gelände und unten eine schattige, abgeschlossene Zone entstehen ließ. Dieser von Mischwald, Holunder- und Stechpalmengruppen umgebene Gartenteil wurde dann zu einer Waldlichtung ausgebaut. Die Pflanzung wurde in einem großen, aber lockeren Maßstab entworfen, wobei Pflanzenarten mit unregelmäßigem Wuchs bevorzugt wurden: Grüne und gelbe Töne erzeugen eine Art künstliches Sonnenlicht, das der vorherrschenden Dunkelheit auf der Nordseite des Gebäudes entgegenwirken soll. Aralien und Bambus gliedern das Ganze zusammen mit der schiefergrauen Storchschnabel-Art *Geranium phaeum* und *Angelica*, unterpflanzt mit der Schwertlilie *Iris foetidissima*. Auf der Schattenseite des Gartens verbindet das goldene Laub des Goldhopfens *Humulus lupulus* 'Aurea' und der Hartriegel-Sorte *Cornus alba* 'Aurea' die Bereiche. Außen ist der Stil der Pflanzung naturnäher, es wurden robuste Pflanzen verwendet wie Bluthasel, Schneeball, Apfelrose, weißrindige Brombeere und rosa Wiesenkerbel *(Anthriscus sylvestris)*.

Die Pflanzung wurde im Lauf der Jahre vereinfacht, unnötige Details verschwanden, so daß heute verschiedene Pflanzengruppen ineinander übergehen. Die Wege stehlen sich jetzt wie Waldwege durch die ›zufällige‹ Pflanzung.

DER SCHEUNENGARTEN

Der östliche Gartenteil bei der umgebauten Scheune unterscheidet sich vom übrigen Garten. Die Aussicht über gepflügte Felder, die in der Morgensonne ihre Furchen zeigen, regte eine Gestaltung an, die den Garten mit der Umgebung verbindet. Die natürlichen Farben gleichen der Sommerlandschaft – gebleichte und gelbbraune Gräser, das Braunrot der Ampfer, hier und da ergänzt durch etwas Karmin, Scharlach, Rost und Beige. Die vorherrschende Gräserpflanzung wird von Stauden unterbrochen, welche zwischen Gruppen des zimtrindigen Erdbeerbaums *(Arbutus unedo)* und der rotbeinigen *Rosa moyesii* auf- und abfluten, während sich Klatschmohn *(Papaver rhoeas)* und Goldmohn *(Eschscholzia)* wild darunter mischen. Steppenkerzen setzen vertikale Akzente, später im Jahr gefolgt von braunem Fingerhut. In breiten Bändern schwingt sich Farbe malerisch hindurch, während die ländliche Umgrenzung den Garten an die Landschaft bindet.

7

1 Im Hochsommer erheben sich Steppenkerzen *(Eremurus* 'Moneymaker' und *E.* x *isabellinus* 'Cleopatra') aus den Gräsern des Scheunengartens, die noch bis zum Herbst attraktiv sind.
2 Die Blütentrauben von *Digitalis ferruginea* stehen im Hochsommer zwischen *Molinia caerulea* 'Moorhexe' und *Knautia macedonica*. *Stipa gigantea* fängt das wenige Licht im Scheunengarten auf und bringt Helligkeit in die Pflanzung.

1

3 *Achillea* 'Lachskönigin', die vom Sommer bis zur Herbstmitte blüht, changiert von Ziegel- bis Lachsrot, von Gelb bis Braun. *Euphorbia dulcis* 'Chameleon' und der den Boden dicht bedeckende Klee *Trifolium repens* 'Wheatfen' nehmen die unteren Ebenen ein.
4 *Rosa moyesii* 'Geranium' ist unterpflanzt mit *Papaver orientale* 'Marcus Perry'. Ihre farbigen Zweige erheben sich zwischen *Panicum virgatum* 'Rehbraun', das den Mohn ablöst. Die Pflanzung ist so entworfen, daß sie sich im Laufe des Jahres wandelt.
5 Farbtupfer aus selbstversamender *Eschscholzia californica* zwischen *Stipa gigantea* beleben den Garten.

2

3

4

7

5

8

6

6 *Hemerocallis* 'Stafford' wurde zusammen mit *Potentilla* 'Gibson's Scarlet' gepflanzt, während *Monarda* 'Cambridge Scarlet' feurige Farben bis in den hintersten Winkel des Scheunengartens trägt.
7 Der Scheunengarten im Spätsommer. *Stipa gigantea* ist golden gefärbt, und die senkrechten Blütenstände von *Digitalis ferruginea* haben die von *Eremurus* ersetzt.
8 Mit dem Herbstanfang kommen die Gräser zu sich selbst und halten dann, bis der Schnee sie niederdrückt. Hier spielt *Stipa brachytricha* im Wind.

THEMEN-PFLANZUNGEN

1

Mit Hilfe von Pflanzen können Sie einen Garten voll Vielfalt und interessanter Details gestalten und durch gewisse Pflanzprinzipien eine bestimmte Stimmung erzeugen. Solche Stilarten – von den Staudenrabatten des späten 19. Jahrhunderts bis zu den flächigen Staudenpflanzungen von heute – haben sich entweder aus populären Vorlieben entwickelt oder durch Anpassung der Bedürfnisse und Eigenschaften von Pflanzen an eine Umgebung, wie bei Wiesen- oder Wasserpflanzungen. Diese Themenpflanzungen sind gesondert zu behandeln, weil jede ihre eigenen gärtnerischen Anforderungen stellt.

Die Vielfalt der möglichen Pflanzprinzipien kann genutzt werden, um dem Garten einen bestimmten Charakter zu geben, ob Sie nun eine Waldszene mit laubreichen schattenliebenden Pflanzen schaffen oder einen kleinen gepflasterten Hof mit charakteristischer, aber zurückhaltender Bepflanzung verschönern. Man kann auch mit Hilfe der Pflanzung verschiedene Gartenbereiche definieren. Architektonische Pflanzen mit ihren strengen skulpturalen Formen können am Rand einer gepflasterten Terrasse gut angebracht sein, die sie mit dem Gebäude verknüpfen, weniger geeignet wären sie für einen Gartenteil, in dem weichere Formen vorherrschen. Eine großflächige Staudenpflanzung kann der Integration einer architektonischen Terrasse in eine unregelmäßige Waldpflanzung dienen, indem sie etwas ›Wildes‹ hineinbringt und zugleich mit einigen strengen Stauden auf die Architektur antwortet. Durch gute Gestaltung können all diese Elemente bequem nebeneinander stehen und so das Potential des Gartens erhöhen. Verschiedene Themenpflanzungen können auch verwendet werden, um Bereiche sanft miteinander zu verbinden. Gehölze im statischen Formschnitt (›Topiary‹) geben z. B. einem beweglichen, immer wandernden Schwarm aus Klatschmohn und Wiesenmargeriten optischen Halt.

Mit Themenpflanzungen gewinnt Ihr Garten eine klare Identität. Es wird natürlich immer noch einen Platz für den Sammlungsgarten des Pflanzenliebhabers geben, wo durch die Pflanzenvielfalt unweigerlich verschiedene Stile vermischt sind, aber für die Klarheit ist es am besten, Pflanzen zu gruppieren, die im Charakter ähnlich sind. Themenpflanzungen sind nicht bloß ästhetisch, sondern auch praktisch. In erster Linie müssen sie den Standortbedingungen entsprechen, und um in Form zu bleiben, erfordern sie viel Pflege.

1 Hier wird ländlicher Charme durch eine zwanglose Kombination altmodischer Pflanzen wie Storchschnabel, Schwertlilie und Akelei unterstrichen, die ineinander wachsen dürfen.
2 In Logan Gardens an der Westküste Schottlands läßt das Klima Baumfarne gedeihen, die eine üppige Urwaldatmosphäre schaffen.

2

3

3 Dieser Garten in Südfrankreich verwendet fein geschorene Gehölze als skulpturale Elemente. Als seien sie grüne Felsblöcke, trennen sie den Garten von der ihn umgebenden, dicht bewaldeten Landschaft.

4

4 Großflächig gesetzte Stauden verleihen dem Ziergarten eine ungezwungene Atmosphäre – hier sind es blaue Salvien, Katzenminze und dazwischen brauner Fingerhut.

5

5 Kakteen gedeihen an heißen, trockenen Standorten und wecken Gedanken an Wüstengebiete.

Gemischte Rabatten

Seit Mitte des 19. Jahrhunderts gibt es Rabatten, wie wir sie verstehen – sie sind ein Inbegriff englischer Pflanzkunst. Sorgfältig geplant, gewähren sie Lebensraum für eine Vielfalt von Pflanzen und langfristig einen farbenfrohen Anblick.

Das englische Wort *border* (Rabatte) wurde zuerst im Mittelalter auf die Beete am Rand des Gartens angewendet, vielleicht weil sie mit Brettern *(boards)* eingefaßt waren. In den Rabatten des frühen 18. Jahrhunderts wurden Blumen mit Abstand voneinander gepflanzt, damit man ihre Blüten genau betrachten konnte. Im Verlauf des Jahrhunderts beschränkte man die Blumen oft auf den ummauerten Garten. Vermehrt kamen architektonische Blumengärten in der Nähe des Hauses auf, und unregelmäßige Beete mit krautigen Blütenpflanzen erschienen.

Die frühesten Staudenrabatten waren mit Farbe und Artenvielfalt überladen, und erst Anfang des 20. Jahrhunderts wurden sie dank der Gartenentwürfe von Gertrude Jekyll verfeinert. Sie zeigte, wie man Farbe, Laubstruktur und Form ausnutzt, und legte ihren Rabatten meist ein Farbthema zugrunde. Die Verfügbarkeit ausländischer Stauden und neuer Züchtungen führte zu einer weiteren Entwicklung der Rabatte. Heute sind die Gärten kleiner, das Konzept separater Bereiche für Sträucher, Rosen, Stauden und Einjährige ist meist nicht mehr anwendbar, statt dessen hat sich die gemischte Rabatte durchgesetzt.

Die große Zahl verfügbarer Pflanzen erlaubt es, Arten mit unterschiedlichen Besonderheiten zu kombinieren, um Volumen, Höhe, Bewegung, Struktur, Form und Farbe zur Geltung zu bringen. Obwohl eine gemischte Rabatte ausgetüftelter ist als eine Wiese oder eine großflächige Staudenpflanzung, gibt es gute Gründe, die Natur als Vorbild zu wählen. Auch unter härtesten Bedingungen gibt es Pflanzengesellschaften aus verholzten und krautigen, aus ausdauernden und einjährigen Arten. Die Einbeziehung von Sträuchern verleiht den Rabatten eine solide Gestalt und über lange Zeit dekoratives Laub, während Stauden wunderbare Farbeffekte beisteuern, die durch Blattpflanzen einschließlich Gräsern hervorgehoben werden können. Kletterpflanzen benutzen Gehölze oder Mauern als Stützen, Frühjahrsblüher dringen unter Sträuchern durch, Einjährige und zarte Stauden können dazwischengepflanzt werden. Man kann z. B. blutrote Dahlien malerisch unter braunen Fenchel und zimtfarbene Erdbeerbaumstämme *(Arbutus unedo)* setzen, oder lindgrüne Glocken des Ziertabaks *Nicotiana langsdorffii* schauen durch scharlachrote Speere der Montbretie *Crocosmia* 'Lucifer'.

Während Rabatten früher mindestens 3 m breit waren und verschiedene Ebenen und großzügige Reihenpflanzungen erlaubten, sind sie heute oft nicht mehr als 1 m breit. Das sollte als Minimum gelten, weil man sonst keine verschiedenen Schichten und Kontraste bilden kann. Die traditionellen Regeln, wonach Rabattenpflanzen abgestuft werden – größere Pflanzen hinten, kleinere vorn –, dürfen und sollten gebrochen werden, um plastischere und komplexere Kompositionen zu schaffen. In unregelmäßigen Rabatten können einige große Exemplare im Vordergrund Tiefe verleihen. In mehr architektonischen Rabatten erzeugt die Wiederholung einer Leit- oder Akzentpflanze, z. B. des senkrechten Ehrenpreises *(Veronica virginica)* oder der geballten Taglilie *(Hemerocallis)*, ganz bewußt Rhythmus. Solche Wiederholungen geben außerdem langen Rabatten einen optischen Zusammenhalt. Versuchen Sie, Ihrer Rabatte durch strenge Pflanzenauswahl eine klare Richtung zu geben. Sie kann unter einem Farbenthema stehen, locker aufgebaut oder mehr architektonisch gedacht sein, sollte jedoch stets ausbalanciert wirken. Zu viele Immergrüne lassen eine Rabatte im Sommer schwer erscheinen, während es bei zu wenigen Sträuchern im Winter an Formen fehlt.

Die gemischten Rabatten von heute ermöglichen es auf ideale Weise, unter-

1 Die Zusammenstellung von *Rosa* 'William Lobb', *Papaver orientale* und *Crambe cordifolia* wirkt üppig und erzeugt eine entspannte Atmosphäre in diesen unregelmäßigen Rabatten.
2 Sträucher und Stauden tragen dazu bei, den Ziergarten mit dem naturnahen Waldgelände dahinter zu verbinden.
3 Eine Rabatte aus Sträuchern, Kakteen und Sukkulenten als Übergang von der Ziergartengrenze zu den umgebenden kargen Hügeln.

2

4 Einjährige wie dieser violette Ziertabak und die gelbe Rudbeckie verlängern die Saison und sorgen dafür, daß bis zum Herbst Farbe geboten wird.
5 Gräser bringen Anmut und Natürlichkeit in die gemischte Rabatte und sind auch noch im Winter attraktiv, bis ihre Farbe endgültig verblaßt.

3

4

schiedliche Stimmungen im Garten zu vereinigen. Verwenden Sie eine unregelmäßige Rabatte, um einen waldartigen Bereich mit einem anderen Gartenteil zu verbinden, indem Sie Halbschatten-Pflanzen wie braunen Fingerhut *(Digitalis ferruginea)* und Bluthasel *(Corylus maxima* 'Purpurea') verwenden. Pflanzen Sie dazu die weißen Sterne von *Clematis flammula* und darunter die Waldsegge *Carex sylvatica* 'Marginata', schokoladenbraune Kerbel *(Anthriscus sylvestris* 'Ravenswing'), Türkenbundlilien *(Lilium martagon)* und Nieswurz *(Helleborus)*. In mediterraner Umgebung wären andere Pflanzen und Methoden anzuwenden: Der Schneeball *Viburnum tinus* kann mit einzelnen Stechpalmen gemischt werden, in denen die Rosensorte 'Mermaid' klettern und sich ausbreiten darf. Für eher exotische Themen könnten Wolfsmilch *(Euphorbia)*, Strohblumen und selbstaussäender Goldmohn *(Eschscholzia)* gemischt werden.

Gärten sind immer vielfältiger geworden. Seit Gertrude Jekyll haben viele Gärtner Formen und Farben ganz unterschiedlich verwendet und damit eine neues Rabattenkonzept erstellt. Piet Oudolf gibt z. B. seinen Rabatten einen besonderen Charakter und eine weichere Ästhetik, indem er ausdauernde Gräser integriert. Ob sie nun architektonisch oder unregelmäßig sein soll, die Aufgabe der Rabatte besteht darin, das ganze Jahr über einen kleinen Bereich interessant zu machen.

5

1

Stauden-Massenpflanzung

Mit der Entwicklung neuer, langblühender und sich selbst stützender Pflanzensorten und der Erkenntnis, daß man besser mit der Natur zusammenarbeitet, statt ihr zu trotzen, wurde das traditionelle Rabattenkonzept in den letzten Jahrzehnten völlig verwandelt. Die konventionelle Staudenrabatte bewegte sich auf rein ästhetischer Ebene und benutzte im Interesse des Kontrastes Pflanzen ganz unterschiedlicher Regionen. Es dominierte die Ordnung, hohe Arten wurden sorgfältig angebunden, und regelmäßige Teilung sorgte dafür, daß sie im Maßstab blieben. Obgleich solche Staudenrabatten etwas Wunderbares sind, ist das traditionelle Konzept durch eine neue Methode der Staudenpflanzung ersetzt worden, die lockerer wirkt und leichter zu unterhalten ist.

Pionier der neuen Methode war der Potsdamer Handelsgärtner Karl Foerster, der vor dem 1. Weltkrieg begann, Stauden zu selektieren, die so zueinander und zum Standort passen, daß sie eine stabile Gemeinschaft bilden können. Seine Arbeit ergab Pflanzungen, die von naturnahen Wiesen mit Gräsern und Stauden bis zu kunstvoll stilisierten Beeten reichen, die zwar der Tradition näher stehen, aber viel pflegeleichter sind. Während die traditionelle Staudenpflanzung viele Arten in wenigen Exemplaren benutzt, arbeitet eine Massenpflanzung aus Stauden mit wenigen Arten in größeren Mengen und wählt die Pflanzen nach ihrer Geselligkeit aus. Ein niedriger, bodendeckender Storchschnabel *(Geranium)* kann z. B. die Grundlage für eingestreute Gräser und Schwertlilien bilden. Bei guter Planung erfordert eine großflächige Staudenpflanzung weniger Unterhaltungsaufwand als Rasen.

Stauden-Massenpflanzungen können an jedem Standort angelegt werden, in einem Sumpfgelände ebenso wie auf durchlässigen, trockenen Böden. Die heute verfügbare Staudenzahl ist so groß, daß auch die feindseligsten Lagen mit Grün bekleidet werden können. Nehmen Sie nur einen exponierten Hang, der mit genügsamer aprikosenfarbener Schafgarbe und blaugrüner Haargerste *(Elymus magellanicus)* überwuchert ist. Diese Pflanzung sieht als farbenfrohe Fläche ganzjährig gut aus, vom Frühsommer bis zu den spätherbstlichen Frösten, anschließend in ihrer gebräunten und gebleichten Winterform. In gemäßigtem Klima braucht sie nicht bewässert zu werden und benötigt wenig Pflege, weil sie die Oberfläche mit Grün bedeckt, das Unkraut unterdrückt und den Boden vor Erosion und Austrocknung schützt.

An schattigen Stellen kann nach demselben Prinzip verfahren werden, indem

2

1 Diese Massenpflanzung aus *Echinacea* und *Solidago* harmoniert mit dem Umfeld, ganz nach dem Vorbild des in der Natur zu findenden Gleichgewichts. Es bedarf nur eines jährlichen Schnitts am Ende der Saison, um ein Ausufern zu verhindern.
2 Die freie Ausbreitung des einjährigen Goldmohns *(Eschscholzia)* in dieser Landschaft in Arizona zeigt deutlich seine Eignung für den Standort. Das scheinbar mühelose Fließen und Schwingen ist ein gutes Vorbild für ausgefeiltere Pflanzungen im Garten.

3

4

5

schatten- und trockenheitsverträgliche Pflanzen gewählt werden. Da werden winterharte Farne mit Nieswurz *(Helleborus)* und *Geranium phaeum* 'Album' gemischt und mit Waldmeister unterpflanzt, der eine weiche, schützende Bodenmatte bildet. Diese Pflanzung, die den Eindruck vom Spätwinter bis zum Frühsommer beherrscht, kann bis zum Spätsommer mit den Blütenkerzen des Knöterichs *Polygonum amplexicaule* ausgedehnt werden. Ein von Sträuchern dominierter Bereich wird durch sie neu belebt.

Für jede Situation gibt es geeignete Stauden. Den persönlichen Vorlieben ist weiter Spielraum gegeben. Bei Wolfgang Oehme und James van Sweden, die in der ganzen Welt kleine Privatgärten ebenso wie große öffentliche Anlagen, z. B. Battery Park in New York, geplant haben, sind Stauden die wichtigsten Pflanzen. Ihr Stil ist stets großzügig und plastisch, sie setzen etwa große *Miscanthus*-Grasbüschel in Ströme aus Rudbeckien, um eine Version der amerikanischen Prärie zu schaffen. Der brasilianische Gartenarchitekt Roberto Burle Marx verwendete Stauden in eher stilisierter Weise, wenn er die Landschaft mit starren Farbflächen bemalte, wobei er immer standortgerechte Pflanzen wählte.

Ein gelegentlicher Einwand gegen großflächige Staudenpflanzungen ist, daß sie viel Platz brauchen, um zu gelingen. In Wirklichkeit können Sie aber die Prinzipien auch in kleinsten Gärten anwenden, wenn Sie Stauden für jede Jahreszeit auswählen und kombinieren. Nehmen Sie Arten und Sorten mit einem attraktiven Winterskelett, und Sie erhalten nicht nur einen neuen Beitrag zur Farbenpalette, sondern auch eine kräftige Winterfigur, die bei Frost noch betont wird. Die Fetthennen-Sorte *Sedum* 'Herbstfreude' mit ihrem zimtfarbigen Winterskelett ist ein gutes Beispiel. Neben den drahtigen Formen von Fenchel und verblaßten Gräsern steht eine solche Pflanzung, bis Schnee oder spätwinterliche Stürme sie niederwalzen. In der dann folgenden kurzen Zeit können Sie die Pflanzen säubern und Unkraut jäten, bevor der Vegetationskreislauf im Frühjahr von neuem beginnt.

Vielleicht bevorzugen Sie eine eher bodenständige, lockere Massenpflanzung, die halbwegs der Natur entspricht. Wenn Sie eine unregelmäßige Pflanzung mit einem architektonischen Rahmen einfassen, erzeugt diese Gegenüberstellung eine spannende Reibung. Der Rahmen kann aus gebauten Elementen bestehen, beispielsweise aus Wegen oder den strengen Linien geschnittener Hecken. In freie Formen geschnittene Gehölze sind ebenfalls geeignete Fixpunkte.

Die großflächige Staudenpflanzung wirkt vielleicht am besten, wenn sie Ornamentales und Naturnahes miteinander verschmilzt. Sie können mit Stauden fließende Bewegungen bilden, die unter Sträuchern hindurch und über Gartenkonturen hinwegschwingen. Robuste, unempfindliche Stauden wie Wasserdost *(Eupatorium)* und Alant *(Inula magnifica)* können auch in Grasflächen eingefügt und einmal im Jahr wie eine Wiese gemäht werden.

Die Auswahl standortgerechter Arten ist bei großflächigen Staudenpflanzungen am wichtigsten. Auch sollte man sich sehr bemühen, Pflanzen zu kombinieren, die einander nicht unterdrücken. Obwohl jede Situation anders ist, bleiben die Prinzipien die gleichen – abgestimmtes Pflanzen ist das Wesentliche.

3 Ein geordneter ›Drift‹ aus *Sedum* und *Coreopsis* von Wolfgang Oehme und James van Sweden verbindet die Einfachheit dieser Pflanzung mit dem ruhigen Wasserspiegel dahinter. Verstreute Gruppen aus *Molinia caerulea* 'Transparent' bringen ein zufälliges Element in die eindrucksvolle Ordnung.

4 Große Gruppen von Stauden und Gräsern liefern eine unregelmäßige Komponente innerhalb eines architektonischen Heckenrahmens. Kardendisteln dürfen sich in der Pflanzung versäen – das macht sie naturnah. Auch mit anderen selbstversäenden Stauden wie *Verbena bonariensis* oder *Verbascum chaixii* könnte diese Wirkung erzielt werden.

5 In dieser kleinmaßstäblichen Pflanzung wurden Stauden verwendet, um die Strauchpartien des Gartens miteinander zu verknüpfen. *Echinacea* und *Thalictrum* driften durch *Perovskia* und verbinden sie mit den flockigen Blütenständen des Perückenstrauchs dahinter.

Gräser

1 **Diese Massenpflanzung aus Stauden ist von der Prärie inspiriert, die heute als Landschaftsform eine Seltenheit geworden ist. Ziergräser wurden gepflanzt, um Bestände von *Eupatorium* und *Solidago* zu ergänzen.**
2 **Im verblichenen Winterzustand wirkt Schilf geradezu ätherisch. Großflächig gepflanzt, ergeben die Halme eine kräftige Vertikalform, die sich in der horizontalen Wasserfläche spiegelt. Schilf bringt Bewegung in den Garten, fängt den Wind und raschelt, bietet außerdem der Fauna Schutz.**
3 **Das majestätische Gras *Miscanthus sinensis* wirkt im Herbst am besten, wenn seine Blütenstände bei tiefstehender Sonne weiß zu glühen beginnen.**
4 **Man kann sich darauf verlassen, daß *Miscanthus sinensis* auch innerhalb einer schmalen Rabatte in den Grenzen bleibt und sowohl Volumen wie Anmut einbringt.**

Auch wenn nicht jeder Garten groß genug ist, um eine Wiese oder auch nur einen langwachsenden Rasenabschnitt zu enthalten, kann jedermann Gräser auf sein Grundstück holen. In den Hintergrund einer Rabatte bringen Gräser gegenüber den mehr statischen Pflanzen Bewegung, in Gefäßen auf einer Terrasse kommt ihre Gestalt voll zur Geltung.

Gräser bedecken einen großen Teil der Erdoberfläche und bilden eine reiche Gruppe anpassungsfähiger Einjähriger und Stauden. Sie können an trockenen Hängen, in feuchten Senken ebenso wie im seichten Wasser von Teichen und Flüssen verwendet werden. In den Garten bringen die Gräser eine weichere Ästhetik, ihr zierlicher Wuchs erinnert an die Naturwelt. Ihr graziler Habitus fängt den Wind, und ihre hauchdünne Leichtigkeit kann in einer Pflanzung wie ein Schleier verwendet werden. Einige größere Gräser sind imposante Erscheinungen. Nehmen Sie beispielsweise Pampasgras *(Cortaderia richardii)*, das die Flußufer in Neuseeland mit seinen federartigen Blütenbögen ziert, oder die fontänenartige Gestalt von *Miscanthus sacchariflorus* aus den Bergen Japans. Wolfgang Oehme und James van Sweden haben die Wirkung dieser Gräser benutzt, um ihren extensiven Staudenpflanzungen Masse zu geben, und Piet Oudolf hat Gräser zu einem Merkmal seines naturalistischen Stils gemacht.

Im Habitus reichen Gräser von dichten, bodennahen Arten bis hin zu solchen mit bogenförmigem Wuchs und erhabener Größe von über 4 m. Sie unterscheiden sich ebenso farblich, von kühlem Grün, Bronze, Braun und Silber bis zu Stahlblau *(Helictotrichon sempervirens)*, auch Gelbgrün *(Deschampsia flexuosa* 'Tatra Gold') und Blutrot *(Imperata cylindrica)* kommen vor. Sie können einfach, gestreift oder gescheckt sein, und ihre Blüte kann viele Gestalten annehmen, von strengen Vertikalen bei Pflanzen wie *Calamagrostis* x *acutifolia* 'Karl Foerster' bis zu den delikaten, beweglichen Samenständen des Zittergrases *(Briza media)* oder dem Schleier von *Panicum* und *Stipa*. *Miscanthus* mit seinen silbernen Blütenfedern variiert in Schattierungen von Rauch bis Flamingorosa und ist einer der spektakulärsten Blickfänge im Herbst. Viele Gräser sehen im zeitigen Frühjahr gut aus und können im Sommer als Hintergrund dienen, während sie im Herbst ihren Höhepunkt erreichen. Vom Winter gebleicht, sehen sie allesamt anders aus, bevor sie am Ende der Saison heruntergeschnitten werden, um den Zyklus von neuem zu beginnen. Manche Gräser sind immergrün und können als Bodendecker und Füllpflanzen in gemischten Pflanzungen benutzt werden.

Die Anpassungsfähigkeit der Gräser kann als Lösung vieler Gartenprobleme gelten, aber ihr starker, wenngleich subtiler Einfluß ist nicht überall angebracht. Ein Rosengarten wäre z. B. nicht der richtige Platz für das Riesenfedergras *(Stipa gigantea)*. Aber das eigenwillige, unkonventionelle Aussehen der Gräser macht sie als Leit- und Akzentpflanzen geeignet. Ob es um die kräftige Bogenform eines *Miscanthus* oder die Durchsichtigkeit der Rutenhirse *(Panicum virgatum)* geht, Gräser wirken meist am besten, wenn sie sich in der Pflanzung wiederholen. Allein können Gräser eher fehl am Platz erscheinen. Gräser mit ordentlichem, aber langsamen Wachstum wie *Hakonechloa* und *Festuca*-Arten sind die besten Kandidaten für Gefäße, die ihre klare Form betonen. In Staudenpflanzungen werden Gräser am besten in Gruppen zwischen farbenreicheren Stauden verwendet.

Arten zusammenzustellen, die einander ästhetisch ergänzen, ohne um Aufmerksamkeit zu wetteifern, ist eine Kunst. Studieren Sie die Charakteristika der Gräser in botanischen Gärten, am besten gegen Ende der Saison, und Sie werden sehen, daß ihre Gestalt von architektonisch bis unregelmäßig weit differiert. Architektonisch wirkende Gräser wie Bambus beeinflussen die Atmosphäre des Gartens durch ihre dekorativen und zugleich kräftigen Umrisse. Dies ist von Vorteil, wenn sie als Leitpflanzen behandelt werden. Die unregelmäßige Wirkung von Gräsern wie *Panicum* rührt von ihren zierlichen Blüten her. Sie bringen einen leichten Schleier in die Pflanzung.

Gräser haben zwei verschiedene Wuchsformen, die auch ihre Verwendungsweise untereinander und mit anderen Pflanzen beeinflußt. Die ausläuferbildenden Arten sollten sorgfältig beobachtet oder zusammen mit kräftig wachsenden Sträuchern plaziert werden, die sie etwas beschatten und in ihrem sonst maßlosen Wachstum beschränken. Ihre Ausbreitung kann aber zur Befestigung von Dünen oder losem, vom Wind bedrohten Boden gezielt eingesetzt werden. Die horstbildenden Gräser dagegen wachsen langsam. Man verwendet sie wegen ihrer klar definierten Umrisse, aber unter Beachtung ausreichender Abstände

3

4

5

6

5 Hier wurden Gräser so kombiniert, daß ihre natürliche Wirkung den Garten mit dem Wald verbindet.

6 Wolfgang Oehme und James van Sweden, große Förderer der Ziergrasverwendung im Garten, pflanzten diese hier in breiten Schwüngen statt Sträucher und konventionellere Stauden. Gräser bilden hier drei Pflanzebenen: den Rasen auf Bodenniveau, ein Band aus *Pennisetum* und *Calamagrostis* auf der anderen Wegseite und *Miscanthus sacchariflorus* als dritte Ebene dahinter.

Wiesen

Wiesen beschwören romantische Ideen von heißen Tagen des Müßiggangs, umgeben von zartem, raschelndem Gras und den diffusen Farben wilder Blumen. Sie erinnern an eine längst vergangene Zeit. Mittelalterliche Dichter, die die »Bluomenwies« besangen, nahmen die Schönheit von Wildblumen schon früh wahr.

Wiesen sind keineswegs natürlichen Ursprungs, sondern aus der Weide- und Heuwirtschaft entstanden. Durch das ständige Entfernen der oberen Wuchsebene können sich Gehölze auf bewirtschaftetem Land nicht entfalten, und die Bodenfruchtbarkeit wird ständig vermindert. Da die Fruchtbarkeit sinkt, gehen robustere Gräser auf der Bodenoberfläche zurück und geben anderen blühenden Arten Gelegenheit zu gedeihen. Eine eingewachsene Wiese ist eine genau an den Standort angepaßte Pflanzengesellschaft: trockenheitsverträgliche Arten bevölkern durchlässige Stellen, feuchtigkeitsliebende sumpfige und tiefer gelegene.

Das Anlegen einer Wiese bedeutet nicht einfach, eine Grasfläche verwildern zu lassen, die Pflanzung muß vielmehr mit geeigneten heimischen Arten für den Standort maßgeschneidert werden. Nehmen Sie eine Grasfläche und lassen Sie sie wachsen, um zu sehen, was dabei herauskommt. Sie kann voller Wildblumen sein oder von Unkraut überwuchert. Das gibt Ihnen eine Vorstellung von der Behandlung der Wiese. Sind es ausdauernde Unkräuter wie Ampfer und Disteln, so verbreiten sie sich, bevor Sie irgendeine Wildblume ausgesät haben. Schnellere Erfolge erzielen Sie, wenn Sie einfach Jungpflanzen in ein vorhandenes Grasstück setzen. Denken Sie in jedem Fall daran, daß Wildblumen nicht schön regelmäßig, sondern zerstreut und ziellos wachsen. Wenn die Wiese älter ist, kann Selbstaussaat diesen naturalistischen Effekt noch verstärken.

Wiesen sollten dort angelegt werden, wo sie den größten Teil des Tages volles Sonnenlicht genießen. Am Ende des Gartens, wo es meist etwas wilder aussieht, liegen sie richtig. Wiesen bilden auch einen guten Übergang, etwa vom Rasen zu größeren Sträuchern; ihre weiche Erscheinungsweise macht Grenzlinien fließender. In Gartenbereichen, die für regelmäßiges Mähen ungeeignet sind oder wo das Gras zu grob ist, um eine Wildwiese daraus zu machen, kann man Stauden in die Grasfläche einfügen.

Frühlingswiesen, mit Zwiebelpflanzen, später mit Schlüsselblumen, Kuckuckslichtnelken, Butterblumen und Fritillarien besetzt, sind kürzer und können nach dem Mittsommerschnitt regelmäßig gemäht werden. Sie passen gut in kleine Gärten. Sommerwiesen wirken großflächig am besten, sie enthalten große Wildblumen wie Flockenblumen und Skabiosen. Zum Durchlaufen sind sie vom Früh-

1 Auf dem sauren Boden des Gartens von Philip Johnson in New Canaan (Connecticut) dominiert das Rotgelb des *Rumex acetosella* zwischen feinblättrigen Gräsern. Arme Böden sind ideal für Wiesengärten, weil Gras hier an Vitalität einbüßt und den Weg für andere Blütenpflanzen freimacht.
2 Blaue Lupinen und Kerbel wurden in diese Wiese gesät, die man erst nach der Samenreife abmähen sollte.
3 Die Gegenüberstellung von geschnittenem Rasen und hohen Wiesen verhindert, daß der Eindruck einer alles überwuchernden Wildnis entsteht. Die Wege können außerdem jedes Jahr verlegt werden.

4 Bevor in der Landwirtschaft Herbizide eingesetzt wurden, war dieses Bild ein vertrauter Anblick. Klatschmohn braucht frisch umgebrochenen Boden zum Gedeihen und verschwindet sonst schnell, um ausdauernden Unkräutern Platz zu machen.
5 Einjährige Ackerblumen (z. B. Kornrade und Mohn) können im Herbst oder Frühjahr in den umgegrabenen Boden gesät werden. Das Wenden der Erde nach der Saat führt dazu, daß sich einjährige Unkräuter verbreiten.

4

sommer an zu hoch, wenngleich immer Wege hindurchgemäht werden können. Weil Sommerwiesen nach Ende der Blüte meist unordentlich aussehen, werden sie am besten von den ›ordentlicheren‹ Gartenteilen etwas entfernt angelegt.

Sie brauchen kein riesiges Grundstück, um mit Erfolg eine Wiese anzulegen. Auch kleine Grasflächen erlauben stellenweise Langgras. Der Gegensatz des Architektonischen und Unregelmäßigen ist ein gutes Prinzip bei der Gartengestaltung. Weil Unkräuter nur Wildkräuter am falschen Ort sind, können Sie Pflanzen wie Gänseblümchen, Braunelle, Günsel und Klee bei der Bevölkerung der Grasnarbe mit Blüten ruhig unterstützen. Wildblumenwiesen können kurz gemäht werden, um als Rasen zu dienen. Zuviel Tritt aber zerstört die Blumen.

Wählen Sie Arten aus, die für den Standort geeignet sind. An einem Teich können beispielsweise großblättrige Stauden verwendet werden, um den Eindruck von Sumpfgelände zu erzeugen, z. B. heimische Pflanzen wie Sumpfdotterblume, Mädesüß und Blutweiderich sowie im Gras der robuste Wiesenknopf *(Sanguisorba)*. In trockeneren, aber noch ausreichend feuchten Bereichen eines relativ kleinen Gartens können amerikanische Prärie-Arten eine farbenfrohe Spätsommerwiese bilden. Ihr erhabener, kräftiger Wuchs gibt Volumen: Der großartige Purpurdost *(Eupatorium maculatum* 'Purpureum') und der großblättrige Riesenalant *(Inula magnifica)* überragen Gräser, wenn eine kleine Fläche in der ersten Saison ringsum kahl ist. Taglilien *(Hemerocallis)*, Beinwell *(Symphytum)* und auch einige größere Gräser wirken eindrucksvoll. Im Parc André Citroën in Paris werden derartige Pflanzen in auffälligem Kontrast zu der umgebenden Ordnung verwendet, um eine kleine Grasfläche mit der Strauchpflanzung zu verbinden.

5

Einmal angewachsen, erfordern Wiesen wenig Pflege, da Wildpflanzen auf armen Böden gedeihen und wegen ihrer Überlebensfähigkeit eingesetzt werden. Routinebehandlungen wie Mähen erhalten das Gleichgewicht; um zu blühen, erfordern Wiesen aber regelmäßige Aufmerksamkeit (siehe S. 253). Heute können Wiesen mit Arten erweitert werden, die die Saison verlängern und nur einen einzigen Schnitt gegen Sommerende brauchen. Wiesen sind für jeden Garten eine Bereicherung. Scheinbar sich selbst überlassen, erzeugen sie den Eindruck, als ob ein Teil des Gartens, wild und verwachsen, der Natur zurückgegeben wäre.

Waldgärten

1

2

3

Waldgärten besitzen einen starken ›Genius Loci‹: Ihre kühle Stille kommt von der grünen, schattigen Umgebung. Die Bedingungen unter dem lichtarmen Laubdach sind gänzlich anders als an den Rändern, wo nur leichte Schatten über Laub und Blüten spielen. Im heißen, flirrenden Hochsommerlicht bietet der Waldgarten einen willkommenen Rückzugsort.

Wenn der Schattenbereich Ihres Gartens zu einem natürlichen Wald gehört, kann es nötig sein, die Vegetation vor dem Einbringen anderer Pflanzen etwas auszudünnen. Legen Sie einen Waldgarten ganz neu an, verwenden Sie bitte keine Forstbäume. Wenn Sie Bäume mit großer Krone wünschen, wählen Sie Arten wie Buchen, die keinen so dichten, undurchdringlichen Schatten werfen. Eichen lassen beispielsweise nur die Hälfte des empfangenen Lichts durch. Von den kleinkronigen Bäumen sind Ebereschen und Feldahorn *(Acer campestre)* oder Magnolien und andere Blütengehölze mit höherem Zierwert zu empfehlen. Waldbäume brauchen oft lange für ihre Entwicklung, besonders die weniger kräftigen Arten, die tiefen Schatten vertragen. Sie benötigen unter Umständen eine organische Bodenschicht aus gut verrottetem Laub- oder Rindenkompost. In kleinen Gärten, wo eine komplette Waldszene nicht möglich ist, kann dieses Prinzip auf eine Pflanzung aus Farnen und Frühjahrsblühern unter einem Baum oder Strauch reduziert werden.

Weil die meisten im Schatten gedeihenden Pflanzen ihre Blüte im Frühsommer beendet haben, wirkt der Waldgarten im Frühling am schönsten. Die Schattenpflanzen haben sich an die niedrigen Ebenen auf verschiedene Weise angepaßt. Zwiebelblüher erscheinen im Spätwinter, bevor die Bäume austreiben und sie beschatten. Es gibt auch viele rhizombildende Arten aus Nordamerika, Europa und Asien, die das Licht im Frühjahr nutzen, wie Dreiblatt *(Trillium)* und Salomonssiegel *(Polygonatum)*. Eine andere Anpassungsform sind breite, lichtfangende Blätter wie bei Bergenien

1 Waldmeister, einer der besten Bodendecker in trockenen, schattigen Bereichen, bildet hier eine schützende Decke rund um eine aufrechte Gruppe *Disporum flavens*.
2 In Beth Chattos gemischter Pflanzung auf feuchtem Boden liefern die butterblumengelben Trollblumen lichte Höhepunkte vor dem Laub der *Kirengeshoma palmata* und den Farnen.

4

5

3 Fingerhut bringt auch im trockenen Schatten farbige Blütentrauben hervor. Die weiße Form *(Digitalis purpurea f. albiflora)* bleibt jedoch nur rein weiß, wenn die normale, purpurne Form rigoros ausgemerzt wird – in diesem Fall wäre das kaum wünschenswert.
4 Die Herkulesstaude *(Heracleum mantegazzianum)* wächst im Schatten manchmal zu urwaldähnlichen Dimensionen heran und muß daher sorgfältig beobachtet werden, damit sie nicht zum Problem wird. Sie ist schön, aber gefährlich, und ihr Saft sollte gemieden werden. Hier ist sie zusammen mit Wiesenkerbel *(Anthriscus sylvestris)* zu sehen.
5 Weißbirken mit ihren hellen Stämmen wurden am Ende dieses Gartens in kleiner Gruppe gepflanzt, um etwas Waldatmosphäre einzubringen.

und Nieswurz *(Helleborus)*, die oft glänzen, um das Licht zu brechen.

Hat sich das Laubdach über dem Waldgarten einmal geschlossen, wird die Atmosphäre kühl und mysteriös. Es gibt Mittel, die Stimmung aufzuhellen: Zwischen den Bäumen können Lücken gelassen werden, wo das Licht bis auf den Boden gelangt, zur Erweiterung der Pflanzenpalette. In der Natur öffnen umstürzende Bäume das Laubdach und schaffen Lichtungen, in denen sich Waldrandpflanzen wie Fingerhut, Schlüsselblumen und Rasenschmiele ansiedeln können. Im halbschattigen Umfeld des Waldes wächst eine größere Artenvielfalt, darunter Glockenblumen und Eisenhut.

Versuchen Sie, einen Eindruck von Heiterkeit und Weiträumigkeit zu erhalten und eine höhlenartige Wirkung zu vermeiden, die sich bei einer zu dichten Unterpflanzung einstellt. Lassen Sie einen deutlichen Raum zwischen der bodendeckenden Bepflanzung und dem Laubdach darüber, damit die senkrechten Stämme der Bäume zur Geltung kommen und Durchblicke offenbleiben. Rahmen Sie den Blick mit niedrigen Sträuchern. Die Immergrünen dürfen nicht dominieren. Waldgärten wirken oft durch zu viele Rhododendren dunkel und schwer. Lichtere sommergrüne Waldrand-Arten wie *Rhododendron luteum*, Prachtglocke *(Enkianthus)*, Scheinhasel *(Corylopsis)* und Haselnuß schaffen ein wünschenswertes Gegengewicht.

Die kahlen Bereiche zwischen den Bäumen werden in bewegten ›Drifts‹ mit einer bodendeckenden Staudenschicht bepflanzt, so daß es naturnah aussieht. Wählen Sie dazu Pflanzen, die zueinander und zu anderen passen, aber auch Gegensätze in Form und Struktur liefern. Gruppenbildende Pflanzen wie die Schwertlilie *Iris foetidissima* mit ihren lichtreflektierenden Blättern können locker verteilt als Leitpflanzen dienen, zusammen mit kleineren, abgesonderten Gruppen und mit weicheren Bodendeckern, darunter Lungenkraut *(Pulmonaria)*, Goldnessel *(Lamiastrum galeobdolon)* und Schaumblüte *(Tiarella cordifolia)*. Streuen Sie zwanglos schattenliebende Blütenpflanzen ein wie Nieswurz, Dreiblatt und Salomonssiegel. Um die Länge der Baumstämme aufzunehmen, fügen Sie Akzentpflanzen hinzu: Fingerhut und Silberkerze *(Cimicifuga)* fesseln das Auge mit ihren spitz zulaufenden Blütenständen und sehen wundervoll aus.

Kalte Farben wirken in Waldbereichen am besten. Weiße Blüten leuchten im Dämmerlicht, wie die weißblütige Form von *Geranium macrorrhizum*, weißes Türkenbund *(Lilium martagon)* und *Pulmonaria officinalis* 'Sissinghurst White'. Unterdessen leuchtet Blau im Schatten; Waldboden mit Glockenblumen scheint in der Dämmerung zu schweben, blauer Lerchensporn *(Corydalis lutea)* und Eisenhut wirken auch später im Jahr. Goldenes oder blaß zitronengelbes Laub wie beim Beinwell *Symphytum ibericum* 'All Gold', dem Pfennigkraut *Lysimachia nummularia* 'Aurea' und der Funkie *Hosta fortunei* 'Aurea' kann den Eindruck von Sonnenlicht erzeugen. Pflanzen mit cremefarbenen und gelben Blüten – Schlüsselblumen, Trauerglocken *(Uvularia)*, gelbgrüne Wolfsmilch *(Euphorbia amygdaloides)* und Elfenblumen *(Epimedium* x *perralchicum)* – können dazu dienen, dunkle Umgebung mit Licht zu erfüllen.

Verwenden Sie außerdem unregelmäßige, organische Materialien, z. B. Holz und Stein für Bänke und Rinde für die Wege. Die Bepflanzung sollte locker und naturnah sein, so daß sie aussieht als wäre sie spontan entstanden. Ein schattiger Sitz gibt die Gelegenheit, die zierlichen Formen zu bewundern.

Architektonische Pflanzen

Mit ihren kraftvollen, entschiedenen Umrissen liefern architektonische Pflanzen starke Kontraste zu weicheren Wuchsformen. Solche Pflanzen bieten sich besonders für eine aufsehenerregende Rolle im Garten an. Sie wirken selbst aus der Entfernung und können als starke Akzente fungieren, um eine lockere Bepflanzung zusammenzuhalten. Sie neigen dazu, schneller als andere Gartenpflanzen aus dem Maßstab herauszuwachsen, und sie bringen ein exotisches Element in kühlere Klimazonen hinein. Einige architektonische Pflanzen aber, wie Akanthus *(Acanthus mollis)*, dessen wohlgeformtes Laub so viele römische Säulen zierte, sind nur in den wärmsten Gegenden Deutschlands winterhart. Nicht alle architektonischen Pflanzen sind Blattpflanzen, viele haben auch bemerkenswerte Blütenstände wie die Sonnenblume, andere wie Wolfsmilch oder Edeldisteln auffällige Kelchblätter.

Am besten verwendet man sie im Garten einzeln, entweder als charaktergebende Pflanzen in einem gepflasterten oder gekiesten Hof mit zurückhaltender Bepflanzung oder als Leitpflanzen, die die Gestaltung in eine bestimmte Richtung beeinflussen. Die spitzblättrige Palmlilie *(Yucca)* etwa gibt der Pflanzung ein exotisches Aussehen und erinnert an Wüsten- oder Küstengebiete. (Die englische Gärtnerin Gertrude Jekyll war berühmt für die Verwendung von *Yucca* als Haltepunkt in ihren Staudenrabatten.) Ebenso können die vorgestreckten schwertförmigen Blätter des Neuseeländer Flaches *(Phormium)*, der 3 m Höhe erreichen kann, augenblicklich ein fremdes Klima beschwören.

Der Anordnung architektonischer Pflanzen ist die gleiche Aufmerksamkeit zu widmen wie der von baulichen Ausstattungselementen und Formschnittgehölzen (›Topiary‹), mit denen sie als Hauptanziehungspunkte wetteifern. Wählen Sie Pflanzen, wie Sie Skulpturen auswählen würden. Die kühnen Formen der architektonischen Pflanzen können leicht zartere Arten übertrumpfen, und ihre fesselnde Wirkungsweise kann eine Aussicht optisch verkürzen. Wo dieser Effekt beabsichtigt ist, sollte bei ihrer Anordnung hinsichtlich der Größenverhältnisse Sorgfalt walten.

Architektonische Pflanzen dürfen nicht zu aufdringlich und effektheischend verwendet werden. ›Architektonisch‹ bedeutet auch Ordnung, und es gibt viele Pflanzen mit zierlichem Habitus, deren lineare Klarheit und klassische Einfalt eine kraftvolle Note bewirkt. *Iris* ist mit ihrem streng geordneten, vertikalen Wuchs ein gutes Beispiel dafür, aber auch die runzligen Blätter des Rhabarbers. Akanthus bringt mit seinem skulpturalen Blattwerk und seinen kräftigen, aufrechten Blütenständen Ordnung hinein, während distelartige Pflanzen wie das silbrige *Onopordum acanthium* und viele *Eryngium*-Arten sowie die großen Königskerzen *(Verbascum)* der Pflanzung eine architektonische Note geben. Solche Arten mit definiertem, aufrechtem Wuchs sind gute Akzentpflanzen, die zwischen fließenderen, organischeren Formen Betonungen setzen.

In wärmeren und tropischen Zonen neigen die Wuchsformen zu mehr Üppigkeit. Weil große Blätter weniger der Gefahr des Austrocknens oder des Erfrierens ausgesetzt sind, können sie sich maximal entfalten. Das Werk von Roberto Burle Marx zeigt die ungewöhnlichen Kontraste, die mit solch kraftvollen Formen erzielt werden können wie den glänzenden pfeilförmigen Blättern des riesigen Elefantenohrs *(Alocasia)* oder mit dem Schraubenbaum *(Pandanus veitchii)*, dessen Blätter an der Spitze des Stammes palmenartig überhängen. Als einer der ersten Gestalter, verwendete er in Südamerika heimische Pflanzen in architektonischer Weise. Wüstenumgebung führt dagegen zu strengen, stechenden Pflanzenformen wie bei Agaven, *Yucca*, *Aloë* und den bizarren Kakteen. Sie sind für trockenes Klima sehr geeignet.

1 Agaven, Yucca und Palmen lassen im Garten von Ruth Bancroft in Kalifornien ein kraftvolles Bild entstehen, das auch Henri Rousseau hätte gemalt haben können.
2 Architektonische Pflanzen erwecken Aufmerksamkeit und können in breiten Schwüngen verwendet werden, um sich in die Umgebung einzufügen – in diesem Garten sind es *Aloë*, *Phormium* und *Agave*.
3 Große Blätter beschwören eine exotische Umgebung. Der frostempfindliche Riesenrhabarber *(Gunnera manicata)* bringt mit seinen breiten, ledrigen Blättern und stachligen Stielen in die gemäßigten Zonen des Nordens eine abenteuerliche Stimmung.

Seit einigen Jahren wird in kühleren Ländern versucht, die härtesten Pflanzen der wärmeren Zonen zu verwenden, um die Klimagrenzen des Gartens zu überschreiten und damit seinen ganzen Charakter zu ändern. Je nach Ort können diese Grenzen in Richtung Urwald oder Wüste ausgedehnt werden. Eine Gruppe, die sich *New Exoticists* nennt, hat eine Methode entwickelt, den Betrachter durch Verwendung von tropischen oder Urwaldpflanzen an einen anderen Ort zu befördern. Die ausgebreiteten Blätter der bedingt winterharten *Trachycarpus*-Palmen werden Hintergrund für die zackenreichen Umrisse von *Yucca*, und das große, überhängende Gras *Miscanthus sacchariflorus* ragt über den dunklen, paddelartigen Blättern der *Canna* auf, die frostfrei überwintert werden muß. Solche Pflanzungen können um urwaldartiges Blattwerk herum angelegt werden, so um die großlaubige Gestalt der kletternden Rebe *Vitis coignetiae* oder in milden Regionen um das zartere Laub der Baumfarne und silbrigen *Astelia*. Weil das Aussehen derartiger Pflanzungen ganz von den skulpturalen Formen der Pflanzen abhängt, sind ihre Blüten und Farben weniger wichtig geworden, manche Exotiker meinen sogar, dafür sei gar kein Platz.

Beachtung des Maßstabs ist oberstes Gebot bei architektonischen Pflanzungen. Alle Raumeindrücke ändern sich in dem Maße, wie größere Blätter verwendet werden, und die Wirkung kann leicht unangemessen sein. Wenn die Pflanzung aber sorgfältig geplant und unterhalten wird, gibt es nichts Eindrucksvolleres. In einem kleinen Garten brauchen Sie nichts als eine Gruppe schwarzstämmigen Bambus *(Phyllostachys nigra)* oder Riesenrhabarber *(Gunnera manicata)*. Wenn Sie nur einen Teil eines größeren Gartens in dieser Weise behandeln wollen, gibt Ihnen die Verwendung von Hecken, Mauern oder Zäunen zur klaren Raumbegrenzung die größte Freiheit. Insgesamt wirken architektonische Pflanzen dicht am Haus besser, wo ihre Formen die Gebäudelinien ergänzen.

3

4 Imposante Formen sollten mit kühner Hand zu ihrem Vorteil verwendet werden. Hier stehen federartige Papyrus-Blütenstände vor einem soliden Gartenzaun.
5 Im Botanischen Garten Huntington in Los Angeles ist ein trockener Bereich Kakteen gewidmet. Der goldene Schwiegermuttersessel schafft sich seine eigene Gesellschaft. Mit seiner robusten Rundform ist er eine eindrucksvolle Persönlichkeit.

4

5

Topiary

1

2

Der Formschnitt, ›Topiary‹ genannt, ist eine alte Kunst, die den Wunsch zeigt, Pflanzenformen zu verändern. Sie findet sich in allen Kulturen, von geschnittenen Buchs-, Myrten- und Lorbeerbäumen in den Gärten der reichen Pompejaner, den skulpturalen Hecken der Alhambra bis zu den Pyramiden, Kegeln und Obelisken aus Eibe oder Buchsbaum in Versailles und den großen Gärten der Renaissance. Im 19. Jahrhundert entwarf Horatio Hunnewell ein Pinetum im italienischen Terrassenstil an einem See in Massachusetts, wo er Koniferen, darunter Weymouthskiefern und japanische Eiben, in Kegel, Kugeln, Pyramiden und Etagen schnitt. In traditionellen japanischen Gärten wurden geschnittene immergrüne Azaleen lange zur Darstellung von Bergen und Hügeln eingesetzt.

Topiary wird häufig mit dem architektonischen Gartenstil assoziiert und kann daher paarweise für symmetrische Gestaltungen, in Reihen oder an den Ecken eines Quadrats eingesetzt werden. Auch als Akzent, allein oder mit anderen Pflanzungen, ist sie verwendbar. Topiary allein kann eine Freifläche zum Garten machen. Die dunklen Eibenkegel auf dem Rasen von Parnham Hall (Dorset, England) erzeugen z. B. durch den Kontrast zum ebenen Rasen und dem Naturalismus der Baumreihe dahinter eine kraftvolle Atmosphäre. In kleinerem Maßstab fördert eine Topiary-Kugel in einem Gefäß neben der Eingangstür den gepflegten Eindruck eines Außenraums.

Topiary stellt die lebendigsten Skulpturen dar, die man im Garten haben kann. Wie bei allen Anziehungspunkten ist die Klarheit des Umrisses wichtig. Als Akzente und Ruhepunkte halten Formschnittgehölze eine lockere Pflanzung zusammen. In dieser Art verwendet, sollten sie eine sehr einfache Form haben – Kubus, Kugel, Kegel oder Pyramide. Wie ein Felsen in der Brandung kann ein Topiary-Umriß sehr gut in einer Wiese oder in einer ungegliederten Wildstaudenpflanzung wirken. Eher amorphe Schnittformen können an ferne Hügel erinnern oder einfach nur so geschnitten sein, daß ihre Flächen das Licht einfangen. Jacques Wirtz hat in Belgien Buchsbaum in eine komplizierte, wolkenartige Landschaft geschnitten.

Repräsentativere Formen sollten einfach bleiben. Die stilisierten Vögel im Garten von Great Dixter (Sussex, England) wirken vor dem Hintergrund des von Sir Edwin Lutyens entworfenen Hauses besonders gut, und der berühmte, über eine Hecke springende Dressurreiter beeindruckte, weil es sich bei ihm um einen witzigen Einfall handelte, weil er kunstreich gearbeitet worden war und weil wenig mit ihm konkurrierte. Aber es ist besser, solche Launen zu vermeiden. Gärten sind auch so voller Faszination.

Die besten Topiary-Werke bestehen aus Immergrünen, da diese ihr Laub und

3

4

5

6

folglich ihr Volumen das ganze Jahr behalten. Im Winter werfen sie ihre vom Reif hervorgehobenen langen Schatten in den Garten. Die Oberfläche sollte wegen des klaren Umrisses möglichst fein und eben sein, am besten wirken kleinblättrige Sträucher. Dunkelgrüne Eibe *(Taxus)* ist wirkungsvoll, weil ihr stumpfes Laub Licht absorbiert und es erlaubt, sich auf die Flächen und die geschnittene Körperform zu konzentrieren. Je öfter die Figur geschnitten wird, desto klarer wird ihr Umriß (siehe S. 255). Buchsbaum und Eibe brauchen nur ein oder zwei Schnitte im Jahr und sind ideal für das gemäßigte Klima. In warmen Gegenden werden wegen ihrer Hitzeresistenz und geringen Wachstumsgeschwindigkeit der japanische Liguster und die Zypresse *(Cupressus macrocarpa)* vorgezogen. Obgleich nicht immergrün, behalten Buche und Hainbuche ihr bräunliches Laub im Winter, wenn sie regelmäßig geschnitten werden, und können deshalb für größere Topiary-Werke verwendet werden. Der würzige Lorbeer und Rosmarin können ebenfalls in Form geschnitten werden. Die Wuchsgeschwindigkeit kann Ihre Wahl beeinflussen: Buchsbaum und Azaleen werden nur 10-15 cm im Jahr höher, während Lorbeer, Eibe und japanischer Liguster 15-30 cm wachsen und gewöhnlicher Liguster 30-60 cm pro Jahr. Manches berühmte Werk ist ausgewachsen, der verzerrte Maßstab gibt ihm Gravität.

Einfache Schnittformen herzustellen, ist ziemlich leicht, aber für kompliziertere Umrisse braucht man eine Schablone. Fertigen Sie einen schweren Weidenrahmen für die Grundform an oder überlassen Sie das einem Schlosser, der es etwas stabiler macht. Stülpen Sie das Gerüst über die junge Buchsbaum- oder Eibenpflanze und lassen Sie sie hineinwachsen, während Sie alle aus dem Gerüst herauswachsenden Triebe abschneiden. Sie können auch Efeu über ein Weidengerüst ziehen. Pflanzen brauchen Licht und Konkurrenzlosigkeit, um eine kräftige Statur zu bekommen.

Topiary-Werke aus Jungpflanzen sind Langzeitprojekte, aber man kann mit größeren Exemplaren anfangen. Buchsbaum und Eibe vertragen starken Schnitt. Schneiden Sie das Gehölz im Frühjahr bis aufs alte Holz zurück, düngen und wässern Sie es gut, und schneiden Sie dann den Neuzuwachs in die gewünschte Form. Topiary wird bei guter Pflege immer schöner.

1 Ein einfaches Metallgestell in der gewünschten Form kann über eine junge Pflanze gestülpt werden, um die endgültige Schnittform klar festzulegen. Die Pflanze wird einfach so erzogen, daß sie das Gestell ausfüllt.
2 Im Apfelbaumgarten von Jacques Wirtz in Belgien erzeugen wolkenartige Formationen aus geschnittenem Buchsbaum einen surrealen Unterbau.
3 Topiary kann auch Humor in den Garten bringen. Hier bildet eine asymmetrische Fenstereinfassung aus Buchsbaum einen kuriosen grünen Auswuchs des Hauses.
4 In Japan werden immergrüne Azaleen in Formen geschnitten, die ferne Hügel oder Gebirge widerspiegeln. Diese organischen Topiary-Kunstwerke laden als Einfassung des engen Weges sinnlich zum Betasten ein.
5 Topiary in klarster und schönster Form. Die Hecken fangen das Licht auf und geben dem Garten ganzjährig Volumen.
6 Ein geometrisches Parterre, wie ein Gitterspalier geschnitten, erzeugt den Eindruck von Ordnung und Kontrolle.
7 Die Bogenform dieser Hecke gibt dem Garten eine architektonische Dimension. Durch die Gegenüberstellung der freieren, natürlichen Umrisse wird die geometrische Gestalt noch betont.

7

Kletterpflanzen

1

2

An Mauern und Zäunen gezogen, bilden Kletterpflanzen und Heckensträucher lebende Einfriedungen, und von Lattenwerk gehalten, schaffen sie schnell eine räumliche Trennung. Zäh und ausdauernd, können sie jede Form, die etwas weicher wirken soll, bekleiden und eine Fläche viel schneller als freistehende Sträucher bedecken. Sie leiten den Blick mit ihrem Laub, ihren Blüten und Beeren in die Höhe. Auch in Gruppenpflanzungen können sie wirken, indem sie Stämme und Stiele erklimmen und den Gehölzen weitere Aspekte hinzufügen.

Kletterpflanzen benutzen mehrere geniale Methoden, um in die oberen Gartenebenen zu gelangen. Einige benötigen am Anfang Hilfe, andere Einschränkung, um im Rahmen zu bleiben. Die Stärke der Kletterpflanze muß immer an den vorgesehenen Standort oder die Stütze angepaßt werden, damit sie nicht Teile des Gartens zuwuchert. Wenn eine Kletterpflanze an einer anderen Pflanze wachsen soll, ist sicherzustellen, daß der Gastgeber stark und groß genug ist, das zusätzliche Gewicht zu tragen. Auch künstliche Stützen wie Lattenwerk oder Weidengeflecht müssen robust sein.

In einer Pflanzung spielen die Kletterpflanzen gewöhnlich die Rolle einer vertikalen Füllung. Sie sollten dort ähnliche Bedingungen wie in der Natur vorfinden – die Wurzeln in der kühlen, geschützten Umgebung der Gehölze. Pflanzen Sie sie auf die Schattenseite der Bäume, so daß sie von hier ins Licht hinauf wachsen können, und wenn sie groß geworden sind, sollten sie nicht bis aufs Nachbargrundstück reichen. Die Wurzeln müssen frei von Konkurrenz gehalten werden und in den ersten Jahren volles Licht bekommen. Um einer jungen Pflanze die gewünschte Richtung zu geben, benutzt man einen Stab.

Kletterpflanzen können vielfältig im Garten verwendet werden. Sie verkleiden häßliche Mauern und andere Gegenstände. Garagen und Schuppen kann ein grüner Mantel eine ganz andere Wirkung geben. Wenn Sie aber, um nach traditioneller Art Zäune zu schmücken, verschiedene Kletterpflanzen zusammenpflanzen, könnte zuviel Abwechslung und Betonung durch Blüten an einer Stelle konzentriert werden und die Grenze anstatt versteckt zu werden, ein Anziehungspunkt werden. Besser ist es, weniger Pflanzen am Zaun zu verwenden, vor allem bescheidene. Die ansehnlichen Kletterpflanzen wie Waldrebe *(Clematis)*, Kletterrosen und andere mit auffälligen Blüten oder Blättern sollten für das Herz des Gartens reserviert werden.

Kletterpflanzen sind ein guter Hintergrund für andere Pflanzen, weil sie hauptsächlich grün sind wie der Wilde Wein *(Parthenocissus quinquefolia)*, die Scheinrebe *(Ampelopsis)*, Efeu *(Hedera)* und verschiedene Reben-Arten *(Vitis)*. Großblättrige Reben wie *Vitis coignetiae* ergeben auch einen wundervollen Hintergrund, aber ihre großen Blätter ziehen die Aufmerksamkeit an, und sie können einen Raum kleiner erscheinen lassen. Als ganzjähriger Hintergrund sind immergrüne oder halbimmergrüne Kletterpflanzen geeignet, verwoben mit fließenderen sommergrünen Arten, die Abwechslung hineinbringen. Die dunkelgrünen

3

1 Die kräftige Kletterrose *Rosa filipes* 'Kiftsgate' bietet in voller Blüte einen großartigen Anblick, erfordert aber unbarmherzige Kontrolle, wenn sie an einer Hauswand wächst – sonst überwuchert sie das ganze Gebäude.
2 Die chinesische Jungfernrebe *Parthenocissus tricuspidata* bedeckt das Mauerwerk vollständig. Das moderne Bauwerk wirkt dadurch fast gotisch.

4

5

5 **Trennungen können im Garten durch Pflanzen versteckt werden. *Clematis* 'Bill MacKenzie' und Staudenwicke *(Lathyrus latifolius)* bilden einen interessanten Anblick und verdecken zugleich die harten Formen des Zaunes unter sich.**

Blätter der chinesischen Jungfernrebe *Parthenocissus tricuspidata* sind ein hervorragender Hintergrund für blassere Blüten. Efeu und die halbimmergrüne *Akebia quinata* sowie die Geißblatt-Sorte *Lonicera japonica* 'Halliana' sehen noch interessant aus, wenn andere ihre Blätter abgeworfen haben. Panaschierte Efeu-Sorten sind mit Vorsicht zu verwenden, weil ihr mehrfarbiges Laub leicht aufdringlich wirken kann.

KLETTERPFLANZEN ALS THEMA

In einer Reihe von Situationen spielen Kletterpflanzen die Rolle von Themenpflanzen. In einem Garten ohne schattenspendende Bäume können Lauben mit Kletterpflanzen bekleidet werden, um ein grünes Dach zu erhalten. Eine Weinrebe sieht an einem sonnigen Platz wunderbar aus, mit ihren gelappten Blättern und ihren üppigen Früchten, ebenso wie *Wisteria floribunda* 'Macrobotrys' mit ihren duftenden Blütentrauben, die bis zu 1 m lang herunterhängen. An einem Bogen oder einer Pergola geben Kletterpflanzen Schatten und etwas Schutz, außerdem werten sie die baulichen Elemente auf. Dicht bewachsen, etwa mit *Fallopia baldschuanica*, werden solche Bauten kühle Promenaden, die ein Gefühl von Geborgenheit vermitteln und auf eine Blicköffnung oder neue Umgebung vorbereiten. Um auch den Geruchssinn zu befriedigen, pflanzt man duftende Kletterpflanzen wie Kletterrosen, Geißblatt und *Clematis*-Arten wie *C. flammula* oder *C. rehderiana* an einer Mauer oder an Stützen rund um einen Sitzplatz (siehe S. 192).

Ansehnliche Kletterpflanzen wie Rosen oder Trompetenwinde *(Campsis radicans)* können zur Verschönerung in Gehölze oder Hecken eingebracht werden, etwa Kletterrosen in Obstbäume oder die Rebe *Vitis coignetiae* mit ihrem reich flackernden Herbstlaub in Silberpappeln. Man kann Kletterpflanzen auch an kleine Ziergestelle wie Pyramiden, Dreifüße und Obelisken setzen, um einem kahlen jungen Garten vertikale Betonungen zu geben.

Weil die meisten Kletterpflanzen nur blühen, wenn ihre Kronen Sonne bekommen, benutzen einige von ihnen Bäume als Stütze. Kletterhortensie *(Hydrangea anomala)*, Wilder Wein *(Parthenocissus quinquefolia)* und Geißblatt *(Lonicera periclymenum)* wachsen, wie auch viele *Clematis*, so *C. tangutica* und *C. montana*, an kühlen Mauern, sofern sie nur eine Stunde Sonne am Tag haben. Für alle Situationen gibt es geeignete Kletterpflanzen, außer für windexponierte – und selbst hier überleben einige, die durch Krüppelwuchs an widrige Bedingungen angepaßt sind. Ohne Kletterpflanzen wäre der Garten nicht so dreidimensional, wie er sein kann.

6

3 **Frostempfindlichen Pflanzen wie diesem *Clianthus puniceus* 'Albus' bieten Mauern in England ein gastliches, geschütztes Kleinklima, indem sie sie vor Wind und Kälte schützen.**

4 **Die duftenden Blütentrauben von *Wisteria sinensis* bedecken eine Pergola. Mit einer kräftigen Stütze können solche Kletterpflanzen verwendet werden, um grüne Tunnel zu bilden.**

7

6 **Senkrechte Gärten sind platzsparend und wirken zugleich imposant. In mediterranem oder tropischem Klima kann eine *Bougainvillea* zu einer farbigen Mauer gezogen werden.**

7 **Kletterpflanzen nutzen den Raum über Kopfhöhe, lockern Gebäude optisch auf und bringen den Garten auf eine andere Ebene. Hier schmücken *Vitis coignetiae* und *Rosa* 'Gloire de Dijon' die Dächer.**

Pflanzungen am Wasser

Wasser im Garten bietet Gelegenheit, eine ganze Reihe faszinierender Pflanzen zu kultivieren. Während für einen architektonischen Teich Schilf und Seerosen völlig ausreichen, kann man für einen unregelmäßigen Teich großblättrige Farne, üppige Gräser wie *Miscanthus* und die kräftigen vertikalen Formen von Bambus und Schwertlilien verwenden, um das Wasser optisch mit seiner Umgebung zu verbinden.

Die Pflanzen in und am Wasser unterteilt man in drei Gruppen: Wasserpflanzen, deren Wurzeln unter Wasser leben, Uferpflanzen, die im flachen Wasser und unmittelbar am Ufer gedeihen, und Sumpfpflanzen, die das feuchte Gelände um das Gewässer herum besiedeln.

Wenn ein natürlicher Teich im Garten vorkommt, ist dieser Bereich sumpfig und daher für solche Pflanzen ohnehin geeignet. Wurde der Teich künstlich und ohne Erweiterung der Uferlinie zur Sumpfzone angelegt, ist der Randbereich so trocken wie jeder andere Gartenteil, und Sie müssen ihn mit üppig wachsenden Arten bepflanzen, damit der Teich dennoch natürlich wirkt.

Wasserpflanzen verhindern die Stagnation des Teichwassers. Am Wasser wachsen sauerstofferzeugende Wildkräuter und geben Wasserschnecken und anderen Tieren, die den Teich mit Kohlendioxyd versorgen, eine Heimat. Diese Kräuter sind nötig, um das ökologische Gleichgewicht, in dem Leben gedeihen kann, zu erhalten, auch wenn sonst nichts gepflanzt wird. Schwimmblattpflanzen, wie schattengebende Seerosen, müssen sorgfältig plaziert werden, weil die verschiedenen Sorten im Wachstum stark variieren. Eine große, in zu flaches Wasser gepflanzte Seerose kann aus dem Wasser herauswachsen, während eine schwächere Pflanze in zu tiefem Wasser unter Umständen die Oberfläche nicht erreicht und infolgedessen eingeht.

Uferpflanzen neigen zu kräftigem Wachstum, das nur im Winter unterbrochen wird. Suchen Sie mit Bedacht nur die mäßig wachsenden Uferpflanzen aus wie den südländischen Rohrkolben *(Typha laxmannii)* und nicht den gewöhnlichen, wuchernden *(Typha latifolia)*, der pro Monat um mehr als 1 m zunehmen kann und den Teich leicht in einer Wildnis untergehen läßt. Starkwüchsige Arten kann man auch in große Gefäße pflanzen, sofern man sie gut beobachtet, denn sie sollten nicht herauswachsen oder sich ungehindert und schnell ausbreiten können.

Die Bepflanzung der Uferzone verkleinert die Wasserfläche während der Wuchssaison erheblich, daher ist es oft das Beste, solche Pflanzen an einem Ende des Teiches zu konzentrieren, damit die Ansicht nicht unterbrochen wird. Bei naturnahen Teichen sollte die Randbepflanzung aus heimischen Arten bestehen wie beispielsweise Zungenhahnenfuß *(Ranunculus lingua)* und Sumpfdotterblume *(Caltha palustris)*. Ein künstliches Wasserbecken kann mit prächtigeren Arten wie Schwertlilie *(Iris)*, bei Frostfreiheit auch mit *Pontederia cordata* und Zimmerkalla *(Zantedeschia aethiopica)* bepflanzt werden, die einige Zentimeter unter Wasser wachsen.

1

1 Seerosen sind schöne und nützliche Bereicherungen des Wassergartens. Ihre schwimmenden Blätter geben Unterwasserpflanzen und Fischen Schatten, und auf ruhigem Wasser bringen sie exotische Blüten hervor.

2 In das flache Wasser dieses japanischen Gartens bringt *Iris laevigata* einen vertikalen Gegensatz und dezente Farbtupfer.

2

3

4

3 Ufer sollten mit Pflanzen besetzt werden, die zur Umgebung passen. Am Rand dieses Wasserlaufs wurden gekappte Weiden und Zimmerkalla *(Zantedeschia aethiopica)* naturnah in den feuchten Grund gepflanzt.
4 Selbst an künstlichen Wasserflächen empfiehlt es sich, eine entsprechende Stimmung zu schaffen. Schilfartige und breitblättrige Pflanzen umgeben diese wassergefüllte Steinvase und lassen Gedanken an natürliche Feuchtgebiete aufkommen.
5 Die Indische Lotosblume *(Nelumbo nucifera)* bringt Üppigkeit in warme Gewässer. Mit ihrem schönen blaugrauen Laub und attraktiven Blüten wirkt sie beruhigend und kultiviert.

Die Uferzone sollte immer in die Umgebung integriert werden. Hat der Teich sumpfige Ränder, paßt die Wasserpflanzung gut zu Arten, die mit großen Blättern und üppigem Wachstum auf Wasser hinweisen.

Gruppieren Sie kühn und frei, und versuchen Sie nicht, die natürliche Üppigkeit zu beschränken. Die Blätter der *Iris* spiegeln sich im Wasser und setzen in unregelmäßigen Pflanzungen starke Akzente. *Iris kaempferi* blüht wunderschön mit großen exotischen Blüten, und ihre bräunlichen Samenstände sehen interessant aus. Große, lederblättrige *Ligularien* und das Schildblatt *(Darmera peltata)* bringen Abwechslung in jeden Teich, und an ausreichend großen und feuchten Plätzen gibt es nichts Wirkungsvolleres als *Gunnera manicata* mit ihren tief gelappten Blättern und stacheligen Stengeln.

Künstlich gefaßtes Wasser zu bepflanzen ist problematischer, weil die geeignetsten Arten Feuchtigkeit brauchen und auf trockenen Böden nicht gedeihen. Hier kann man durch Auswahl naher Verwandter der Wasserpflanzen oder anderer entsprechend aussehender Arten Abhilfe schaffen.

Miscanthus-Arten, besonders *M. sacchariflorus*, können Schilf vortäuschen. Wenn es der Platz erlaubt, liefern kühn gestaltete und wiederholte Gruppen Bezugspunkte für andere Pflanzen, so für die weniger feuchtigkeitsabhängige *Iris sibirica* und den Zierrhabarber *(Rheum palmatum)* oder für den Blutweiderich *(Lythrum salicaria)* und das Mädesüß *(Filipendula ulmaria)*. Sträucher sind Fixpunkte und verbinden die Teichzone mit dem übrigen Garten. Die silberne Weiden-Art *Salix exigua* mit ihrem graziösen Wuchs und auch die prächtig gefärbten Sorten von *Salix alba* und dem Hartriegel *Cornus alba* sind hierfür gut geeignet. In geschützter, intimerer Lage ist Bambus ideal, er gedeiht selbst an trockenen Standorten gut.

Bei der Bepflanzung architektonischer Wassergärten muß dagegen mehr Beschränkung walten. Größere Gruppen aus Aronstab *(Arum)*, regelmäßig mit zartem schmalblättrigem Rohrkolben *(Typha angustifolia)* kombiniert, bilden einen wirkungsvollen Gegensatz zur ebenen Wasserfläche. Eine Solitärpflanzung etwa aus *Iris* sieht während der Blüte sehr wirkungsvoll aus. Die Beschränkung auf wenige Pflanzen erlaubt dem Betrachter die Konzentration auf die glatte Wasserfläche.

5

Der Duftgarten

Düfte können starke Gefühle hervorrufen und lebhafte Assoziationen erzeugen, ihre Berücksichtigung gehört aber zu den am meisten vernachlässigten Aspekten der Pflanzung. Es gibt ein breites Duftspektrum bei den Gartenpflanzen, vom zarten Duft der Schlüsselblumen bis zu dem starken Gewürznelkengeruch mancher Schneeball-Arten *(Viburnum)*. Es ist möglich, für alle Ebenen der Pflanzung von den Hecken und Sträuchern bis zu den Bodendeckern, Kletterpflanzen und selbst für Rasenflächen einige Düfte auszuwählen, die die Wahrnehmung im Freien erheblich bereichern.

Nicht nur die Blüten, sondern auch die Blätter der Pflanzen duften. Die ätherischen Öle im Laub können gegen Angreifer schützen, wie es besonders bei Pflanzen trockener Gebiete vorkommt, wo die Hitze die Öle freisetzt. Düfte können Stimmungen oder Landschaften hervorrufen. Gewisse Sträucher heißer, trockener Gegenden wie Zistrosen *(Cistus)*, Salbei, Thymian und Lavendel erinnern an das Mittelmeer. Düfte, die durch Feuchtigkeit und ruhige Atmosphäre aktiviert werden, wie bei Maiglöckchen, Engelstrompete *(Datura)*, *Tellima grandiflora* und *Pittosporum tobira*, vermitteln das feuchte, fruchtbare Klima des Waldes.

Durch sorgfältige Planung kann man eine Umgebung schaffen, in der sich der Duft voll entfaltet. Die Luft muß stillstehen, damit man das Parfum aufnehmen kann, und während es ein leichter Windhauch verteilt, verflüchtigt es sich bei starkem Wind schnell. Ein durch Mauern oder Hecken geschützter Bereich ist ideal, um die Düfte zu halten. Die von einer besonnten Mauer erzeugte Hitze bringt auch Kletterpflanzen wie *Clematis armandii*, Geißblatt und zahlreiche Rosen zum Duften.

Duftplanzen, an strategischen Punkten des Gartens eingefügt, ziehen Besucher an und beleben den Garten. Eine kleine Gruppe Balsampappeln *(Populus balsamifera)* am Tor grüßt den Gast mit ihrem würzigen Geruch im Frühling, den die harzigen Knospen verströmen. In kleinerem Maßstab sollte die seit langem wegen ihrer duftenden Blätter kultivierte Weinrose *(Rosa rubiginosa)* so plaziert werden, daß der Wind ihr zartes Parfum übertragen kann. Am Eingang bietet Duft einen schönen Willkommensgruß: Eine *Skimmia japonica* oder ein Schneeball *Viburnum* x *bodnantense* im Kübel ist im Winter an der Haustür reizvoll, während im Sommer der Windfang den Duft von Geißblatt oder Jasmin festhält.

Bedeckte Sitzplätze sind für Duftpflanzen bestens geeignet. Glyzine, Geißblatt oder andere duftende Kletterpflanzen können an Rankgerüsten oder Lauben gezogen werden, Lavendel- oder Thymian-Gruppen einer niedrigen Sitzbank einen duftenden Hintergrund geben. Setzen Sie Tast- und Duftkräuter so, daß man sie im Sitzen berühren kann. Pflanzen Sie einen Tuff Apfelminze *(Mentha suaveolens)* in Handhöhe, so daß Sie die Blätter streifen können, und stellen Sie zum Vergnügen der Besucher Töpfe mit Lilien, Verbenen oder Basilikum mit ihrer jahreszeitlichen Abwechslung dicht daneben. Erlauben Sie Thymian und Majoran, in den Pflasterfugen zu wachsen, und sie werden sogar unter Tritt ihren Duft verbreiten. Eine noch schönere Einrichtung wäre ein erhöhtes Kamillenbeet zum Hineinlegen, gehalten von Mäuerchen oder Bahnschwellen. Weit wirkungsvoller als eine kostspieligere Kamillenwiese, wäre dies ein Hauptanziehungspunkt des Gartens.

1 Sitzplätze sind ideal, um Düfte wahrzunehmen. Diese Bank wurde in eine Laube aus süß duftender *Clematis recta* gestellt.
2 Duftkräuter wie Lavendel verströmen ihre ätherischen Öle, wenn sie in sonniger Lage in großen Gruppen gepflanzt sind. Ein Windschutz gewährleistet, daß die Luft ruhig genug bleibt, um den Duft zu bewahren.
3 Der würzige Harzduft der Pinien durchdringt in diesem Garten einen geschützten Winkel in der Nähe eines Pinienwaldes.

2

3

4

4 **Pflanzen mit duftendem Laub können erhöht aufgestellt werden, damit Vorbeigehende sie berühren können, ohne sich zu bücken. In diesem Garten stehen Duftpelargonien am Weg.**

Manche Blüten verströmen ihre Düfte während der Hitze des Tages, um Insekten zur Bestäubung anzulocken, andere geben sie erst mit Anbruch der Nacht frei. Die Blüten der nachts duftenden Levkojen und Tabak-Arten erscheinen am Tage fad und blaß, und die Blüten von ›Morgenpflanzen‹ wie der Mondwinde *Calonyction album*, die nur eine Nacht halten, bleiben während des Tages dicht verschlossen. Kühlende Temperaturen am Ende des Tages aktivieren die Duftproduktion dieser Pflanzen, die Motten und andere nächtliche Bestäuber anziehen. Am Fenster gepflanzt, dringt abends ihr Duft hinein und bringt den Garten ins Haus.

Viele der am intensivsten duftenden Blüten stammen aus gemäßigt-feuchten Zonen und den Tropen. Pflanzen wie Citrusbäume und Engelstrompeten *(Datura)* müssen im Gewächshaus überwintern. Hier, im geschützten Innenraum, kann sich ihr Duft voll entfalten. Wenn ein Lüftchen im Garten überraschend den Duft der Engelstrompete herbeiträgt, wirkt er unangenehm und schwer, während der exotische Citrusduft auch ohne freie Luftzirkulation überwältigend sein kann. Zarte Düfte wie die der Duftpelargonien sind mehr für Menschen geeignet, die weniger scharfe Reize mögen. Auch draußen im Garten müssen manche starken Düfte sorgfältig plaziert werden. Der berauschende Geruch der Königslilie *(Lilium regale)* ist wundervoll, wenn ihm genügend Raum gegeben wird. Wenn Sie diese Lilie in einen Topf pflanzen, können Sie ihren Abstand zu den Menschen bestimmen. Andere Pflanzen müssen in großen Gruppen gesetzt werden, um überhaupt zu wirken. Eine Hasenglöckchenwiese verbreitet einen süßen Duft, der bei einer kleinen Pflanzung verlorenginge, und dasselbe gilt für Ginster und Baumlupinen *(Lupinus arboreus)*. In kleinen Gärten kommt es auf die sorgfältige Plazierung an.

Duftpflanzen können in jede Pflanzung unabhängig von ihrer Zusammensetzung und Lichtversorgung eingewoben werden. Denken Sie auch ein wenig daran, nicht bloß die auffälligsten Duftrosen und -kräuter zu nehmen, sondern auch subtilere Überraschungen wie die Fleischbeere *(Sarcococca humilis)* und duftende Nelken. Das belebt eine Pflanzung durch unsichtbare, aber starke Assoziationen, die sich noch lange, nachdem die Farben verblaßt sind, in Erinnerung bringen.

5

6

5 **Eine Gruppe *Lilium longiflorum* erfüllt den Garten im Hochsommer mit intensivem Duft.**
6 **Man sollte Duftpflanzen für mehrere Jahreszeiten vorsehen und überall im Garten verteilen. Dieser Flieder blüht im späten Frühjahr und könnte duftenden *Clematis* oder Rosen als Stütze dienen, die ihren Duft im Sommer verströmen.**

Pflanzungen in Gefäßen

Pflanzgefäße bringen Anziehungspunkte und konzentrierte Farben in den Garten. Wo Platz Mangelware ist, ermöglichen sie das Gärtnern unter beschränkten Bedingungen. Man kann sie verwenden, um eine dunkle Allee mit schattenverträglichen Pflanzen zu bestücken, um ein Dach mit Grün zu verschönern oder um jahreszeitliche Willkommensgrüße an die Haustür zu setzen. Die Kultur in Kübeln macht die Pflanzen zur optischen wie auch zur pflegetechnischen Ausnahme. Architektonische Pflanzen wirken als Solitäre am besten, ihre skulpturale Gestalt zieht den Blick auf sich; für andere Pflanzen empfiehlt sich die Kübelkultur aus praktischen Gründen, entweder weil sie nicht winterhart sind und ins Haus gebracht werden müssen oder weil sie Bodenbedingungen benötigen, die der Garten nicht bietet. Die meisten Pflanzen sind sehr vielseitig verwendbar, und die Kübelbepflanzung ermöglicht es auch, durch jahreszeitliches Umstellen die Gartensaison zu verlängern .

Alle Pflanzen in Gefäßen benötigen ständige Pflege, sie sind auf regelmäßiges Wässern und Düngen angewiesen, sei es per Hand oder automatisch. Der Schlüssel zum Erfolg liegt in der richtigen Pflanzenauswahl. Eine Art, die mit begrenztem Wurzelraum auskommt, gedeiht auch in der Beschränkung, behält eine gute Form und belohnt die Mühe mit einer zuverlässigen Folge von Blüten oder schönem Laubwerk. Es kommt auch darauf an, Pflanzen zu nehmen, die anziehend genug für eine so exponierte Rolle sind. Das wäre der Fall bei den hübschen, überlappenden Blättern der Funkie *(Hosta)*, der wohlgestalteten Form und den extravaganten Blüten der Engelstrompete oder der Zurückhaltung des Neuseeländer Flachses *(Phormium)*, den man wegen der Einfachheit seines Umrisses wählt. Nicht alle Pflanzen sind für Gefäße geeignet.

Die Töpfe und Blumenkästen müssen genügend Kompost enthalten, der Wasser- und Nährstoffe speichert. Sinnvoll ist ein möglichst großes Gefäß, weil kleine zum Austrocknen neigen und die Erde darin häufig ausgetauscht werden muß. Großzügige Behälter müssen, abgesehen von ihrer größeren optischen Wirkung, weniger häufig bewässert werden und fördern besseres Wachstum. Weil aber einer der Hauptvorteile der Gefäße ihre Mobilität ist, müssen sie so leicht sein, daß man sie noch heben kann.

Richtig plaziert, passen Gefäße in architektonische wie in unregelmäßige Gärten. In architektonischen können sie die Geometrie unterstreichen und zugleich die Strenge mildern. Geschnittener Buchsbaum oder Lorbeer und Hochstämme sind besonders geeignete Elemente. Am Ende einer Aussicht kann ein großer Kübel zum Hauptanziehungspunkt werden. Paarweise rahmen Gefäße einen Eingang, eine Aussicht oder lenken den Blick auf ein bestimmtes Gartenelement. In regelmäßigen Abständen wiederholt, etwa an einem Weg oder einer Treppe, bringen sie Rhythmus hinein. Eher zufällig in einem Hof verteilt, vermitteln Töpfe mit Blatt- und Blütenpflanzen ein zwangloses Flair.

Gefäße geben Gestaltungsfreiheit, die nicht überall angemessen ist, aber die Chance enthält, ungewöhnliche Effekte zu erzeugen. Man kann Lilien am Rand einer ruhigen Waldszene aufstellen, um eine gewisse Opulenz zu schaffen, eine Sommerblumenmischung mit feuriger Kapuzinerkresse 'Empress of India' und karminrosa Petunien erzeugt eine wahre Farbenexplosion in einem kühlen Hof. Architektonische Pflanzen beleben den Freiraum: Die Gestalt des Honigstrauchs *(Melianthus major)* mit seinem gekräuselten grauen Laub bringt Eleganz hinein, während die feinen Strahlen des Yuccaähnlichen Rauhschopfs *(Dasylirion)* oder das wohlgeformte Laub des Rizinus wie Ausrufungszeichen wirken. Ein gepflasterter Platz erhält durch einen großen Kübel mit Bambus oder einem Zitronenbaum eine asiatische bzw. mediterrane Ausstrahlung.

Gefäße erlauben es, Pflanzen im Garten zu haben, die wegen ihrer Frostempfindlichkeit sonst ungeeignet sind. Duftorangen oder Bananen *(Musa basjoo)* können im Kübel gezogen werden, um im Sommer etwas Exotik beizusteuern, und im Winter ins Gewächshaus gebracht werden. Andere Zwergobstbäume in Gefäßen können als Solitäre verwendet werden: Feigen wegen ihrer großen, attraktiv gelappten Blätter, sie fruchten im Kübel sogar besser. Walderdbeeren können als Unterpflanzung von Apfelbäumen, Wein- und Johannisbeer-

1

1 ***Pelargonium* 'Lord Bute' verdient einen besonderen Platz, an dem die dunklen Blüten schön zur Geltung kommen, wie in diesem Topf im Garten von Jenkyn Place (Hampshire).**

2

3

hochstämmen in Kübeln benutzt werden. Kräuter mit großem Ausbreitungsdrang wie Minze bleiben im Topf unter Kontrolle.

Eine gemischte Pflanzung in einem großen Topf oder eine Anzahl verschiedener Gefäße, die als Gruppe gedacht sind, sollten genauso entworfen werden wie jede andere Pflanzung. Suchen Sie eine Leitpflanze, die optisch dominiert, und andere als Füll- und Akzentpflanzen.

Die Proportionen und die Form einer Pflanze sind an das Gefäß anzupassen, und es ist sicherzustellen, daß ihre Farben und Strukturen mit ihm harmonieren oder interessante Gegensätze erzeugen. Die Pflanzenkombinationen und -wirkungen können farblich motiviert sein und von Jahreszeit zu Jahreszeit oder von Jahr zu Jahr verändert oder gänzlich erneuert werden. Die Schönheit dieses Gestaltungsmittels liegt in seiner Flexibilität. Ob der Hauptanziehungspunkt des Gartens ein einziges Gefäß ist oder ob dieses Gefäß nur ein Teil einer größeren Komposition ist, ein kühner Wurf beeindruckt oft am meisten.

2 Dieser große verzinkte Stahlbehälter wurde entwickelt, um Bäume auf einem Dachgarten zu beherbergen – in diesem Fall Birken mit einer Unterpflanzung aus *Festuca glauca*.
3 Große Gefäße bieten Platz für gemischte Pflanzungen. Der frostempfindliche Honigstrauch *(Melianthus major)* hat hier eine Unterpflanzung aus Blumenzwiebeln und *Erigeron karvinskianus*. Am Boden sorgt Kies für die Dränage.
4 Töpfe gestatten es Pflanzenliebhabern, Sammelleidenschaften nachzugehen, hier sind es Sukkulenten. Gefäße können individuell umgesetzt und aufgestellt werden, wenn die einzelnen Arten im Laufe des Jahres am besten aussehen.
5 Dies ist der Miniaturgarten eines Improvisationskünstlers. Man braucht nichts als Erde und innige Liebe zu Pflanzen.
6 Dieser Garten in London erhält durch wiederverwendete Ölfässer Leben. Surfinia-Petunien und Kosmeen werden im Winter von Goldlack abgelöst. Die Tonnen müssen nicht so häufig gegossen werden.

4

6

5

Ein städtischer Dachgarten

ENTWURF: DAN PEARSON

1

2

3

4

4 Der Blick von einem benachbarten Dach zum Garten zeigt, daß die hölzernen Gefäße auf der Brüstung Sichtschutz geben Die Lavendelhecke, mit dem Löwenmäulchen *'Black Prince'* gemischt, verbreitet ringsum Duft.
5 Pflanzen aus Trockengebieten wie das Reiherfedergras *(Stipa barbata)*, Blauschwingel *(Festuca glauca)* und Grasnelken *(Armeria maritima)* lassen an Rauch denken, wie es die Schornsteine nahelegen.

1 Eigens angefertigte verzinkte Eimer wurden gruppiert, um auf das Muster der Schornsteine ringsum zu antworten. Ein Gefäß befindet sich auf dem Flachdach über der Tür, die übrige Pflanzung ist jedoch am Rand des Dachgartens konzentriert – so wird möglichst viel Raum gewonnen und Gewicht reduziert.
2 Der Blick aus der Tür zeigt eine *Datura*, die Sichtschutz bietet und nachts herrlich duftet.
3 Ein ›Topiary‹-Vogel im Nest aus Weidenruten, umgeben von feuerroten Fackellilien, Montbretien und orangefarbenem Goldmohn nimmt die höchste Stelle des Dachgartens ein. Hier ist der Hochsommeraspekt zu sehen.

Eine Dachgeschoßwohnung in der Stadt scheint kein Betätigungsfeld für einen Gärtner zu sein, die Verwendung von Gefäßen machte aber in diesem Fall ein kleines, nur 3 x 4,5 m messendes Flachdach zu einer Art hängendem Garten. Mitten in einer fremdartigen Umgebung benutzt dieser Dachgarten im Herzen Londons die Stadtlandschaft ringsum als Inspirationsquelle. Der Ausblick über die Dächer bietet eine Szene, die man von der Straße niemals wahrnehmen kann: wüste Schornsteine, ein Gasometer im Osten, Sonnenuntergänge im Westen und in der Ferne andeutungsweise die Houses of Parliament. Ziel war es, einen grünen Raum als Fortsetzung der Wohnung mit einem Platz zum Sitzen und Essen zu schaffen.

Wegen des Alters des Gebäudes empfahl ein Statiker, das Gewicht von der Dachfläche fernzuhalten. Die Brandmauern waren zwischen 60 und 90 cm hoch, und Vorsprünge daran boten sich als Auflage für ›Pflanzenregale‹ an. Ein künstliches Bewässerungssystem wurde eingebaut, mit einer Rinne, um alles überflüssige Wasser zu sammeln. Ein Holzboden wurde über dem Asphaltdach verlegt, um die Oberfläche zu schützen, das Gewicht zu verteilen und den Zimmerfußboden im Freien fortzusetzen.

Verzinkte Eimer wurden bestellt, und verschiedene größere Gefäße aus Abflußröhren beherbergen die Sträucher. Die erhöhte, exponierte Situation setzt die Pflanzen Wind und Austrocknung aus. Große Blätter hätten wie Segel im Wind gewirkt, daher mußten kleinblättrige, trockenheitsresistente Pflanzen wie Dünengräser und Sukkulenten sowie Pflanzen aus trockenen Steppen und dem Mittelmeerraum wie Thymian, Lavendel, Rosmarin und silberlaubige, lichtreflektierende Pflanzen gewählt werden. So ergab sich das Thema ›Silber und Tiefpurpur‹ als Antwort auf den grauen Londoner Himmel und die Dächer der Stadt. Rote und orangefarbene Flecken wurden eingefügt, um die Sonne zu spiegeln und Vibration hineinzubringen. Ein Trog, bepflanzt mit einer Lavendelhecke, steigerte die Höhe und lieferte einen dufterfüllten Windfang.

Die Sträucher wurden so angeordnet, daß sie dem Wind Masse entgegensetzen. Pfriemenginster *(Spartium junceum)*, die Ölweide *Elaeagnus* 'Quicksilver' und im geschützten Winkel eine Gruppe Honigsträucher *(Melianthus major)* liefern schönes Laub und zugleich Volumen am Ende des Hauses. Am äußersten Ende bilden das Dünengras *Elymus arenarius*, die zierliche, silbrige Kojotenweide *(Salix exigua)*, Schmetterlingsstrauch *(Buddleja fallowiana)* und Silberwinde *(Convolvulus cneorum)* einen Gazevorhang. Kleinere Töpfe enthalten Pflanzen zum Auswechseln: ein Jahr sind sie mit Heliotrop oder efeublättrigen Pelargonien gefüllt, ein anderes mit nachts duftendem Ziertabak *(Nicotiana alata)*. Der ›Topiary‹-Vogel im Weidenruten-Nest erinnert daran, daß dieser Garten den Himmel berührt.

5

VERZEICHNIS

Ein Garten ist mit einem ganz persönlichen Theater vergleichbar – Mauern und befestigte Flächen bilden die Bühne, Pflanzen sorgen für die Aufführung. Oft ist die Bühne vorgegeben, aber sicher können Sie sie etwas ändern, um andere Szenen zu ermöglichen. Vielleicht verfügen Sie aber auch über den Luxus, Ihre eigene Bühne anlegen und in die Umgebung einfügen zu können. Die Möglichkeiten auf den folgenden Seiten bieten eine große Auswahl und Hinweise auf Wartung und Kosten. Manches übersteigt vielleicht Ihren derzeitigen Etat, aber wenn Sie es frühzeitig einplanen, machen Sie später weniger kostspielige Fehler. Laubabwerfende und immergrüne Gehölze bilden vor Mauern, Zäunen und Hecken dauerhafte Strukturen. Auch Gefäße eignen sich als dauerhafte Schwerpunkte. Man kann sie leer lassen oder mit der Jahreszeit entsprechenden prächtigen Zwiebelblumen, Einjährigen, Sträuchern und Stauden bepflanzen. Teiche, kleine Bäche und Springbrunnen bringen Wasser mit seinen verschiedenen Stimmungen in den Garten ein.

Pflanzen beleben den Raum, den baulichen Strukturen vorgeben. Sie verändern sich mit der Zeit, und jede Jahreszeit hat andere Reize. Viele Pflanzen ziehen unsere Blicke wegen ihrer interessanten Form oder ihres prächtigen Aussehens auf sich, dezente Kräuter und Immergrüne liefern einen wunderschönen Hintergrund. Weil das Angebot sehr groß ist, stellt dieses Kapitel empfehlenswerte Pflanzen vor.

Vergessen Sie nicht die Sitzgelegenheit im Garten, von der aus Sie Ihr Werk genießen können. Stellen Sie einen Stuhl oder eine Bank in eine Laube oder unter eine schattige Pergola auf eine Terrasse, oder befestigen Sie einfach eine Hängematte an zwei Bäumen.

Mauern bilden den Hintergrund des Gartens. Hier hebt sich die helle Mauer deutlich von den grünen Pflanzen ab, die an ihr wachsen: wärmebedürftiger Kletter-Ficus *(Ficus pumila)* und Wilder Wein *(Parthenocissus quinquefolia)*.

PFLANZEN

1

Die Pflanzenauswahl ist ein spannender Teil der Gartengestaltung. Das Angebot ist sehr groß und wächst stetig weiter. Zur Überschaubarkeit sind auf den folgenden Seiten Bäume, Sträucher, Stauden und Einjährige beschrieben. Unter den Stauden finden sich auch Gräser, besonders schöne Wasserpflanzen, Farne sowie Knollen- und Zwiebelpflanzen. Obst und Gemüse wurden nicht nur wegen ihres Geschmacks ausgewählt, sondern auch wegen ihres Zierwertes und ihrer Krankheitsresistenz. Viele Obst- und Gemüsepflanzen verdienen einen Platz zwischen Blumen, wo man ihre dekorativen Blätter bewundern kann. Freistehende blühende Obstbäume strukturieren den Garten und liefern außerdem köstliche Früchte. Wenn man Nutzpflanzen neben Zierpflanzen anbaut, breiten sich Schädlinge und Krankheiten nicht so stark aus. Einjährige Pflanzen, die neben Gemüse und Obst wachsen, locken viele nützliche Insekten an, z. B. Schwebfliegen und Bienen.

Auf den folgenden Seiten wird auch die voraussichtliche Größe der Pflanzen angegeben. Sie wachsen unterschiedlich schnell. Kurzlebige Sträucher wachsen in den ersten fünf Jahren rasch, haben ihre beste Zeit aber bereits hinter sich, bevor sie zehn Jahre alt sind. Viele Nadelgehölze sind beim Kauf sehr klein und wachsen nur langsam, sind nach mehreren Jahrzehnten aber hohe Bäume. Die Größenangaben können nur ungefähre Werte sein, weil die örtlichen Bedingungen eine sehr große Rolle spielen. Das Wachstum einer Pflanze hängt von vielen Faktoren ab, z. B. von der Vorbereitung des Standorts und der Pflege, ebenso von Klima, Boden und Hangneigung. Die Witterungsbedingungen sind jedes Jahr unterschiedlich und können sich stark auf den Garten auswirken. Wenn mehrere Jahre mit trockenem Frühling und heißem Sommer aufeinanderfolgen, erleiden flachwurzelnde Immergrüne und Nadelgehölze Schäden, während viele Kräuter und Sukkulenten gut gedeihen. Ob eine Pflanze den Winter überlebt, hängt auch von der Durchlässigkeit des Bodens, vom Schutz vor Wind und Sonne sowie von der Schneedecke ab.

Erfolgreiches Gärtnern ist somit eine Frage der Erfahrung – Sie müssen die richtigen Pflanzen für Ihren Garten finden. Eine Pflanze, die an einem optimalen Standort wächst, gedeiht immer besser als eine, deren Standort ungünstig ist.

1 Gemüse und Kräuter brauchen nicht versteckt zu werden. Salatzichorie, gerade gewachsene Winterzwiebeln und Heiligenkraut fügen sich zu einem schönen Bild eßbarer Blätter zusammen.

2 Die blaugrauen Triebe von *Perovskia* 'Blue Spire' tragen filigrane silbrige Blätter und purpurblaue Blütenstände, die neben den runden Blütenköpfen des Zierlauchs *Allium sphaerocephalon* besonders hübsch aussehen. Beide Pflanzen bevorzugen trockenes Klima.

2

3

3 Pflaumenbäume gedeihen am besten an geschützten Standorten, wo die frühe Blüte nicht durch Fröste gefährdet ist und die zart bereiften Früchte dank der Wärme sehr wohlschmeckend sind.

4

4 Roter Fingerhut *(Digitalis purpurea)* eignet sich für Gehölzbestände, sieht aber auch zerstreut in Staudenrabatten schön aus und wird sehr gern von Bienen aufgesucht.

5

5 Artischocken sind wohlschmeckend und sehen elegant aus. Sie passen in den Gemüsegarten, aber auch in den Ziergarten und bilden schöne Blickfänge in Strauch- oder Staudenrabatten.

Bäume und Sträucher

Amelanchier lamarckii

Arbutus unedo

Aralia elata

SYMBOLE

◠ Bevorzugt Sonne

◑ Bevorzugt Halbschatten

● Verträgt Schatten

✻✻✻ Winterhart

✻✻ Winterhart bis -7 °C

✻ Frostempfindlich – verträgt Temperaturen bis +4 °C

Bäume sind verholzte Pflanzen mit nur einem Haupttrieb (Stamm), Sträucher besitzen mehrere von der Basis ausgehende Haupttriebe. Die meisten Bäume und Sträucher sind langlebig; achten Sie also besonders darauf, eine für den Garten geeignete Pflanze auszuwählen. Bereiten Sie den Boden vor der Pflanzung gut vor, und binden Sie größere Einzelbäume an Pfähle, bis sie gut angewachsen sind. In den ersten Jahren müssen Sie bei Trockenheit reichlich mulchen und wässern. Anschließend brauchen Bäume und Sträucher nur noch relativ wenig Pflege.

Acer
AHORN

◠ ✻✻✻

Vielseitige Gattung mit zahlreichen wunderschönen Bäumen von hohem Zierwert. Besonders hübsch sind die langsamwüchsigen Fächer-Ahorne *A. palmatum* und *A. palmatum* 'Sango-kaku' (Syn. *A. palmatum* 'Senkaki') mit apart eingeschnittenen, handförmig im Herbst leuchtend roten Blättern. 'Sango-kaku' wächst relativ aufrecht und besitzt hellgrüne Blätter, seine Triebe sind im Winter leuchtend rot. Die Art wächst häufig offener und ausgebreiteter. Der Zimt-Ahorn (*A. griseum*) ist ein kleiner Baum mit wunderschöner, glänzend mahagonifarbener, abblätternder Rinde und tief eingeschnittenen Blättern, die sich im Herbst rötlich-purpurn färben.

- Liebt neutrale bis saure Böden.

Höhe x Breite:
A. griseum
10-jährig 4 x 2 m, **20-jährig** 6 x 3 m

Cercis siliquastrum

A. palmatum
10-jährig 3,5 x 3,5 m, **20-jährig** 5 x 5 m

Amelanchier lamarckii
KUPFER-FELSENBIRNE

◠ ✻✻✻

Kleiner Baum oder Strauch, dessen aprikot-orangefarbenen Knospen sich im Frühjahr öffnen und die Pflanze in eine riesige Wolke aus weißen Blüten hüllen, bevor die Blätter erscheinen. Im Spätsommer locken purpurfarben-schwarze Beeren die Vögel an, im Herbst färben sich die Blätter feurig orange und rot.

- Eignet sich auch für saure, basische und nasse Böden.

Höhe x Breite:
10-jährig 5 x 5 m, **20-jährig** 6 x 6 m

Aralia elata
STACHEL-ARALIE

◠ ✻✻✻

Architektonischer Baum mit besonders feinen, palmwedelartigen, eindrucksvollen Blättern, die an der Spitze stacheliger Triebe stehen. Weil die Stachel-Aralie keine Seitenzweige bildet, sieht sie im Winter sehr kahl und knorrig aus. Wenn Ihnen das nicht gefällt, sollten Sie diese Art in den Hintergrund neben mittelgroße Sträucher und nicht in den Mittelpunkt pflanzen. Im Sommer erscheinen dekorative weiße Blütenstände, die an Daunen erinnern.

- Liebt saure Böden.

Höhe x Breite:
10-jährig 3 x 2,5 m, **20-jährig** 3,5 x 3 m

Arbutus
ERDBEERBAUM

◠ ✻✻

Langsamwüchsiger, immergrüner, hübsch geformter Baum oder großer Strauch, der ab dem Spätsommer Büschel weißer Glockenblüten trägt. Kurz danach erscheinen rote, erdbeerartige Früchte, einige Blüten und Früchte stehen gleichzeitig an den Pflanzen. *A. unedo* wird meist als kleiner Strauch gesetzt. *A. x andrachnoides* fruchtet nur selten, besitzt aber eine besonders schöne zimtfarbene Rinde, die sichtbar bleibt, wenn man die unteren Zweige abschneidet.

- Eignet sich auch für basische Böden, sollte mit organischem Material gemulcht werden.

Höhe x Breite:
10-jährig 2 x 2,5 m, **20-jährig** 5 x 5 m

Betula jacquemontii
HIMALAYA-BIRKE, SCHNEE-BIRKE

◠ ◑ ✻✻✻

Diese Birke besitzt eine auffällig weiße, in papierdünnen Streifen abblätternde Rinde. Hübsch als Schwerpunkt oder vieltriebige Einzelpflanze, besonders vor dunklem Hintergrund.

- Liebt saure Böden, verträgt keine Staunässe. Kleine Pflanzen wachsen rascher an.

Höhe x Breite:
10-jährig 9 x 4 m, **20-jährig** 12 x 6 m

Betula jacquemontii

Buddleja 'Lochinch'

Brachyglottis 'Sunshine'
Syn. *Senecio* 'Sunshine'

◠ ✻✻

Niedriges, kissenförmiges, immergrünes, strauchiges Greiskraut mit silbrigen, weißen Blättern. Im Sommer erscheinen gelbe, für Korbblütler typische Blütenstände. Gute, zuverlässige Schwerpunktpflanze für kleine, sonnige Gärten, paßt auch in größere Strauchrabatten.

- Benötigt einen sonnigen Standort mit durchlässigem Boden.

Höhe x Breite:
10-jährig 90 x 90 cm,
20-jährig 90 cm x 1,5 m

Buddleja
SOMMERFLIEDER, SCHMETTERLINGSSTRAUCH

◠ ✻✻✻

Zuverlässige, im Sommer blühende Sträucher mit süß duftenden Blüten, die viele Schmetterlinge anlocken. Die mittelgroße *B.* 'Lochinch' besitzt graue, wollige Blätter und duftende, blauviolette Blüten. *B. davidii* 'White Profusion' bildet große, dichte Blütenstände aus reinweißen, in der Mitte gelben Blüten. *B. davidii* 'Black Knight' trägt lange, kräftig purpurfarben-schwarze Blütenstände. Ideal für den hinteren Teil von Stauden- oder Strauchrabatten.

- Sollte im Spätwinter stark zurückgeschnitten werden.

Höhe x Breite:
10- und 20-jährig 3 x 3 m

Buxus sempervirens
BUCHSBAUM

◠ ◑ ● ✻✻✻

Vielseitiger, langsamwüchsiger, immergrüner Strauch oder kleiner Baum mit kleinen, glänzenden, mittelgrünen Blättern. Eignet sich besonders für Hecken und als Formschnittgehölz, gut als immergrüner Unterwuchs in Gehölzbeständen oder für den hinteren Teil einer Rabatte.

- Wächst in fruchtbarem Boden besonders gut, eignet sich aber für die meisten Böden. Gedeiht am besten im Schatten.

Höhe x Breite:
10-jährig 1,5 x 1,5 m,
20-jährig 2,5 x 2,5 m

Carpinus betulus
HAINBUCHE

◠ ✻✻✻

Dieser raschwüchsige Baum ähnelt einer Buche, besitzt aber dunkler grüne und gezähnte Blätter. Wurde früher zur Brennholzgewinnung beschnitten und ist heute eine beliebte Heckenpflanze für frei gestaltete Gärten und Naturgärten; nicht zuletzt, weil sie im Winter ihre abgestorbenen rötlichbraunen Blätter behält, die bei Wind leicht rascheln.

- Verträgt starken Schnitt und eignet sich für ganz unterschiedliche Böden. Hecken werden im Spätsommer geschnitten.

Höhe x Breite:
10-jährig 8 x 6 m, **20-jährig** 12 x 9 m

Caryopteris x clandonensis
BARTBLUME

◠ ✻✻

Kleiner Strauch mit grauen, aromatischen Blättern, trägt vom Spätsommer bis in den Herbst reinblaue Blüten. *C. x clandonensis* 'Heavenly Blue' wächst eher aufrecht und blüht blaßblau. Die Blüten von *C. x clandonensis* 'Kew Blue' sind dunkler blau. Paßt zu Stauden und Sträuchern.

- Schneiden Sie das diesjährige Holz im Spätwinter zurück, um eine kompakte Form zu erzielen. Gedeiht in leichten, lehmigen Böden an sonnigen Standorten.

Höhe x Breite:
10- und 20-jährig 75 x 75 cm

Catalpa bignonioides
REICHFRUCHTENDER TROMPETENBAUM

◠ ✻✻✻

Hübscher, ausladender Baum, im Sommer auch in Höfen ein idealer Schattenspender. Die großen, hellgrünen Blätter erscheinen spät. Im Sommer mit sehr zahlreichen weißen Blüten. Die langen, bohnenartigen Früchte hängen den Winter über an den Pflanzen. *C. bignonioides* 'Aurea' ist kleiner und besitzt zartgelbe Blätter.

Catalpa bignonioides

Convolvulus cneorum

PFLANZENFORMEN

Die folgenden Symbole bezeichnen die Form der erwachsenen Pflanze. Abweichungen infolge von Schnitt, Erziehung oder Standortverhältnissen sind möglich.

- Runder oder pyramidenförmiger Baum
- Weit ausladender Baum
- Säulenförmiger Baum oder Baum mit kleiner Krone
- Palme oder Baumfarn
- Vielstämmiger Strauch
- Niedriger, ausgebreiteter Strauch
- Kompakter Strauch
- Rundlicher Strauch
- Schmaler oder dicht beblätterter Strauch
- Ausladender Strauch

● Eignet sich auch für nährstoffarme Böden und bevorzugt feuchte, lehmige Standorte. Benötigt viel Wurzelraum.
Höhe x Breite:
10-jährig 8 x 9 m, **20-jährig** 10 x 12 m

Ceanothus
SÄCKELBLUME
✻ ✻ ✻

Hübsche, blaublühende Sträucher, die vor allem an warmen, sonnigen Mauern gedeihen. Besonders winterhart sind der immergrüne, im Frühsommer dunkelblau blühende *C. thyrsiflorus* und der laubabwerfende *C.* x *delilianus* 'Gloire de Versailles' mit großen Doldenrispen zartblauer Blüten, die ab dem Spätsommer erscheinen und nach kurzer Zeit von glänzenden, mahagonifarbenen Früchten gefolgt werden.
● Benötigt einen durchlässigen Boden.
Höhe x Breite:
C. x *delilianus 'Gloire de Versailles'*
10-jährig 2,5 x 3 m, **20-jährig** 5 x 4 m
C. thyrsiflorus
10-jährig 3 x 3 m, **20-jährig** 4 x 4 m

Cercis siliquastrum
JUDASBAUM
✻ ✻ ✻

Hübscher, langsamwüchsiger, laubabwerfender Baum, im Frühling mit kleinen Büscheln purpurfarbener Schmetterlingsblüten, die auch am Stamm zu finden sind. Die rundlichen Blätter erscheinen nach den Blüten und färben sich im Herbst gelb.
● Liebt basische Böden.
Höhe x Breite:
10-jährig 3 x 3 m, **20-jährig** 6 x 6 m

Choenomeles japonica
SCHEINQUITTE, ZIERQUITTE
✻ ✻ ✻

Hübscher, im Frühjahr oder Frühsommer blühender Strauch mit sehr kurz gestielten orangeroten Blüten am vorjährigen Holz. Die verschiedenen Sorten besitzen ganz unterschiedliche Blütenfarben, von Weiß über Aprikot und Rosa bis zu verschiedenen Rot- und Orangetönen. Im Spätsommer mit gelblichen Früchten. Kann als freistehender Busch gehalten werden, sieht aber oft etwas unordentlich aus und ist viel schöner, wenn man ihn an einer sonnigen Mauer erzieht. Besitzt spitze Dornen!

● Wächst in allen fruchtbaren Böden.
Höhe x Breite:
10- und 20-jährig 3 x 3 m

Chimonanthus praecox
WINTERBLÜTE
✻ ✻ ✻

Sträucher, die im Winter bei Kälte und Schnee blühen, bereiten besondere Freude, diese Art duftet zudem stark. Im Licht der ersten Sonnenstrahlen sehen die wachsigen, schwefelgelben Glockenblüten durchscheinend aus und verströmen ihren Duft über einige Entfernung. Wenn man den Strauch an eine geschützte sonnige Mauer pflanzt, wird er höher als unten angegeben.
● Gedeiht in allen durchlässigen Böden, besonders aber in kalkreichen. An Mauern wachsende Pflanzen sollten nach der Blüte zurückgeschnitten werden. Freistehende Sträucher benötigen keinen Rückschnitt.
Höhe x Breite:
10-jährig 1,8 x 1,5 m
20-jährig 2,5 x 2,5 m

Choisya ternata
ORANGENBLUME
✻ ✻

Mittelgroßer, immergrüner Strauch mit attraktiven glänzend grünen Blättern, die sehr aromatisch duften, wenn man sie zerreibt. Die kleinen, weißen, süß duftenden Blütenbüschel erscheinen im Frühling und Frühsommer und in kleinerer Zahl im Herbst. Hochwertiger Strauch mit hübschem, rundlichem Umriß, schön als Schwerpunkt oder Hintergrund.
● Gedeiht in basischen Böden, in der Sonne oder im Schatten.
Höhe x Breite:
10- und 20-jährig 1,8 x 1,8 m

Convolvulus cneorum
SILBERWINDE
✻ ✻

Den ganzen Sommer blühender, kurzlebiger Kleinstrauch mit silbrigen, seidig schimmernden Blättern und großen, trichterförmigen, weißen, blaßrosa überlaufenen Blüten. Mit der Zaunwinde verwandt, breitet sich aber nicht so stark aus. Wegen ihrer geringen Größe paßt die Silberwinde gut neben Stauden in einen Steingarten, in größerer Zahl harmoniert sie auch mit Sträuchern.
● Benötigt einen sonnigen Standort mit durchlässigem Boden.
Höhe x Breite:
10-jährig 45 x 75 cm

Cornus
HARTRIEGEL
✻ ✻ ✻

Diese Gattung umfaßt dekorative Sträucher und kleine Bäume. Einige werden wegen ihrer Blüten kultiviert, andere wegen ihrer farbigen Rinde, die meisten wegen ihrer Herbstfärbung. *C. alba* 'Kesselringii' besitzt purpurfarben-schwarze, *C. stolonifera* 'Flaviramea' olivgrüne bis gelbe junge Triebe, beide sind im Winter schöne Schwerpunkte. *C. stolonifera* 'Flaviramea' liebt feuchtere Standorte und wird gern an Seeufern gehalten, so daß seine Triebe sich im Wasser spiegeln. *C. alba* 'Aurea' besitzt goldfarbene Blätter. *C. kousa var. chinensis* ist ein kleiner, hübsch geformter Baum, der im Frühsommer viele Wochen weiße, später rosafarbene Hochblätter trägt.
● Hartriegel, die wegen ihrer farbigen Triebe gepflanzt wurden, schneidet man im Spätwinter bis auf zwei Knospen zurück. Mulchen Sie mit reichlich organischem Material, damit kräftige, farbenfrohe Triebe wachsen!
Höhe x Breite:
C. alba
10-jährig 2,5 x 4 m, **20-jährig** 3 x 4 m
C. kousa var. *chinensis*
10-jährig 2,5 x 1,8 m, **20-jährig** 4 x 4 m
C. stolonifera
10-jährig 2,5 x 3 m, **20-jährig** 2,5 x 4 m

Corylopsis pauciflora
NIEDRIGE GLOCKENHASEL
✻ ✻ ✻

Langsamwachsender Strauch, im Spätwinter mit kurzen, prächtigen Büscheln frisch zartgelber, duftender Blüten, die kurz vor den Blättern erscheinen. Die jungen Blätter sind rosa überlaufen. Sollte neben andere laubabwerfende Sträucher gepflanzt werden.
● Benötigt einen sauren bis neutralen Boden und einen kühlen Standort.
Höhe x Breite:
10-jährig 1,5 x 2 m, **20-jährig** 2 x 2 m

Corylus maxima 'Purpurea'
✻ ✻ ✻

Diese Lambertsnuß sieht mit ihren kräftig purpurfarbenen Blättern neben anderen Sträuchern sehr schön aus, kann aber auch hinten in einer großen Staudenrabatte stehen. Haselsträucher wachsen aufrecht und hoch, sie bilden aus einer immer breiteren Basis neue Triebe. Im Frühling mit dekorativen, baumelnden Kätzchen. Wenn sich die Hüllblätter im Frühherbst gelb färben, sollten Sie die Nüsse ernten, um den Eichhörnchen zuvorzukommen.
● Alte, an der Basis abgeschnittene Triebe eignen sich als Pflanzenstäbe.
Höhe x Breite:
10-jährig 4 x 3,5 m, **20-jährig** 4 x 6 m

Cotinus coggygria 'Royal Purple'
✻ ✻ ✻

Dieser Perückenstrauch wird wegen seiner glatten, matten, eiförmigen, dunkel purpurfarbenen Blätter kultiviert. In Kombination mit Stauden bildet er einen guten Hintergrund für andere Pflanzen. Wenn er neben anderen Sträuchern steht, sorgt er für wunderbare Farbkontraste. Die großen Blütenrispen erscheinen im Sommer und färben sich im Herbst grau.
● Ein Schnitt im Winter ist nicht unbedingt nötig, erhält aber die hübsche Form und läßt den Strauch nicht zu groß werden.
Höhe x Breite:
10-jährig 2 x 2 m, **20-jährig** 4 x 4 m

Crataegus monogyna
EINGRIFFELIGER WEISSDORN
✻ ✻ ✻

Hübscher kleiner Baum mit ausladender Krone, häufig als Heckenpflanze genutzt. Im Spätfrühling mit zahlreichen kleinen, weißen, duftenden Blüten, im Spätsommer und Herbst mit leuchtend roten Beeren. Herbstfärbung kupferfarben-orange. Bildet mit seinen kräftigen Dornen undurchdringliche Hecken, bietet vielen Nützlingen Nahrung und Schutz.
● Eignet sich für ganz verschiedene Böden, für nasse ebenso wie für trockene. Wächst nur langsam an. Hecken sollten im Sommer und Herbst geschnitten werden, damit sie dicht bleiben.
Höhe x Breite:
10-jährig 6 x 4 m, **20-jährig** 8 x 6 m

Cornus stolonifera **'Flaviramea'**

Corylus maxima **'Purpurea'**

Elaeagnus **'Quicksilver'**

Genista aetnensis

SYMBOLE

Bevorzugt Sonne

Bevorzugt Halbschatten

Verträgt Schatten

✱✱✱ Winterhart

✱✱ Winterhart bis -7 °C

✱ Frostempfindlich – verträgt Temperaturen bis +4 °C

Davidia involucrata

TAUBENBAUM, TASCHENTUCHBAUM

✱✱✱

Stattlicher Einzelbaum, im Spätfrühling mit murmelgroßen Blütenköpfen, die in weiße, unterschiedlich große Hochblätter eingeschlossen sind und damit an Taschentücher oder Taubenflügel erinnern. Die lang und dünn gestielten Blütenstände sind von unten betrachtet am schönsten, man sollte den Baum daher so pflanzen, daß man unter ihm stehen kann.

• Blüht erst nach bis zu 15 Jahren, entwickelt sich in tiefgründigen, fruchtbaren Böden rasch.

Höhe x Breite:

10-jährig 6 x 4 m, **20-jährig** 12 x 5 m

Dicksonia antarctica

✱✱

Die hohen, borstigen, dicken Stämme erinnern an Elefantenbeine und tragen oben prächtige Quirle großer, frischgrüner Farnwedel. Der Kontrast zwischen dem dicken Stamm und den zarten Wedeln macht den besonderen Reiz dieses Baumfarns aus. Die Wedel sind am beeindruckendsten, wenn man sie von oben sieht und ihre erstaunliche Symmetrie bewundern kann, auch ihr Profil ist interessant. Die noch eingerollten rostbraunen Wedel sind ebenfalls sehenswert.

• In fruchtbarem Boden und warmer, feuchter Umgebung entwickeln sich die Blätter gut. Benötigt einen geschützten Standort und Frostschutz.

Höhe x Breite:

10-jährig 1,8 x 1,5 m

20-jährig 3,5 x 2 m

Dicksonia antarctica

Elaeagnus 'Quicksilver'

Syn. *Elaeagnus angustifolia* Caspia-Gruppe

✱✱

Raschwüchsige, pyramidenförmige Ölweide. Die blaugrünen Blätter dieses laubabwerfenden Strauchs sind unterseits silbrig. Im Sommer erscheinen duftende, weiße Blüten. Erträgt salzige Winde sehr gut, daher für küstennahe Standorte besonders geeignet.

• Verträgt keine Staunässe, bildet bei günstigen Umweltbedingungen zahlreiche Ausläufer.

Höhe x Breite:

10-jährig 1,8 x 1,8 m, **20-jährig** 3 x 3 m

Fagus sylvatica

ROT-BUCHE

✱✱✱

Besonders stattlicher hoher Baum mit glatter, silbergrauer Rinde, hübsch als Einzelpflanze oder in Gehölzbeständen. Freistehende Buchen werden sehr groß. Blätter im Frühjahr zart hellgrün, später dunkler, im Herbst wunderbar kupferrot. Hervorragender Alleebaum, aber auch gute Heckenpflanze, im Winter braune, raschelnde Blätter. Blut-Buchen *(F. sylvatica* Atropurpurea-Gruppe) zeigen das gleiche Wuchsbild, tragen aber purpur- oder kupferfarbene Blätter. Nebeneinander gepflanzte grün- und purpurblättrige Buchen bilden sehr schöne Hecken.

• Wurzelnackte Exemplare wachsen nur langsam an. Wenn man sie in den ersten Jahren düngt und wässert, gedeihen sie besser. Der Schnitt sollte im Spätsommer erfolgen.

Höhe x Breite:

10-jährig 7 x 5 m, **20-jährig** 10 x 6 m

Genista aetnensis

✱✱

Eleganter Strauch oder kleiner Baum mit langen, schlanken, überhängenden, blattlosen Trieben. Im Sommer mit zahlreichen duftenden, buttergelben Blüten.

• Darf nicht zurückgeschnitten werden. Der Standort sollte soviel Platz bieten, daß sich die Pflanze voll entwickeln kann.

Höhe x Breite:

10-jährig 4 x 4 m, **20-jährig** 4,5 x 4,5 m

Ginkgo biloba

GINKGOBAUM, FÄCHERBLATTBAUM

✱✱✱

Einzigartiger, laubabwerfender Nacktsamer mit markanten, fächerförmigen Blättern. Langsamwüchsiger Baum, dessen schmale Krone mit zunehmendem Alter breiter wird. Glühend gelbe Herbstfärbung. Zweihäusig (männliche und weibliche Blüten an unterschiedlichen Pflanzen). Weil die Früchte im Herbst einen unangenehmen Geruch verströmen, sollte man männliche Bäume pflanzen.

• Sehr anpassungsfähig, eignet sich für sehr viele Bodentypen und Umweltverhältnisse.

Höhe x Breite:

10-jährig 5 x 2,5 m, **20-jährig** 10 x 4 m

Gleditsia triacanthos 'Sunburst'

✱✱✱

Diese dornenlose Gleditschie trägt zahlreiche Fiederblätter, die im Frühjahr gelb sind und sich im Sommer gelbgrün färben. Durch die zarten Blätter dringt viel Licht auf den Boden, so daß Unterwuchs gedeihen kann. Verträgt Luftverschmutzung, eignet sich daher auch für Stadtgärten.

• Benötigt sauren bis schwach basischen Boden.

Höhe x Breite:

10-jährig 6 x 4 m, **20-jährig** 8 x 6 m

Halesia monticola

GROSSBLUMIGER SCHNEEGLÖCKCHENSTRAUCH

✱✱✱

Besonders schöner kleiner Schneeglöckchenstrauch, im Spätfrühling mit prächtigen Büscheln hängender, weißer Glockenblüten. Im Sommer erscheinen große, dekorative, geflügelte grüne Früchte. Schöne Herbstfärbung.

• Wächst nur langsam an.

Höhe x Breite:

10-jährig 3 x 4 m, **20-jährig** 6 x 6 m

Hamamelis mollis

LICHTMESS-ZAUBERNUSS, CHINESISCHE ZAUBERNUSS

✱✱✱

Einer der schönsten im Winter blühenden Sträucher, mit sehr kurz gestielten Büscheln warmgelber Blüten, die jeweils vier schmale, eingerollte Kronblätter tragen. Die meisten Zaubernüsse besitzen stark duftende Blüten, deren Duft an sonnigen Wintertagen den ganzen Garten erfüllt. Sie sind langsamwüchsig, blühen aber bereits nach wenigen Jahren. Häufig breite, verzweigte, sehr anmutige Pflanzen. Schöne Herbstfärbung.

• Zaubernüsse gedeihen besser, wenn keine anderen Pflanzen im Wurzelbereich wachsen, und benötigen saure bis neutrale Böden.

Höhe x Breite:

10-jährig 3 x 4 m, **20-jährig** 5 x 6 m

Hydrangea

HORTENSIE

✱✱✱

Hortensien tragen im Spätsommer prächtige Blüten. Die Villosa-Gruppe von *H. aspera* besteht aus ausladenden Sträuchern mit großen, spitz zulaufenden, unterseits flaumig behaarten Blättern und großen, flachen, fliederfarben-blauen Blütenständen. *H. arborescens* 'Grandiflora' bildet große, rundliche Blütenstände mit vielen kleinen weißen Blüten, die im Winter am Strauch abtrocknen.

• Benötigt einen feuchtigkeitsspeichernden Boden.

Höhe x Breite:

H. arborescens

10-jährig 1,5 x 1,5 m

20-jährig 2,5 x 2,5 m

H. aspera

10-jährig 2,5 x 2,5 m, **20-jährig** 4 x 4 m

Ilex aquifolium

STECHPALME, HÜLSE

✱✱✱

Robuster, vielseitiger, immergrüner großer Strauch oder kleiner Baum, der sich auch als Heckenpflanze oder als großes Formschnittgehölz eignet. Die glänzenden, bedornten Blätter reflektieren das Licht und sorgen für interessante Kontraste, wenn die Stechpalme neben anderen Hecken-

Hamamelis mollis

Hydrangea aspera Villosa-Gruppe

Lavandula angustifolia

Magnolia grandiflora

Malus 'John Downie'

pflanzen wächst. Guter Unterwuchs für große Bäume, auch für Umfriedungen geeignet. Wenn eine männliche Pflanze in der Nähe wächst, setzen weibliche Exemplare zahlreiche leuchtend rote (oder gelbe) Beeren an, die sich im Winter schön vom dunkelgrünen Laub abheben. Eine zu groß gewordene Stechpalme kann im Frühjahr bis zum Stamm zurückgeschnitten werden. Wenn sie gut mit abgelagertem Mist gemulcht und bei Trockenheit gewässert wird, regeneriert sie sich anschließend gut.

• Leicht zu kultivieren, gedeiht am besten in fruchtbaren, feuchten Böden.

Höhe x Breite:
10-jährig 5,5 x 2,5 m
20-jährig 7 x 4 m

Lavandula
LAVENDEL

Der Echte Lavendel (*L. angustifolia*, Syn. *L. vera*) wächst zu großen, robusten Büschen heran, die im Sommer blaue Blütenähren tragen. Blätter zunächst grau, später grün. Die kompaktere Sorte *L. angustifolia* 'Hidcote' besitzt dunkel fliederfarbene Blütenähren und graue Blätter. Der Schopf-Lavendel (*L. stoechas*) ist frostempfindlich, duftet aber ebenfalls angenehm und bildet einen aparten Busch mit zahlreichen schmalen Blättern. Seine breiten, purpurfarbenen Blütenähren tragen oben rötlich-purpurfarbene sterile Hochblätter, die an kleine Flügel erinnern.

• Benötigt einen sonnigen Standort mit durchlässigem Boden. Lavendel sollte regelmäßig geschnitten werden, damit er seine Form nicht verliert. Er ist kurzlebig und kann sich aus altem Holz oft nicht regenerieren.

Höhe x Breite:
L. angustifolia
10-jährig 80 x 80 cm
L. stoechas
10-jährig 50 x 90 cm

Lavatera 'Rosea'
Syn. *L. olbia* 'Rosea'

Raschwüchsige, rundliche Strauchmalve, die fast den ganzen Sommer und bis in den Herbst hinein rosafarbene Blüten trägt. Blätter weich, flaumig behaart, grau. Gedeiht an sonnigen, windgeschützten Standorten.

• Die Triebe dieser kurzlebigen Pflanze sollten im Spätwinter um ein Drittel eingekürzt werden, damit die Pflanze nicht so hoch wird und schöner geformt ist.

Höhe x Breite:
10-jährig 3 x 3 m

Liquidambar styraciflua
AMBERBAUM

Hübscher, langsamwüchsiger Baum von schmalem, pyramidenförmigem Wuchs. Besonders schön, wenn sich die tief eingeschnittenen, glänzend dunkelgrünen Blätter im Herbst purpurrot, dunkelrot und purpurn färben. Mit seiner schlanken Form und dem langsamen Wuchs ein schöner, für viele Gärten geeigneter Einzelbaum.

• Eignet sich für die meisten Böden, auch stark basische. Wächst nur langsam an.

Höhe x Breite:
10-jährig 6 x 4 m
20-jährig 10 x 6 m

Magnolia
MAGNOLIE

Besonders hübsch blühende Bäume und Sträucher. Die immergrüne *M. grandiflora* bildet stattliche Sträucher oder Bäume mit großen glänzenden Blättern. Im Sommer trägt sie lange Zeit prächtige, duftende, zitronengelbe-cremefarbene Blüten. Wird oft als Strauch an einer Mauer gezogen. *M.* x *soulangiana* 'Alba Superba' entfaltet ihre großen, weißen, duftenden Blüten im Frühling vor dem Laubaustrieb. Sie verträgt Luftverschmutzung und wächst auch in Tonböden, zieht aber saure und neutrale Böden vor. Die Stern-Magnolie (*M. stellata*) blüht früher und besitzt zahlreiche duftende, weiße Blüten mit schmalen Kronblättern.

• Weil die Blüten früh erscheinen und frostempfindlich sind, sollten Magnolien an geschützten Standorten wachsen.

Höhe x Breite:
M. grandiflora
10-jährig 4 x 1,8 m, **20-jährig** 8 x 4 m
M. x *soulangiana*
10-jährig 3 x 2,5 m
20-jährig 6 x 5 m
M. stellata
10-jährig 1,5 x 1,8 m,
20-jährig 2,5 x 4 m

Mahonia japonica Bealei-Gruppe
MAHONIE

Aufrechte, immergrüne Sträucher mit großen, gefiederten, glänzend dunkelgrünen, bedornten Blättern. Die aufrechten, nicht verzweigten Triebe tragen den ganzen Winter über gelbe, duftende Blütentrauben, auf die blauschwarze Früchte folgen. Hohe Sträucher, die nicht viel Platz brauchen. *M.* x *media* 'Charity' ist ähnlich, aber stärker architektonisch geformt und trägt im Winter sehr große, aufrechte Blütenstände.

• Liebt durchlässige Böden mit viel organischem Material, sollte vor starkem Wind geschützt werden.

Höhe x Breite:
M. japonica
10-jährig 2 x 1,5 m
20-jährig 2,5 x 2,5 m
M. x *media* 'Charity'
10-jährig 2,5 x 1,8 m
20-jährig 3 x 2,5 m

Malus

Ein Zier-Apfel ist eine Bereicherung für jeden Garten, denn er trägt im Frühling zahlreiche Blüten und im Spätsommer farbenfrohe Früchte. *M.* 'John Downie' blüht weiß und trägt große, kegelförmige, orangerote, eßbare Früchte. *M.* x *moerlandsii* 'Profusion' bildet große rote Blüten und kupferfarbene junge Blätter, die Früchte sind dunkelrot und ungenießbar.

• Eignet sich nicht für staunasse Böden. Wenn Ihre Bäume zahlreiche Früchte liefern sollen, schneiden Sie sie und halten die Mitte offen, damit Licht eintreten und die Luft frei zirkulieren kann.

Höhe x Breite:
10-jährig 6 x 3 m, **20-jährig** 8 x 6 m

Morus nigra
SCHWARZE MAULBEERE

Maulbeerbäume sehen mit ihrer knorrigen, breitkronigen Form und der rissigen Rinde oft älter aus, als sie sind. Im Spätsommer tragen sie köstliche, purpurrote, himbeerähnliche Früchte, die zum Naschen einladen, doch der purpurfarbene Saft verrät den Dieb! Eignet sich für Gärten in Städten und in Küstennähe.

• Pflanzen Sie Maulbeeren vorsichtig, denn ihre fleischigen Wurzeln werden leicht beschädigt.

Höhe x Breite:
10-jährig 5 x 2,5 m, **20-jährig** 8 x 5 m

Parrotia persica
PARROTIE, EISENHOLZ

Langsamwüchsiger, breit ausladender Strauch oder kleiner Baum, der im Spätwinter dichte Büschel roter Staubblätter trägt. Herbstfärbung kräftig golden, orange und leuchtend rot.

• Parrotien werden oft neben säureliebende Pflanzen gesetzt, eignen sich aber auch für basische Böden.

Höhe x Breite:
10-jährig 4 x 4 m, **20-jährig** 8 x 10 m

Perovskia 'Blue Spire'

Diese Blauraute ist ein wunderschöner, eleganter, aufrechter Strauch mit silbrigen, tief eingeschnittenen, aromatischen Blättern und fast weißen Trieben, im Spätsommer mit blauen Blüten und violetten Blütenkelchen.

• Eignet sich auch für recht nährstoffarme Böden, wenn diese durchlässig sind. Kurzlebig, mag keine winternassen Böden.

Höhe x Breite:
10-jährig 1,2 x 1 m

Perovskia 'Blue Spire'

Phyllostachys aurea

Rubus cockburnianus

SYMBOLE

Bevorzugt Sonne

Bevorzugt Halbschatten

Verträgt Schatten

✻✻✻ Winterhart

✻✻ Winterhart bis -7 °C

✻ Frostempfindlich – verträgt Temperaturen bis +4 °C

Philadelphus

PFEIFENSTRAUCH, SOMMERJASMIN

✻ ✻ ✻

Dieser Strauch sollte in keinem Garten fehlen, denn er trägt im Frühsommer zahlreiche, süß duftende Blüten. Der kompakte, mittelgroße *P.* 'Belle Etoile' besitzt ungefüllte, große, weiße, in der Mitte kastanienbraune Blüten. *P.* 'Manteau d'Hermine' ist kleiner und trägt gefüllte, cremefarbene Blüten. Auch wenn Pfeifensträucher im Hintergrund wachsen, ist ihr kräftiger Duft gut wahrnehmbar. Man sollte sie einzeln als Schwerpunkte in große Staudenrabatten oder neben andere Sträucher pflanzen.

● Pfeifensträucher eignen sich für die meisten Böden.

Höhe x Breite:

10-jährig 2 x 1,5 m, **20-jährig** 2 x 2 m

Phyllostachys

✻ ✻

Diese Bambuspflanzen bereichern den Garten durch ihre vertikalen Formen und das Rascheln der Blätter im Wind. *P. aurea* bildet hellgrüne Halme, die sich mit zunehmendem Alter gelb färben. *P. nigra* besitzt dagegen braun gefleckte, später schwarze Halme. Wegen ihrer stattlichen Größe eignen sich diese Arten nicht für sehr kleine Gärten.

● Gedeiht besonders gut in feuchten, fruchtbaren Böden, die viel organisches Material enthalten. Jungpflanzen sollten gemulcht werden.

Höhe x Breite:

10-jährig 3,5 x 1 m, **20-jährig** 3,5 x 2 m

Pieris formosa

SCHATTENGLÖCKCHEN

✻ ✻

Langsamwüchsiger, großer Strauch mit hübschen Blättern und großen, zur gleichen Zeit wie die Blätter erscheinenden Rispen glockenförmiger Blüten. Die zunächst glänzend bronzefarbenen, später dunkelgrünen Blätter harmonieren sehr gut mit den cremeweißen Blüten. Dieses Heidekrautgewächs benötigt einen geschützten Standort. Im Spätfrühling sollten die jungen Blätter durch Vlies vor Frösten geschützt werden.

● Benötigt einen sauren Boden.

Höhe x Breite:

10-jährig 1,8 x 1 m, **20-jährig** 2 x 3 m

Prunus laurocerasus

Pittosporum

KLEBSAME

✻ ✻

P. tenuifolium 'Purpureum' ist ein besonders zarter Klebsame, die Art ist ein immergrüner, pyramidenförmiger Strauch oder kleiner Baum. Die feinen, drahtartigen schwarzen Triebe tragen weiche, hellgrüne Blätter, die sich später bronze-purpurn färben. Gute Einzelpflanze in Kiesgärten. *P. tobira* trägt im Spätfrühling und Frühsommer weiße, nach Orangen duftende Blüten. Seine glänzenden Blätter vertragen salzige Gischt. Die klebrigen, orangefarbenen Kapselfrüchte sind sehr hübsch.

● Benötigt einen durchlässigen Boden und in kalten Gebieten einen geschützten Standort.

Höhe x Breite:

10-jährig 3 x 2 m, **20-jährig** 6 x 3 m

Prunus

✻ ✻ ✻

Zu dieser Gattung gehören zahlreiche wertvolle Gartenpflanzen, darunter die robuste, immergrüne Lorbeerkirsche (*P. laurocerasus)* und zahlreiche laubabwerfende Bäume mit schönen Blüten und wohlschmeckenden Früchten. Die Lorbeerkirsche ist ein zuverlässiger Strauch mit hübschen, glänzenden Blättern, der sehr gut unter Bäumen wächst, aber auch einen schönen Hintergrund und eine gute Heckenpflanze bildet. Im Frühling erscheinen Trauben kleiner weißer Blüten, die Früchte sind zunächst rot und bei Reife schwarz. Kann zu einem großen Strauch heranwachsen, durch gelegentlichen kräftigen Schnitt aber in Schranken gehalten werden. Die Japanische Maien-Kirsche *(P. x yedoensis)* ist ein eleganter, früh blühender, laubabwerfender Baum mit bogigen Zweigen und weißen, rosa überlaufenen, köstlich nach Mandeln duftenden Blüten. Die Winter-Kirsche *(P. x subhirtella* 'Autumnalis') blüht nicht sehr reich, aber kontinuierlich und trägt vom Herbst bis zum Frühjahr kleine, halbgefüllte, weiße Blüten. Diese beiden Zier-Kirschen eignen sich für kleine Gärten.

● Wächst in den meisten Böden, aber nicht in sehr trockenen und stark basischen.

Höhe x Breite:

P. laurocerasus

10-jährig 4 x 4 m, **20-jährig** 5 x 5 m

Zier-Kirschen

10-jährig 4 x 3 m, **20-jährig** 7 x 4 m

Quercus ilex

STEINEICHE

✻ ✻ ✻

Majestätische, langsamwüchsige, immergrüne Eiche mit rundlicher Krone. Rinde grau, zunächst glatt und später rissig. Die oberseits dunkelgrünen Blätter sind unterseits silbergrau und lassen den ganzen Baum silbrig erscheinen. Eignet sich für küstennahe Gärten und bildet gute Schnitthecken, die den Seewind abhalten.

● Wächst in fruchtbaren, feuchten Böden besonders gut an. Eignet sich nicht für kalte Gebiete.

Höhe x Breite:

10-jährig 5,5 x 3,5 m

20-jährig 8 x 5,5 m

Rhododendron luteum

✻ ✻ ✻

Diese laubabwerfende Azalee sieht zu Beginn des Frühlings mit ihren intensiv gelben Blüten besonders hübsch aus. Der kräftige, süße Blütenduft erfüllt den ganzen Garten. Nach der Blüte erscheinen die hellgrünen Blätter, die später eine prächtig orangene, purpurrote und purpurne Herbstfärbung zeigen. Unter den zahlreichen laubabwerfenden Azaleen sind die Genter-Hybriden besonders hübsch. Ihre Blüten verströmen meist einen zarten Duft, und ihre Blütenfarben reichen von reinweiß mit gelbem Fleck (*R.* 'Daviesii') bis zu dunkelrosa mit hellrosa Mitte (*R.* 'Corneille' mit gefüllten Blüten und prächtiger Herbstfärbung). Unter den orangefarbenen Sorten ist *R.* 'Coccineum Speciosum' mit seinen warm orangeroten, im Spätfrühling erscheinenden Blüten weiterhin der Favorit.

● Alle Pflanzen der Gattung *Rhododendron* benötigen einen sauren Boden.

Höhe x Breite:

10-jährig 2 x 1,5 m, **20-jährig** 2,5 x 3 m

Robinia pseudoacacia

ROBINIE, SCHEINAKAZIE

✻ ✻ ✻

Großer, Ausläufer treibender, dorniger, orientalisch anmutender Baum mit sehr lichtem Blätterdach. Die gefiederten, frischgrünen Blätter erinnern an Akazien. Im Frühsommer erscheinen hängende Trauben mit weißen Schmetterlingsblüten. *R. pseudoacacia* 'Frisia' ist ein kleiner bis mittelgroßer Baum mit roten Dornen und kräftig goldfarbenen Blättern, der auch als Strauch gezogen werden kann. Robinien haben brüchige Zweige und eignen sich daher nicht für sehr windige Standorte. Vertragen Luftverschmutzung.

● Containerpflanzen wachsen besonders rasch an. Robinien können zu Beginn des Frühjahrs bis zur Basis zurückgeschnitten und mit viel organischem Material gemulcht werden, damit sie kräftige neue Triebe bilden und strauchig wachsen.

Höhe x Breite:

10-jährig 6 x 4 m, **20-jährig** 8 x 6 m

Rosa

ROSE

✻ ✻ ✻

Der Handel bietet sehr viele alte und neue Rosenarten und -sorten an. Strauchrosen sind besonders hochwertige Gartenpflanzen, sie besitzen schön gefärbte, duftende Blüten und tragen im Spätsommer und Herbst oft hübsche Hagebutten. *R. moyesii* ist ein hoher Strauch, dessen ungefüllte rote Blüten im Frühsommer erscheinen und zahlreiche Bienen anlocken. Im Herbst trägt diese Rose flaschenförmige, lebhaft orangefarbene Hagebutten. *R. glauca* (Syn. *R. rubrifolia*) ist ein kleinerer Strauch mit rötlich-purpurn gefärbten jungen Trieben und bläulich bereiften, unterseits roten Blättern. Die Blüten sind ungefüllt und reinrosa, die Hagebutten klein und rund. Die Wein-Rose (*R. eglanteria*, Syn. *R. rubiginosa*) ist ein kleiner, dichter, stacheliger Busch mit winzigen, dunkelgrünen Blättern und ungefüllten, rosafarbenen Blüten. Blätter und Blüten duften nach Äpfeln. *R.* x *odorata* 'Mutabilis' (Syn. *R. chinensis* 'Mutabilis') ist eine prachtvolle, locker wachsende, nur spärlich bestachelte Chinesische Rose mit dunkel purpurroten, schlanken Trieben. Blüten im Sommer und Herbst geöffnet, groß, ungefüllt, zunächst gelbbraun, dann rosarot und schließlich purpurrot. Eine andere prächtige Strauchrose ist *R.* 'Nevada' mit zahlreichen flachen cremegelben Blüten, die sich im Frühsommer öffnen.

Rosa glauca

Salix alba var. sericea

Sorbus hupehensis

Im Sommer erscheinen einige weitere Blüten, die oft rosa überlaufen sind, weil sie ihre Farbe bei heißem Wetter ändern. Die alten Hybriden besitzen einen besonderen Charme, wenngleich sie nur kurze Zeit blühen. Die prächtigste ist *R.* 'Madame Hardy', eine reinweiße, nach Zitronen duftende Damaszenerrose. Ihre vollkommenen, schalenförmigen Blüten tragen zahlreiche Kronblätter und ein grünes Auge.

• Rosen sollten in einen mit organischem Dünger gedüngten, lehmigen Boden gepflanzt werden, in dem zuvor noch keine Rosen wuchsen. Wenn man das ältere Holz gelegentlich entfernt, werden sie nicht größer als unten angegeben.

Höhe x Breite
10-jährig:
R. eglanteria: 2,5 x 2,5 m
R. glauca: 1,8 x 1,5 m
R. moyesii: 4 x 3 m
R. rubiginosa: 2,5 x 2,5 m
R. x *odorata* 'Mutabilis': 2,5 x 1,8 m
R. 'Madame Hardy': 1,8 x 1,5 m
R. 'Nevada': 2,2 x 2,2 m

Rubus

◯ ◑ ✻ ✻ ✻

Kultur-Brombeeren sind stachelig, aber von großem gärtnerischem Wert. *R. cockburnianus* ist ein hoher Strauch mit bogigen Trieben und eignet sich nur für große Gärten mit naturbelassenen Bereichen. Die purpurfarbenen jungen Triebe sind weiß bereift, was besonders im Winter hübsch aussieht. *R. thibetanus* (Syn. *R. thibetanus* 'Silver Fern') benötigt weniger Platz. Die weiß bereiften jungen Triebe harmonieren sehr gut mit den fein eingeschnittenen, gräulichen Blättern.

• Im Spätwinter schneidet man alte Triebe am Erdboden ab und mulcht, damit die Pflanzen gut austreiben.

Höhe x Breite:
10-jährig 2 x 2 m, **20-jährig** 2 x 3 m

Salix
WEIDE

◯ ◑ ✻ ✻ ✻

Die meisten Weiden sind an Flußufern und anderen feuchten Standorten beheimatet, wachsen aber auch in Gärten, wenn der Boden feucht genug ist. Anderenfalls suchen ihre Wurzeln nach Dränrohren – Vorsicht! Die Silber-Weide (*S. alba* var. *sericea*, Syn. *S. alba* f. *argentea*) ist ein kleiner, rundkroniger Baum mit silberweißen, schmalen Blättern. *S. exigua* ist ein Strauch oder kleiner Baum mit seidig behaarten, silbrigen jungen Blättern und langen, dünnen, graubraunen Zweigen. Einige Weiden bilden im Winter wunderschön gefärbte Triebe, wenn man sie als Kopfbäume schneidet. Hierzu gehört die Dotter-Weide (*S. alba* ssp. *vitellina*) mit leuchtend orangegelben jungen Trieben.

• Eignen sich auch für nasse, überschwemmte Böden. Weiden, die man wegen ihrer farbigen Triebe kultiviert, werden im Spätwinter bis auf zwei Knospen zurückgeschnitten.

Höhe x Breite:
S. alba
10-jährig 8 x 3,5 m
20-jährig 9 x 5,5 m
S. exigua
10-jährig 3 x 3 m, **20-jährig** 4 x 4 m

Sambucus nigra
SCHWARZER HOLUNDER

◯ ◑ ✻ ✻ ✻

Holunder ist häufig in Hecken zu finden. Interessante Gartenpflanzen sind vor allem *S. nigra* f. *laciniata* mit seinen fein eingeschnittenen Blättern und *S. nigra* 'Guincho Purple' (Syn. *S. nigra* 'Purpurea') mit purpurfarbenen Blättern, rosafarbenen Blütenknospen und weißen, rosa überlaufenen Blüten. Diese raschwüchsigen Sträucher eignen sich für gemischte Strauchrabatten und als Einzelpflanzen.

• Ein regelmäßiger Schnitt ist nicht nötig, fördert aber die neuen Triebe und sorgt dafür, daß die Blätter in Augenhöhe bleiben. Die Triebe werden bis zur Basis zurückgeschnitten, man kann Holunder aber auch entwipfeln, wenn sich das Laub in größerer Höhe befinden soll.

Höhe x Breite:
10- und 20-jährig 4 x 3,5 m

Sorbus
EBERESCHE

◯ ✻ ✻ ✻

Die Mehlbeere *S. aria* 'Lutescens' ist ein attraktiver, kleiner bis mittelgroßer, kegelförmiger Baum. Die jungen Blätter sind dicht weißhaarig, im Lauf des Sommers wird die Krone grüner. Orangegelbe Herbstfärbung. Erträgt Luftverschmutzung und eignet sich für küstennahe Standorte. Auch *S. hupehensis* benötigt nicht viel Platz. Dieser Baum besitzt eine kompakte Krone mit blaugrünen, gefiederten Blättern. Im Herbst prachtvoll rote Blätter und überhängende Büschel weißer, rosa überlaufener Früchte, die meist bis weit in den Winter hinein an den Pflanzen bleiben. Beide Arten bilden im Spätfrühling und Frühsommer Doldentrauben cremeweißer Blüten.

• *S. aria* bevorzugt basische Böden, *S. hupehensis* leicht saure Böden.

Höhe x Breite:
S. aria
10-jährig 6 x 4 m, **20-jährig** 12 x 8 m
S. hupehensis
10-jährig 5 x 2,5 m, **20-jährig** 10 x 5 m

Taxus baccata
EIBE

◯ ◑ ● ✻ ✻ ✻

Eine betagte Eibe in einem alten Kirchhof ist sehr beeindruckend. Eiben lassen sich als Bäume und Sträucher halten, zu Hecken schneiden oder bilden strauchigen Unterwuchs in Gehölzbeständen. Ihre matten, dunklen, immergrünen Nadelblätter lassen leuchtende Farben anderer Pflanzen und das Licht hervorragend zur Geltung kommen. Eine alte Eibenhecke kann verjüngt werden, indem man sie im Frühjahr bis zum Stamm zurückschneidet; die nach Süden oder Westen zeigende Seite wird ein Jahr vor der nach Norden oder Osten weisenden Seite geschnitten. Dann mulchen, düngen und wässern, damit die Pflanzen gut austreiben.

• Eignet sich für jeden fruchtbaren Boden, erträgt aber keine Staunässe. Wenn der Boden gut vorbereitet und in den ersten Jahren nach der Pflanzung gemulcht wird, wachsen Eiben rasch an.

Höhe x Breite:
10-jährig 2 x 1,6 m,
20-jährig 4,5 x 4,5 m

Trachycarpus fortunei
HANFPALME

◯ ✻ ✻

Recht frostharte Palme, die zunächst strauchartig wächst und dann einen kleinen Baum bildet. Sie wirkt exotisch und sollte einen Blickfang bilden. Der Stamm ist von einer dicken Schicht rauher Fasern bedeckt und trägt endständige, 2 m breite Blätter. Im Sommer erscheinen oft Rispen kleiner gelber Blüten.

• Sollte an einem geschützten Standort mit durchlässigem Boden gepflanzt werden.

Höhe x Breite:
10-jährig 3 x 2 m, **20-jährig** 7 x 2 m

Viburnum
SCHNEEBALL

◯ ◑ ● ✻ ✻ ✻

Zur Gattung *Viburnum* gehören viele wertvolle Gartensträucher, darunter der im Winter und Frühjahr blühende immergrüne *V.* x *burkwoodii* mit rosa überlaufenen Blütenknospen, die sich später weiß färben, und stark duftenden Blüten. Ebenfalls immergrün, aber frostempfindlich ist *V. tinus*, der zahlreiche, glänzend dunkelgrüne Blätter bildet und vom Herbst bis zum Frühjahr blüht. Blütenknospen rosa, Blüten weiß, in Trugdolden. Gute Heckenpflanze, die auch in Küstennähe gedeiht. Ein laubabwerfender Schneeball ist *V. opulus* 'Xanthocarpum' mit ahornähnlichen Blättern und lebhafter Herbstfärbung. Im Frühsommer trägt er runde, an Hortensien erinnernde Blütenstände mit kleinen, weißen, grün überlaufenen Blüten, auf die durchscheinende gelbe Früchte folgen. Der eleganteste Schneeball ist der mittelgroße, ausladende Strauch *V. plicatum* 'Mariesii' mit seinen horizontalen Zweigen, die im Spätfrühling und Frühsommer viele weiße Trugdolden tragen. Prächtige Herbstfärbung.

• Diese Schneebälle eignen sich für die meisten Böden, doch nur *V. opulus* verträgt sehr nasse und sehr trockene Standorte.

Höhe x Breite:
V. x *burkwoodii*
10-jährig 1,5 x 1,5 m
20-jährig 2 x 2 m
V. opulus
10-jährig 3 x 3 m
20-jährig 4,5 x 4,5 m
V. plicatum
10-jährig 2 x 3 m
20-jährig 3 x 4 m
V. tinus
10-jährig 2 x 2 m
20-jährig 3,5 x 3,5 m

Trachycarpus fortunei

Stauden

Allium hollandicum **'Purple Sensation'**

Agave americana

Alchemilla mollis

Acanthus spinosus

Stauden sind mehrjährige unverholzte Pflanzen. Zu ihnen gehören auch Knollen- und Zwiebelpflanzen sowie Farne. Die oberirdischen Organe sterben in der Regel jedes Jahr ab, doch das Wurzelsystem überdauert und bringt jedes Jahr frische Triebe, Blätter, Blüten und Früchte hervor. (Farne blühen jedoch nicht.) Die meisten Stauden sind genügsam, wachsen rasch an und sehen bereits im ersten Jahr schön aus. Man kann sie leicht aus dem Boden nehmen und umpflanzen, die meisten lassen sich durch Teilung vermehren oder verkleinern.

Acanthus
AKANTHUS

☼ ✻✻✻

Prachtvolle, wunderschön geformte Pflanzen. *A. spinosus* besitzt tief eingeschnittene, dornige, glänzend dunkelgrüne Blätter. Im Frühsommer erscheinen große weiße Blütenähren, über jeder Blüte befindet sich ein purpurfarbenes Hochblatt. Die Latifolius-Gruppe von *A. mollis* besitzt aparte, breite, glänzende Blätter, die stark geadert und gelappt sind. Ideal für großflächige Pflanzungen.

• Benötigt einen durchlässigen Boden.

Höhe x Breite: 120 x 60 cm

Agapanthus
AFRIKANISCHE LILIE

☼ ◐ ✻✻

Trägt im Spätsommer an aufrechten Stengeln endständige Dolden kräftig blauer, trichter- oder glockenförmiger Blüten. Blätter weich, grün, riemenförmig. Attraktiv in Rabatten und Kübeln, paßt auch gut zu Sträuchern. In gemäßigtem Klima sind einige winterhart, z. B. die Headbourne-Hybriden mit großen Blättern und sehr großen, kugeligen Blütenständen. Zierlicher sind die *A.-campanulatus*-Sorten 'Isis' mit kräftig dunkelblauen Blüten und 'Albus' mit weißen Blüten.

• Sollte im Winter mit Blättern oder Stroh abgedeckt werden.

Höhe x Breite: 60–120 x 60 cm

Agave
AGAVE

☼ ✻✻

Große Sukkulenten tropischer und subtropischer Regionen, einige sind jedoch in gemäßigtem Klima winterhart. *A. americana* bildet Rosetten aus großen, graugrünen, fleischigen Blättern, die in eine Dornspitze auslaufen. Jedes Blatt trägt den Abdruck des Blattes, das vor dem Entfalten an ihm lag. Die viel kleinere *A. celsii* bildet dichte Rosetten aus breiten grünen Blättern. Wegen ihrer architektonischen Formen sollten Agaven einzeln als exotische Blickfänge dienen.

• Benötigt einen sonnigen Standort mit durchlässigem Boden. Die Winterhärte nimmt mit dem Alter zu. Junge Pflanzen müssen in Innenräumen überwintert werden, ältere Pflanzen sollte man im Freien durch Blisterkunststoff oder Abdeckvlies schützen.

Höhe x Breite: 0,75–2 x 0,75–3 m

Ajuga reptans
GÜNSEL

◐ ● ✻✻✻

Sehr schöner, niedriger Bodendecker für halbschattige Standorte zwischen Sträuchern oder anderen Stauden. Trägt im Spätfrühling elegante, blaue Blütenstände. Die Art besitzt dunkelgrüne Blätter, doch auch rot überlaufene, dunkelrote und purpurblättige Sorten sind erhältlich, z. B. 'Atropurpurea'.

• Benötigt einen feuchtigkeitsspeichernden Boden.

Höhe x Breite: 15 x 30 cm

Alchemilla mollis
GROSSBLÄTTRIGER FRAUENMANTEL

☼ ◐ ✻✻✻

Vielseitige Staude, blüht im Früh- und Hochsommer mehrere Wochen lang. Blätter hell graugrün, filzig behaart, bei feuchtem Wetter mit perlenartigen Wassertropfen. Zahlreiche winzige, grünlichgelbe Blüten in lockeren Rispen. Genügsam, benötigt aber viel Feuchtigkeit. Paßt gut zu anderen Stauden und zu Sträuchern. In großer Zahl oder in kleinen Gruppen besonders schön.

• Frauenmantel wird am Ende der Blütezeit bis zum Erdboden zurückgeschnitten, damit er im Spätsommer junge Blätter und eine Nachblüte trägt.

Höhe x Breite: 80 x 45 cm

Allium

☼ ✻✻✻

Zierlauch ist im Garten ebenso nützlich wie in der Küche. Der Sternkugellauch (*A. christophii*) trägt violette, bis 45 cm lang gestielte Blütenkugeln, deren Durchmesser bis zu 30 cm beträgt. Das etwas kleinere *A. hollandicum* (Syn. *A. aflatunense*) trägt dichte Blütenstände mit einem Durchmesser von 10 cm und kleine, hellviolette, purpurn gestreifte Einzelblüten. Noch kleiner ist das später blühende *A. sphaerocephalon* mit seinen kompakten Blütenständen, die bis zu 80 cm lang gestielt sind und zunächst grün und später dunkel karminrot gefärbt sind. Diese drei Arten blühen vom Spätfrühling bis in den Sommer und sind besonders hübsch, wenn sie zerstreut zwischen anderen Stauden wachsen.

• Die Zwiebeln werden im Frühherbst an sonnige Standorte mit durchlässigem Boden gepflanzt.

Höhe x Breite: 30–90 x 30 cm

Anemone
WINDRÖSCHEN

◐ ● ✻✻✻

Hier finden sich sehr kleine ebenso wie sehr große Stauden, die Blütezeit reicht vom Beginn des Frühlings bis zum Herbst. Das Buschwindröschen (*A. nemorosa*) ist ein kleiner, zierlicher Frühlingsblüher mit weißen, rot überlaufenen Blüten. Die Japanische Anemone *A.* x *hybrida* 'Honorine Jobert' blüht dagegen im Herbst. Sie besitzt lang gestielte, reinweiße Blüten und dunkelgrüne Blätter. Windröschen sind Pionierpflanzen und sehen daher in großen Gruppen am schönsten aus.

• Windröschen wachsen nur langsam an und sollten darum zunächst nicht dicht neben anderen Pflanzen stehen.

Höhe x Breite:
A. nemorosa: 15 x 20 cm
A. x *hybrida:* 30–120 x 10–45 cm

Astelia chathamica
Syn. *A. chathamica* 'Silver Spear'

☼ ◐ ✻✻

Diese Astelie ist eine immergrüne Staude, als Einzelpflanze ein architektonischer Akzent. Blätter breit, schwertförmig, nahe der Basis scheidenartig, fein silberhaarig und sehr zierend. Die unscheinbaren, lang gestielten, grünlichen Blütenstände erscheinen im Spätfrühling.

• Benötigt einen fruchtbaren Boden und einen schattigen Standort.

Höhe x Breite: 2 x 2 m

Aster
ASTER

☼ ◐ ✻✻✻

Astern blühen sehr zuverlässig im Spätsommer und Herbst. Im Frühherbst erscheinen die kleinen, weißen, in der Mitte braunen Blütenstände von *A. divaricatus* an dunklen, schmalen Stielen. Diese Art eignet sich für großflächige Pflanzungen unter Bäumen. Die zarten, reinweißen Blütenstände von *A. pringlei* 'Monte Cassino' erscheinen später im Herbst und sind gute Schnittblumen. Diese Aster trocknet in der Rabatte hübsch ab und behält auch im Winter eine grazile Form.

• Astern benötigen nährstoffreiche, durchlässige Böden.

Höhe x Breite: 75–90 x 60 cm

Astrantia
STERNDOLDE

◐ ● ✻✻✻

Die fast durchscheinenden, papierartigen Blüten sehen empfindlicher aus, als sie sind. *A. major* und ihre Sorten sind besonders gute Gartenpflanzen. Die Art besitzt grünlichweiße, rosa überlaufene Blüten. Die Sorte 'Rosea' blüht reinrosa, 'Hadspen Blood' tiefrot. In großen Gruppen sehr schön.

• Liebt einen kühlen Standort, dessen Boden viel organisches Material enthält.

Höhe x Breite: 30–90 x 30 cm

Calamagrostis x *acutiflora* 'Karl Foerster'
GARTENSANDROHR

☼ ✻✻✻

Dieses Gras breitet sich nicht sehr stark aus und besitzt steif aufrechte, purpurbraun oder silbrig schimmernde Blätter. Im Frühsommer mit lockeren, gräulich rosafarbenen Blütenrispen, die sich nach der Blüte beigegelb färben. Sorgt auch im Winter für kräftige vertikale Formen.

• Sollte im Spätwinter abgeschnitten werden, nachdem die Stengel umgefallen sind.

Höhe x Breite: 2 x 1 m

Caltha palustris
SUMPFDOTTERBLUME

☼ ✻✻✻

Wächst an Ufern, in Feuchtwiesen und in Sümpfen. Trägt im Frühling große warmgelbe Blüten, die vor den glänzenden, frischgrünen Blättern erscheinen.

• Benötigt feuchten Boden.

Höhe x Breite: 15–60 x 45 cm

Camassia
PRÄRIEKERZE

☼ ◐ ✻✻✻

Zwiebelblume, die sich gut ausbreitet und auch in Gruppen gepflanzt werden kann. Die starkwüchsige *C. cusickii* besitzt dichte Trauben zarter, blaßblauer, sternförmiger Blüten. *C. quamash* ist ähnlich, aber kleiner.

• Liebt feuchte Böden.

Höhe x Breite: 60–90 x 30 cm

Carex
SEGGE

☼ ✻✻✻

Immergrüne Horstgräser. Die bronzene Form von *C. comans* bildet dichte,

SYMBOLE

☼ Bevorzugt Sonne
◐ Bevorzugt Halbschatten
● Verträgt Schatten
✻✻✻ Winterhart
✻✻ Winterhart bis -7 °C
✻ Frostempfindlich – verträgt Temperaturen bis +4 °C

Astrantia major

Calamagrostis x acutiflora **'Karl Foerster'**

Dicentra spectabilis **'Alba'**

Epimedium x versicolor **'Sulphureum'**

bronzefarbene bis gelbgrüne Horste aus feinen, überhängenden Blättern. *C. testacea* ist viel lockerer und höher, die Blätter sind ebenfalls überhängend. Beide Arten besitzen unscheinbare Blüten. Gut zwischen niedrigen Pflanzen in naturnahen Rabatten.
● Liebt feuchte Böden.
Höhe x Breite: 45 x 60 cm

Cimicifuga simplex Atropurpurea-Gruppe

✻ ✻ ✻
Diese Silberkerzen tragen im Spätsommer und Herbst hohe, schlanke cremeweiße Blütentrauben an dunkelroten, langen Stielen. Blätter purpurn, geteilt. Schön in Gruppen vor hellgrünen Sträuchern.
● Lieben nährstoffreiche, feuchte Böden.
Höhe x Breite: 1,2 m x 60 cm

Colchicum autumnale

HERBSTZEITLOSE
✻ ✻ ✻
Im Herbst erscheinen weißliche, wachsartige, blattlose Stengel mit großen, violetten, krokusähnlichen Blüten. Die kräftig grünen Blätter entfalten sich erst im Frühjahr.
● Liebt feuchte Böden.
Höhe x Breite: 15–30 x 15 cm

Corydalis

LERCHENSPORN
✻ ✻ ✻
In dieser Gattung finden sich verschiedene zierliche, aparte Gartenpflanzen. Der immergrüne *C. lutea* bildet niedrige Kissen aus zartgrünen, gefiederten Blättern und kleinen gelben Blütentrauben. Er blüht vom Frühjahr bis zum Herbst und gedeiht sogar in Trockenmauern und Spalten. Der zierliche, blaublühende *C. flexuosa* 'Père David' wächst an feuchten, schattigen Orten, blüht lange und sieht neben Farnen gut aus.
● *C. lutea* benötigt einen durchlässigen Boden. *C. flexuosa* zieht kühle Orte und Böden mit viel organischem Material vor.
Höhe x Breite: 20 x 20–40 cm

Crinum x powellii

HAKENLILIE, FREILAND-AMARYLLIS
✻ ✻ ✻
Hübsche Zwiebelblumen, die im Spätsommer und Herbst lockere, lang gestielte Dolden eleganter, duftender, rosafarbener und weißer, lilienähnlicher Blüten tragen. Sollten in großen Gruppen in feuchten Böden wachsen, am besten im Schutz einer Mauer. *C. x powellii* 'Album' blüht reinweiß.
● Hakenlilien sollten gut gedüngt und gewässert werden. Sie benötigen durchlässige Böden. Im Winter werden sie abgedeckt, weil der Zwiebelhals aus dem Boden ragt. Zum Schutz vor dem hautreizenden Saft sollten Sie Handschuhe tragen.
Höhe x Breite: 1 m x 60 cm

Crocosmia

MONTBRETIE
✻ ✻
Knollenblumen mit schwertförmigen Blättern und leuchtenden Blütenfarben. *C.* 'Lucifer' ist eine robuste Hybride mit lebhaft tomatenroten Blüten, *C.* 'Solfaterre' besitzt bronzefarbene Blätter und aprikot-gelbe Blüten. Beide blühen sehr lange, vom Spätsommer bis weit in den Herbst, und bilden farbenfrohe Akzente in Rabatten, wenn man sie in Gruppen pflanzt.
● In kalten Gebieten sollte man Montbretien im Winter gut mit Rindenschnitzeln oder ähnlichem Material abdecken.
Höhe x Breite: 1 m x 25 cm

Crocus tommasinianus

✻ ✻ ✻
Krokusse sind schöne Frühlingsblüher und besitzen hübsche, grasartige Blätter. *C. tommasinianus* trägt violett- bis purpurfarbene, außen oft silbrige Blüten. Vermehrt sich stark und breitet sich gut aus.
● Liebt durchlässige Böden.
Höhe x Breite: 10 x 8 cm

Dicentra spectabilis 'Alba'

✻ ✻ ✻
Dieses Tränende Herz sieht mit seinen zarten, hellgrünen, gefiederten Blättern neben anderen schattenliebenden Pflanzen gut aus. Im Spätfrühling trägt es elegant überhängende Blütentrauben. Blüten reinweiß, herzförmig.
● Benötigt einen feuchten, aber durchlässigen Boden, der viel organisches Material enthält.
Höhe x Breite: 75 x 60 cm

Dierama pulcherrimum

TRICHTERSCHWERTEL
✻ ✻
Die grazil überhängenden Blütenstände tragen rosafarbene Trichterblüten. Früchte silbrig. Sehr schön als freistehende Pflanzen an Wegen und Ufern oder einzeln zwischen niedriger Vegetation.
● Die langen Wurzeln benötigen einen tiefgründigen, durchlässigen Boden. Wächst manchmal langsam an.
Höhe x Breite: 1,5 m x 60 cm

Digitalis

FINGERHUT
✻ ✻ ✻
Fingerhut sieht mit seinen hohen Blütentrauben in Lichtungen besonders hübsch aus, vor allem der weißblühende *D. purpurea* f. *albiflora*. Diese ausdauernde Pflanze ist kurzlebig und gilt oft als zweijährig. Der sonnenliebende *D. ferruginea* ist kleiner, aber ebenso hübsch. Er trägt dichte Trauben kleiner orangebrauner Blüten und silbrig gerandete Blätter. Beide Fingerhüte breiten sich bei günstigen Bedingungen stark aus.
● Liebt Böden, die viel organisches Material enthalten.
Höhe x Breite: 90–150 x 45 cm

Dryopteris filix-mas

WURMFARN
✻ ✻ ✻
Großer Farn mit mittelgrünen Wedeln, die einen eleganten Trichter bilden. Sollte in Gruppen an schattigen Orten wachsen, am besten neben einem Weg, damit die schönen Trichter von oben zu sehen sind.
● Liebt feuchte, nährstoffreiche Böden.
Höhe x Breite: 1,2 m x 90 cm

Echinacea purpurea

SONNENHUT
✻ ✻ ✻
Trägt im Spätsommer schöne Blütenköpfe mit großer, hochgewölbter Scheibe aus rostfarbenen Röhrenblüten, die von hübschen, rosafarbenen Zungenblüten umgeben ist. Die Röhrenblüten sind noch attraktiv, wenn die Zungenblüten verwelkt sind. Gute Schnittblume. *E. purpurea* 'White Swan' besitzt weiße, grün überlaufene Zungenblüten.
● Liebt nährstoffreiche Böden.
Höhe x Breite: 1,2 m x 45 cm

Epimedium

ELFENBLUME, SOCKENBLUME
✻ ✻ ✻
Hübscher Bodendecker für sonnige und schattige Orte. Blätter robust, meist immergrün, im Winter hübsch bronzefarben und purpurn. *E. x perralchicum* bildet dunkelgrüne Blätter und hängende gelbe Blütenstände. *E. x versicolor* 'Sulphureum' besitzt schwefelgelbe Blüten und rötliche Blätter.
● Wird im Spätwinter geschnitten, bevor sich die Blütenknospen entwickeln.
Höhe x Breite: 30 x 30 cm

Eranthis hyemalis

WINTERLING
✻ ✻ ✻
Trägt im zeitigen Frühjahr leuchtend gelbe Blüten, unter denen sich frischgrüne Hochblatthüllen befinden. Hübsch in großer Zahl unter Bäumen und Sträuchern.
● Sollte gleich nach der Blüte umgepflanzt werden. Liebt feuchte, nährstoffreiche Böden, die viel organisches Material enthalten.
Höhe x Breite: 10 x 5 cm

Eremurus

STEPPENKERZE
✻ ✻ ✻
E. robustus bildet große hellgrüne Rosetten und bis zu 2,5 m hohe Blütenstände mit Hunderten zartrosa gefärbter Blüten. Die Früchte sind murmelgroß. Die Ruiters-Hybriden von *E. x isabellinus* zeigen unterschiedliche Blütenfarben, darunter gelb, lachsrot, apricot und orange. Steppenkerzen sind sehr hübsch neben Ziergräsern oder zwischen Stauden, die später die absterbenden Blätter verdecken.
● Steppenkerzen lieben sandige, durchlässige Böden. Umstreuen Sie die Pflanzen mit Sand oder Holzasche, damit die fleischigen Wurzeln im Winter nicht zu naß werden.
Höhe x Breite: 2–2,5 m x 45 cm

Erigeron karvinskianus

✻ ✻ ✻
Dieses niedrige, genügsame, hübsche, lange blühende Berufkraut trägt an

Foeniculum vulgare **'Purpureum'**

Ligularia **'The Rocket'**

Festuca glauca

Eryngium giganteum

SYMBOLE

Bevorzugt Sonne

Bevorzugt Halbschatten

Verträgt Schatten

✻✻✻ Winterhart

✻✻ Winterhart bis -7 °C

✻ Frostempfindlich – verträgt Temperaturen bis +4 °C

kurzen, dünnen Stielen zahlreiche weiße oder rosafarbene Blütenstände. Wächst gern in Spalten zwischen Pflastersteinen und auf Mauern, versät sich stark.

• Liebt feuchte, aber durchlässige Böden.

Höhe x Breite: 15 x 30 cm

Eryngium

EDELDISTEL

✻✻✻

Sehr hübsch geformte Blüten. *E. agavifolium* besitzt schmale, bedornte, agavenähnliche Blätter und trägt im Sommer gräuliche, bis 2 m lang gestielte, fast kugelrunde Blütenköpfe. *E. giganteum* ist eine attraktive, silbergrüne zweijährige Pflanze mit ovalen Blütenköpfen, die zahlreiche winzige silberblaue Blüten und einen dornigen, silbrigen Hochblattkranz tragen. Nach der Blüte stirbt die Pflanze ab und färbt sich hübsch braunschwarz. Versät sich bei günstigen Bedingungen stark.

• Liebt durchlässige, basische Böden.

Höhe x Breite: 50–200 x 30–60 cm

Eupatorium purpureum ssp. *maculatum* 'Atropurpureum'

✻✻✻

Dieser hohe Wasserdost blüht im Spätsommer und Herbst. Die hohen, purpurfarbenen Triebe tragen große, kräftig purpurrote, flache Blütenstände. Die Blüten halten sehr lange und trocknen an den Pflanzen. Blätter purpurn, quirlständig bis oben an den blühenden Trieben. Trotz der enormen Größe sind die Triebe so stabil, daß sie selbst im Winter nicht angebunden werden müssen. Wegen des hohen architektonischen Wertes dekorativ im hinteren Teil von Rabatten oder als freistehende Einzelpflanze in naturnahen Gärten.

• Gedeiht vor allem in nährstoffreichem, feuchtem Boden.

Höhe x Breite: 2,5 x 1 m

Euphorbia

WOLFSMILCH

✻✻✻

Sehr vielseitige Gattung mit vielen wertvollen Gartenpflanzen in verschiedenen Farben. Die wunderhübsche, immergrüne *E. characias* bildet dichte, aufrechte Triebe und schmale, graugrüne Blätter. Zu Beginn des Frühlings entwickelt sie gelbgrüne Hochblätter, über denen später die Blüten und dann die Früchte stehen. Blüht bis zum Frühsommer. Die sonnenliebende *E. dulcis* 'Chameleon' wächst ebenfalls dicht, ihre dunkelroten Blätter färben sich im Schatten grün. *E. amygdaloides* var. *robbiae* bildet glänzend dunkelgrüne Rosetten, hellgrüne Blütenstände und zahlreiche Ausläufer. Die feuchtigkeitsliebende *E. griffithii* 'Dixter' bildet orange überlaufene Blätter, orangefarbene Blütenstände und ebenfalls zahlreiche Ausläufer.

• Wolfsmilch gedeiht in den meisten Böden. Die meisten Arten lieben sonnige Standorte, *E. amygdaloides* und *E. griffithii* ziehen jedoch Halbschatten vor. Der Milchsaft kann hautreizend wirken!

Höhe x Breite: 0,5–1,5 x 0,5–1,2 m

Festuca glauca

BLAUSCHWINGEL

✻✻✻

Dieses Gras bildet geschlossene, halbkugelige Horste und trägt bläuliche Blätter, deren Blau bei starker Lichteinstrahlung kräftiger wird. Hübsch zwischen anderen Stauden oder niedrigen Gehölzen. Breitet sich nicht stark aus.

• Liebt leichten Boden. Man zupft trockene Blätter ab oder schneidet das abgetrocknete Laub im Frühjahr zurück, wenn sich neuer Wuchs zeigt.

Höhe x Breite: 30 x 30 cm

Foeniculum vulgare 'Purpureum'

✻✻✻

Vor allem aus dem Kräutergarten bekannt, ist dieser Fenchel aber auch eine hübsche Zierpflanze zwischen anderen Stauden, denn die zarten, gefiederten, bronzefarbenen Blätter sind sehr dekorativ. Im Sommer mit flachen gelbgrauen Blütenständen.

• Versät sich leicht, aber die Fruchtstände sind auch im Winter sehr schön und sollten daher möglichst nicht entfernt werden.

Höhe x Breite: 2 m x 60 cm

Galanthus nivalis

SCHNEEGLÖCKCHEN

✻✻✻

Zierliche Zwiebelblume mit nickenden weißen Glockenblüten, die im Winter trotz Frost und Schnee blüht. Am besten in großen Gruppen unter Bäumen oder Sträuchern.

• Wird gleich nach der Blüte geteilt oder umgepflanzt. Liebt feuchte Böden mit viel organischem Material.

Höhe x Breite: 15 x 5 cm

Galium odoratum

WALDMEISTER

✻✻✻

Frischgrüner Bodendecker mit Quirlen schmaler Blätter. Bildet an schattigen Orten große Teppiche und breitet sich durch Ausläufer aus. Blüht im Spätfrühling weiß.

• Liebt durchlässige, nährstoffreiche Böden.

Höhe x Breite: 15 x 30 cm

Geranium

STORCHSCHNABEL

✻✻✻

Die winterharten *Geranium*-Arten sind hochwertige Gartenpflanzen und hervorragende Bodendecker mit attraktiven Blättern. Sie blühen vom Spätfrühling bis zum Spätsommer. *G. macrorrhizum* 'Album' ist ein guter Bodendecker mit gelappten, meist immergrünen, im Spätsommer roten Blättern und weißen, dick gestielten Blüten. *G. phaeum* 'Samobor' trägt längere Blütenstiele mit zahlreichen, kräftig pflaumenpurpurfarbenen, zierlichen Blüten. Blätter hübsch purpurn gefleckt. Wird am besten in Gruppen oder zwischen anderen schattenliebenden Stauden kultiviert. *G. psilostemon* bildet lebhaft tiefrote, in der Mitte schwarze Blüten an den Enden sehr dünner, horstbildender Stengel. Die blühenden Triebe legen sich im Sommer über benachbarte, nicht blühende Pflanzen und verschönern sie. Storchschnäbel eignen sich auch für Wildblumenwiesen auf durchlässigen Böden.

• Bevorzugt Böden, die viel organisches Material enthalten.

Höhe x Breite: 50–120 x 30–60 cm

Hakonechloa macra

JAPANGRAS, WALDBAMBUS

✻✻✻

Sehr elegantes, sich nur langsam ausbreitendes Gras. Sollte mit seinen flachen, hellgrünen Blättern, die sich anmutig nach vorn neigen, am besten an einem Weg stehen. Die gelb panaschierte *H. macra* 'Aureola' ist weiter verbreitet und paßt hervorragend zu Funkien. Verschönert halbschattige Orte.

• Vor der Pflanzung sollten Sie viel Lauberde in den Boden einarbeiten.

Höhe x Breite: 30–45 x 45 cm

Helleborus

NIESWURZ

✻✻✻

Diese hübsche, immergrüne, im Winter blühende Pflanze wächst an schattigen Standorten, wo nur wenige andere Pflanzen gedeihen. *H. foetidus* besitzt tief eingeschnittene, dunkle, glänzende Blätter und zahlreiche schalenförmige, hellgrüne, am Rand kastanienbraun überlaufene Blüten. Blüht lange und samt stark aus, ist aber oft kurzlebig. Der bodendeckende *H. orientalis* blüht im Winter und Frühjahr. Seine hübschen Blüten sind unterschiedlich gefärbt: von weiß und blaßrosa über purpurrot und pflaumenfarben. Sie sind innen kastanienbraun gefleckt und manchmal grün überlaufen.

• Wenn die Stengel nach der Blüte abzusterben beginnen, sollten Sie die Blütenstände abschneiden. Liebt fruchtbare, feuchtigkeitsspeichernde, durchlässige Böden.

Höhe x Breite: 60 x 60 cm

Hemerocallis

TAGLILIE

✻✻✻

Blätter meist immergrün und lang, bilden gute vertikale Akzente im Garten. Die zart duftenden Blüten sind im Früh- und Hochsommer geöffnet, jede hält nur einen Tag. *H. citrina* trägt schöne, offene, zartgelbe, trichterförmige Blüten, *H.* 'Stafford' hat größere, rostrote Blüten mit breiteren, samtigen Kronblättern. Die Kronblätter können als schmackhafte, hübsche Zutat zu Salaten verwendet werden.

• Der Boden sollte mit organischem Dünger gedüngt werden. Eignet sich gut für schwere Tonböden.

Höhe x Breite: 90–120 x 60 cm

Euphorbia characias ssp. *wulfenii*

Galium odoratum

Helleborus foetidus

Geranium macrorrhizum **'Album'**

Iris foetidissima

Miscanthus sacchariflorus

Hosta
FUNKIE

◯ ◑ ● ✻ ✻ ✻

Beliebte Blattschmuckstauden mit stark geaderten, dekorativen Blättern. Im Spätsommer mit tropfenförmigen weißen oder blaßrosafarbenen Blüten an kräftigen Stengeln. Die Blätter von *H. lancifolia* sind elegant, schmal und glänzend dunkelgrün, die von *H. sieboldiana* var. *elegans* sehr groß, herzförmig, matt und bereift. Funkien sehen prächtig aus, wenn sie als Einzelpflanzen in Kübeln wachsen (wo sie vor Schnecken relativ sicher sind) oder in großen Gruppen stehen. Mit ihren bogigen Formen machen sie sich auch hervorragend im vorderen Teil einer Rabatte.

• Funkien bevorzugen lichten Schatten und nährstoffreiche, feuchte Böden. Vorsicht vor Schnecken.

Höhe x Breite: 30–120 x 60–90 cm

Iris
SCHWERTLILIE

◯ ◑ ✻ ✻ ✻

Wegen der wunderhübschen Blüten und der vertikalen Formen sind Schwertlilien sehr beliebt. Die Bartiris *(I. germanica)* trägt im Frühjahr und Frühsommer große gelbe, blaue oder purpurfarbene Blüten. Die schattenliebende *I. foetidissima* trägt im Sommer unangenehm riechende gelbe oder blaue Blüten und im Herbst nach Aufplatzen der Kapseln orangefarbene Samen. Sehr eindrucksvoll ist die Wasserschwertlilie *I. pseudacorus* 'Variegata' mit grün und gelb gestreiften Blättern. Wenn sich ihre hohen, warmgelben Blüten im Frühsommer öffnen, sind die Blätter jedoch vollständig grün. Liebt halbschattige, feuchte Standorte.

• In kleinen Gärten werden Schwertlilien regelmäßig aus dem Boden genommen und geteilt, damit sie sich nicht zu stark ausbreiten.

Höhe x Breite: 90–200 x 60 cm

Ligularia 'The Rocket'

◯ ◑ ✻ ✻ ✻

Diese Ligularie besitzt dreieckige, ausgefranst erscheinende, dunkelgrüne Blätter, schwarze Stengel und trägt im Spätsommer hohe Blütenstände mit leuchtend gelben Blüten.

• Muß im Halbschatten wachsen oder gut feuchtgehalten werden, damit die Blätter in der Sommerhitze nicht erschlaffen.

Höhe x Breite: 180 x 90 cm

Lilium
LILIE

◯ ◑ ✻ ✻ ✻

Zweifellos die hübscheste Zwiebelpflanze. Jede Zwiebel bildet einen beblätterten Stengel, an dem im Frühsommer Blüten stehen. Die Türkenbundlilie *(L. martagon)* trägt am Stengel Quirle lanzettförmiger Blätter, über denen elegante nickende, braunrote Blüten mit zurückgerollten Blütenblättern stehen. Die Königslilie *(L. regale)* trägt am ganzen Stengel zahlreiche linealische Blätter. Darüber stehen schwer duftende, innen weiße und außen rotbraun gestreifte Blüten.

• Benötigt durchlässige Böden. Unter den Zwiebeln sollte sich als Schutz vor Nässe und Schnecken eine dichte Schicht grober Grit befinden.

Höhe x Breite: 1,2–2 m x 30 cm

Luzula sylvatica 'Marginata'

◑ ● ✻ ✻ ✻

Diese Hainsimse ist ein zuverlässiges, lockere Horste bildendes Gras, das sogar unter Buchen gedeiht. Die recht groben Blätter tragen einen weißen Saum feiner, seidiger Haare. Die zarten, weißen, ausgebreiteten Blütenstände erscheinen im Spätfrühling.

• Eignet sich auch für trockene, schattige Orte, zieht aber feuchte, schattige Plätze vor.

Höhe x Breite: 30–90 x 30–60 cm

Matteuccia struthiopteris
STRAUSSFARN, TRICHTERFARN

◯ ◑ ● ✻ ✻ ✻

Bildet im Frühjahr einen großen, hübschen Trichter aus hellen, frischgrünen, schön geformten Wedeln. Gut neben Sträuchern und anderen Stauden. Wächst an schattigen Plätzen in Rabatten und unter Gehölzen, eignet sich aber auch für sonnige Standorte, sofern man für genügend Feuchtigkeit sorgt. Sollte möglichst in großen Gruppen gepflanzt werden oder neben niedrigen Bodendeckern stehen.

• Sollte vor allem an sonnigen Standorten mit viel organischem Material gemulcht werden.

Höhe x Breite: 75 x 60 cm

Miscanthus

◯ ✻ ✻ ✻

Ganzjährig schönes Horstgras. Die Blüten erscheinen im Spätsommer und bewegen sich grazil im Wind. Das Silberfahnengras *(M. sacchariflorus)* breitet sich durch Ausläufer aus und wird bis 2,5 m hoch. Seine breiten Blätter sind bis 1 m lang. Die fedrigen, cremefarbenen Blütenstände sind seidig behaart und erscheinen im Spätsommer oder Frühherbst. Die Chinaschilfsorte *M. sinensis* 'Gracillimus' bildet dichte, buschige Horste mit spitz zulaufenden, silbrigen Blättern, die viel kürzer und feiner als bei *M. sacchariflorus* sind. *M. sinensis* 'Silberfeder' trägt lange Zeit fedrige, silbrige Blütenstände. Beide Arten sollten einzeln stehen, doch mehrere Horste von *M. sinensis* 'Gracillimus' nebeneinander sehen ebenfalls sehr eindrucksvoll aus.

• Alle *Miscanthus*-Arten sollten erst zurückgeschnitten werden, wenn sie im Frühjahr zu wachsen beginnen, denn die alten Triebe schützen im Winter vor der Kälte.

Höhe x Breite: 1,2–2,5 x 0,9–1,5 m

Molinia caerulea
BLAUES PFEIFENGRAS

◯ ✻ ✻ ✻

Die Sorte 'Transparent' von *M. caerulea* ssp. *arundinacea* wächst hoch, blüht im Spätsommer und besitzt feine, fast transparente Blütenstände. Die Sorte 'Windspiel' wächst aufrechter. *M. caerulea* ssp. *caerulea* 'Heidebraut' bildet steif aufrechte, viel kürzere gelbe Rispen sowie kürzere, stärker aufrechte Blätter und färbt sich im Herbst kräftig gelb.

• Liebt feuchte, saure Böden, eignet sich aber für ganz unterschiedliche Standorte.

Höhe x Breite: 1,5–2,5 x 0,9–1,2 m

Monarda
INDIANERNESSEL

◯ ◑ ✻ ✻ ✻

Der Standort dieser Pflanze sollte so gewählt werden, daß man sie gut berühren und den Duft ihrer Blätter genießen kann. (Mit ihnen wird Earl-Grey-Tee aromatisiert.) Im Sommer sind die Blätter oft purpurn überlaufen, wenn die hübschen Blütenquirle erscheinen. *M.* 'Cambridge Scarlet' blüht weinrot, *M.* 'Adam' korallenrot.

• Bei starkem Mehltaubefall sollten Sie einen feuchteren oder halbschattigen Standort wählen.

Höhe x Breite: 1,2 m x 40 cm

Narcissus
NARZISSE

◯ ◑ ✻ ✻ ✻

Unter den zahlreichen Narzissen sind die folgenden besonders hübsch und blühen im Frühjahr sehr zuverlässig. Die kleine, zierliche Sorte *N.* 'Tête-à-tête' besitzt zurückgeschlagene Blütenblätter, jeder Stengel trägt 2 oder 3 leuchtend gelbe Blüten. Bei *N. jonquilla* stehen an jedem Stengel 6 stark duftende, zierliche Blüten mit kurzen, dunkelgelben Trompeten. *N.* 'Hawera' besitzt nickende Blüten, die außen einen grazilen Ring weißer, zurückgeschlagener Blütenblätter und innen eine hellgelbe, schalenförmige Trompete tragen. Narzissen sind in großen Gruppen am schönsten, können aber auch im Haus in Töpfen gezogen werden.

• Die Blätter sollten erst entfernt werden, nachdem sie abgestorben sind, meist 5 bis 6 Wochen nach der Blüte. So kann die Zwiebel Nährstoffe für das kommende Jahr einlagern.

Höhe x Breite: 15–30 x 10 cm

Monarda **'Adam'**

Salvia x *superba*

Nerine bowdenii

Nymphaea alba

Polygonum amplexicaule **'Alba'**

Papaver orientale **'Beauty of Livermere'**

SYMBOLE

◠ Bevorzugt Sonne

◐ Bevorzugt Halbschatten

● Verträgt Schatten

✻✻✻ Winterhart

✻✻ Winterhart bis -7 °C

✻ Frostempfindlich – verträgt Temperaturen bis +4 °C

Nepeta 'Six Hills Giant'

◠ ✻✻✻

Diese wüchsige Katzenminze erfreut den ganzen Sommer durch schöne Blätter und Farben. Sollte entweder einzeln nahe dem Rand einer Rabatte oder als niedrige Hecke gepflanzt werden. Blätter grausamtig, duftend, sehr dekorativ. Im Sommer mit weichen Ähren kleiner blauer Blüten.

• Sollte im Hoch- oder Spätsommer zurückgeschnitten werden, damit neue Blätter und Blüten gebildet werden.

Höhe x Breite: 45 x 90 cm

Nerine bowdenii

GUERNSEYLILIE

◠ ✻✻

Im Herbst lebhaft rosafarben blühende Zwiebelpflanze mit lilienartigen Blüten und schmalen, gewellten, grazil nach außen eingerollten Blütenblättern. Sorgt für einen schönen Kontrast zu den Herbstfarben anderer Pflanzen.

• Sollte in warmer Südlage vor einer sonnigen Mauer kultiviert werden.

Höhe x Breite: 45–60 x 12–15 cm

Nymphaea

SEEROSE

◠ ✻✻✻

Wunderschöne Teichpflanze mit prächtigen Blüten. Die Weiße Seerose *(N. alba)* eignet sich nur für große Teiche. Sie besitzt duftende, leuchtend weiße, halbgefüllte Blüten und ovale, ledrige, im Austrieb rote Blätter. *N.* 'Caroliniana Nivea' kommt auch für kleinere Teiche in Frage. Sie bildet große, duftende, weiße Blüten und hellgrüne Blätter. *N.* 'Pink Opal' trägt rosafarbene, duftende Blüten und bronzefarbene Blätter.

• Für stehende Gewässer. Sollte in einen mit Lehm und verrottetem Stallmist gefüllten Pflanzkorb gesetzt werden, man kann sie aber auch direkt in den Teichgrund pflanzen.

Pflanztiefe x Breite:
N. alba: 0,3–1,8 x 3 m
Übrige: 20–40 x 90 cm

Paeonia

PÄONIE, PFINGSTROSE

◠ ✻✻✻

Seit Jahrhunderten eine beliebte Gartenpflanze mit prachtvollen Blüten und hübsch gefiederten Blättern. Blüht im Spätfrühling und Frühsommer. *P. mlokosewitschii* blüht besonders früh und trägt blaßgelbe, ungefüllte Blüten sowie zart bläulichgrüne, rundliche Blätter. *P. lactiflora* 'White Wings' trägt elegante, reinweiße, ungefüllte Blüten mit gelben Staubblättern, und *P. officinalis* 'Rubra Plena' bildet sehr große, tiefrote, gefüllte Blüten. Schön als Blickfang vorn in Rabatten.

• Sollte sehr flach in nährstoffreiche, schwere, aber durchlässige Böden gepflanzt werden.

Höhe x Breite: 75–90 x 60 cm

Panicum virgatum 'Rehbraun'

KUPFERHIRSE

◠ ✻✻✻

Hohes, lockeres, gut in Rabatten passendes Gras mit breiten, flachen, purpurbraun gestreiften Blättern. Die Blütenrispen sind zunächst sehr dicht, später ausgebreitet. Blätter und Blüten färben sich im Herbst warm orangerot und halten auch dem Winter stand, wenn man sie vor starkem Wind schützt. Sollte einzeln so zwischen andere Stauden gepflanzt werden, daß sie von der Herbstsonne angestrahlt wird.

• Unempfindlich gegen Trockenheit, wächst auch in feuchten Böden.

Höhe x Breite:
1,8 m x 60 cm

Papaver orientale

TÜRKISCHER MOHN

◠ ✻✻✻

Bildet im Frühsommer sehr große, tellerförmige Blüten mit seidig schimmernden Kronblättern. Die behaarten Blätter sterben im Frühsommer ab. Besonders hübsch ist die Sorte 'Beauty of Livermere' mit großen, blutroten Kronblättern und purpurschwarzen Staubblättern. Die weißen Kronblätter von 'Black and White' sind purpurschwarz gefleckt, ebenso die orangeroten, gefransten Kronblätter von 'Curlilocks'. Die kleinere, zierliche Sorte 'Karine' trägt rosafarbene, tief burgunderrot gefleckte Blüten. Türkischer Mohn sollte einzeln neben Stauden gepflanzt werden, die erst im Spätsommer blühen und den Platz ausfüllen, den der verblühte Mohn zurückläßt.

• Die Stengel sollten gleich nach der Blüte abgeschnitten werden. Während der Sommerruhe kann man die Pflanzen aus dem Boden nehmen und teilen oder Wurzelschnittlinge abnehmen.

Höhe x Breite: 45–90 x 60–120 cm

Pennisetum villosum

LAMPENPUTZERGRAS

◠ ✻✻

Etwas frostempfindliches, lockere Horste bildendes, feinblättriges Gras. Im Spätsommer mit langen, fedrigen, zartrosa Blütenständen. Hübsch als Einzelpflanze oder in größerer Zahl.

• Blüht nur an sonnigen Standorten gut. Unempfindlich gegen Trockenheit.

Höhe x Breite: 60 x 60 cm

Phormium tenax

NEUSEELÄNDER FLACHS

◠ ✻✻

Sehr große, schön geformte, immergrüne Staude. Blätter hoch, schwertförmig, purpurrot, straff aufrecht. Im Sommer mit dunkelroten Blüten an purpurfarbenen Trieben, die bei der Art strahlender gefärbt und hübscher geformt sind als bei den panaschierten Sorten. Dekorativer Blickfang an gut sichtbarem Standort.

• Benötigt durchlässige, aber feuchte Böden. Muß im Winter abgedeckt werden.

Höhe x Breite: 2–2,5 x 0,9 m

Polygonum

Syn. *Persicaria*

KNÖTERICH

◠ ◐ ● ✻✻✻

Wüchsige Staude, sehr schön in naturnahen Pflanzungen und frei gestalteten Rabatten. *P. amplexicaule* 'Alba' trägt weiße, 'Rosea' rosafarbene Blütenstände. Beide Sorten blühen vom Spätsommer bis zum Spätherbst. *P. polymorphum* wird bis 1,5 m hoch und ist starkwüchsig, breitet sich aber kaum aus. Diese wenig bekannte Art trägt vom Spätfrühling bis zum Frühherbst weiße, später rosafarbene, fedrige Blütenstände.

• Liebt feuchte Böden mit viel organischem Material.

Höhe x Breite: 60–150 x 60–120 cm

Pulmonaria officinalis 'Sissinghurst White'

◐ ● ✻✻✻

Schattenliebender Bodendecker mit behaarten, weiß gefleckten Blättern. Das Echte Lungenkraut *(P. officinalis)* blüht zartblau, diese Sorte jedoch reinweiß. Blüht im zeitigen Frühjahr, bevor die Sträucher und Bäume austreiben, unter denen dieses Lungenkraut wächst.

• Wird an trockenen Standorten manchmal von Mehltau befallen. Sollte nach der Blüte zurückgeschnitten werden, damit junge Blätter wachsen.

Höhe x Breite: 20 x 45 cm

Rheum palmatum 'Atrosanguineum'

ZIERRHABARBER

◠ ◐ ✻✻✻

Besonders interessant geformt, mit großen, tief eingeschnittenen, im Frühling kräftig dunkelroten Blättern. Die hohen Blütenstände mit rosafarbenen, weiß überlaufenen Blüten erscheinen im Frühling. Sollte einzeln als Akzent neben feuchtigkeitsliebende Pflanzen gesetzt werden, wenn genug Platz zur Verfügung steht, auch in Gruppen.

• Liebt tiefgründige, mit Stallmist gedüngte, feuchtigkeitsspeichernde Böden.

Höhe x Breite: 1,2 x 1,5 m

Sagittaria sagittifolia

PFEILKRAUT

◠ ✻✻✻

Hübsche Uferpflanze mit zwei unterschiedlichen Blattformen: linealischen, untergetauchten Blättern und speerförmigen, frischgrünen, 45 cm über der Wasseroberfläche stehenden Blättern. Trägt im Sommer an steifen Stielen reinweiße Blüten.

• Sollte nicht tiefer als 25 cm unter der Wasseroberfläche in einen mit Lehm und gut verrottetem Stallmist gefüllten Pflanzkorb gesetzt werden. Breitet sich

Sedum **'Herbstfreude'**

Stipa gigantea

Tellima grandiflora

Verbena bonariensis

Viola riviniana

rasch aus, sollte daher nicht unbedingt direkt in den Teichgrund gepflanzt werden.
Höhe x Breite: 45–90 cm x 2 m

Salvia x *superba*

Hübscher Salbei, der vom Spätfrühling bis zum Spätsommer aufrechte, violette Blütenähren trägt. Hübscher Schwerpunkt im vorderen Teil von Staudenrabatten.
● Wird im Hochsommer nach der Blüte zurückgeschnitten, damit er ein zweites Mal blüht.
Höhe x Breite: 60–90 x 45 cm

Sedum 'Herbstfreude'

Syn. *S.* 'Autumn joy'

Diese Fetthenne ist wohl die schönste im Herbst blühende Staude. Die Triebe tragen hellgrüne, fleischige Blätter und große, flache Blütenstände mit kleinen, zunächst rosaroten Blüten, die sich nacheinander öffnen. Blüten später tiefrot, ausgetrocknet kräftig schokoladenbraun und so den ganzen Winter sehr hübsch, besonders, wenn sie mit Reif oder Schnee bedeckt sind. Mehrere Exemplare sollten verteilt vorn in formalen oder frei gestalteten Rabatten gepflanzt werden. Lockt viele Schmetterlinge an.
● Liebt trockene, sonnige Standorte. Sollte erst abgeschnitten werden, wenn im Frühjahr neue Blätter wachsen.
Höhe x Breite: 45 x 60 cm

Stipa

FEDERGRAS, PFRIEMENGRAS

Besonders dekoratives, meist immergrünes, horstbildendes Gras. Das Riesen-Federgras *(S. gigantea)* bildet ab dem Spätfrühling lockere, bronze schimmernde, oft mehr als 2 m hohe Blütenrispen, die trocknen und sich gelb färben, wenn sie nicht von starkem Wind geschädigt werden. Den Winter überstehen die Blütenstände nicht. *S. arundinacea* trägt ganzjährig orangegrüne Blätter. Die purpurfarbenen Blüten stehen an zahlreichen, sehr feinen, bogigen Trieben, kurz über den aufrechten Blättern. Wird 60 cm hoch. Die 90 cm hohe Art *S. brachytricha* trägt vom Frühsommer bis zum Spätherbst silbrige Blütenstände, die sich sehr gut schneiden und trocknen lassen. Die reifen Blütenstände von *S. barbata* sind elegant und langschweifig. Diese Art sollte nahe an einem Weg stehen, damit man die Blütenstände berühren kann. Federgräser sehen einzeln am schönsten aus, man sollte sie so pflanzen, daß sie von der Abendsonne angestrahlt werden und sich leicht im Wind wiegen.
● Wird im Frühling geteilt und umgepflanzt, damit die Horste klein bleiben. Nach dem Anwachsen unempfindlich gegen Trockenheit.
Höhe x Breite: 50–200 x 60–90 cm

Tellima grandiflora

FALSCHE ALRAUNWURZEL

Zuverlässiger, niedriger, meist immergrüner Bodendecker, im Spätfrühling und Frühsommer mit langen, schlanken Blütenständen und duftenden, grün überlaufenenen, cremefarbenen Blüten. Hübsch als Unterwuchs von Bäumen und Sträuchern. Die Blätter der immergrünen Rubra-Hybriden (Syn. *T. grandiflora* 'Purpurea') sind im Winter kupferfarben.
● Eignet sich für recht trockene Standorte.
Höhe x Breite: 60 x 30 cm

Tiarella cordifolia

SCHAUMBLÜTE

Trägt im Frühjahr kurze Trauben duftiger, cremeweißer Blüten. Blätter frischgrün, behaart. Guter Bodendecker unter Gehölzen.
● Liebt feuchte, fruchtbare Böden, die viel organisches Material enthalten.
Höhe x Breite: 30 x 30 cm

Verbena bonariensis

EISENKRAUT, VERBENE

Diese aufrechte Staude kann auch als einjährige Pflanze kultiviert werden. Die hohen, dünnen, stark verzweigten, vierkantigen Triebe tragen im Sommer und Herbst über mehrere Monate purpurfarbene Blütenstände mit kleinen Blüten. Sollte in Rabatten verteilt gesetzt werden; mit ihrem lockeren Wuchs und ihren schlanken Trieben transparent, eine ideale Hintergrundpflanze.
● Liebt sehr warme, sonnige Lagen.
Höhe x Breite: 90–120 x 60 cm

Veronica gentianoides

EHRENPREIS

Aparte Pflanze, die immergrüne, wüchsige Teppiche glänzend dunkelgrüner Blätter bildet. Im Frühsommer mit zierlichen Blütenständen, an denen sehr zarte, blaue Blüten mit dunkelblauen Staubblättern stehen. Blüht zwar nur kurz, sollte jedoch an mehreren Stellen vorn in einer Rabatte stehen.
● Liebt feuchtigkeitsspeichernde Böden.
Höhe x Breite: 5–45 x 30 cm

Vinca major

GROSSES IMMERGRÜN

Immergrüner Bodendecker mit glänzend grünen Blättern. Trägt im Frühling hellblaue Blüten. Die langen, dem Boden aufliegenden Triebe wachsen in benachbarte Pflanzen hinein. Im Schatten besonders guter Bodendecker, in der Sonne reich blühend.
● Nach dem Anwachsen unempfindlich gegen Trockenheit. Nicht vollständig winterhart.
Höhe x Breite: 30 x 45–90 cm

Viola

VEILCHEN

Hübscher Bodendecker. Die Purpurea-Gruppe von *V. riviniana* (Syn. *V. labradorica)* besteht aus sehr kleinen Pflanzen mit kleinen, purpurroten, rundlichen Blättern und winzigen blauvioletten Blüten, die im Halbschatten stark versamen. Das Duftveilchen *(V. odorata)* besitzt stark duftende, purpurviolette oder weiße Blüten und herzförmige Blätter. Hervorragend in vorderen Lücken von Rabatten. Blüht eigentlich im Frühling, bei zeitlich versetzter Aussaat aber auch im Spätsommer. *V. tricolor* 'Bowles Black' ist ein schönes, schwarzblühendes Stiefmütterchen, das meist als einjährige Pflanze kultiviert wird, versamt und dabei echt fällt.
● Wächst gut in Böden, die viel organisches Material enthalten.
Höhe x Breite: 5–30 x 10–30 cm

Zantedeschia aethiopica

ZIMMERKALLA

Fleischige Rhizomstaude mit eleganten, trichterförmigen, weißen Blüten und glänzenden, pfeilförmigen Blättern. *Z. aethiopica* 'Crowborough' blüht schneeweiß, bildet zahlreiche Blätter und ist ein guter Hintergrund für andere Stauden.
● Gedeiht vor allem in feuchtem Boden oder in seichtem Wasser am Rand eines Teiches.
Höhe x Breite: 90 x 45 cm

Zantedeschia aethiopica **'Crowborough'**

Ein- und zweijährige Pflanzen

Nigella damascena **'Miss Jekyll'**

Centaurea cyanus

Cosmos bipinnatus

Nicotiana sylvestris

Salvia sclarea **var.** *turkestanica*

SYMBOLE

◠ Bevorzugt Sonne

◐ Bevorzugt Halbschatten

● Verträgt Schatten

✻✻✻ Winterhart

✻✻ Winterhart bis -7 °C

✻ Frostempfindlich – verträgt Temperaturen bis +4 °C

Helianthus annuus **'Russian Giant'**

Ein- und zweijährige Pflanzen blühen oft lange, sind aber kurzlebig. Einjährige vollenden ihren Lebenszyklus im ersten Jahr, zweijährige bilden im ersten Jahr nur Blätter, sie blühen und fruchten im zweiten Jahr und sterben danach ab. Aussaat und Pflege dieser Pflanzen können sehr arbeitsintensiv sein, aber sie machen das Gärtnern abwechslungsreich, weil man jedes Jahr andere Arten säen kann. In fruchtbaren, feuchten Böden werden die besten Ergebnisse erzielt.

Centaurea cyanus

KORNBLUME

◠ ✻✻✻

Winterharte, einjährige Pflanze mit sehr schlanken Stengeln, wenigen linealischen, grauen Blättern und schönen, leuchtend blauen Blütenköpfen. Am schönsten in großen Gruppen. Versät sich bei günstigen Bedingungen.

• Wenn man im zeitigen und späten Frühjahr sät, hat man den ganzen Sommer blühende Pflanzen.

Höhe x Breite: 45–90 x 30 cm

Cosmos

SCHMUCKKÖRBCHEN, KOSMEE

◠ ✻✻

C. bipinnatus ist eine begrenzt winterharte, einjährige Pflanze mit aufrechten Trieben und frischgrünen, fein zerschlitzten Blättern. Blüht während des ganzen Sommers, meist lebhaft rosa, purpurn und weiß. *C. atrosanguineus* ist eine frostempfindliche Staude, sie wird aber oft wie eine einjährige Pflanze behandelt. Sie besitzt samtig braune, nach Schokolade duftende Blüten und gröber zerschlitzte Blätter.

• *C. bipinnatus* kann vorgezogen, aber auch direkt ins Freiland gesät werden. *C. atrosanguineus* wird meist durch Stecklinge vermehrt, die man im Frühjahr schneidet.

Höhe x Breite: 50–120 x 30 cm

Erysimum cheiri

Syn. *Cheiranthus cheiri*

GOLDLACK

◠ ✻✻✻

Lange blühende Halbsträucher, die meist wie zweijährige Pflanzen behandelt werden. Die hübschen, süß duftenden Blüten öffnen sich im zeitigen Frühjahr. Die meisten Sorten blühen warmgelb oder orange, die hohe 'Rose Queen' blüht rosarot und rosa, 'Vulcan' samtig purpurrot.

• Leicht zu kultivieren. Der Standort sollte so gewählt werden, daß die Frühlingssonne auf die Pflanzen scheint und sie ihren Duft verströmen läßt. Wird im Frühjahr oder Herbst gesät, man kann im Sommer aber auch krautige Stecklinge schneiden.

Höhe x Breite: 30 x 20 cm

Eschscholzia californica

GOLDMOHN

◠ ✻✻

Frostempfindliche Staude, die bei uns nur als Einjährige angepflanzt wird. Mit leuchtenden Blüten über zahlreichen graugrünen, gefiederten Blättern. Die Blüten schließen sich am späten Nachmittag. Sie sind meist warmgelb und orange, doch 'Alba' blüht weiß, 'Ivory Castle' cremefarben und 'Purple Gleam' purpurn. Sollte in dichten Beständen oder zwischen Stauden wachsen.

• Benötigt einen sonnigen, trockenen Standort.

Höhe x Breite: 30–60 x 30–45 cm

Helianthus annuus 'Russian Giant'

◠ ✻✻✻

Diese Sonnenblume ist wohl die höchste einjährige Gartenpflanze, sie wird bis 3,5 m hoch. Die riesigen gelben Blütenköpfe verschönern jede Rabatte, sollten hinten gepflanzt werden, so daß andere Blumen ihre kahlen Stengel verdecken. Die Blüten drehen sich zur Sonne. Sollte so gepflanzt werden, daß man die Blüten gut sehen kann. Bei Kindern und Erwachsenen gleichermaßen beliebt.

• Wird an Ort und Stelle in gut vorbereiteten Boden gesät. Mit viel Pflege, Dünger und Wasser wunderschön.

Höhe x Breite: 3,5 m x 60 cm

Lunaria annua

JUDASSILBERLING

◠ ◐ ✻✻✻

Große, winterharte, zweijährige Pflanze, die im zeitigen Frühjahr purpurfarbene Blüten trägt. Im Sommer mit pergamentartigen Früchten, die trocknen und sich dabei schön silbrig färben. Die Varietät *albiflora* blüht weiß. Besonders attraktiv, wenn sie verteilt zwischen anderen Frühlingsblühern wächst. Versät sich bei günstigen Bedingungen stark.

• Wer die weißblühende Form kultivieren möchte, sollte alle purpurn blühenden Pflanzen ausreißen, sonst schlagen die Pflanzen in die purpurne Form zurück.

Höhe x Breite: 90 x 60 cm

Nicotiana

TABAK

◠ ◐ ✻✻✻

Einjährige oder kurzlebige mehrjährige Pflanzen gehören zu dieser Gattung. *N. sylvestris* ist der stattlichste Tabak, besonders schön in großen Gruppen. Über den großen, frischgrünen Blättern findet sich ein 1,8 m hoher Blütenstand, an dem elegante, röhrenförmige, weiße Blüten hängen. Die einjährige *N. langsdorffii* wird nur halb so hoch und bildet dünne Triebe mit frischgrünen, röhrenförmigen Blüten. Sieht zwischen anderen Einjährigen am schönsten aus. In der Sensation-Gruppe von *Nicotiana* finden sich wertvolle Zierpflanzen mit ganz unterschiedlich gefärbten, abends duftenden Blüten.

• Tabakpflanzen eignen sich auch für halbschattige Standorte und gedeihen am besten in fruchtbaren Böden.

Höhe x Breite: 75–180 x 30–60 cm

Nigella damascena 'Miss Jekyll'

◠ ✻✻✻

Die feinen, gefiederten Blätter passen gut zu den reinblauen Blüten dieser winterharten, einjährigen Jungfer im Grünen. Nach der Blüte erscheinen rundliche, grüne Kapselfrüchte. Schön in großen Beständen, paßt aber auch gut zu anderen hohen Blumen. Versät sich sehr stark.

• Benötigt einen warmen, gut vorbereiteten Boden.

Höhe x Breite: 60 x 30 cm

Omphalodes linifolia

◠ ✻✻✻

Hübsche, winterharte, einjährige Pflanze mit schmalen, grauen Blättern und zahlreichen kleinen, reinweißen, an Vergißmeinnicht erinnernden Blüten. Am schönsten unter Stauden, versamt.

• Benötigt einen warmen, gut vorbereiteten Boden.

Höhe x Breite: 30 x 30 cm

Papaver

MOHN

◠ ✻✻✻

Die hübschen Blüten öffnen sich im Frühsommer. Der Islandmohn *(P. nudicaule)* ist mehrjährig, wird aber oft wie eine zweijährige Pflanze behandelt. Seine zarten, seidigen, in verschiedenen Pastelltönen gefärbten Blüten öffnen sich weit und sind sehr flach. Der einjährige Schlafmohn *(P. somniferum)* bildet steif aufrechte Stengel und blaugrüne Blätter. Die schalenförmigen, ungefüllten oder gefüllten Blüten besitzen bei einigen Sorten gefranste Blütenblätter und sind rosa, rot oder purpurn gefärbt. *P. rhoeas* 'Mother of Pearl' bildet ungefüllte, altrosa und graurosa gefärbte Blüten.

• Benötigt einen durchlässigen Boden. Besonders bei *P. nudicaule* sollte frisch gesammeltes Saatgut verwendet werden.

Höhe x Breite: 30–120 x 45–60 cm

Salvia sclarea var. *turkestanica*

MUSKATELLERSALBEI

◠ ✻✻✻

Zweijähriger Salbei mit Rosette aus großen, grob geaderten, duftenden Blättern. Die Blütenähren wirken purpurn bis rosa, die Einzelblüten sind blauweiß, die Hochblätter grün, weiß und rosa gezeichnet. Diese große Pflanze blüht im Sommer mehrere Monate und versät sich.

• Sollte im ersten Jahr in Töpfen oder im Anzuchtbeet vorgezogen und im folgenden Herbst oder Frühjahr ausgepflanzt werden.

Höhe x Breite: 1,2 x 1 m

Tropaeolum majus

KAPUZINERKRESSE

◠ ✻

Schöne, liegende oder kletternde Pflanze mit hübschen, schildförmigen Blättern. Die Trailing-Gruppe wird in verschiedenen Farben angeboten, von cremegelb und orange bis rot. *T.* 'Empress of India' besitzt dunkle, blaugrüne Blätter und tiefrote Blüten. Attraktiver, raschwüchsiger Bodendecker mit gespornten Blüten, die eine schmackhafte, hübsche Salatzutat sind.

• Bevorzugt feuchte Böden. Bildet in nährstoffreichen Böden vor allem Blätter und nur wenige Blüten.

Höhe x Breite: 30 cm x 1,5 m

Kletterpflanzen und Sträucher

Hedera helix **'Buttercup'**

Humulus lupulus **'Aureus'**

Lonicera japonica **'Halliana'**

Hydrangea anomala **ssp.** *petiolaris*

Die meisten Kletterpflanzen besitzen holzige Triebe, die aber nicht stark genug sind, um sich selbst aufrecht zu halten. Daher benötigen sie einen Halt: eine Mauer, einen Zaun, eine Pergola, ein Spalier, einen Pfahl oder einen Baum.

Akebia quinata
FINGERBLÄTTRIGE AKEBIE

Meist immergrüne Kletterpflanze mit hübsch gelappten Blättern. Trägt im Frühjahr hängende Büschel rötlich-purpurfarbener, nach Vanille duftender Blüten. In heißen Sommern reifen purpurfarbene, gurkenförmige Früchte.

- Blüht an warmen, geschützten Mauern, im Schatten jedoch nicht.

Höhe: 9–12 m

Campsis radicans
KLETTERTROMPETE

Selbstklimmende, exotisch anmutende Kletterpflanze, die im Sommer große Büschel scharlachroter, trompetenförmiger Blüten trägt. Hübsch an einer sonnigen Mauer.

- Benötigt einen sonnigen Standort, um reich zu blühen und damit das Holz ausreift.

Höhe: 10 m

Clematis
WALDREBE

Verschiedene Waldreben blühen im Frühjahr: die wüchsige, doch nicht vollständig winterharte, immergrüne *C. armandii* mit ihren weißen, nach Vanille duftenden Blüten, die kleinere *C. alpina* 'Frances Rivis' mit eleganten, blauen, laternenähnlichen Blüten, und *C. macropetala* 'Markham's Pink' mit halbgefüllten, altrosa gefärbten Blüten. Im Sommer blühen die hübschen Hybriden von *C. viticella* in kräftigen Rot-, Blau- und Purpurtönen.

- Sollte mindestens 5 cm tief gepflanzt werden, damit die Wurzeln kühl bleiben und die Pflanze sich von unten regenerieren kann, wenn sie von der Clematiswelke befallen wird. Verwelkte Triebe, die sich nicht erholen, sollten herausgeschnitten werden.

Höhe:
C. armandii: 4,5–6 m
Übrige: bis 2,5 m

Hedera
EFEU

Wächst über Mauern und an Bäumen empor, über Beete und zwischen Unterwuchs. Der Kolchische Efeu *(H. colchica)* trägt große, glänzend dunkelgrüne Blätter. *H. helix* 'Buttercup' bildet gelbe, an sonnigen Standorten besonders schöne Blätter, ist aber weniger wüchsig und frostempfindlicher als die Art.

- Wächst fast überall, am besten jedoch im Halbschatten in humusreichen, basischen Böden.

Höhe: 10–15 m

Humulus lupulus 'Aureus'

Kletternde, im Spätsommer blühende Staude mit gelben Blättern und papierartigen Fruchtzapfen. Dieser Hopfen ist an dunklen Stellen besonders hübsch.

- Wächst am besten in feuchten, nährstoffreichen Böden.

Höhe: 3–8 m

Hydrangea anomala ssp. *petiolaris*
KLETTERHORTENSIE

Laubabwerfende, langsamwüchsige Kletterpflanze, die im Frühsommer große, köstlich duftende, tellerförmige, reinweiße Blütenstände trägt. Muß nicht erzogen oder angebunden werden, ist auch ein guter Bodendecker.

- Wächst zunächst nur langsam.

Höhe: 18–25 m

Lonicera
GEISSBLATT, HECKENKIRSCHE

Viele Geißblätter klettern an Bäumen und Zäunen empor. Zwei duftende japanische Geißblätter sind *L. japonica* 'Halliana' mit zunächst weißen und später gelben Blüten, und *L. japonica* var. *repens* mit purpurfarbenen Trieben und Blüten. Das weniger wüchsige Waldgeißblatt *L. periclymenum* 'Graham Thomas' trägt duftende, zunächst weiße und später gelbe Blüten. Diese Waldreben blühen im Sommer lange Zeit, ihr Duft ist frühmorgens und spätabends am stärksten.

- Liebt kühle Standorte und feuchte, viel Lauberde enthaltende Böden.

Höhe: 4–9 m

Parthenocissus quinquefolia
WILDER WEIN, JUNGFERNREBE

Die Jungfernrebe ist selbstklimmend und besonders schön, wenn sie an Fichten emporklettert und ihre purpurrote Herbstfärbung für einen wunderschönen Kontrast zu den dunklen Nadeln sorgt.

- Sollte gestützt werden, bis sie angewachsen ist und Ranken gebildet hat.

Höhe: 15–25 m

Passiflora caerulea
PASSIONSBLUME

Passionsblumen sind in Deutschland leider nicht winterhart. Sie bilden wüchsige, wirr erscheinende, sich mit Sproßranken festhaltende Triebe. Im Sommer und Herbst mit schönen blauen, weißen und purpurfarbenen Blüten. Die ovalen Früchte sind ausgereift orangerot.

- Sollte an einer warmen, geschützten Mauer wachsen, im Wintergarten oder Gewächshaus.

Höhe: 7–10 m

Rosa
ROSE

R. 'Madame Alfred Carrière' besitzt köstlich duftende, fast weiße, leicht gelbbraun überlaufene Blüten. Die wüchsige *R.* 'Mermaid' trägt zart duftende, blaß schwefelgelbe, ungefüllte Blüten und glänzend dunkelgrüne Blätter. *R.* 'New Dawn' ist in der Knospe rosa und später zart hellrosa. *R.* 'Wedding Day' und *R.* 'Bobbie James' sind wüchsige Kletterrosen, die im Sommer große cremefarbene Blütenstände tragen.

- Liebt gut mit Stallmist gedüngte, vor allem lehmige Böden und offene Standorte. Rosen sollten nicht nacheinander an eine Stelle gepflanzt werden, weil sie sonst leicht erkranken. Im dritten Jahr nach der Pflanzung erfolgt der erste Schnitt. Dabei werden die Seitentriebe entfernt, die im Jahr zuvor blühten.

Höhe: 6–10 m

Solanum
NACHTSCHATTEN

Die weißblühende Sorte *S. jasminoides* 'Album' ist eine frostempfindliche, meist immergrüne, raschwüchsige Kletterpflanze, die im Sommer und Herbst lockere Blütenbüschel trägt. Die purpurblau blühende *S. crispum* 'Glasnevin' ist winterhärter, aber weniger wüchsig.

- Gedeiht am besten an einer sonnigen Mauer und in einem basischen Boden. Die Triebe sollten regelmäßig angebunden werden. Wird nach der Blüte geschnitten.

Höhe: 4,5–9 m

Vitis
REBE

Die Blätter des Scharlachweins *(V. coignetiae)* sind bis 30 cm breit und färben sich im Herbst leuchtend orange bis purpurrot. *V. vinifera* 'Purpurea' ist eine Sorte der Weinrebe mit zunächst filzig grauen, später purpurfarbenen Blättern.

- In nährstoffarmen Böden besonders schöne Herbstfärbung.

Höhe: 10–15 m

Wisteria
GLYZINE, BLAUREGEN

Die besonders elegante Sorte *W. floribunda* 'Alba' bildet bis 60 cm lange, hängende Trauben weißer Blüten. Bei der Sorte 'Macrobotrys' sind die Blütentrauben noch länger und blauviolett. Der duftende Chinesische Blauregen *(W. sinensis)* besitzt 30 cm lange, violettblaue Blütenstände.

- Das diesjährige Holz wird im Spätsommer bis auf 6 Knospen eingekürzt. Im Winter schneidet man die Seitentriebe bis auf 2 Knospen zurück.

Höhe: 4–10 m

Vitis coignetiae

Wisteria floribunda **'Alba'**

Gemüse, Kräuter, Obst

Zucchini 'Gold Rush'

SYMBOLE

◠ Bevorzugt Sonne
◑ Bevorzugt Halbschatten
● Verträgt Schatten
✻✻✻ Winterhart
✻✻ Winterhart bis -7 °C
✻ Frostempfindlich – verträgt Temperaturen bis +4 °C

Spargel 'Connover's Colossal'

Stangenbohne 'Purple Podded Climbing'

Salat 'Royal Oak Leaf'

Zwiebel ' Red Torpedo'

Aubergine 'Easter Egg'

Rotstieliger Mangold

Gemüse, Kräuter und Obstpflanzen sind nicht nur bei Feinschmeckern beliebt. Man braucht sie jedoch nicht in den Nutzgarten zu verbannen, denn die meisten sind auch im Ziergarten dekorativ.

GEMÜSE

Einjähriges Gemüse wird während der Vegetationsperiode am besten jeden Monat in kleinen Mengen ausgesät, damit man in der Küche stets Frisches verwenden kann. Wer regelmäßig Gemüse anbaut, sollte einen Fruchtwechsel einhalten und nur alle 3 Jahre dasselbe Gemüse auf einem Beet anbauen (Kartoffeln nur alle 4 Jahre). Gemüse wird in 4 Gruppen eingeteilt, die man in folgender Reihenfolge anbaut: Hülsenfrüchte (Bohnen, Erbsen usw.), Kartoffeln, andere Wurzelgemüse, Blattgemüse (Kohl usw.). So kann man viele Krankheiten verhüten und starkem Schädlingsbefall vorbeugen.

Artischocke, Cardy

◠ ✻✻

Diese miteinander verwandten, ausdauernden Stauden bilden große, silbergraue, fiederteilige Blätter und hohe Stengel mit purpurfarbenen Distelblüten. Bei Cardy werden die gebleichten fleischigen Blattstiele verzehrt, bei Artischocken der Blütenkorbboden. Empfehlenswert ist die Artischockensorte 'Green Globe'. Mit ihren hübschen Blättern kommen beide Arten in Rabatten gut zur Geltung.

● Benötigen einen geschützten Standort mit durchlässigem, fruchtbarem Boden. Cardyblätter werden durch Umwickeln mit Pappe gebleicht.

Höhe x Breite: 90–200 x 90 cm

Aubergine

◠ ✻

Die Sorte 'Long Purple' trägt längliche, wohlschmeckende Früchte. Die Früchte von 'Easter Egg' werden gepflückt, wenn sie so groß wie Gänseeier sind.

● Wenn kein geschützter, warmer Standort verfügbar ist, sollten Auberginen in Töpfen oder im Gewächshaus gezogen werden. Die Temperatur muß bei mindestens 16 °C liegen. Der Boden sollte tiefgründig sein. Man läßt nur 4 Früchte pro Pflanze ausreifen.

Höhe x Breite: 60 x 45 cm

Bohnen

◠ ✻✻

Dicke Bohnen, Buschbohnen und Stangenbohnen werden häufig angebaut. Die rotblühende Dicke Bohne 'Red Epicure' bildet rote Samen. Buschbohnen müssen nicht grün sein: 'Mont d'Or' trägt gelbe, 'Royal Burgundy' tief purpurrote Hülsen. Die Stangenbohne 'Purple Podded' bildet dunkel purpurrote Triebe und Hülsen. Die scharlachrote Stangenbohne 'Painted Lady' liefert besonders köstliche Früchte.

● Dicke Bohnen sind frostempfindlich und werden im Spätwinter in Töpfe oder im Frühjahr vor Ort ausgesät. Strauch- und besonders Stangenbohnen benötigen einen warmen, geschützten Standort, viel Feuchtigkeit und einen tiefgründigen Boden mit viel organischem Material. Sie werden im Frühjahr in Töpfe gesät oder, wenn keine Fröste mehr zu erwarten sind, direkt an Ort und Stelle. Die windenden Triebe von Stangenbohnen brauchen kräftige Stützen.

Höhe x Breite: 30–200 x 30–45 cm

Feldsalat

◠ ✻✻

Salat mit kleinen Rosetten nußartig schmeckender Blätter, die den ganzen Winter über geerntet werden können, wenn man sie schneefrei hält.

● Wird im Spätsommer dünn gesät.

Höhe x Breite: 5 x 10 cm

Kartoffel

◠ ✻

Hier können Sie aus einem großen Sortiment früher, mittelfrüher und später Sorten auswählen. Die Schale ist weiß, gelb, rot oder blauschwarz. Das Fleisch ist ebenfalls unterschiedlich gefärbt und nach dem Kochen mehlig oder fest. 'Duke of York' ist eine köstliche, ertragreiche Frühkartoffel. 'Pink Fir Apple' ist rotschalig, festkochend und sehr gutschmeckend.

● Keimen Sie virusfreie Pflanzkartoffeln im Licht vor und pflanzen Sie sie anschließend doppelt so tief aus, wie sie groß sind. Der Boden sollte viel Feuchtigkeit speichern können. Die Triebe werden angehäufelt, damit die Knollen nicht grün und damit ungenießbar werden. Frühkartoffeln können ab der Blütezeit nach Bedarf gerodet werden. Spätkartoffeln werden im Herbst so früh wie möglich geerntet, damit die Schnecken sie nicht anfressen. Kartoffeln werden am besten nur im Gemüsegarten kultiviert.

Höhe x Breite: 60 x 45 cm

Kohl

◠ ✻✻

Zum großen Sortiment zählen Kopfkohl (Weiß- und Rotkohl, Wirsing), Rosenkohl, Grünkohl, Brokkoli und Blumenkohl. Unter den Kopfkohlsorten fällt der Rotkohl 'Ruby Ball' durch seine purpurfarbenen, weiß bereiften Blätter auf. Grünkohl trägt krause Blätter. Weniger dekorativ, aber sehr wohlschmeckend ist der Brokkoli 'Green Sprouting'.

● Kohl benötigt einen nährstoffreichen Boden. Er sollte in Anzuchtbeeten oder Töpfen vorgezogen werden. Anfällig für verschiedene Krankheiten und Schädlinge, wird daher am besten in leicht basische Böden und zwischen Zierpflanzen gesetzt.

Höhe x Breite: 60–90 x 60–90 cm

Mangold

◠ ◑ ✻✻

Die genügsame, hübsche Sorte 'Ruby Chard' bildet kontinuierlich glänzend dunkelgrüne, weinrot gestielte Blätter. In milden Gebieten winterhart. Diese dekorative Pflanze kann in kleinen Gruppen zwischen Blumen gesetzt werden.

● Wird im zeitigen Frühjahr an Ort und Stelle ausgesät. Alte Pflanzen werden entfernt, wenn sie zu schießen beginnen.

Höhe x Breite: 60 x 45 cm

Möhre

◠ ✻✻

Möhren besitzen fein gefiedertes, frischgrünes Laub. Wenn man sie schossen läßt, bilden sie zierliche weiße Blütendolden. Besonders wohlschmeckend ist die alte, gegen Möhrenfliege resistente, gelbfleischige Sorte 'Jaune Obtuse' und die weißfleischige 'Blanche'. Die runde 'Balin' wirkt mit ihrem dunkel orangefarbenen Fleisch traditioneller.

● Möhren lieben leichte Böden, die im Vorjahr mit Mist gedüngt wurden. Die Möhrenfliege wird ferngehalten, wenn daneben Zwiebeln wachsen.

Höhe x Breite: 20–45 x 10–15 cm

Paprika, Chillies

◠ ✻

Die Paprikasorte 'Purple Belle' bildet süß schmeckende, glockenförmige, dunkel auberginefarbene Früchte. Die Früchte der ertragreichen Sorte 'Gypsy' sind länglicher, zunächst hellgrün und später rot. Wer gern scharf ißt, sollte die kleine, hellgelb fruchtende Chillies-Sorte 'Hot Gold Spike' kultivieren.

● Die Samen keimen bei etwa 20 °C. Wenn kein warmer, geschützter Freilandstandort verfügbar ist, sollte man in Töpfe oder in das auf 16 °C gehaltene Gewächshaus säen. Im Freiland sollten die Pflanzen gemulcht werden, damit sie nicht austrocknen.

Höhe x Breite: 60 x 45 cm

Pastinake

◠ ✻✻✻

Die Sorte 'Hollow Crown' ist zuverlässig, wohlschmeckend und ertragreich. 'White Gem' ist besonders krankheitsresistent und mit den kurzen, dicken Wurzeln auch für flachgründige, steinige Böden und Tonböden geeignet. Wenn Sie dieses Wintergemüse nicht ernten, bildet es im folgenden Sommer an hohen Stengeln hübsche, gelbe Dolden.

● Wird in der Mitte des Frühjahrs in Böden gesät, die mit einem Vlies oder einer Glasglocke abgedeckt werden, damit das Saatgut rasch und gesund keimt. Eignet sich für die meisten durchlässigen Böden.

Höhe x Breite: 30–45 x 15–20 cm

Radicchio

◠ ✻✻

Die köstliche italienische Sorte 'Rossa di Verona' bildet dichte kleine Köpfe und kräftig rote Blätter. Die dunkelgrün und rot gezeichneten, weiß geaderten Blätter sind in Rabatten wunderhübsch.

● Säen Sie im zeitigen Frühjahr für die Sommerernte und im Spätsommer für die Winterernte. In kalten Gebieten sollte man die Pflanzen im Winter mit Glasglocken abdecken, damit sie nicht faulen.

Höhe x Breite: 20 x 30 cm

Rauke

◠ ✻✻

Würzig duftende und schmeckende Salatpflanze, die roh oder wie Spinat gekocht verzehrt werden kann. Mit den cremefarbenen Blüten kann man Speisen verzieren.

● Säen Sie mehrmals, um stets junge, zarte Blätter ernten zu können.

Höhe x Breite: 15 x 15 cm

Kartoffel 'Pink Fir Apple'

Rauke

Lorbeer

Tomate 'Gardener's Delight'

Zitronenbasilikum

Rettich
◠ ✲ ✲
Raschwüchsig, leicht zu kultivieren und wohlschmeckend. Außer den traditionellen rosaschaligen Rettichen wie 'French Breakfast' können Sie auch 'Tsukushi Spring Cross' und andere lange, weiße Sorten anbauen.
- Wird in kleinen Portionen in leichte, fruchtbare Böden gesät, sobald der Boden sich erwärmt hat, unter Glasglocken auch früher.

Höhe x Breite: 8 x 5 cm

Rote Bete
◠ ✲ ✲
Einjähriges Wurzelgemüse mit attraktiven Blättern. Bei der italienischen Sorte 'Barbietola di Chioggia' wechseln sich weiße und rote Ringe ab. 'Burpee's Golden' ist gelbfleischig, 'Bull's Blood' bildet rote Knollen und rote Blüten.
- Gedeiht am besten in nährstoffreichen, leichten Böden, die im Vorjahr mit Stallmist gedüngt wurden.

Höhe x Breite: 15–30 x 15 cm

Salat
◠ ✲
Vor allem die locker wachsenden Pflück- und Blattsalate sind in Blumenrabatten hübsche Blattschmuckpflanzen. Die eichenlaubartigen, roten oder hellgrünen Blätter von 'Royal Oak Leaf' und die dichten, krausen, dunkelroten Blätter von 'Lollo Rosso' sind besonders dekorativ, wenn man die Pflanzen verteilt in Rabatten setzt oder sehr zahlreich kultiviert. Wenn man sie schossen läßt, bilden sie elegante Blütenstände.
- Wird ab dem zeitigen Frühjahr in Anzuchtschalen unter Glas gesät und in der Mitte des Frühjahrs ausgepflanzt, wenn der Boden sich erwärmt hat. Später kann man in feuchten, leichten Boden an Ort und Stelle säen. Schoßt in trockenen, nährstoffarmen Böden besonders rasch. Ein Leckerbissen für Schnecken!

Höhe x Breite: 15–30 x 20 cm

Sellerie
◠ ✲ ✲
'Golden Self-Blanching' ist ein früher, zwergwüchsiger Stangensellerie, der nicht gebleicht werden muß. 'Red Giant' ist mit seinen rötlichen Trieben in Rabatten eine ungewöhnliche Blattschmuckpflanze. Knollensellerie ist weniger kälteempfindlich. Die Blätter der großen, wohlschmeckenden Sorte 'Marble Ball' können zum Würzen von Suppen und Eintöpfen verwendet werden.
- Keimt nicht immer gut. Man sät daher im zeitigen Frühjahr in Töpfe aus und hält diese bei einer konstanten Temperatur von 10 °C oder etwas darüber. Stangensellerie benötigt einen fruchtbaren Boden und im Sommer viel Wasser. Er sollte gemulcht werden.

Höhe x Breite: 60–75 x 25 cm

Spargel 'Connover's Colossal'
◠ ✲ ✲ ✲
Spargel wird gestochen, sobald die Köpfe der Stangen die Bodenoberfläche erreichen. Die Ernte dauert nur acht Wochen, denn anschließend muß die Pflanze oberirdisch wachsen, damit sie Reservestoffe für das folgende Jahr einlagern kann. Die kräftigen Stengel tragen sehr schmale, nadelförmige Blätter. Langlebige Staude, die am besten als Reinbestand kultiviert wird.
- Durchlässige Böden, in denen Kartoffeln gedeihen, eignen sich auch für Spargel.

Höhe x Breite: 1,5 m x 30–45 cm

Tomate
◠ ✲
Selbstgezogene Tomaten schmecken köstlich! Wer einen etwas anderen Liebesapfel ziehen möchte, kann die hohe Sorte 'Golden Sunrise' mit sonnengelben Früchten oder 'Yellow Cocktail' mit kleinen, birnenförmigen Früchten kultivieren. 'Gardener's Delight' ist von den Sorten mit kleinen Früchten der Favorit.
- Sehr frostempfindlich, sollte daher unter Glas oder in Töpfen vorgezogen werden. Die Samen keimen bei 16 °C am besten. Bevorzugt einen mit Stallmist gedüngten, fruchtbaren Boden und einen geschützten, sonnigen Standort. Hohe Sorten werden an Pfähle gebunden und ausgegeizt.

Höhe x Breite: 25–150 x 30–60 cm

Zucchini, Kürbis, Gurke
◠ ✲
Raschwüchsige, eng miteinander verwandte Sommergemüse. Zucchinis werden wegen ihrer eßbaren gelben Blüten und wegen ihrer Früchte kultiviert. Die Sorte 'Allgreen Bush' bildet dunkelgrüne, 'Gold Rush' kräftig gelbe Früchte. Bei den Kürbissen gibt es eine Fülle von Formen und Farben. 'Early Butternut' wächst buschig und bildet cremegelbe, köstliche Früchte. Die rankenden Spaghettikürbisse tragen größere, goldgelbe Früchte, deren Fleisch beim Kochen in Fäden zerfällt. Versuchen Sie, diese Kürbisse über einen Blumenbogen oder einen anderen kräftigen Halt wachsen zu lassen. Dazu entspitzen Sie die Triebe, wenn sie sechs Blätter tragen, und erziehen die anschließend gebildeten Seitentriebe wie nötig. 'Rebecca' trägt kleine, runde, orangefarbene Früchte. Gute Freilandgurken sind 'Burpless Tasty Green' und die ungewöhnlich rundfrüchtige 'Crystal Apple'.
- Diese Pflanzen sind besonders ertragreich, wenn sie an einem sonnigen Standort in einem mit Stallmist gedüngten Boden wachsen, gut gewässert und reichlich gemulcht werden. Man zieht sie vor oder sät sie, wenn der Boden sich erwärmt hat und keine Frostgefahr mehr besteht.

Höhe x Breite: 60–75 x 150 cm

Zwiebel, Schalotte, Porree
◠ ✲ ✲
Zwiebeln sind in verschiedenen Farben, Formen und Geschmacksrichtungen erhältlich. 'Red Torpedo' ist eine süß schmeckende, rote, längliche Sorte, 'Rossa di Bassano' ist rotviolett und rund. Für den täglichen Bedarf ist die ertragreiche Sorte 'Bedfordshire Champion' der Favorit. Schalotten schmecken zarter als Zwiebeln; besonders wohlschmeckend ist 'Sante'. Die Porreesorte 'Musselburgh' ist sehr zuverlässig und leicht zu kultivieren. Wenn man Porree schossen läßt, bildet er dichte, silbrig rosafarbene, runde Blütenköpfe.
- Zwiebeln können im zeitigen Frühjahr in Töpfe oder direkt ins Freiland gesät werden. Man kann im zeitigen Frühjahr aber auch Steckzwiebeln pflanzen, die so in den Boden gesetzt werden, daß ihre Spitzen herausschauen. Schalotten werden meist im Winter gepflanzt. Zwiebeln und Schalotten bevorzugen durchlässige, im Vorjahr mit Stallmist gedüngte Böden. Vor Porree sollte erst später gedüngt werden. Er wird im Frühling ins Freiland oder in Töpfe gesät.

Höhe x Breite: 50 x 20 cm

KRÄUTER
Für Küchenkräuter ist selbst im kleinsten Garten Platz. Man kann sie in Kübeln zwischen Blumen oder Gemüse ziehen, aber auch einen separaten Kräutergarten anlegen. Rosmarin und einige andere Kräuter können zu niedrigen, duftenden Hecken geschnitten werden. Thymian und Kamille bilden in sonnigen Lagen aromatische Matten zwischen Steinen.

Kerbel

Basilikum
◠ ✲ ✲
Besonders wertvolles Küchenkraut, sehr aromatisch mit großen hellgrünen Blättern. Die Blätter der Sorte 'Napoletano' sind gekräuselt, und die kleinblättrige 'Bush Basil' zeigt einen runden buschigen Wuchs.
- Das Aroma ist an sonnigen Standorten besonders kräftig. Die Pflanzen behalten ihre hübsche, kompakte Form, wenn man sie regelmäßig entspitzt. Wird als einjährige Pflanze kultiviert.

Höhe x Breite: 30–45 x 30 cm

Dill
◠ ✲ ✲
Dekoratives einjähriges Kraut mit sehr feinen, blaugrünen Blättern und dunkelgelben Blütendolden. Bildet sehr schöne Schleier zwischen Blumen, versamt stark. Blätter und vor allem Samen schmecken anisähnlich.
- Sollte mehrmals gesät werden, damit man lange Zeit Blätter und Samen ernten kann.

Höhe x Breite: 20–120 x 20 cm

Estragon
◠ ✲ ✲ ✲
Französischer Estragon ist nicht so leicht erhältlich wie Russischer Estragon, aber sehr viel aromatischer. Zudem breitet er sich nicht so stark aus. Die mehrjährigen Pflanzen bilden Triebe mit schmalen, grünen, aromatischen Blättern und tragen im Sommer grünlichweiße Blütenstände.
- Sollte gelegentlich aus dem Boden genommen und geteilt werden.

Höhe x Breite: 60 x 30 cm

Kamille 'Treneague'
◠ ✲ ✲ ✲
Diese nichtblühende Kamille zeigt einen niedrigen, ausgebreiteten Wuchs und bildet Matten aromatischer, fein zerteil-

Schnittlauch

Thymian 'Silver Posie'

Aprikose 'Moor Park'

Petersilie 'Moss Curled'

Rosmarin 'Sissinghurst Blue'

Französischer Estragon

Johannisbeere 'White Grape'

SYMBOLE

◠ Bevorzugt Sonne

◑ Bevorzugt Halbschatten

● Verträgt Schatten

✱✱✱ Winterhart

✱✱ Winterhart bis -7 °C

✱ Frostempfindlich – verträgt Temperaturen bis +4 °C

ter Blätter, die duften, wenn man sie zerreibt. Mehrjährig, aber kurzlebig, man sollte daher einige Pflanzen in Reserve halten, um Lücken zu füllen.
- Die Pflanzen sollten im Abstand von 10 cm gesetzt werden, damit sie dichte Teppiche bilden.

Höhe x Breite: 10 x 15 cm

Kerbel

◠◑✱✱

Hübsches, wohlschmeckendes Kraut mit fein zerteilten Blättern und zierlichen, weißen Blütendolden. Diese einjährige Pflanze paßt gleichermaßen in Ziergärten wie in Kräutergärten.
- Wird im Frühjahr ins Freiland gesät. Liebt leichte, aber feuchte Böden und halbschattige Standorte.

Höhe x Breite: 15–45 x 20 cm

Knoblauch

◠✱✱

Wertvolles Küchenkraut mit kräftigem Geschmack. Hervorragend neben Pflanzen, die häufig von Blattläusen befallen werden. Knoblauch hat grasähnliche, graugrüne Blätter und trägt im Sommer kleine, kugelige weiße Blütenköpfe. Im Unterschied zu Porree und Zwiebeln werden die Pflanzen nicht durch die Blütenbildung geschwächt, die Zehen bleiben kräftig.
- Die Zehen werden doppelt so tief in durchlässigen Boden gesetzt, wie sie groß sind.

Höhe x Breite: 25 x 8 cm

Lorbeer

◠✱✱

Immergrünes Gehölz, das an einem geschützten Standort zu einem hohen Baum heranwachsen kann. Wird in kleinen Gärten und in kalten Gebieten am besten in Kübel gepflanzt und in hübsche Formen geschnitten. Das Schnittgut kann in der Küche verwendet werden.

Purpurblättriger Salbei

- Benötigt Winterschutz.

Höhe x Breite: 3–9 x 2–3 m

Majoran

◠✱✱✱

Dekorative Staude mit kräftig schmeckenden, kleinen, rundlichen, reingrünen oder golden gefleckten Blättern. Vom Sommer bis zum Herbst mit Büscheln kleiner, rosafarbener Blüten, die abgeschnitten werden können, damit neue Blätter wachsen.
- Benötigt einen sonnigen Standort mit durchlässigem Boden.

Höhe x Breite: 30 x 30 cm

Minze

◠✱✱✱

Mehrjährige Kräuter mit unterschiedlichem Geschmack und verschiedener Wuchskraft: von der köstlich duftenden, sich nicht sehr stark ausbreitenden Apfelminze bis zur wuchernden Krauseminze. Im Sommer mit meist fliederoder rosafarbenen Blütenständen.
- Minze sollte in einen unten offenen Eimer gepflanzt werden, den man in den Boden eingräbt. So kann sie sich nicht so stark durch Ausläufer ausbreiten.

Höhe x Breite: 30–60 x 90 cm

Petersilie

◠✱✱✱

Die Sorte 'Moss Curled' sieht mit ihren fein gekräuselten, dunkelgrünen Blättern zwischen Blumen oder anderen Kräutern hübsch aus, wenn sie in Gruppen, einzeln oder als Einfassung verwendet wird. Die glatte 'Flat-leaved Parsley' wird von einigen Köchen wegen ihres kräftigeren Geschmacks bevorzugt, ist aber etwas größer und nicht so attraktiv. 'Hamburg' bildet ebenfalls glatte Blätter und außerdem verdickte, eßbare Wurzeln.
- Diese zweijährige Pflanze keimt langsam. Sollte in erwärmten Boden gesät und nicht umgepflanzt werden.

Höhe x Breite: 20 x 30 cm

Rosmarin

◠✱✱

Dicht verzweigter, immergrüner kleiner Strauch mit aromatischen, graugrünen, nadelförmigen Blättern. Am diesjährigen Holz mit Quirlen kleiner, dicht gedrängter blauer Blüten. 'Sissinghurst Blue' blüht besonders kräftig blau.
- Liebt sonnige Standorte mit durchlässigem Boden. Rosmarin sollte stark geschnitten werden, damit er eine schöne Form behält.

Höhe x Breite: 90–150 x 90–150 cm

Salbei

◠✱✱✱

Graublättriger kleiner Strauch, das ganze Jahr ein schöner Hintergrund für andere Pflanzen im Kräutergarten. Trägt filzige, aromatische Blätter und im Sommer purpurblaue Blütenähren. Purpurblättriger Salbei ist besonders dekorativ.
- Sollte im Frühjahr und nach der Blüte geschnitten werden, damit er nicht sparrig wird.

Höhe x Breite: 60 x 45 cm

Schnittlauch

◠◑✱✱✱

Ausdauerndes, im Winter bis zum Erdboden abfrierendes Kraut von mildem, zwiebelähnlichem Geschmack. Die dichten, grünen, grasähnlichen Blätter fassen architektonische Rabatten hübsch ein. Trägt im Sommer rosafarbene Blütenköpfe, die Salaten Farbe verleihen. Der verwandte Knoblauch-Schnittlauch besitzt flache Blätter, schmeckt zart nach Knoblauch und blüht weiß.
- Wird nach der Blüte zurückgeschnitten, damit neue Blätter wachsen, die bis zum Herbst frisch aussehen.

Höhe x Breite: 25 x 15 cm

Thymian

◠✱✱✱

Thymian bildet Teppiche oder kleine, buschige Sträucher. Wird meist als Küchenkraut kultiviert und sollte nahe der Küchentür oder vorn in Rabatten gepflanzt werden. Goldblättriger Thymian besitzt hübsche, gelbe, nach Zitronen duftende Blätter und lavendelfarbene Blüten. 'Silver Posie' trägt graue Blätter mit feinem, weißem Saum und blaß malvenfarbene Blüten. Die kissenbildende Sorte 'Porlock' bringt aromatische, graugrüne Blätter und im Frühling malvenfarbene Blüten hervor.
- Benötigt einen sonnigen Standort und einen durchlässigen Boden.

Höhe x Breite: 10–25 x 10–30 cm

OBST

Es macht sehr viel Freude, sonnenwarmes, gut ausgereiftes Obst zu pflücken. Für Beerenobst ist in den meisten Gärten Platz, Obstbäume passen jedoch nicht in sehr kleine Gärten. Obstbäume werden auf Unterlagen veredelt, damit sie sortenrein bleiben. Von der Unterlage hängt die spätere Größe des Baumes ab. Wenn Ihr Boden nährstoffarm ist, sollten Sie eine etwas stärker wachsende Unterlage wählen. In einer guten Baumschule können Sie sich hinsichtlich der Unterlage beraten lassen und erfragen, welche Sorten einander befruchten (was für eine gute Ernte wichtig ist). Hier erhalten Sie auch Pflanzen, bei denen der Formschnitt bereits ausgeführt wurde, und Hinweise für Pflege und Schnitt.

Apfel

◠✱✱✱

Die frühe Sorte 'Sunset' trägt köstliche Früchte mit festem, saftigem Fleisch, die sich aber nicht lange lagern lassen. 'Kidd's Orange Red' schmeckt süß und läßt sich bis weit in den Winter lagern. 'Bramley's Seedling' und 'Edward VII' sind zwei besonders schmackhafte, knackige, gut lagerfähige Kochäpfel. 'Edward VII' ist auch noch im Spätwinter roh lecker.
- Wer auf eine reiche Ernte Wert legt, sollte mindestens 2 Bäume pflanzen, die einander befruchten.

Höhe x Breite: je nach Unterlage

Aprikose

◠✱✱✱

Die besonders häufig anzutreffende Sorte 'Moor Park' trägt im Spätsommer. Aprikosen blühen sehr früh und müssen daher an einem geschützten Standort wachsen, zum Beispiel an einer Südmauer oder unter einem überstehenden Dach. Bei Frost decken Sie die Zweige mit Vlies oder Kunststoffolie ab, denn die blaßrosa gefärbten Blüten erfrieren sehr leicht.
- Aprikosen sollten in einen tiefgründigen, durchlässigen, viel Feuchtigkeit speichernden Boden gepflanzt werden, am besten in Lehmboden.

Höhe x Breite: je nach Unterlage

Birne

◠✱✱✱

Die Sorte 'Williams Bon Chrétien' trägt köstliche Früchte mit süßem, moschus-

Stachelbeere 'Whinham's Industry'

Feige 'Brown Turkey'

Kiwi 'Jenny'

Pfirsich'Peregrine'

Birne 'Williams' Bon Chrétien'

Himbeere 'Autumn Bliss'

artigem Geschmack. 'Concorde' bildet süße Früchte. Weil Birnen früher als Äpfel blühen, sind sie stärker frostgefährdet. Pflanzen Sie 2 oder 3 Sorten, damit die Pflanzen einander gut befruchten.

● Birnen gedeihen in verschiedenen Böden, auch in nassen. Sie reagieren jedoch empfindlich auf Trockenheit. Wenn sie auf Quittenunterlagen veredelt wurden, fruchten sie offenbar besser. Für die meisten Gärten eignen sich Bäume mit den Unterlagen 'Malling Quince A' und 'Malling Quince C'.
Höhe x Breite: je nach Unterlage

Erdbeere
◠ ✻ ✻ ✻

Reife Erdbeeren duften wunderbar. Die ertragreiche Sorte 'Elsanta' reift im Hochsommer, die immertragende Sorte 'Aromel' im Spätsommer. Besonders wohlschmeckend sind Monatserdbeeren, schon eine Handvoll verleiht Obstsalaten einen köstlichen Geschmack. Die gelben Früchte der Sorte 'Alpine Yellow' werden nicht von Vögeln gefressen, weil diese sie für unreif halten.

● Wird im Frühherbst in noch warmen Boden gepflanzt, der mit verrottetem Stallmist gedüngt wurde. Im Frühjahr mulcht man mit Stroh, damit die Früchte nicht so stark verschmutzen. Nach der Ernte werden die Blätter abgeschnitten.
Höhe x Breite: 15 x 30 cm

Feige
◠ ✻ ✻

Feigen gedeihen am besten, wenn man sie als Fächer an einer geschützten Südmauer zieht. Dort ist es so warm, daß die Früchte ausreifen können, zudem kann man sie besser vor Frost schützen. 'Brown Turkey' ist die zuverlässigste Sorte.

● Beim Schneiden von Feigenbäumen sollten Sie Handschuhe tragen, denn der Pflanzensaft kann allergische Reaktionen hervorrufen. Feigen gedeihen in den meisten Böden, wenn sie durchlässig sind.
Höhe x Breite: 2,5 x 3 m (ohne Schnitt)

Heidelbeere
◠ ✻ ✻ ✻

Leicht zu kultivierendes Beerenobst mit hübscher Herbstfärbung. 'Bluecrop' trägt früh und reich, ebenso die aromatischere Sorte 'Herbert'. Pflanzen Sie mindestens 2 Sorten in Ihren Obstgarten, damit die Pflanzen einander befruchten und gut tragen.

● Benötigt einen sauren Boden.
Höhe x Breite: 1,5 x 1,5 m

Himbeere
◠ ◑ ✻ ✻ ✻

Für Himbeeren ist die Saison sehr lang, denn es gibt sommer- und herbsttragende Sorten. Die ertragreiche Sorte 'Glen Moy' reift im Frühsommer, 'Malling Joy' etwas später. 'Autumn Bliss' ist die wohlschmeckendste herbsttragende Sorte. In den letzten Jahren werden immer mehr mit der Himbeere verwandte Beerenfrüchte im Garten kultiviert, z. B. die Loganbeere mit länglichen, kräftiger schmeckenden Beeren, die etwas dunkler als Himbeeren sind.

● Bevorzugt leicht saure Böden. Die abgeernteten Ruten sommertragender Sorten werden nach der Ernte entfernt, herbsttragende Sorten schneidet man im zeitigen Frühjahr zurück.
Höhe: 1,2–1,8 m

Johannisbeere
◠ ✻ ✻ ✻

Rote und weiße Johannisbeeren werden als Büsche, als Kordons und als Hochstämme angeboten. Die rote Johannisbeere 'Jonkheer Van Tets' ist wohlschmeckend und ertragreich. 'White Grape' ist eine mittelfrühe, köstliche weiße Johannisbeere. Bei schwarzen Johannisbeeren sollten Sie darauf achten, nur garantiert virusfreie und damit kräftige, gesunde Pflanzen zu kaufen. Im Unterschied zu den roten und weißen Sorten tragen schwarze Johannisbeeren am alten und am jungen Holz. Die mittelfrühe Sorte 'Blacksmith' liefert zahlreiche große, leckere Früchte.

● Johannisbeeren benötigen offene, sonnige, nicht spätfrostgefährdete Standorte. Bei roten Johannisbeerbüschen kürzt man im Winter die Haupttriebe um die Hälfte ein und schneidet die Seitentriebe bis auf eine Knospe zurück. Schwarze Johannisbeeren werden tief gepflanzt, damit sie von unten neue Triebe bilden. Bei ihnen kürzt man die alten Triebe nach der Ernte ein.
Höhe x Breite: 90–120 x 120 cm

Kiwi
◠ ◑ ✻ ✻ ✻

Diese wüchsige Kletterpflanze *(Actinidia chinensis)* ist meist zweihäusig (männliche und weibliche Blüten stehen an verschiedenen Pflanzen). Wer Früchte ernten möchte, muß also Pflanzen beider Geschlechter kultivieren. Wer nur wenig Platz hat, kann die einhäusige Sorte 'Jenny' pflanzen, die männliche wie weibliche Blüten trägt.

● Liebt nährstoffreiche Lehmböden. Wird am besten an einer Mauer gezogen.
Höhe: 9 m

Pfirsich
◠ ✻ ✻ ✻

Pfirsiche gedeihen an geschützten Standorten und in warmen Gebieten. Die Wärme wird optimal genutzt, wenn man die Pflanzen als Fächer an einer geschützten Südmauer zieht. 'Duke of York' reift im Hochsommer, 'Peregrine' einige Wochen später.

● Pfirsiche lieben saure bis neutrale Böden, die viel Feuchtigkeit speichern. Sie tragen gut, wenn Frühling und Sommer warm sind und der Herbst trocken ist. Die Pflanzen leiden weniger unter der Kräuselkrankheit, wenn man sie von der Mitte des Winters bis zum Spätfrühling unter Folie oder Glas zieht.
Höhe x Breite: je nach Unterlage

Pflaume
◠ ✻ ✻ ✻

Pflaumen sollten nicht an spätfrostgefährdete Standorte gepflanzt werden. Je wärmer und geschützter der Standort, desto wohlschmeckender sind die Früchte. Die im Hochsommer reifende Sorte 'Cambridge Gage' ist nicht ganz selbstfruchtbar. 'Golden Transparent' und 'Victoria' sind dagegen völlig selbstfruchtbar und benötigen keinen Pollenspender. Ihre Früchte reifen im Spätsommer, die von 'Victoria' eignen sich auch zum Kochen und Backen.

● Pflaumen gedeihen in den meisten Böden. Sie gedeihen am besten in Gebieten, in denen der Winter lang und kalt, der Frühling kurz und der Sommer heiß ist. Die Haupttriebe werden im Frühjahr auf 40–50 cm und die Seitentriebe auf 15–25 cm eingekürzt, um dem Bleiglanz vorzubeugen.
Höhe x Breite: je nach Unterlage

Stachelbeere
◠ ◑ ✻ ✻ ✻

Eignet sich gut für Gebiete mit kühlem Sommer. Die Früchte sind rot-, grün-, gelb- oder weißschalig. Die mittelfrühe Sorte 'Whinham's Industry' liefert zahlreiche schmackhafte, rote Früchte. Eine weiße, sehr wohlschmeckende Sorte ist 'Langley Gage'. Wie rote Johannisbeeren werden Stachelbeeren meist als Büsche kultiviert, man kann sie aber auch zu eleganten Hochstämmen erziehen.

● Stachelbeeren werden im Winter geschnitten. Schützen Sie Ihre Hände dabei mit dicken Handschuhen! Die Haupttriebe werden um die Hälfte eingekürzt, die Seitentriebe bis auf eine Knospe abgeschnitten.
Höhe x Breite: 90–120 x 120 cm

Weinrebe
◠ ✻ ✻ ✻ / ✻ ✻

Nicht alle Weinreben eignen sich für den Freilandanbau. Die alte Sorte 'Chasselas' mit ihren köstlich süßen, durchscheinend gelben Früchten ist jedoch winterhart. 'Muscat of Alexandria' eignet sich für warme Gegenden, 'Foster's Seedling' läßt sich gut in Töpfen ziehen. Wohl eine der dekorativsten Sorten, die sich für kühle Gebiete eignen, ist die im Herbst prächtig rot und purpurn gefärbte Sorte 'Brant' mit süßen, dunkelroten Früchten.

● Benötigt tiefgründige, gut vorbereitete Böden, muß vor Spätfrösten geschützt werden. Bei Freilandpflanzen schneidet man die diesjährigen Triebe bis auf 6 oder 7 Knospen zurück. Aus diesen wächst im folgenden Jahr das Fruchtholz. Nach der Ernte werden alle abgeernteten Triebe entfernt, neue Triebe werden eingekürzt und angebunden.
Höhe: 6 m

Pflaume 'Victoria'

Monatserdbeere

BODENBELÄGE UND BEGRENZUNGEN

1

Die folgenden Seiten informieren Sie über praktische Gesichtspunkte im Umgang mit Bodenbelägen, Hecken, Mauern und Zäunen. Sie helfen Ihnen dabei, sich für strukturgebende Elemente zu entscheiden, die zu Ihrem Garten passen. Bodenbeläge, Mauern und Zäune bestehen oft aus Ziegeln und Mörtel, Beton, Naturstein oder Holz. Hecken werden von lebenden Pflanzen gebildet und gern genutzt, um Grenzen zu markieren oder einen zwanglos wirkenden Sichtschutz im Garten zu schaffen. Pflanzen können an Bögen gezogen werden, und aus geflochtenen Weidenzweigen stellt man Lauben, Zäune und Sitzmöbel her. Linden und Hainbuchen können ineinander verflochten an Pfählen gezogen werden, so daß ein Sichtschutz oder eine Pergola entsteht. Hecken kann man gut in Verbindung mit Steinen und anderen unbelebten Materialien einsetzen. Sie erfordern zwar mehr Pflege, sind aber kostengünstig.

Vielfach markieren Mauern und Zäune die Grundstücksgrenzen. Früher sollten sie vor allem Tiere im Garten halten und Einbrecher abwehren, heute wird ihre Gestaltung von vielen anderen Gesichtspunkten beeinflußt.

Sicherheit und Abgeschlossenheit sind vor allem in dichtbesiedelten Gebieten wichtig. Vielleicht möchten Sie eine häßliche Aussicht verdecken oder aber die Grenze markieren, ohne den Blick zu behindern. Wenn Sie sich über Ihre Prioritäten im klaren sind, sollten verschiedene Überlegungen in die Wahl des Materials einfließen. Die Grenze sollte mit der Umgebung und mit dem Stil des Hauses harmonieren und natürlich Ihren Etat nicht sprengen. Das Material sollte dauerhaft, pflegeleicht, leicht zu verarbeiten und gut erhältlich sein.

Gartenbesitzer übernehmen Mauern und Bodenbeläge oft von ihren Vorgängern, müssen diese Strukturen aber nicht unverändert lassen. Man kann lange Zäune mit Gitterwerk und Pflanzen auflockern, Beton verputzen oder anstreichen und gepflasterte Flächen durch eingestreute Pflanzen auflockern.

Welchen Bodenbelag Sie wählen, hängt auch von der vorgesehenen Nutzung ab. Stark beanspruchte Bereiche wie Einfahrten, Patios und Wege im Vorgarten erfordern glatte, belastbare Oberflächen und einen stabilen Unterbau. Seltener betretene Wege erfordern weniger Aufwand und können aus Trittsteinen, Kies oder Rindenmulch bestehen.

2

1 Eine rosagetünchte, verputzte Mauer sieht unter blauem Himmel sehr schön aus, und das fließende Wasser sorgt in der trockenen Landschaft für angenehme Kühle.
2 Eine kreisrunde Öffnung in dieser alten Mauer aus Ziegeln und Flintstein umrahmt einen wunderschönen Blick über die nähere und weitere Umgebung.

3

3 Ein Kiesweg schlängelt sich durch einen üppigen Rasen. Hier rufen zwei besonders weit verbreitete und preisgünstige Materialien eine ausgeprägte optische Wirkung hervor.

4

4 Sichtschutzvorrichtungen können den Garten wirksam unterteilen und auch Aussichten umrahmen. Hier trennen die Sichtschutzwände verschiedene Bereiche mit elegant geformten Agaven voneinander ab.

5

5 Wege sollten stets den Charakter ihrer Umgebung aufgreifen. Dieser geschlängelte Weg aus lockerem Schiefergestein harmoniert gut mit der Bruchsteinmauer. Auf ihm kann man einen frei gestalteten Garten hervorragend erkunden.

Bodenbeläge

1

2

Als Bodenbelag eignen sich verschiedene Materialien, die allein oder in Kombination genutzt werden können. Naturstein und Kies sind besonders traditionell, aus Ziegeln und Rundsteinpflaster kann man interessante Muster und Einfassungen herstellen. Diese Materialien sind zeitlos schön und harmonieren ebensogut mit Pflanzen wie Holz. Auf Gartenschauen erfahren Sie, welche Materialien in Mode sind. Manche Gartenfreunde sind entsetzt, wenn sie Wege aus Gummi oder Stahlgitter sehen, doch eine innovative Verwendung von Materialien, die man normalerweise nicht im Garten vermutet, sollte niemals außer Frage stehen.

SANDSTEIN

Sandstein ist in vieler Hinsicht ein ideales Pflastermaterial. Er ist außerordentlich dauerhaft, und seine weichen Farben passen gut zu Ziegeln und Mörtel, so daß er sich auch für Stadtgärten eignet. Gebrauchte Steine sind billiger, doch sie sollten vor dem Kauf sorgsam untersucht werden, um Verschmutzungen, z. B. durch Ölflecken, auszuschließen. Kaufen Sie gebrauchte Steine nach Quadratmetern, damit sichergestellt ist, daß sie für Ihre Fläche reichen. Sandstein fällt unterschiedlich dick aus, so daß es nicht ratsam ist, ihn nach Gewicht zu kaufen. Neuer Sandstein ist als gespaltener, unterschiedlich großer, rechteckiger Pflasterstein erhältlich, der aus größeren Blöcken abgetrennt wurde. Manchmal müssen Unebenheiten beseitigt werden, damit man nicht stolpert. Gesägter Sandstein von einheitlicher Länge, Breite und Dicke ist sehr teuer. Er wirkt besonders elegant, wenn seine Farbe durch eine oberflächliche Hitzebehandlung verschönert wurde.

Verlegen Sandstein verlegen Sie auf eine ca. 5 cm dicke Mörtelschicht, unter der ein ca. 10 cm starker Unterbau liegt. Dieser sollte stark genug sein, damit man unterschiedlich dicke Steine verlegen kann. Damit Wasser von gespaltenem Stein gut abfließen kann, sollten Sie ein Gefälle von 2,5 oder 2 % anlegen (siehe S. 72/73). Legen Sie die Steine in steifen Mörtel (1 Teil Zement auf 6 oder 7 Teile Sand), damit die schweren Steine nicht absinken. Die Platten werden mit starkem Naßmörtel verfugt (1 Teil Zement auf 3 oder 4 Teile Sand). Anschließend wird der Mörtel mit einem Schlauch oder einem gebogenen Plastikrohr glattgestrichen.

Pflege Naturstein überzieht sich leicht mit einem rutschigen Algenbelag. Deshalb sollte er ein- oder zweimal im Jahr mit einem Hochdruckreiniger gesäubert werden.

KALKSTEIN

Kalkstein ist kein so dauerhafter Bodenbelag wie Sandstein. Als Bodenbelag wird Kalkstein jedoch leicht von Frost geschädigt und bekommt eine unebene Oberfläche.

Verlegen und Pflege Wie bei Sandstein (siehe oben).

MARMOR

Marmor wird in dünnen Platten angeboten, die frostempfindlich sind (also von gefrierendem und auftauendem Wasser geschädigt werden) und leicht zerbrechen, wenn man häufig auf ihnen geht. Mit seiner glatten Oberfläche eignet sich Marmor nicht als Bodenbelag für den Garten, sofern er nicht durch Sandstrahlen aufgerauht wurde. Marmor wird im Mittelmeerraum besonders in Verbindung mit Wasser genutzt. In kälteren Gebieten eignet er sich meist nicht für den Garten, und wegen seiner hohen Kosten paßt er besser in Luxushotels.

Verlegen und Pflege Wie bei Sandstein (siehe oben).

SCHIEFER

Außerordentlich harter und dichter, aber brüchiger Stein, der nur in Gärten paßt, die in Schiefergebieten liegen oder ultramodern gestaltet sind. Grüner und schwarzer Schiefer ist in dünn gesägten, polierten Steinplatten erhältlich, die zwar teuer sind, aber oft hübsch und sauber aussehen. Besonders attraktiv sind dünne Platten, die dicht hochkant um eine Urne, ein Wasserspiel oder einen ähnlichen Blickpunkt gelegt werden.

Verlegen und Pflege Wie bei Sandstein (siehe oben).

KOPFSTEIN

Als Kopfstein bezeichnet man kleine Pflastersteine aus Naturstein oder Beton. Die bekanntesten und besten Kopfsteine aus Naturstein bestehen aus Granit, einem außerordentlich harten Gestein.

Granitkopfstein eignet sich hervorragend für stark beanspruchte Flächen, z. B. Einfahrten und Wege. Für Patios kommt er nicht in Frage, weil sie ebener sein sollten. Neue Kopfsteine sind sehr teuer. Ihr Farbspektrum reicht von grau bis rosa. Meist werden sie als 10 cm große Würfel angeboten, seltener in unterschiedlichen Größen. Man kann aber auch gebrauchte Granitkopfsteine kaufen, die von alten Straßen stammen. Sie sind billiger und sehen bereits verwittert aus. Kopfsteine sorgen für eine recht rutschfeste Oberfläche. Weil sie so klein sind, kann man sie in interessanten Mustern verlegen und z. B. als Fächer oder Fischschwanz anordnen.

Seltener bestehen Kopfsteine aus Sand- oder Kalkstein. Mit ihren wärmeren Farben passen diese Gesteine gut in Gärten, doch Granit ist dauerhafter. Kopfsteine aus Sand- oder Kalkstein sind in unterschiedlichen Größen erhältlich, außerdem auch mit einer interessanten Oberfläche, die dadurch erzeugt wird, daß man die Steine in einem großen Betonmischer dreht, um ihre Ecken abzurunden und sie verwittert aussehen zu lassen.

Kopfsteine aus Beton sind billiger. Weil sie gleichmäßig dick sind, kann man sie zudem leichter verlegen. Das Farb-

3

STEINPLATTEN

Ein Pflaster aus verschieden großen Steinplatten wird in eine 5 cm dicke Schicht aus Mörtel gesetzt, unter dem ein 10 cm starker Unterbau liegt. Verfugen Sie nicht im Viererkreuz, denn dies würde die unterschiedliche Größe nicht zum Ausdruck bringen. Sie können einige Lücken lassen und Thymian oder andere niedrige Pflanzen hineinsetzen.

GRANITKOPFSTEINE

Für Gehwege werden Granitkopfsteine in eine 5 cm dicke Mörtelschicht verlegt, unter der sich ein 10 cm starker Betonunterbau befindet. Für Einfahrten ist ein zusätzlicher 10 cm starker Unterbau unter dem Beton nötig (hier gezeigt).

ZIEGELSTEINWEG

Eine provisorische Holzkante hilft beim Verlegen dieses Weges. Man verfugt mit Trockenmörtel, der eingewässert wird. Es ist aber auch möglich, mit Naßmörtel zu verfugen. Dieser wird vorsichtig mit einer Kelle in die Fugen gebracht, ohne daß die Ziegel dabei verschmutzen.

4

1 Kieselsteine und Ziegel
2 Marmorpflaster
3 Glasbausteine
4 Pflaster aus unterschiedlich großen Steinen
5 Blocksteine mit Betonoberfläche
6 Gefliester Boden

spektrum ist größer, die Steine sind gut erhältlich und sehen annehmbar aus. Ihre Oberfläche ist gleichmäßiger als die von Naturstein, aber auch sie eignen sich besser für Einfahrten als für Patios.
Verlegen Kopfstein wird auf einer 5 cm dicken Schicht starkem Mörtel (1 Teil Zement auf 3 Teile Sand) verlegt, unter der sich eine 10 cm dicke Schicht aus Magerbeton (1 Teil Zement auf 10 oder 12 Teile Sand) befindet. Bei Einfahrten sollte unter dem Magerbeton ein 10 cm starker Unterbau liegen. Wenn man auf der Fläche nur geht, kann man den Magerbeton oder den Unterbau fortlassen. Granitkopfsteine werden mit einem Plattenrüttler verfestigt und eingeebnet. Fegen Sie Trockenmörtel (1 Teil Zement auf 6 Teile Sand) in die Fugen und wässern Sie leicht, um die Steine miteinander zu verbinden. Wenn die Fugen wasserdicht sein sollen (z. B. neben Gullys und an Dränrohren), verfugen Sie naß. Bei Naturstein sollten Sie ein Gefälle von 2,5 oder 2 % einplanen, damit das Wasser von unebenen Oberflächen abläuft (siehe S. 72/73).
Pflege Kopfstein muß regelmäßig mit einem Hochdruckreiniger von Algen befreit werden. Lockere Kopfsteine werden neu verlegt. Dazu löst man den alten Mörtel mit einem Stechbeitel heraus und bettet den Stein in eine neue Mischung.

VERLEGUNGSMUSTER (VERBÄNDE) FÜR ZIEGEL

ZIEGEL UND KLINKER

Als Pflastermaterial stellen Ziegel oft eine gelungene optische Verbindung von Haus und Garten her. Im Idealfall sehen die zum Pflastern verwendeten Ziegel so aus wie die Ziegel des Hauses. Besser sind Klinker, da sie viel dauerhafter, wasserabweisend und somit frost- und erosionsbeständig sind. Das Sortiment ist heute so groß, daß man immer einen Stein findet, dessen Farbe zu der des Hauses paßt. Lassen Sie sich im Fachhandel beraten!

Es ist teuer, großflächig mit Ziegeln oder Klinkern zu pflastern, doch diese Steine sehen besonders hübsch auf kleinen Flächen aus. Sie eignen sich für geschwungene Wege oder auch als Kante eines anderen Pflastermaterials. In Einfahrten sehen sie auch großflächig gut aus. Hierfür werden besondere Pflasterklinker angeboten, die rasch zu verlegen sind und nur wenig mehr kosten als Makadam.

Betonklinker zeigen nicht so schöne warme Farben und passen nicht in den Garten. In Fußgängerzonen und vor Garagen sehen sie viel besser aus.

Ziegel und Klinker lassen sich in interessanten Mustern verlegen. Manche sind sogar verziert, z. B. die robusten blauen Klinker, auf deren Oberfläche Rauten oder Quadrate eingeritzt sind und für Rutschfestigkeit sorgen.

Von unten beleuchtete Glasbausteine wirken ungewöhnlich und sehen besonders schön aus, wenn sie in Streifen durch Klinkerpflaster oder andere Materialien verlaufen.
Verlegen Ziegel und Klinker werden stets zwischen festen Kanten verlegt, damit sie nicht seitlich verrutschen. Die Kanten können aus mit Mörtel befestigten Ziegeln bestehen oder aus Holz, das nach dem Verlegen wieder entfernt werden kann. Verlegen Sie auf einem 10 cm dicken Unterbau, über dem eine ebene, 5 cm dicke Schicht Trockenmörtel (1 Teil Zement auf 4 Teile Sand) liegt. Lassen Sie die Ziegel bündig mit der Kante abschließen; diese dient bei der Arbeit als Orientierung. Nun fegen Sie Trockenmörtel (1:4) in die Fugen und wässern ihn ein. Sie können die Ziegel aber auch auf Naßmörtel verlegen und naß verfugen. Dies erfordert jedoch mehr Zeit, und man muß beim Ausfugen darauf achten, die Oberfläche der Ziegel nicht mit Mörtel zu verschmutzen.
Pflege Ziegel- und Klinkerpflaster sollte einmal im Jahr mit einem Hochdruckreiniger gesäubert werden, sofern das Fugenmaterial stark genug ist und nicht ausgewaschen wird. Aneinanderstoßende Ziegel können sich an einigen Stellen senken. Dies ist leicht zu reparieren, doch dabei muß man oft einen Stein zerstören, um an die umliegenden heranzukommen. Die nach unten gerutschten Steine werden herausgenommen, in frischen Mörtel gebettet und verfestigt. Anschließend bringt man mit einem Plattenrüttler trockenen Sand in die Fugen.

FLIESEN

Keramikfliesen sehen im Garten oft wunderschön aus, sind aber recht teuer. Achten Sie darauf, daß die Fliesen sich für das Freiland eignen! Dunkle (schwarze, blauschwarze und dunkelbraune) Fliesen sind meist dauerhafter als gelbbraune und häufiger frostbeständig glasiert. Man erhält eine robuste, dauerhafte Oberfläche, wenn man eine der hübschen Betonimitationen wählt, die ähnlich aussehen, aber viel dauerhafter sind.

Terrazzo-Fliesen sind ebenfalls teuer, sehen in der passenden Umgebung jedoch wunderschön aus. Man kann sie als Einfassung verwenden, die einen Springbrunnen oder einen anderen mit Wasser gestalteten Blickpunkt in einem architektonischen Hof betont. Terrazzo-Fliesen bestehen aus Beton, in den gebrochener Marmor eingearbeitet wurde, und sind in vielen Größen erhältlich.
Verlegen Fliesen werden am besten von Fachleuten verlegt, denn man sollte sehr genau arbeiten, um eine ebene Oberfläche zu erzielen. Außerdem muß man die dünnen Fliesen vorsichtig in sehr steifen Mörtel verlegen (1 Teil Zement auf 4 Teile Sand), der die Oberfläche leicht verschmutzen kann. Für die Fugen benötigt man noch steiferen Mörtel (1 Teil Zement auf 3 Teile Sand), oder Mörtel mit wasserabweisendem Zusatz. Bei Keramikfliesen ist eine dünne Mastix-Dehnfuge nötig, wenn die geflieste Fläche größer als 10 m² ist.
Pflege Fliesen müssen regelmäßig mit einem Hochdruckreiniger gesäubert werden.

5

KIES

Kies aus der Umgebung paßt farblich meist am besten zum Haus. Leuchtende Farben wirken leicht aufdringlich, und weißer Perlkies macht einen künstlichen Eindruck. Warme Honigfarben lassen Blattschmuckpflanzen dagegen besonders gut zur Geltung kommen.

Kies ist nicht teuer, und auch das Ausbringen kostet nicht viel, so daß man große Flächen recht kostengünstig abdecken kann. Kies eignet sich gut für Einfahrten und paßt ebenso in die Stadt wie aufs Land. Sein Knirschen hält obendrein Einbrecher fern.

Achten Sie auf die Größe der Steine! Meist sind 1 cm große Steine am besten, denn kleinere verteilen sich im Garten, und auf größeren kann man schlechter gehen. Die Kiesschicht sollte höchstens 2,5 cm dick sein. Zwar trocknet Kies gut ab, aber man sollte ein Gefälle von etwa 2,5 % einplanen, damit sich keine Pfützen bilden und die Oberfläche eben bleibt (siehe S. 72/73). Kies eignet sich besser für dekorative Flächen als für häufig begangene Wege.

6

1

2

1 Holzfliesen
2 Kieselsteine
3 Rindenmulch
4 Betonbrücke
5 Stahlgitterweg
6 Geschwungene Holzkante
7 Ziegelsteinkante

Selbstbindender Kies besteht aus unterschiedlich großen Steinen, darunter sehr kleinen. Wenn man ihn walzt, bildet er eine feste Oberfläche. Er eignet sich hervorragend für Wege, denn im Unterschied zu losem Kies bewegt er sich nicht, und seine Oberfläche bleibt eben. Mit Harz gebundener Kies ist teurer und besitzt eine sehr schöne Oberfläche. Beim Ausbringen sollte die Anleitung genau eingehalten werden, denn die Eigenschaften des Harzes können vom Wetter beeinflußt werden. Weil die glatte Oberfläche des Harzes rutschig werden kann, ist dieser Kies für abschüssiges Gelände nicht geeignet.

Ausbringen Loser Kies kann leicht zwischen Kanten aus behandeltem Holz, Ziegeln oder Granitkopfsteinen ausgebracht werden. Für Wege legt man einen 8 cm dicken Unterbau an, am besten aus sehr feinem Kies oder Schotter. Darüber bringt man eine 2,5 cm dicke Kiesschicht aus, die in den Unterbau eingewalzt wird. Für Einfahrten und Parkplätze benötigt man einen 15 cm starken Unterbau. Unter diesen kann man ein wasserdurchlässiges Geotextilvlies legen, damit keine Unkräuter keimen.

Pflege Mit Kies belegte Einfahrten und Wege müssen regelmäßig oberflächlich geharkt und gelegentlich mit einem Herbizid behandelt werden, damit sie gepflegt aussehen. Nach einiger Zeit muß man Kies auffüllen und erneut walzen. Selbstbindender Kies muß regelmäßig gewässert, geharkt und gewalzt werden, damit seine Oberfläche intakt bleibt.

KIESELSTEINPFLASTER

Runde, flach in Mörtel gebettete Flußkiesel bilden einen interessanten, aber rutschigen Weg. Die Kiesel können jedoch auch so verlegt werden, daß sie nur wenig aus dem Mörtel ragen oder bündig mit ihm abschließen. So sehen sie vor allem als Einfassungen eines Wasserspiels oder einer Urne hübsch aus. Kiesel unterschiedlicher Größen und Farben können zu einfachen Mustern oder aufwendigen Mosaiken angeordnet werden; lose Kiesel sehen auch am Ufer eines Naturteichs hübsch aus. Kiesel sind in großen, 1 m³ fassenden Säcken erhältlich, für kleinere Flächen aber auch in kleineren Mengen.

Verlegen Kiesel müssen zwischen festen Kanten verlegt werden, damit eine schöne Oberfläche entsteht. Legen Sie einen 10 cm dicken Unterbau an, und befestigen Sie die Kanten. Dann legen Sie die Kiesel in eine 5 cm dicke Schicht Trockenmörtel (1 Teil Zement auf 4 Teile Sand). Abschließend fegen Sie Trockenmörtel zwischen die Kiesel und gießen mit Wasser leicht ein.

Pflege Bei Bedarf entfernen Sie rutschige Algenbeläge mit einem Hochdruckreiniger.

HOLZ

Holz ist ein hervorragender Bodenbelag, der mit Pflanzen sehr gut harmoniert. Rundholz und Rindenmulch kosten nicht viel und eignen sich für einfache, zwischen Bäumen und Sträuchern verlaufende Wege.

Holzböden eignen sich hervorragend für sonnige Patios und kommen auch für Hanggärten in Frage, weil weder tiefe Fundamente noch teure Stützmauern nötig sind. Besonders interessante Effekte erzielen Sie, wenn die Latten unterschiedlich breit sind oder diagonal verlaufen. Verwenden Sie für Holzböden Hartholz oder imprägniertes Weichholz. Sie können die Oberfläche unbehandelt lassen oder lasieren. Naturfarben lasiertes Holz paßt stets gut zu Pflanzen. Manchmal ist auch eine hellere Farbe schön, z. B. Hellgrün oder Hellblau.

Gebrauchtes Holz und Bahnschwellen eignen sich sehr gut für Holzbeläge, die unmittelbar auf dem Boden liegen, denn sie sind sehr dauerhaft. Am besten eignen sie sich für zwanglos gestaltete Gehölzbereiche, denn ihre Oberfläche ist nicht immer ganz glatt. Vorsicht, altes Holz splittert leicht! Vergessen Sie nicht, daß Bahnschwellen an heißen Tagen Teer ausschwitzen können.

Verlegen Rundholz wird auf einen 5-10 cm starken Unterbau verlegt. Wenn der Boden verdichtet ist, kann man es auch in ein 2,5-5 cm dickes Bett aus Sand mit Kieseinfüllung legen.

Holzböden werden am besten von Spezialfirmen gebaut, die sowohl das Design als auch die Bauarbeiten durchführen. Der Boden wird mit Kanthölzern

3

versehen, die von Balken getragen und über einem Fundament aus Ziegeln errichtet werden. Häufiger werden Holzböden an 10 x 10 cm starken Pfählen errichtet, die in den Boden einbetoniert oder in Metallschuhen befestigt werden. An den Pfählen befestigte Träger stabilisieren die Balken, an denen die Bretter befestigt sind. Träger und Balken sind meist 15 x 5 cm stark. Man befestigt die Bretter mit Stahlnägeln oder Stahlschrauben. Bretter mit maschinell gerundeten Kanten sorgen für schöne, nicht splitternde Oberflächen.

Pflege Holzoberflächen sollten mindestens einmal im Jahr gereinigt werden, damit sie sich nicht mit rutschigen Algenbelägen überziehen. Dies ist unter Bäumen besonders wichtig. Man säubert mit einem Hochdruckreiniger und bei Bedarf außerdem mit einer Drahtbürste. Bretter mit gerippter Oberfläche sind besonders rutschfest. Manche neuen Lacke enthalten aufrauhenden Sand. Rundholz kann mit Maschendraht bespannt und dadurch rutschfester gemacht werden.

RINDENMULCH

Rindenmulch ist relativ billig und eignet sich hervorragend für zwanglos gestaltete Wege, die zwischen Bäumen und Sträuchern verlaufen. Hierhin paßt er viel besser als Kiesel oder Pflaster. Rindenmulch sollte jedoch auf einen Unterbau ausgebracht werden, damit der Weg nicht matschig wird. Befestigte Kanten verhindern, daß die Rinde sich im Garten verteilt.

Rindenmulch ist in verschiedenen Größen erhältlich – fein geschreddert, aber auch als Schnitzel oder Kügelchen. Geschredderte Rinde zersetzt sich rasch, Kügelchen behalten ihre Form länger und sehen zudem attraktiver aus. Rindenmulch ist in 1 m³ großen Säcken oder in handlicheren Mengen erhältlich.

Ausbringen Stecken Sie den Verlauf des Weges ab, und entfernen Sie den weichen Oberboden. Nun werden Abschlußkanten aus behandeltem,

EINGEFÜGTE KIESELSTEINE

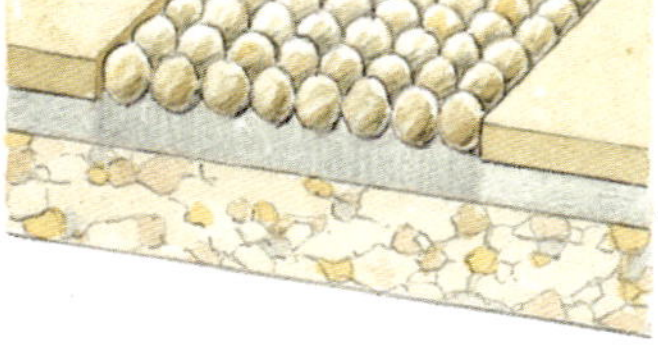

Kieselsteine bilden interessante Oberflächen und können große gepflasterte Flächen auflockern. Sie sollten dicht nebeneinanderliegen und in eine 5 cm dicke Schicht Trockenmörtel gebettet werden. Anschließend fegt man Trockenmörtel über die Kiesel und wässert ihn ein, um die Kiesel fest miteinander zu verbinden.

INTERESSANTE BETONOBERFLÄCHE

Das folgende hervorragende Verfahren verhindert, daß eine Betonfläche trist erscheint. Kurz bevor der Beton erhärtet, bearbeitet man die Oberfläche mit einem harten Besen und gibt dabei Wasser zu. Dadurch wird der Kies im Beton sichtbar, und man erhält eine Struktur.

10 x 2,5 cm starkem Holz mit Holzpflöcken im Boden befestigt. Anschließend verfestigt man den Unterbau mit einem Handstampfer oder einem Plattenrüttler, um eine feste, 5-10 cm dicke Schicht herzustellen. Schließlich harkt man eine circa 5 cm dicke Schicht Rindenmulch auf.

Pflege Gelegentlich muß man etwas Rinde nachfüllen und harken, sonst ist kaum Pflege notwendig.

BETON

Betonplatten werden in verschiedenen Farben und mit unterschiedlichen, zum Teil rutschfesten Oberflächen angeboten. Sie sind eine kostengünstige Alternative zu Natursteinpflaster. Meiden Sie knallige Farben, gelbbraune Farbtöne passen besser zu Pflanzen. Die Größe der Platten ist unterschiedlich. Quadratische Platten kann man in streng geometrischen Mustern verlegen, aus kleinen Quadraten und größeren Rechtecken entstehen weichere Muster, wenn die Steine unterschiedlich groß sind. Ziegel- oder Kopfsteinimitate sehen künstlich aus und sind daher nicht zu empfehlen.

Gute Natursteinimitate weisen Sägespuren und unterschiedliche Spaltmuster auf, und ihre Farbe kann sehr hübsch sein. Ihr einziger Nachteil gegenüber Naturstein ist, daß sie niemals verwittert aussehen. Schlechte Imitate besitzen künstlich wirkende Oberflächenmuster. Ihre Farben sind zu hell, sie glänzen zu sehr, und sie sehen einfach künstlich aus. Wie nicht anders zu erwarten, sind gute Imitate meist teurer als schlechte.

Betonierte Flächen sehen im Garten sehr gut aus, wenn man die Oberfläche abfegt, kurz bevor der Beton abbindet, denn dadurch wird der zugesetzte Sand oder Kies sichtbar, und man erzeugt eine interessant strukturierte Oberfläche, deren Farbe auch vom Zuschlag abhängt. Weil eine schöne Oberfläche sehr wichtig ist, sollte man diese Arbeiten von Fachleuten ausführen lassen.

Verlegen Betonplatten werden auf Mörtel verlegt (1 Teil Zement auf 6 Teile Sand), unter dem sich ein 8 cm starker Unterbau befindet. Legen Sie ein Gefälle von 1,5 oder 2 % an, damit Wasser gut ablaufen kann (siehe S. 72/73). Bei Platten mit ganz ebenen Kanten wird großzügig ausgefugt, bei Platten mit unebenen Kanten etwas sparsamer. Verfugen Sie mit starkem Mörtel (1 Teil Zement auf 3 oder 4 Teile Sand). Anschließend wird der Mörtel mit einem Schlauch oder einem gebogenen Plastikrohr glattgestrichen.

Pflege Betonflächen müssen gelegentlich mit einem Hochdruckreiniger gesäubert werden. Bei Bedarf setzt man lockere Platten wieder ein und bessert Fugen aus.

GUMMI

Sicherheitsüberlegungen haben in den letzten 20 Jahren die Gestaltung von Spielflächen revolutioniert. Elastische Gummioberflächen haben den härteren Makadam ersetzt.

Gummioberflächen eignen sich gut für den Kinderspielplatz im Garten, manchmal aber auch für andere Bereiche. Gummi ist weich, dauerhaft, rutschfest und außerordentlich pflegeleicht. Meist wird es in hellen Farben angeboten, doch auch dunkle Farbtöne und Schwarz sind erhältlich. Gummi ist nicht billig, denn die Hersteller haben sich auf größere Spielplätze eingestellt. Dies könnte sich jedoch mit der Zeit ändern.

Verlegen Gummi sollte von Fachleuten verlegt werden. Es wird vor Ort über

5

eine feste Oberfläche, ein neues Betonfundament oder einen etwa 15 cm starken Unterbau gegossen und muß aus Stabilitätsgründen mit Holz oder Ziegeln eingefaßt werden.

Pflege Gummi muß nur gefegt und gelegentlich abgewaschen werden.

STAHLGITTER

Zu manchen ultramodernen Häusern passen Wege aus Stahlgitter. Hierfür verwendet man gestrichenes, verzinktes oder kunststoffbeschichtetes Gitter, oder Gitter aus Edelstahl. Wie Gummi sind Gitter nicht billig, aber sie können auf kleine Flächen beschränkt werden. Sie eignen sich besonders gut für Wege, die über Wasser führen, da man durch sie auf das Wasser schauen kann.

Verlegen Stahlgitter wird von Fachleuten verlegt. Die entsprechenden Hersteller können Ihnen Adressen nennen.

Pflege Stahlgitter müssen regelmäßig gereinigt und bei Bedarf nachgestrichen werden. Edelstahl und kunststoffbeschichteter Stahl brauchen nur abgewischt zu werden.

4

KANTEN

Erhöhte und flache Kanten sorgen für klare, schöne Konturen. Erhöhte Kanten verhindern, daß lockere oder flexible Materialien seitlich verrutschen, gleichzeitig grenzen sie Rasen und Rabatten ab. Flache Kanten haben eine mehr ästhetische Bedeutung, sie markieren den Rand einer gepflasterten Fläche oder schaffen eine hübsche Verbindung zwischen verschiedenen Oberflächen. Ein gutes Beispiel sind flache Rasenkanten. Bestehen sie aus Ziegeln, kann man mit dem Mäher gut über den Rand des Rasens fahren und erspart sich den aufwendigen Kantenschnitt. Eine flache, breite Kante an einem Gebäude, z. B. aus Steinplatten, erleichtert das Fensterputzen von außen. Eine Kante aus Kies fördert den Wasserabfluß.

Erhöhte und flache Kanten sind ein wichtiger Teil des Designs und sollten praktisch sein. Das Material sollte dem Zweck entsprechen: Holz muß behandelt sein, Ziegel und Fliesen frostbeständig. Die Harmonie mit dem Haus ist wichtig. Beton paßt nicht zu einem alten Haus, und viktorianische Fliesen wirken in einer modernen Umgebung deplaziert.

7

6

Ziegel sind klein und werden daher sehr gern für Kanten verwendet. Sie sind in ganz unterschiedlichen Farben erhältlich. Meist verlegt man sie hochkant oder flach auf ein Betonfundament und stabilisiert sie seitlich mit Beton. Wenn sie an Boden oder Kies grenzen, sollten sie etwas erhöht sein, damit Boden und Kies sich nicht im Garten verteilen. Hintereinander verlegte Ziegel lassen geschwungene Linien entstehen und bilden einen hübschen Abschluß von geschnittenen Platten oder Kiesbeton.

Granitkopfsteine sind besonders teuer, aber wohl die besten Kantensteine. Sie sind klein und können in geschwungenen Linien auf ein Betonfundament verlegt und mit Mörtel ausgefugt werden.

Druckimprägniertes Holz ist billiger als Ziegel und eignet sich ebenfalls zur Begrenzung von Wegen aus Kies oder Rindenmulch. Man nagelt die langen Hölzer an Holzpflöcke, die 45 cm tief in den Boden getrieben werden. Holz muß nach etwa 10 Jahren ersetzt werden und eignet sich nur für gerade oder leicht geschwungene Wege. Meist ist es 10 x 2,5 cm stark. Mit Harz gebundener Kies und andere flexible Materialien lassen sich gut mit 15 x 8 cm starkem Holz einfassen.

HOLZKANTEN

Holzkanten können einen Ziegelsteinweg provisorisch begrenzen, man kann sie aber auch als dauerhafte Einfassung von Kies, Rindenmulch oder anderen lockeren Materialien verwenden. Für permanente Einfassungen sollte nur druckimprägniertes Holz eingesetzt werden.

Rasen und Wiesen

1

2

1 Prärieähnliche Wiese
2 Rasenlabyrinth
3 Gestreifter Rasen
4 Grasweg mit Trittsteinen aus Granit
5 Wildblumenwiese

RASEN

Gras bildet schöne Oberflächen. Rasen und Wiesen müssen zwar regelmäßig gepflegt werden, aber sie sind viel billiger als Bodenbeläge aus festem Material. Aussehen und Belastbarkeit eines Rasens hängen von der Gräsermischung ab. Ein Qualitätsrasen aus feinblättrigen Gräsern besitzt eine weiche, glatte Oberfläche, die nahe am Haus gut zur Geltung kommt. Wer einen robusten Rasen braucht, auf dem Hunde laufen und Kinder spielen können, sollte ihn in einiger Entfernung vom Haus anlegen, damit die gröberen Grashalme nicht so deutlich zu sehen sind.

4

Größere Wiesen sehen besonders schön aus. Sie bestehen aus Mischungen von Gräsern und Blumen und bieten vielen Tieren Lebensraum. Auf dem Land sorgen sie am Rand des Gartens für einen Übergang zur Umgebung.

Rasenflächen sind unterschiedlich geformt. Gerade Kanten passen gut in architektonische Gärten, sanfte Kurven eignen sich für frei gestaltete Bereiche. Zu starke Kurven erschweren jedoch das Mähen. Flache Kanten aus Stein oder Holz erleichtern es und verhindern, daß angrenzendes loses Material, z. B. Kies, auf das Gras gelangt (siehe S. 225). Rasen und Wiesen müssen unterschiedlich gepflegt werden, aber man kann sie in geschwungenen Linien ineinander übergehen lassen.

Rasen wird gesät oder verlegt. Sie können Soden kaufen, die sich für Ihren Garten und Ihre Ansprüche eignen, aber bei Samen ist die Auswahl größer. Rasensamen ist billig und leicht zu säen, doch Sie müssen den jungen Rasen von Unkraut befreien und einige Monate schonen, bevor Sie ihn voll nutzen können. Verlegter Rasen kann sofort genutzt werden.

Gesäter Rasen Die verbreitetsten Gräsermischungen ergeben Qualitätsrasen. Sie bestehen vor allem aus Schwingel und feineren Straußgräsern. Robuster Rasen enthält überwiegend Weidelgras. Für bestimmte Zwecke sind auch andere Mischungen erhältlich. Einige Beispiele: Rasen, der salzige Gischt erträgt und sich besonders gut für meernahe Gebiete eignet; Mischungen, die an Hauptstraßen gesät werden können; Mischungen pflegeleichter, niedrigwachsender Gräser, die sich gut für steile Böschungen und andere schwer zugängliche Flächen eignen; und schattenverträgliche Mischungen.

Verlegter Rasen Man kann zwar Rasensoden für bestimmte Standorte und Zwecke bestellen, aber die meisten Händler bieten nur Soden aus einem feinblättrigen oder einem robusten Rasen an. Meist sind die Soden 1 m² groß. Wer einen großen Rasen anlegen möchte, sollte nach Geräten zum Verlegen langer Rollen fragen. Rollen sind etwa 13 m lang. Je nach der Fläche, auf der man die Soden verlegt, werden die Geräte vom Gärtner gehalten oder auf einen Traktor gesetzt. Große Rollen sind geringfügig teurer als die entsprechende Zahl kleiner Soden, lassen sich aber viel schneller verlegen.

Kaufen Sie die Soden im Fachhandel, um sicherzustellen, daß sie unkrautfrei, hochwertig und gleichmäßig dick sind. Bereiten Sie den Boden vor dem Kauf vor, denn die Soden sollten möglichst rasch, auf jeden Fall aber innerhalb von 2 Tagen verlegt werden, damit ihre Wurzeln nicht austrocknen und das Gras nicht vergilbt.

WIESEN

Wiesen werden angelegt, indem man Wildblumen in einen Rasen pflanzt oder eine Mischung von Gräser- und Blumensamen sät. Samengeschäfte und Gartencenter bieten verschiedene Mischungen an, die sich für unterschiedliche Böden eignen. Man kann den Samen aber auch bei Spezialfirmen bestellen, die neben dem Standardsortiment auch Sondermischungen anbieten, z. B. für nasse Böden, Teichränder und Gehölzbestände. Es ist wichtig, daß sich die Mischung gut für den Standort eignet.

Pflege Rasen und Wiesen müssen regelmäßig gepflegt werden (siehe S. 254).

3

5

Hecken

1

1 Terrassenartige Hecken
2 Hecke mit Aussicht
3 Wellenförmige Hecke

Sorgsam ausgewählte, gepflegte Hecken sorgen für Abgeschlossenheit und Sicherheit, mindern Lärm, halten den Wind ab und schaffen ein günstiges Kleinklima. Sie wachsen nur langsam und erfordern mehr Pflege als Mauern, sind aber billiger und sehen hinter blühenden Pflanzen sehr hübsch aus. Wenn man sie regelmäßig düngt und schneidet, sind sie sehr langlebig. Man kann sie in geschwungenen Linien pflanzen und den oberen Teil geschlängelt verlaufen lassen, so daß er an einen chinesischen Drachen erinnert. Wer achitektonische Formen liebt, kann Zinnenmuster schneiden.

Wer eine ganzjährig schützende Windschutzhecke wünscht, denkt sicher zunächst an immergrüne Gehölze. Laubabwerfende Hecken wirken jedoch in jeder Jahreszeit anders und tragen hübsche Blüten (Forsythie, Berberitze) oder Früchte (Weißdorn, Schlehe). Die Leyland-Zypresse (x *Cupressocyparis leylandii)* und verschiedene andere Nadelgehölze sind sehr raschwüchsig und bilden nach kurzer Zeit breite, hohe Hecken. Die Leyland-Zypresse ist jedoch keine ideale Heckenpflanze, denn wenn sie die gewünschte Höhe erreicht hat, muß sie mehrmals im Jahr geschnitten werden. Mit Ausnahme der Eibe dürfen die meisten Nadelgehölze nicht stark zurückgeschnitten werden, wenn sie zu rasch wachsen. Sie sehen fast das ganze Jahr über gleich aus und wirken daher nicht so interessant wie Feuerdorn oder andere immergrüne Laubhölzer. Buchen- und Hainbuchenhecken behalten ihre abgestorbenen, kupferbraunen Blätter auch im Winter und sorgen so für zusätzlichen Schutz und Abgeschlossenheit.

In architektonischen Gärten müssen Hecken glatte, ebene Oberflächen besitzen. Diese lassen sich mit immergrünen, kleinblättrigen Pflanzen am besten erreichen. Besonders geeignet sind Buchsbaum und Eibe, denn man kann sie auch als Formschnittgehölze verwenden. Die Geißblatt-Art *Lonicera nitida* ist eine raschwüchsige Alternative zu Buchsbaum, muß jedoch häufiger geschnitten werden. Beete und Rabatten werden oft von niedrigen Hecken aus kleinblättrigem Buchsbaum *(Buxus sempervirens* 'Suffruticosa'), Lavendel oder Heiligenkraut eingefaßt.

Gestelzte Hecken bilden architektonische Schwerpunkte und können z. B. aus Linde oder Hainbuche bestehen. Die Kronen dieser Bäume werden zu großen Blöcken oder Würfeln geschnitten, die Stämme bleiben kahl und geben den dahinterliegenden Bereich frei.

Buchen- und Hainbuchenhecken können auch gerade geschnitten werden, sie wirken aber rustikaler und eignen sich daher besser für naturnah gestaltete Gärten. Gleiches gilt für Stechpalmen *(Ilex),* deren dornige Blätter nicht immer erwünscht sind, andererseits aber unerwünschte Gäste fernhalten. Noch weniger architektonisch wirkt die Lorbeerkirsche *(Prunus laurocerasus).* Ihre Blätter glänzen ebenfalls, und sie paßt besonders gut zu Gehölzbeständen.

Schön sind mehrfarbige Hecken aus Rot- und Blutbuche, Stechpalme, Buchsbaum und Eibe. Im Frühjahr und im Herbst bilden Farbtöne der Blätter wunderschöne Muster.

Aus verschiedenen Gehölzen bestehende Hecken sind ein Lebensraum für viele Tiere, denn sie wachsen dicht und bieten unterschiedliche Nahrungsquellen. Am besten sind einheimische Pflanzen, z. B. Feldahorn, Hasel, Weißdorn, Liguster, Schlehe, Wildrosen, Holunder und Gemeiner Schneeball. Wer genug Platz hat, kann einen Baum aus der Hecke emporwachsen lassen.

HECKEN IM QUERSCHNITT

Scheinzypresse

Eibe oder Liguster

Buche

2

Hecken anlegen Da man für eine Hecke viele Pflanzen benötigt, ist es billiger, junge, wurzelnackte Pflanzen zu kaufen als größere Containerpflanzen. Heben Sie einen breiten, tiefen Graben aus, und arbeiten Sie viel organisches Material ein. Bei niedrigen Hecken sollten die Pflanzen 15-30 cm auseinander stehen, bei mittelgroßen Hecken 30-45 cm, bei hohen, das Grundstück begrenzenden Hecken 45-60 cm. Meist wird nur eine Reihe gepflanzt, doch die Hecke wird dichter und breiter, wenn man zwei Reihen versetzt anlegt. Nach der Pflanzung wässert man reichlich und mulcht mit organischem Material. Die Pflanzen wachsen buschiger, wenn man die Haupttriebe von Laubgehölzen um ein Drittel einkürzt und die Spitzen von Nadelgehölzen abschneidet. Anderenfalls wächst die Hecke zwar schneller, ist unten jedoch nur spärlich beblättert.

Pflege Bei Trockenheit sollten Sie gut wässern. Unkräuter müssen entfernt werden. Schneiden Sie Ihre Hecke regelmäßig, damit sie nicht zu hoch wird.

Niedrige Hecken im Garten werden 30-60 cm hoch gehalten. Kleinblättriger Buchsbaum, Lavendel und Heiligenkraut werden im Frühjahr und im Spätsommer oder nach der Blüte geschnitten.

Mittelhohe Hecken im Garten schneidet man in Brusthöhe; Buchsbaum und Eibe im Sommer und Herbst, Berberitzen und Rosen nach der Blüte.

Hohe Hecken, die Grundstücksgrenzen markieren, werden wie folgt geschnitten: Stechpalme, Buche oder Hainbuche im Spätsommer, Eibe und Weißdorn im Sommer und Herbst, Liguster und Leyland-Zypresse dreimal pro Vegetationsperiode, Scheinzypresse *(Chamaecyparis lawsoniana)* und Lebensbaum *(Thuja plicata* 'Fastigiata') im Frühjahr oder Frühsommer, Forsythie, Hasel, Schlehe und Kornelkirsche nach der Blüte.

3

Mauern

VERLEGUNGSMUSTER (VERBÄNDE) VON ZIEGELSTEINEN
Freistehende Gartenmauern sollten eine Ziegellänge breit sein. Das Verlegungsmuster sollte möglichst dem der Hausmauern entsprechen. Häufig trifft man den englischen und den flämischen Verband sowie die jeweiligen Gartenmauervarianten an.

Englischer Verband

Gartenmauer-Variante

Flämischer Verband

Gartenmauer-Variante

Freistehende Mauern können das Grundstück abgrenzen und den Garten unterteilen. Stützmauern müssen sehr stabil sein, denn sie halten Erde in Hanggärten zurück, die zu steil für Böschungen sind. Damit hinter einer Stützmauer kein hoher Wasserdruck entsteht, füllen Sie hinter die Mauer durchlässiges Material und legen Entwässerungslöcher an, durch die das Wasser durch die Mauer in ein Entwässerungsrohr abfließen kann. Auf sehr steilen Flächen halten mehrere Terrassen mit niedrigen Stützmauern den Boden besser zurück als eine einzige hohe Mauer. Eine besondere Form des Einsatzes von Stützmauern ist ein sogenanntes ›Ha-ha‹. Hier verläuft eine Mauer in einem offenen Graben, so daß eine Begrenzung entsteht, die den Blick nicht behindert.

Mauern bestehen aus unterschiedlichen Materialien, die zum Teil nur für Stützmauern verwendet werden. Wählen Sie ein geeignetes Material aus, das Ihren Etat nicht sprengt und sich harmonisch in den Garten einfügt.

Mauern, die geschwungen verlaufen oder höher als ca. 90 cm sind, werden am besten von Fachleuten gebaut. Es ist sehr wichtig, geeignete Fundamente anzulegen. Deren Tiefe hängt von der Mauerhöhe und vom Boden ab. Mauern müssen ganz gerade und eben sein und rechtwinklige Ecken oder glatte, ebene Krümmungen besitzen.

ZIEGEL

Die meisten Mauern bestehen aus Ziegeln. Ziegel sind fast überall erhältlich und relativ billig. Außerdem stellen sie eine optische Verbindung zu Wegen und Hausmauern aus Ziegeln her. Wählen Sie für den Garten frostbeständige Ziegel, damit Sie auf aufwendige

1

Abdecksteine und wasserundurchlässige Folien verzichten können. Diese sind nötig, wenn Sie poröse, für Innenräume gedachte Ziegel verwenden. Viele Hauswände bestehen aus solchen

2

minderwertigen Ziegeln. Man kann diese Ziegel nutzen, weil sie gut zu Gartenmauern passen, sollte sie aber mit Abdecksteinen schützen. In freistehende Mauern kann man Glasbausteine einfügen, so daß abwechslungsreiche Muster entstehen und Licht durchtreten kann.

Gartenmauern sollten mindestens eine Ziegellänge breit sein. Anderenfalls sind sie instabil und müssen in regelmäßigen Abständen mit Pfeilern stabilisiert werden. Der Verband (Verlegungsmuster) wird oft passend zum Haus gewählt. Besonders häufig ist der Läuferverband. Er wird in zwei Schichten verlegt, damit die Mauer breit genug ist: zwei getrennte, je eine Ziegelbreite starke Mauern, die durch Pfeiler zusammengehalten werden. Auch der englische und der flämische Verband kommen in Frage. Von beiden existiert eine Gartenmauer-Variante, die eine traditionelle und gleichzeitig ungewöhnliche Alternative darstellt.

Bau Ziegelmauern sind leicht zu bauen, doch man muß darauf achten, daß die Ziegel ganz gerade liegen und die Mauer gerade steht und nicht mit Mörtel beschmutzt wird. Die Ziegel werden in Mörtel verlegt (1 Teil Zement auf 6 Teile Sand). Unter der Mauer befindet sich ein Betonfundament. Die Mauer muß unten vor Feuchtigkeit geschützt werden, am besten durch zwei Reihen Klinker, denn biegsame, wasserundurchlässige Folien haften nicht gut an Mörtel und würden die Mauer instabil machen.

Zunächst markieren Sie die Enden der Mauer und spannen eine Schnur zwischen ihnen, die als Orientierung dient. Mit ihrer Hilfe können Sie die Ziegel auf ganzer Länge der Mauer gerade verlegen. Während der Arbeit wird die Schnur immer höher gespannt. Am Ende jedes Arbeitsgangs wird der Mörtel mit einem Schlauch oder einem gebogenen Plastikrohr glattgestrichen. Hochkant verlegte Ziegel bilden bei niedrigen Mauern einen schönen oberen Abschluß.

Pflege Gute Ziegelmauern sind sehr pflegeleicht. Lockere Abdecksteine werden mit steifem Mörtel befestigt (1 Teil Zement auf 3 Teile Sand). Wenn das Fugenmaterial durch Kletterpflanzen oder Frost geschädigt wurde, entfernt man den alten Mörtel und verfugt mit frischem Mörtel (1:6).

BETON

Beton ist ein außerordentlich vielseitiges Material, das in fast jeder Form und Farbe erhältlich ist. Große Betonsteine eignen sich gut für Mauern, werden hierfür aber recht selten verwendet. Sie sind billig, rasch zu verlegen und sehr robust. Mit ihrer Größe von 45 x 23 x 23 cm sind sie recht schwer. Weil ein Betonstein so groß ist wie 12 Ziegel, kann man Betonsteine viel schneller verbauen. Betonsteinmauern werden oft verputzt und gestrichen. Als Abdeckung eignet sich eine Reihe hoch-

3

STÜTZMAUER AUS ZIEGELSTEINEN
Stützmauern sind sehr stabil, denn sie müssen dem großen Gewicht nassen Bodens standhalten. Eine Stützmauer aus Ziegelsteinen sollte mindestens eine Ziegellänge breit sein. Oft wird sie im Englischen Verband gebaut. Damit das Wasser hinter der Mauer ablaufen kann, läßt man eine durchlässige Steinschicht angrenzen und versieht die Mauer mit Abzugslöchern.

4

1 Schlangenförmige Betonmauer
2 Gestrichene Ziegelmauer
3 Verputzte Betonmauer
4 Steinmauer
5 Mosaikmauer
6 Glasbausteine und Beton

kant verlegter Ziegel. Solche Mauern passen gut in moderne Gärten und können durch farbige Glasscheiben oder Glasbausteine aufgelockert werden. Beton eignet sich auch gut für Stützmauern. Hier verwendet man Betonsteine, die durch Stahlstäbe verstärkt wurden und in ein Betonfundament gesetzt werden, oder man gießt den Beton an Ort und Stelle in eine vorläufige Verschalung. Die fertige Mauer kann mit Ziegeln oder Steinen verkleidet werden.
Bau Betonsteine werden wie Ziegel verlegt (siehe oben). Wegen ihres

STEINMAUER
Trockenmauern aus Stein können auf verdichtetem Boden angelegt werden. Sollen die Steine jedoch mit Mörtel verbunden werden, ist ein Betonfundament nötig, damit sich die Steine nicht bewegen und die Fugen dadurch reißen. Die Mauern sollten sich aus Stabilitätsgründen nach oben verjüngen. Der Verjüngungswinkel wird beim Bau kontinuierlich mit Latten und Wasserwaage überprüft.

hohen Gewichts verwendet man steifen Mörtel (1 Teil Zement auf 5 Teile Sand). Wenn die Mauer nicht verputzt werden soll, streicht man den Mörtel mit einem Schlauch oder einem gebogenen Plastikrohr glatt.
Pflege Verputzte und gestrichene Mauern müssen etwa alle 2 Jahre neu gestrichen werden. Davon abgesehen brauchen sie kaum Pflege.

NATURSTEIN

Natursteinmauern verwittern schön und sehen viele Jahre gut aus, sind aber teuer und aufwendig zu bauen. Meist verwendet man Sand- oder Kalkstein. Mauern aus unterschiedlich großen oder unbehauenen Steinen sehen dort am schönsten aus, wo die Steine vorkommen. Sie passen besser in Landgärten als in Stadtgärten. Trockenmauern sind in Landgärten wunderhübsch. Um größere Stabilität zu erreichen, kann man sie so mit Mörtel ausfugen, daß man diesen nicht sieht. Gesäuberte, in Blöcke geschnittene Steine eignen sich für Stadt- und Landgärten.

Natursteine können in Reihen, willkürlich verteilt oder in Mustern verlegt werden. Hier gibt es lokale Varianten. Naturstein wird auch als Verkleidung von Stützmauern aus Beton oder Ziegeln verwendet, denn Stützmauern aus Naturstein sind sehr teuer. Eine andere interessante Verwendung von Stein liegt im Bau von Stützmauern mit Schanzkörben. Es handelt sich dabei um mit Steinen gefüllte Maschendrahtkäfige, die ungefähr 1 m lang und breit und 1 m hoch sind. Sie werden in Gehölzbeständen verwendet, um Böschungen an Gewässern oder Hängen zu befestigen.
Bau Mit Mörtel gebaute Natursteinmauern erfordern ein Betonfundament. Dieses sollte je nach Boden 30-45 cm dick sein. Trockenmauern, die höchstens 1,5 m hoch werden sollen, können direkt auf verdichteten Boden gebaut werden. Steinmauern verjüngen sich von unten nach oben und sind dadurch besonders stabil. Um diese Form zu erreichen, stellt man beim Bau Holzbretter an die Enden der Mauer und verbindet sie durch eine stabile Schnur, an der man sich beim Verlegen der Steine orientiert. Die größten Steine kommen nach unten, darunter auch Steine, die so breit wie die Mauer sind und in Abständen auf ganzer Länge der Mauer verlegt werden. Die fertige Mauer wird mit senkrecht verlegten Abdecksteinen versehen, die man in Mörtel bettet.
Pflege Locker gewordene Abdecksteine sollten mit steifem Mörtel befestigt werden (1 Teil Zement auf 3 Teile Sand), damit die Mauer in der Mitte trocken bleibt.

HOLZ

Holz wird häufig für Stützwände verwendet. Hierfür eignen sich vor allem Bahnschwellen und Telegrafenmasten, denn sie sind gut imprägniert und sehr dauerhaft. Die Imprägnierung kann jedoch benachbarte Pflanzen schädigen. Auch aus Palisaden kann man schöne Stützwände bauen. Diese werden am besten von Fachleuten angelegt. Sie bestehen aus miteinander verbundenen Palisaden, hinter die man durchlässiges Material füllt. Solche Palisadenwände sind außerordentlich stabil. Öffnungen an der Vorderseite der Wand können bepflanzt werden.

5

Bau Niedrige Holzwände werden meist in ein Betonfundament eingebettet. Gut imprägnierte Bahnschwellen können auch direkt auf die Erde gelegt werden. Bahnschwellen (sind sehr schwer!) und Teile von Telegrafenmasten werden wie Ziegel horizontal in überlappende Reihen gelegt. Um die Mauer zu verstärken, bettet man Stahlstäbe in das Betonfundament und läßt sie durch vorgebohrte Löcher im Holz empor verlaufen.
Pflege Bahnschwellen und Telegrafenmasten brauchen keine Pflege. Anderes Holz sollte vor dem Bau imprägniert und später gelegentlich lasiert werden, damit es seine schöne Farbe behält.

6

Zäune und Gitterwerk

Lattenzaun

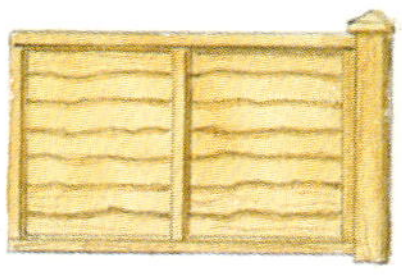
Lamellenzaun

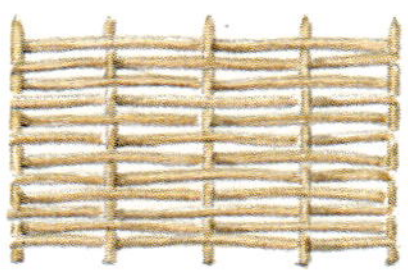
Flechtreiserzaun

Dichtzaun

Staketenzaun

Bretterzaun

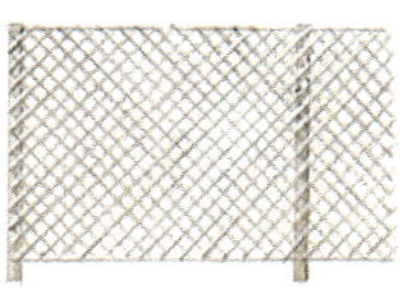
Maschendrahtzaun

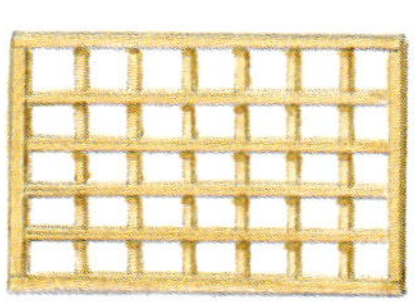
Spalierzaun

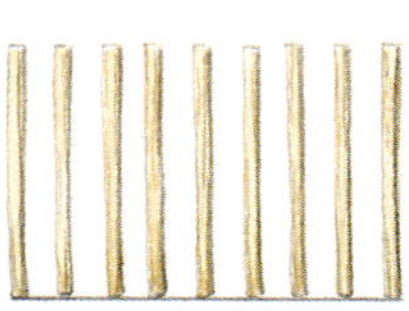
Palisadenzaun

1

Wie Mauern dienen Zäune dazu, das Grundstück abzugrenzen und den Garten zu unterteilen. Zäune sind meist deutlich billiger als Mauern. Achten Sie darauf, daß der Zaun in Ihren Garten paßt, wie teuer das Material ist und wie leicht man es verbauen kann. Wie blickdicht der Grenzzaun sein soll, hängt davon ab, wieviel Abgeschlossenheit Sie wünschen. Bei Zäunen, die den Garten unterteilen, ist Abgeschlossenheit meist zweitrangig. Hier wird gern Gitterwerk verwendet. Zäune bestehen vielfach aus Holz, aber auch Stahl wird eingesetzt.

LATTENZÄUNE

Lattenzäune sind sehr robust. Meist sind sie 2 m hoch und sorgen für Abgeschlossenheit. Die Latten sind an einem Gerüst aus Pfosten und Querhölzern befestigt. Wenn sie diagonal verlaufen oder unterschiedlich breit sind, wirkt der Zaun interessanter. Den unteren Abschluß sollte ein Schutzbrett bilden, damit der Zaun nicht so rasch fault.

Bau Der erste Pfosten wird in ein Betonfundament gesetzt. Zwischen diesem und einem Behelfspfosten am anderen Ende des Zauns wird nun eine Schnur gespannt. Anschließend baut man das Gerüst aus Pfosten und Querhölzern. Die Pfosten werden im Abstand von 2 bis 3 m einbetoniert. Nun sollte der Beton mindestens 2 Tage abbinden. Anschließend nagelt man unten ein Schutzbrett und dann die Latten an. Wenn der Zaun oben mit einem Querholz abschließt, sind die Spitzen der Latten geschützt. Das Querholz wird zwischen den Pfosten etwas oberhalb der Latten an ein Gegenholz genagelt. Verwenden Sie für Lattenzäune nur druckimprägniertes Holz. Falls erwünscht, können Sie es farbig lasieren.

Pflege Behandeltes Holz muß alle paar Jahre mit einem Holzschutzmittel gestrichen werden. Schutzbretter, die Bodenkontakt haben, können faulen und müssen gelegentlich ausgetauscht werden. Wenn man keine Schutzbretter verwendet, läßt man den Zaun ungefähr 5 cm über dem Boden abschließen. Verrottete Pfosten müssen erneuert werden. Dies wird etwas leichter, wenn man einen kurzen Betonpfosten an die Stelle des betreffenden Pfosten setzt und einbetoniert. Die härteste Arbeit ist dabei, zuvor den alten Beton zu entfernen. Der Holzpfosten wird dann bis ins gesunde Holz gekürzt, der Betonpfosten wird in das Loch gestellt, mit dem Holzpfosten verbunden und einbetoniert.

LAMELLENZÄUNE

Diese kostengünstigere Version des Lattenzauns besteht aus fertigen Feldern sich überlappender oder ineinander verflochtener Lamellen, die an Pfosten befestigt sind und oft wellenartige Muster bilden. Ineinander verflochtene Lamellen sind sehr dünn und können leicht brechen. Am besten kaufen Sie fertige Lamellenfelder und Pfosten. Wenn Sie die Pfosten abdecken, sind sie geschützt.

Bei besonders hochwertigen Lamellenzäunen werden die Lamellenfelder über einen unteren Abschluß aus Beton und zwischen Betonpfosten gesetzt. Diese Zäune sind stabil und dauerhaft, aber sehr auffällig und fügen sich nicht in jeden Garten ein.

Bau Der erste Pfosten wird einbetoniert und durch eine Schnur mit dem Behelfspfosten am anderen Ende des Zauns verbunden. Nun werden die Pfosten nacheinander einbetoniert, ihr Abstand entspricht der Länge eines Lamellenfelds (etwa 2 m). Die Pfosten werden abgestützt, bis der Beton abgebunden hat. Nun werden die Lamellenfelder angebracht. Unten am Zaun befestigte Schutzbretter sind nicht unbedingt erforderlich, aber sie schützen die Lamellenfelder vor Fäulnis.

Pflege Wie beim Lattenzaun (siehe oben).

FLECHTREISERZÄUNE

Flechtreiserzäune bestehen aus Hasel- oder Weidenzweigen. Sie sind dicht, aber teuer und sehen in Landgärten hinter Sträuchern am besten aus. Dort sorgen sie für Sichtschutz, bis die Sträucher herangewachsen sind. Weil sie rasch brüchig werden, halten sie höchstens 5 Jahre.

Bau Flechtreiserzäune werden mit Bindedraht an Holz- oder Stahlrohrpfosten befestigt. Weil es fast unmöglich ist, sie oben ganz gerade abschließen zu lassen, folgt man am besten den vorgegebenen Konturen des Geländes. Die Felder sind meist 2 x 2 m groß.

Pflege Weil Flechtreiserzäune kurzlebig sind, lohnt es nicht, sie zu pflegen oder zu reparieren. Haselzäune halten meist länger als Weidenzäune.

2

3

EINEN HOLZZAUN BAUEN

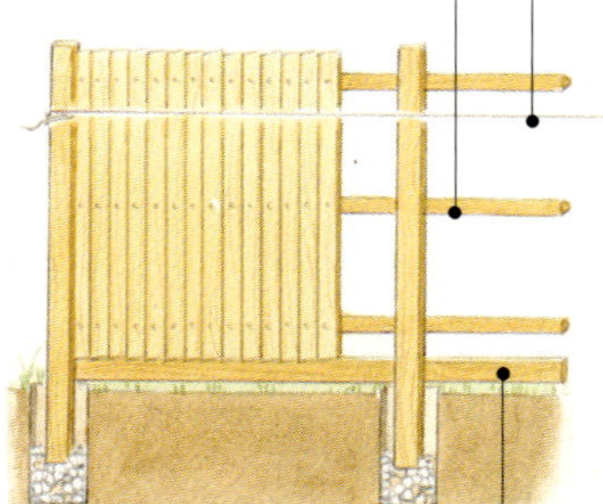

LATTENZAUN

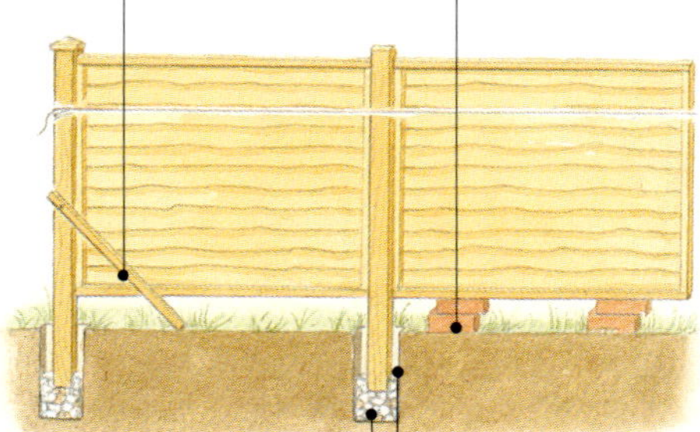

LAMELLENZAUN

Zuerst heben Sie ein Loch für den ersten Zaunpfahl aus. Für einen 1,80 m hohen Zaun ist ein 60 cm tiefes Loch erforderlich. In das Loch füllen Sie Kies und rammen den Pfahl hinein. Nun spannt man auf ganzer Länge des Zauns eine Schnur, stellt den zweiten Pfahl auf und bringt die Querhölzer an. So fährt man fort, bis ein vollständiges Zaungerüst entstanden ist. Die Pfähle werden senkrecht gestellt und einbetoniert. Danach werden Latten angenagelt. Mit diesem Verfahren kann man auch Lamellenzäune bauen.

4

DICHTZÄUNE

Dichtzäune werden durch viereckige Holzpfosten stabilisiert. Auf beiden Seiten der Pfosten befinden sich Querlatten. Dichtzäune sind meist 2 m hoch und sorgen für Abgeschlossenheit. Dichtzäune eignen sich hervorragend als Windschutzzäune.

Bau Der erste Pfosten wird einbetoniert und die unterste Latte festgenagelt. Nun kann man sehen, wo der nächste Pfosten stehen sollte (etwa 2 m vom ersten entfernt). So verfährt man über die ganze Länge des Zauns. Jeder Pfosten wird einbetoniert und gestützt, bis der Beton nach etwa 2 Tagen hart geworden ist. Nun werden die oberen Latten abwechselnd an beiden Seiten der Pfosten angenagelt. Meist sind die Latten 15 cm hoch und 2,5 cm dick.

Pflege Wie bei Lattenzäunen müssen verrottete Pfosten ersetzt werden. Behandeltes Holz sollte alle paar Jahre mit Holzschutzmittel gestrichen werden. Meiden Sie farbige Lasuren, denn es ist fast unmöglich, Dichtzäune ganz mit Farbe zu bedecken.

STAKETENZÄUNE

Es sind niedrige Zäune aus senkrechten Latten oder halbrunden Hölzern und einem Gerüst aus Pfosten und Querhölzern. Das Holz kann gesägt und behandelt sein, bei der kostspieligeren Variante ist es fertig vorbereitet und gestrichen. Meist sind Staketenzäune 90 cm hoch. Sie sorgen zwar für Schutz, sollen aber vor allem die Grenzen eines Gartens markieren. Die Hölzer sind spitz oder abgerundet und schließen bündig mit den Pfosten ab. Vorgefertigte Felder aus Latten und Querhölzern sind kostengünstiger als ein nach Maß gefertigter Zaun.

Bau Die Pfosten werden im Abstand von 1,8 m einbetoniert. Anschließend befestigt man die Querhölzer mit Zapfen oder Nägeln an den Pfosten und nagelt die Latten so an die Querhölzer, daß sie oben bündig mit den Pfosten abschließen und sich ungefähr 5 cm über dem Boden befinden. Der Abstand zwischen den Latten sollte höchstens so groß sein, wie sie breit sind. Vor-

6

gefertigte Felder werden einfach mit Winkeln an den Pfosten befestigt.

Pflege Der Zaun sollte regelmäßig lasiert oder gestrichen werden. Zerbrochene Latten sind leicht zu ersetzen. Verrottete Pfosten werden wie bei Lattenzäunen mit Hilfe von Betonsockeln repariert (siehe oben).

BRETTERZÄUNE

Bretterzäune sind traditionelle Viehzäune und bieten weder Abgeschlossenheit noch Schutz. Weil sie aus recht dicken Brettern bestehen, sind sie robust. Zäune aus zu kleinen oder zu dünnen Pfosten und Brettern halten nicht lange.

Bau Der erste Pfosten wird einbetoniert und eine Schnur zu einem Behelfspfosten am vorgesehenen Ende des Zauns gespannt. Mit einem Brett markiert man die Lage aller Löcher, bevor man die Pfosten einbetoniert. Wenn der Beton hart ist, werden die Bretter angenagelt.

Pflege Beschädigte Bretter müssen ersetzt werden. Verrottete Pfosten werden wie beim Lattenzaun mit Betonsockeln repariert (siehe oben).

MASCHENDRAHTZÄUNE

Diese Zäune bestehen aus kunststoffbeschichtem Maschendraht, der an Spanndrähten zwischen Stahlrohrpfosten verläuft. 2 m hohe Maschendrahtzäune sorgen für Sicherheit, denn es ist fast unmöglich, sie zu übersteigen. Sie bieten jedoch keine Abgeschlossenheit. Meist sind sie schwarz oder dunkelgrün und nicht gerade hübsch, aber zwischen Pflanzen fallen sie kaum auf.

Bau An beiden Enden des Zauns werden Stahlrohrpfosten einbetoniert. Zwischen ihnen werden im Abstand von jeweils 3 m Pfähle in den Boden getrieben. Oben und unten am Zaun werden Spanndrähte gespannt, die mit Spanndrahthaltern an allen Pfosten befestigt werden. In das Ende der Maschendrahtrolle wird ein Metallstab eingeführt und an einem Endpfosten befestigt. Nun wird die Rolle am Spanndraht entlang abgewickelt und am anderen Endpfosten befestigt. Drahtspanner halten den Draht stramm. Man kann den Maschendraht unten 15 cm tief in den Erdboden eingraben, um den Zaun sicherer zu machen und Kaninchen fernzuhalten.

7

Pflege Maschendrahtzäune sind sehr pflegeleicht. Man muß nur dafür sorgen, daß sie sich nicht stellenweise einrollen.

SPALIERZÄUNE

Spalierzäune spielen in vielen Gärten eine wichtige Rolle. Sie sind nicht blickdicht und eignen sich gut als Raumteiler im Garten. Im Handel sind Spaliere aus billigem Weichholz und maßgefertigte Spaliere aus Qualitäts-Hartholz erhältlich.

Spalierfelder enthalten meist 15 cm breite quadratische Öffnungen. Wer Wert auf Abgeschlossenheit legt, sollte kleinere Öffnungen wählen. Naturfarbene und blau oder hellgrün lasierte Spaliere sehen neben Pflanzen schön aus.

5

Bau Spalierzäune werden so gebaut wie Lamellenzäune. Die Pfosten werden einbetoniert (siehe oben).

Pflege Bei Spalierzäunen aus billigem Weichholz brechen gelegentlich einzelne Latten, die aber leicht zu ersetzen sind. Spalierzäune müssen regelmäßig lasiert oder mit einem Holzschutzmittel gestrichen werden, damit sie nicht unansehnlich werden.

PALISADENZÄUNE

Palisadenzäune bestehen aus runden, spitzen Kastanienpfählen, die in regelmäßigen Abständen in die Erde getrieben wurden (meist im Abstand von 8–10 cm). Sie sind offen und sorgen nur für wenig Abgeschlossenheit und Sicherheit. Palisadenzäune bieten sich als Raumteiler im Garten an. Weil sie kein Gerüst aus Draht oder Latten besitzen, können sie auch geschwungen verlaufen.

Bau Etwa 8 cm starke Holzpfähle werden entrindet und gegebenenfalls in Holzschutzmittel getaucht, damit sie haltbarer sind. Nun werden sie in bestimmten Abständen in den Boden getrieben. Die meisten Palisadenzäune sind 90-120 cm hoch. Wenn der Zaun gerade werden soll, treibt man die Pfähle entlang einer Schnur in die Erde. Soll der Zaun geschwungen verlaufen, zeichnet man seinen Verlauf mit Sprühfarbe vor. Harter Untergrund wird mit einer Spitzhacke bearbeitet. Dann treibt man die Palisaden mit einem Vorschlaghammer oder einer Ramme in die Erde und prüft mit einer Wasserwaage, ob sie gerade stehen. Wenn die Palisaden keinen glatten Rand haben, genügt das Augenmaß. Besonders interessant sehen Palisadenzäune aus, wenn sie unterschiedlich hoch und die Abstände zwischen ihnen ab und zu größer sind.

Pflege Verrottete Palisaden müssen ersetzt werden. Wenn man den Zaun mit Holzschutzmittel behandelt oder lasiert, hält er länger und bleibt schöner.

1 Lattenzaun
2 Robuster Staketenzaun
3 Zaun aus verflochtenem Bambus
4 Sichtschutz aus gebogenen Metallstäben
5 Zaun aus gewelltem Stahl
6 Rundhölzer als Raumteiler im Garten
7 Gitterwerk aus Bambus

Stufen und Treppen

1

1 Metallstufen
2 Flache Kiesstufen
3 Vorderfläche aus Stein, Auftritt aus Gras
4 Stufen mit Keramikfliesen
5 Geflieste Stufen

STUFEN

Das Design von Stufen muß zum Standort und der vorgesehenen Nutzung passen. Ziegelstufen sind dekorativ und auffällig. Sie passen am besten in eine architektonische Umgebung nahe am Haus. Ihr Betonfundament verhindert, daß sich die Steine bewegen und der Mörtel in den Fugen reißt. Stufen aus Rundholz oder Stammholzscheiben passen besser zu Gehölzbeständen und erfordern kein aufwendiges Fundament.

2

Stufen sollten sich harmonisch in den Garten einfügen und zweckmäßig gestaltet sein. Treppen, über die man rasch gehen will, sollten gerade sein und zahlreiche Stufen mit schmalem Auftritt haben. Über breite Auftritte und Rampen geht man langsamer, die Treppe kann geschwungen verlaufen und eignet sich besonders für kurze, steile Hänge. Wer viel Platz hat, kann eine sanft ansteigende Rampe anlegen. Rampen sollten nicht mehr als 10 % Gefälle aufweisen. Wenn nicht genügend Platz zur Verfügung steht, sind flache Stufen eine Alternative.

Treppen sind teuer, doch man sollte aus Sicherheitsgründen nicht an ihnen sparen. An steilen oder unfallträchtigen Treppen muß ein Geländer angebracht werden. Podeste erleichtern die Benutzung einer steilen Treppe. Am besten plant man alle 13 Stufen ein Podest ein.

Bei Rasentreppen wirken die angrenzenden Pflanzen als Mähgrenze. Pflanzen lockern Treppen auf, man kann sie z. B. in Aussparungen der Auftritte setzen.

NATURSTEINTREPPEN

Hier werden als Auftritte meist rechteckige Steinplatten benutzt. Die Vorderflächen bestehen aus Ziegeln oder Klinkern. Jede Stufe sollte ein Längsgefälle von 2 % besitzen, damit Wasser abfließen kann.

Verlegen In abschüssigem Gelände muß man oft Boden ausheben, bevor man eine Treppe bauen kann. Achten Sie schon bei der Planung darauf, daß alle Stufen gleich hoch sind, denn unterschiedliche Stufenhöhen sind sehr unfallträchtig. Günstig sind Auftrittsbreiten von 45 cm und Stufenhöhen von 15 cm. Zuerst muß das Betonfundament der Vorderflächen angelegt werden. Wegen der Stabilität sollten Sie nur bei sehr kleinen und einfachen Stufen auf ein Fundament verzichten.

Pflege Kontrollieren Sie die Stufen regelmäßig, und befestigen Sie lockere Auftrittplatten mit frischem Mörtel. Gelegentlich sollten die Stufen mit einem Hochdruckreiniger gesäubert werden.

3

FELSTREPPEN

Aus behauenen Felsblöcken kann man einfache Treppen bauen. Dies erfordert wenig Aufwand, denn das hohe Gewicht der Felsblöcke sorgt für Stabilität. Man muß jedoch darauf achten, passend geformte Felsblöcke mit flachem Auftritt zu wählen. Am besten eignen sich Felstreppen für Steingärten, vor allem als rampenartige Stufen mit Kiesauftritt.

Verlegen Der Fels wird fest in den Boden gebettet.

Pflege Wackelige Stufen müssen wieder befestigt werden.

HOLZTREPPEN

Treppen aus Brettern oder Latten passen gut zu Holzdecks. Bahnschwellen, Rundhölzer und Stammscheiben harmonieren besser mit Gehölzen. Man kann verschieden große Stammscheiben verlegen und Lücken bepflanzen.

Stammscheiben verlegen Der Boden wird verdichtet und mit einer 2,5 cm dicken Sandschicht bedeckt. Darüber trägt man eine 2,5-5 cm dicke Kiesschicht auf, in die die Scheiben gebettet werden.

Pflege Weil Stammscheiben sehr rutschig werden können, sollte man sie gelegentlich mit einer Drahtbürste aufrauhen.

Rundhölzer verlegen Man verdichtet den Boden, bringt die Rundhölzer in Position und befestigt sie mit 5 cm dicken, 15 cm tief in den Boden getriebenen Holzpflöcken. Für die Auftrittflächen werden Sand oder Schotter eingefüllt, darüber kommt eine 5 cm dicke Schicht Kies oder Rindenschnitzel.

Pflege Bei Bedarf füllt man Kies oder Rindenschnitzel nach.

ZIEGELTREPPEN

Stufen mit Vorder- und Auftrittsflächen aus Ziegeln sehen sehr hübsch aus. Der obere Teil der Vorderfläche besteht meist aus Ziegeln, die mit der Schmalseite nach vorn verlegt wurden und auch die Kante des Auftritts bilden. Hiervon abgesehen kann der Auftritt aus Ziegeln bestehen, deren Verlegungsmuster mit angrenzenden gepflasterten Flächen oder Mauern harmoniert.

Verlegen Wie bei Natursteintreppen (siehe oben), doch die Betonfundamente der Vorderflächen werden zuerst angelegt. Wenn Vorderflächen und Auftritte Betonfundamente besitzen, ist der Bau leichter und die Stabilität höher.

Pflege Lockere oder verrutschte Ziegel werden sofort ersetzt.

5

4

TREPPEN AUS KOPFSTEINPFLASTER

Ähnlich wie bei den Ziegeltreppen bildet eine Reihe Kopfsteine die Obergrenze der Vorderfläche und die Kante des Auftritts. Der übrige Auftritt kann aus kleineren Kopfsteinen bestehen.

Verlegen und Pflege Wie bei Ziegelsteintreppen (siehe oben).

TREPPEN AUS BETONPLATTEN

Eine Betonplatte bildet den Auftritt, die Vorderfläche besteht aus Ziegeln. Die Betonplatte sollte etwa 1 cm über die Vorderfläche ragen, damit sie Schatten wirft und die Fuge des Mörtels verdeckt, in dem sie liegt. Der Handel bietet auch Betonstufen an, bei denen Auftritt und Vorderfläche aus einem Stück bestehen. Diese Stufen sind leicht zu verbauen und billiger als Ziegel. Sie passen auch gut zu Betonpflaster und -wänden.

Verlegen und Pflege Wie bei Natursteintreppen (siehe oben).

Rundholztreppe

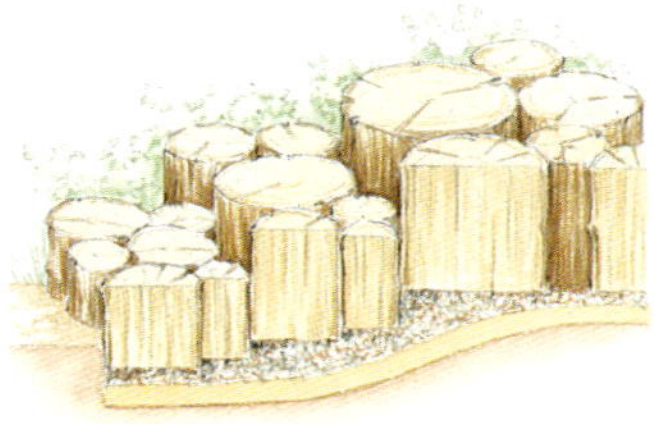

Treppe aus Stammscheiben

Ziegeltreppe

Türen und Tore

2

Türen und Tore bilden nicht nur den Garteneingang, sie sind auch ein wichtiger Teil des Designs. Ein Tor muß zur Einfriedung passen. Mit großen Steinen harmoniert ein robustes Holz- oder Eisentor, für Hecken eignen sich Staketentore oder Tore aus vertikalen Latten. Wie bei den Zäunen kann man blickdichte oder offene Materialien wählen. Wer Wert auf Abgeschlossenheit legt, sollte ein massives Holztor oder ein Dichttor wählen. Tore aus offenem Gitterwerk oder Schmiedeeisen können das Auge zu einem dahinterliegenden Blickfang lenken. Kosten und Designs von Toren variieren stark. Das Spektrum reicht von sehr preiswerten Flechtreisertoren bis zu verzierten, sich automatisch öffnenden schmiedeeisernen Toren.

Tore anbringen Tore, die als Grundstückseingang dienen, sollten sich aus Sicherheitsgründen nach innen öffnen. Sie öffnen sich leicht, wenn sie sich 5-8 cm über dem Boden befinden. Fällt der Garten zum Eingang hin ab, so versetzt man das Tor etwas nach hinten in den Garten, es muß sich hier nach außen öffnen.

Die Pfosten oder Pfeiler des Tores müssen sehr stabil und mindestens 75 cm tief in einem Betonfundament im Boden verankert sein.

Metalltore und -pfosten werden gemeinsam in Position gebracht und abgestützt, bis das Betonfundament erhärtet ist. Die Pfosten eines Holztores werden einbetoniert, bevor man das Tor einhängt. Der Abstand zwischen den Pfosten muß so groß sein, daß Tor und Beschläge Platz finden. Zwischen Pfosten eingehängte Tore öffnen sich nur im Winkel von 90 Grad, an den Vorderseiten der Pfosten eingehängte Tore dagegen im Winkel von 180 Grad. Der sich öffnende Flügel des Tores kann höher eingehängt werden, weil er sich mit der Zeit infolge seines Gewichts absenkt.

Pflege Weil Pfosten und Pfeiler stark beansprucht werden, muß man sie gelegentlich ausrichten und neu einbetonieren. Bei durchhängenden Toren müssen die Scharniere erneuert werden.

3

Schleift ein Holztor am Pfosten, hobelt man das Holz ab, bis das Tor wieder frei schwingt. Holz muß gelegentlich mit Holzschutzmittel behandelt oder gestrichen werden, vor allem in Bodennähe, wo es am leichtesten fault. Schmiedeeiserne Tore benötigen einen regelmäßigen Anstrich.

STAKETENTORE

Sehr einfache, zu Staketenzäunen passende Tore aus gestrichenem oder lasiertem Holz. Nach Maß angefertigte Staketentore sind stabiler und viel dauerhafter als Ware aus industrieller Massenfertigung.

BRETTERTORE

Diese traditionellen, aus 5 Brettern bestehenden Tore passen sehr gut zu Bretter- und anderen Viehzäunen. In Landgärten kann man sie auch in Mauern und zwischen Ziegelpfeiler setzen. Sie sind als Fußgänger- und als Einfahrtstore erhältlich. Bei breiten Einfahrten wird oft in ein großes Tor ein kleines Fußgängertor zusätzlich eingesetzt.

5

1

1 **Tür aus Antik-Holz**
2 **Staketentor**
3 **Rustikales Tor**
4 **Lorbeerbogen**
5 **Metalltor mit Wellenmuster**
6 **Doppeltes Tor**

MASSIVE HOLZTORE

Diese Tore ähneln Türen, denn sie bestehen oft aus langen, schmalen Brettern, die in einen Rahmen gesetzt wurden. Sie sind als Fußgänger- oder Einfahrtstore erhältlich. Hartholz kann unbehandelt verwendet werden, Weichholz sieht lasiert besser aus. Diese Tore sind schwer, Pfosten oder Pfeiler müssen robust sein.

TORE AUS SENKRECHTEN LATTEN

Diese Tore ähneln Staketentoren und passen zu den entsprechenden Zäunen.

SCHMIEDEEISERNE TORE

Schmiedeeiserne Tore können im Handel gekauft oder bei einem Schmied in Auftrag gegeben werden. Obwohl sie stabil und sicher sind, besitzen sie oft eine leichte, offene, dekorative Struktur. Man muß sie regelmäßig streichen, damit sie nicht rosten. Aus Schmiedeeisen kann man sehr originelle Tore herstellen, sehr filigrane ebenso wie ultramoderne.

MONDTORE

Ein Mondtor ist eigentlich kein Tor, sondern ein fernöstliches Konzept: eine kreisrunde Öffnung in einer Mauer, die einen Blick umrahmt und zwei Bereiche des Gartens optisch verbindet. Um mehr Sicherheit zu erreichen, kann man ein schmiedeeisernes Tor hineinhängen.

4

6

SCHLÖSSER UND SCHARNIERE

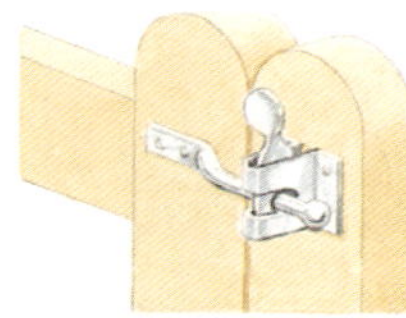

Selbstschließend

Riegel

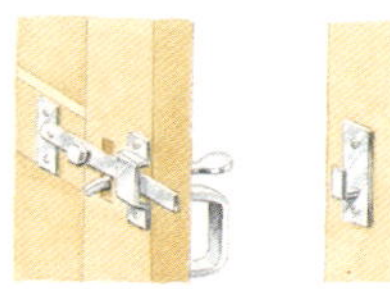

Drückerschloß

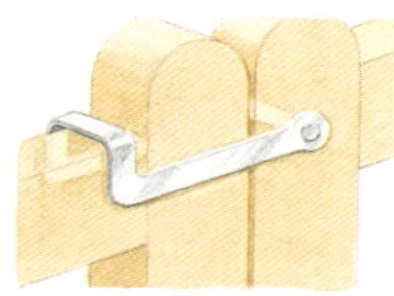

Bügelschloß

Vorder-Scharnier

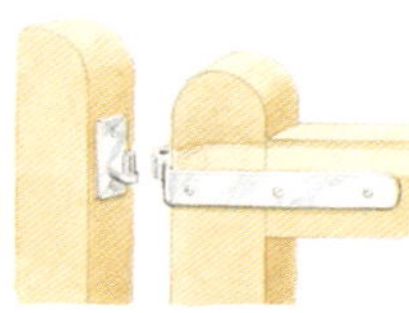

Seitliches Scharnier

MÖBEL UND BLICKFÄNGE

1

Bei der Auswahl von Möbeln und Blickfängen sollten Sie vor allem auf einfache Strukturen, deutliche Linien und praktische Eignung Wert legen, nicht auf verspielte Details. Achten Sie darauf, daß sich die Möbel oder Blickfänge harmonisch in den Garten einfügen, auch hinsichtlich der Größe. Dies gilt auch für alle anderen Bestandteile des Gartens, für einen großen Naturteich ebenso wie für eine einfache Leuchte, für ein dekoratives Aussichtstürmchen und eine bescheidene Bank. Bevor Sie Möbel oder Blickfänge in den Garten stellen, achten Sie darauf, daß sie gut zu nutzen sind.

Möbel und Pflanzgefäße sind nicht nur praktisch, sie verleihen ihrer Umgebung auch Gewicht und Charakter. Eine große Urne oder eine Skulptur kann einen schönen Schwerpunkt bilden, aber nur, wenn sie nicht zu klein ist. Pergolen und Sommerhäuser sollen zum Verweilen einladen, müssen aber bereits bei der Planung des Gartens berücksichtigt werden. Blickfänge können auch belebt sein. Lauben aus Korbweide und gestelzte Hecken bilden ähnliche Schwerpunkte wie Pergolen. Die Wahl des Materials kann davon abhängen, wie es mit den belebten und den unbelebten Teilen des Gartens harmoniert.

Die Suche nach Möbeln und Pflanzgefäßen braucht sich keineswegs auf Gartencenter und Blumenschauen zu beschränken. Töpfereien, Landhäuser und Antiquitätengeschäfte bieten viel Interessantes an. Kirchenbänke sind schöne, sehr stabile, schwere Sitzmöbel. Das Gewicht spielt eine Rolle, wenn Sie Möbel und Pflanzgefäße gern umstellen. Für Dachgärten und Balkone eignen sich schwere Teile nicht. Hier sind Sie jedoch nicht auf Kunststoff beschränkt, Aluminium und Rohr bilden stilvolle Alternativen. Man kann ganz verschiedene Behälter mit Folie auslegen und als originelle Pflanzgefäße verwenden.

Die richtige Lage von Blickfängen ist sehr wichtig. Ein architektonischer Teich paßt gut zu unbelebten Strukturen, z. B. einem Gebäude und gepflasterten Flächen. Um Tiere zu einem Teich zu locken, muß er relativ abgeschlossen liegen und von schützenden Gehölzen umgeben sein. Weil Wasser nach unten fließt, sieht ein naturnaher Teich in einer Senke stets am besten aus. Ein betont künstliches Schwimmbecken wirkt jedoch auch gut auf einer Anhöhe. Die Beleuchtung soll im Garten vor allem für Sicherheit sorgen, auch hier spielt die richtige Lage eine wichtige Rolle. Mit Licht kann man zauberhafte Effekte erzielen.

1 Klare Linien und praktische Funktion – hier wird ein schmales, tiefgelegenes Fenster zu einem Glastisch. Diese Gestaltung setzt eine gute Idee um und verbindet edle und rustikale Materialien auf gelungene Weise.
2 Schlichtes, harmonisches Design. Die warmen Farben der Steinmauern und des Holzdecks passen zu dem Stoff der Flügelstühle im willkommenen Schatten einer einfachen Segeltuchmarkise.

2

3

3 Ein Aussichtstürmchen aus Leichtmetall über passenden Gartenmöbeln bildet einen Blickfang am Ende einer beleuchteten Allee.

4

4 Ein Wasserspiel bringt Leben in einen Garten, egal wie groß es ist. Hier sorgt eine einfache Fontäne an einer dunklen Stelle für Bewegung und Licht.

5

5 Im Unterschied zu schweren Holzmöbeln, die ständig an ihrem Platz bleiben, ist der klassische Liegestuhl leicht und tragbar. Er sieht in fast jedem Garten gut aus.

Sitzmöbel und Tische

1 Eine Bank aus Metall umgibt einen Baum
2 Adirondack-Stühle aus Kunststoff
3 Gartenmöbel aus Metall, Holz und Korbware
4 Thron aus Treibholz
5 Betontisch

Welche Gartenmöbel Sie wählen, hängt vor allem von Ihrem Geschmack, dem Stil des Gartens und den Kosten ab. Achten Sie nicht nur auf das Aussehen, sondern auch darauf, daß die Möbel bequem sind. Probieren Sie sie vor dem Kauf aus! Kissen und Polsterauflagen sorgen für Sitzkomfort und können in passenden Farben gewählt werden. Durch Preisvergleiche kann man viel Geld sparen – besuchen Sie Kaufhäuser, Gartencenter und Handwerkermärkte. Manche Holzmöbel sind sehr teuer, aber der Handel bietet auch hochwertige, hübsche Alternativen an, die erheblich weniger kosten. Hängematten sind herrlich bequem. Achten Sie darauf, daß sich die gewählte Hängematte sicher an ausreichend starken Bäumen befestigen läßt und stabile Seile besitzt. Denken Sie auch an Decken mit wasserabweisender Rückseite, Kissen und Polsterauflagen.

Tragbare Möbel sollten leicht sein. Besonders elegant und leicht sind Rattan und Korbweide. Sitzmöbel, die nicht umgestellt werden sollen, können ruhig schwer sein. Manche dieser dauerhaften Sitzgelegenheiten sind schöne Blickfänge, z. B. ein Sitz in einem Baum oder eine mit einer Mauer verbundene Bank.

HOLZMÖBEL

Holz sieht in allen Gärten gut aus, in modernen wie in traditionellen, in städtischen wie in ländlichen. Viele Gartenmöbel aus Holz sind wunderschön und sehr hochwertig, Tische, Stühle und Bänke ebenso wie wertvolle Sessel und Liegen. Ein Marktschirm mit hölzernem Gestell ergänzt diese Möbel sehr gut, ist aber zu schwer, um häufig umgestellt zu werden. Aus Umweltschutzgründen sollten Sie keine Gartenmöbel aus Tropenholz kaufen.

Der einfache klassische Liegestuhl ist viel billiger und ebenfalls bequem. Er kann leicht zusammengeklappt und weggestellt werden. Die Tuchbespannung kann farblich passend gewählt und leicht ersetzt werden.

Pflege Viele leichte Holzmöbel können auseinandergebaut oder zusammengeklappt werden, so daß man sie im Winter platzsparend lagern kann. Im Freiland wird Holz von Sonne, Regen und Frost geschädigt. Daher sollten Sie nur behandeltes Holz verwenden und es regelmäßig mit einem Holzschutzmittel streichen. Achten Sie auch darauf, daß Schrauben und Nieten an zusammenklappbaren oder selbst zusammenzubauenden Möbeln nicht rosten und gut sitzen.

KUNSTSTOFFMÖBEL

Kunststoffmöbel sind nicht teuer und gut zu transportieren. Sie sind fast überall erhältlich, dazu auch passende Liegen und Sonnenschirme. Die Stühle sind meist recht bequem; vor allem, wenn sie mit Kissen und Polsterauflagen belegt sind, die in einer enormen Vielfalt von Farben und Formen zur Verfügung stehen. Weil Kunststoffmöbel niemals verwittert aussehen, passen sie am besten in moderne Gärten. In traditionellen Gärten wirken sie meist unpassend. Leuchtend gefärbte Kunststoffmöbel kommen in ultramodernen Gärten gut zur Geltung. Wegen ihres geringen Gewichts eignen sich Kunststoffmöbel auch gut für Balkone und Dachgärten.

3

Pflege Wenn Kunststoffmöbel ganzjährig im Freien stehen, werden sie leicht brüchig und können sogar reißen. Wer genug Platz hat, sollte sie daher im Winter in Innenräumen lagern. Die Reinigung beschränkt sich auf feuchtes Abwischen.

METALLMÖBEL

Stühle und runde Tische aus Gußeisen sehen auf der Frühstücksterrasse eines kleinen Landhauses sehr schön aus, doch sie sind schwer, nicht sehr bequem und ohne Kissen beim Sitzen kalt. Gußeiserne Möbel sind nicht billig, und die Farbpalette ist begrenzt. Grün und Schwarz passen in die meisten Gärten besser als das leicht grell erscheinende Weiß. Stühle und Bänke aus Stahlrohr mit Sitzflächen und Lehnen aus Drahtgeflecht passen gut in moderne Gärten, sind aber nicht sehr bequem.

Pflege Metallmöbel sind oft schwer oder sperrig, so daß man sie schlecht umstellen oder während des Winters einlagern kann. Gestrichene Möbel müssen regelmäßig nachgestrichen werden, damit sie nicht rosten. Kunststoffbeschichtetes Metall rostet jedoch nicht und muß nur feucht abgewischt werden. Gleiches gilt für Stahlrohr.

DAUERHAFTE SITZGELEGENHEITEN

Mit einer Mauer verbundene Sitzgelegenheiten aus Stein- oder Betonplatten liegen geschützt und bilden interessante Blickfänge. Eine große, verzierte Steinbank kommt an einer gut sichtbaren Stelle schön zur Geltung, z. B. am Ende eines architektonischen Teiches oder eines langen Weges. Ebenso eindrucksvoll ist eine Gruppe großer Steine oder Rundhölzer, auf denen man sich niederlassen kann. Sitzgelegenheiten, in deren Mitte ein Baum steht, wirken attraktiv und einladend. Sie sind als Bausätze aus Hartholz erhältlich, man kann sie aber auch selbst bauen und dem Stil des Gartens und seinen Bedürfnissen anpassen.

Pflege Sitzgelegenheiten aus Stein und Beton erfordern kaum Pflege. Hölzerne Sitzmöglichkeiten mit einem Baum in der Mitte müssen regelmäßig gestrichen oder mit einem Holzschutzmittel behandelt werden. Prüfen Sie regelmäßig, ob sie in Bodennähe faulen!

1

2

4

5

Pflanzgefäße

1

1 Weißblechdosen als Pflanzgefäße
2 Holzfaßhälfte
3 Terrakotta-Topf
4 Metallgefäße

Für Pflanzgefäße ist in jedem Garten Platz. Wer keinen Garten hat, kann Ampeln oder Blumenkästen hübsch bepflanzen und sich das ganze Jahr über an ihnen freuen. Auf Balkonen und an Fenstern sind Blumenkästen und Pflanzenampeln sehr dekorativ. Frostempfindliche Pflanzen können in Blumentöpfen überwintert werden. Hübsche Einjährige kommen in Töpfen und Blumenampeln oft besser zur Geltung als zerstreut zwischen Sträuchern in Rabatten. Pflanzen, denen der Gartenboden nicht zusagt, gedeihen in Pflanzgefäßen mit entsprechendem Substrat, z. B. Azaleen und andere Pflanzen, die einen niedrigen pH-Wert lieben. Für Pflanzgefäße muß man geeignete Standorte wählen, denn planlos aufgestellte Gefäße erzeugen ein Durcheinander. Pflanzgefäße können auch die Sicherheit erhöhen und z. B. die Ecken eines Patios oder den Anfang einer Treppe markieren. Schön ist es, wenn Pflanzgefäße Eingänge flankieren oder im Garten Blickfänge bilden.

Zur Bepflanzung verwendet man gern erdfreie Substrate. Weil diese wenig wiegen, eignen sie sich besonders für Balkone und Dachgärten und erleichtern das Umstellen der Gefäße. Bepflanzte Gefäße müssen unten Abzugslöcher besitzen, über denen Tonscherben oder Steine liegen. So kann zuviel Wasser gut ablaufen. Große Urnen und viele andere Gefäße sind auch unbepflanzt sehr hübsch.

Pflanzgefäße sind in ganz verschiedenen Materialien, Größen, Formen und Farben erhältlich, auch die Preise sind sehr unterschiedlich. Manchmal lohnt es, ein großes, teures Natursteingefäß für einen besonderen Standort zu kaufen, doch der Handel bietet auch viele gute, sehr preiswerte Imitate an – aus gestrichenem Fiberglas, das glasiertem Ton ähnelt, oder aus Kunststoff, der wie Terrakotta aussieht. Wenn die Gefäße im Winter nicht ins Haus geholt werden, müssen sie frostbeständig sein.

TERRAKOTTA- UND STEINGUTGEFÄSSE

Terrakottagefäße sehen in jedem Garten gut aus. Auch große Töpfe sind oft nicht teuer. Achten Sie darauf, daß die Gefäße frostbeständig sind! Solche Gefäße sind meist handgefertigt und bestehen aus hochwertigem, bei hohen Temperaturen gebranntem Ton. Die Frostbeständigkeit hängt auch von der Form des Gefäßes ab. Ein Topf, der oben einen größeren Durchmesser hat, erleidet nicht so schnell Schäden, wenn sich gefrierendes Substrat in ihm ausdehnt. Töpfe mit bauchiger Form sind dagegen besonders empfindlich und

3

werden besser nicht bepflanzt, wenn sie im Winter im Freien stehen sollen.

Steingutgefäße bestehen aus Ton, der bei sehr hohen Temperaturen gebrannt wurde. Sie sind teurer als Terrakottagefäße, aber wegen ihrer wunderschönen Farben ihren Preis wert.

Pflege Pflanzgefäße benötigen kaum Pflege. Bevor man sie neu oder anders bepflanzt, müssen sie sorgfältig gereinigt werden. Vor dem ersten Bepflanzen stellt man Terrakotta- und Steingutgefäße für einige Stunden in Wasser, damit sie Substrat und Pflanzen später keine Feuchtigkeit entziehen. Neue Gefäße aus Stein, Terrakotta oder unglasiertem Steingut können mit einer schwachen Düngerlösung bestrichen werden, die das Wachstum von Flechten begünstigt und die Gefäße dadurch älter erscheinen läßt. Neue Terrakottagefäße können gebleicht werden, indem man ihre Oberfläche mit Kalk einreibt und regelmäßig mit Wasser benetzt.

STEINGEFÄSSE

Flechtenbewachsene Natursteinurnen sehen in klassischen Landgärten besonders gut aus. Man kann sie in Geschäften kaufen, die sich auf Gartenschmuck-Antiquitäten spezialisiert haben. Oft sind solche Urnen jedoch sehr schwer und extrem teuer. Alte Becken und Tröge aus Stein waren früher preiswert und verbreitet, werden heute aber nur noch selten angeboten. Sie eignen sich besonders für Alpenpflanzen und kleine Sträucher, müssen jedoch etwas erhaben stehen, damit sich kein Wasser staut. Betonstein ist nicht so teuer und leichter erhältlich.

Pflege Bevor man Steingefäße neu oder anders bepflanzt, werden sie gesäubert. Hiervon abgesehen brauchen sie kaum Pflege. Neue Gefäße sehen älter aus, wenn man sie mit einer schwachen Düngerlösung bestreicht, dadurch wird das Wachstum von Flechten begünstigt. Wenn man die Gefäße mit Kunststoffolie auslegt, kann man die Bepflanzung leicht wechseln.

HOLZGEFÄSSE

Versailler Kübel sind quadratische, kistenartige Behälter, die meist aus Hartholzlatten bestehen und innen mit Kunststoffolie ausgelegt sind. Ihr Preis richtet sich nach der Größe und dem verwendeten Holz (Hartholz oder behandeltes Weichholz). Das Holz kann imprägniert oder in einer passenden Farbe lasiert werden. Ein Versailler Kübel sieht sehr elegant aus, wenn eine einzelne Blattschmuckpflanze oder ein Formschnittgehölz darin wächst.

Pflege Holzgefäße sind innen meist mit schützender Kunststoffolie ausgelegt. Man reinigt sie jedoch gelegentlich innen. Weichholz muß mit einem pflanzenverträglichen Holzschutzmittel behandelt werden. Bei Hartholzgefäßen wird oft eine Fäulnisbeständigkeit von bis zu 30 Jahren garantiert. Wenn eine Garantie fehlt, kann man sie auch selbst ölen.

KUNSTSTOFF- UND FIBERGLASGEFÄSSE

Kunststoffgefäße sind preiswert und leicht. Viele sind jedoch so leuchtend gefärbt, daß sie nur in einer sehr modernen Umgebung schön aussehen. Man kann Kunststoffgefäße jedoch als Blumenkästen verwenden und auch gut in schwere Holz- oder Steingefäße stellen. Kunststoffinnentöpfe schützen antike Gefäße vor direktem Kontakt mit Dünger und Substrat, die schädlich

2

wirken könnten. Außerdem ermöglichen sie es, die Bepflanzung leicht, rasch und sauber zu wechseln.

Auch Fiberglasgefäße sind leicht und werden in unterschiedlichen, einfachen und aufwendigen Formen angeboten. Wie Kunststoff kann Fiberglas gestrichen werden, sieht dann aber hübscher und feiner aus als Kunststoff.

Pflege Die Gefäße sollten nach Gebrauch sorgfältig gesäubert werden. Kunststoff wird mit der Zeit brüchig und reißt, so daß man Innengefäße alle 2-3 Jahre erneuern muß.

METALLGEFÄSSE

Bepflanzte Metallgefäße sind häufig an Straßen anzutreffen, eignen sich aber auch für den Garten. Das Sortiment ist groß, Stilrichtungen und Kosten variieren stark: alte Kohleeimer und Zinkbadewannen kommen ebenso in Frage wie spezialgefertigte Pflanzgefäße aus Bronze oder Blei. Die Standortwahl ist besonders wichtig, denn schwere Metallgefäße sind ortsfeste Blickfänge. Man verwendet vor allem Blei, Bronze und verzinkten Stahl. In sehr moderne Gärten passen glänzende Edelstahlgefäße.

Pflege Stahlgefäße werden gestrichen, damit sie nicht rosten; rostfreier Edelstahl wird poliert.

4

Gartenbauten

VERSCHIEDENE BÖGEN

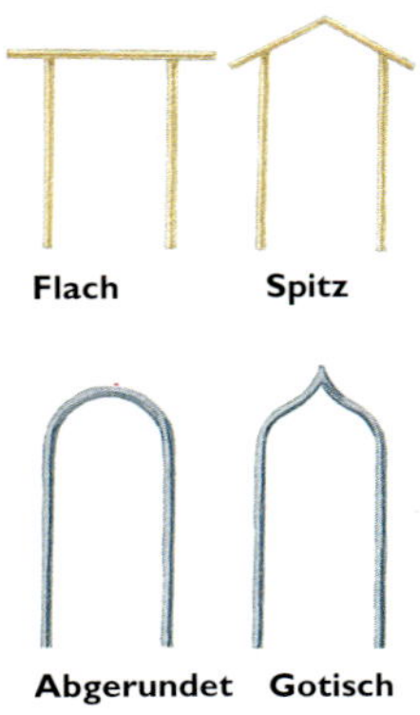

Hierzu gehören unter anderem Pergolen, Sommerhäuser, einfache Baumhäuser und reich verzierte Aussichtstürmchen, vorgestellt werden aber auch Markisen, Zelte und Marktschirme. Sie alle sollten aus robustem Material sein und regelmäßig fachgerecht gepflegt werden.

PERGOLEN, LAUBEN UND BÖGEN

Früher zog man an Pergolen Weinreben und nutzte sie als angenehm schattige, vom Haus wegführende Korridore. Heute läßt man an Pergolen oft duftende, farbenfrohe Kletterpflanzen wachsen. Von Kletterpflanzen umschlungene Querbalken über einer Terrasse (Horizontale) schaffen eine schöne Verbindung zu den Mauern des angrenzenden Hauses (Vertikale). Oft umrahmt eine Pergola eine Aussicht in den Garten. Im Sommer spenden Pergolen willkommenen Schatten. Wege überspannende Pergolen laden ein, zu einem Aussichtspunkt oder Blickfang zu gehen, sie können aber auch von einem Bereich des Gartens in einen anderen führen.

Lauben werden wie Pergolen gebaut, sind aber kleiner. Viele Lauben sind schattige, halb von Kletterpflanzen und anderen Gewächsen versteckte Plätze, an die man sich zurückziehen kann.

Laubengänge bilden eine einfache Verbindung zwischen zwei Bereichen des Gartens oder umrahmen eine schöne Aussicht. Über Toren verlaufende Bögen bestehen meist aus Ziegeln oder Gußeisen. Freistehende, an kleine Pergolen erinnernde Laubengänge werden aus Holz gebaut. Sie betonen Aussichten und damit bestimmte Richtungen im Garten. Sie sind besonders eindrucksvoll, wenn sie inmitten von Pflanzen stehen.

Pergolen, Lauben und Bögen müssen so stabil sein, daß sie das Gewicht der Pflanzen tragen können. Sie dürfen aber nicht so mächtig sein, daß die Pflanzen gar nicht mehr auffallen. Vor dem Bauen wählen Sie den Standort sorgfältig aus und prüfen, ob kein Pfosten direkt vor einem Fenster steht. Die Querbalken müssen mindestens 2 m hoch sein, damit man gut unter ihnen gehen kann. Dies ist besonders wichtig, wenn Kletterpflanzen an den Balken wachsen und herunterhängen sollen.

Holz Pergolen können aus verschiedenen Materialkombinationen bestehen, doch Holz ist am verbreitetsten. Pergolen aus Holz sind recht billig, leicht zu bauen und passen in die meisten Gärten. Häufig wird behandeltes Weichholz verwendet, das auch lasiert sein kann. Eiche und andere Harthölzer sind teurer, müssen aber nicht behandelt werden und färben sich mit der Zeit hübsch silbergrau. Weichhölzer müssen regelmäßig behandelt werden, damit sie länger halten. Verwenden Sie nur ausreichend dickes Holz, damit sich die Balken nicht durchbiegen. Risse und Wölbungen sind bei Holz normal und machen einen Teil seines Charakters aus. Die meisten Pergolen bestehen aus fertig gekerbten und verschraubten Kanthölzern. Meist werden die oberen Querbalken in Kerben der unteren Querbalken gelegt. Diese werden an den Pfosten befestigt. Rundhölzer sehen in einiger Entfernung vom Haus zwischen Gehölzen oder in ländlicher Umgebung am besten aus. Maschinell gerundete, 13 cm starke, behandelte Pfosten mit 10 cm starken Querbalken eignen sich besser als rustikale, nicht entrindete Hölzer, die nach kurzer Zeit faulen. Anlehn-Pergolen werden mit Metallschuhen oder hölzernen, für die Querbalken eingekerbten Platten am Haus befestigt.

2

ORIENTALISCHE PERGOLA

Diese hölzerne Pergola wird traditionell verwendet, um Wege zu überspannen. Das Gerüst besteht aus eingekerbten Kanthölzern aus Hartholz oder behandeltem Weichholz. Die Pfosten werden direkt in den Boden eingelassen. Man befestigt sie mit Beton oder stabilisiert sie mit Metallschuhen, die das Holz von der feuchten Erde trennen und damit Fäulnis verhindern.

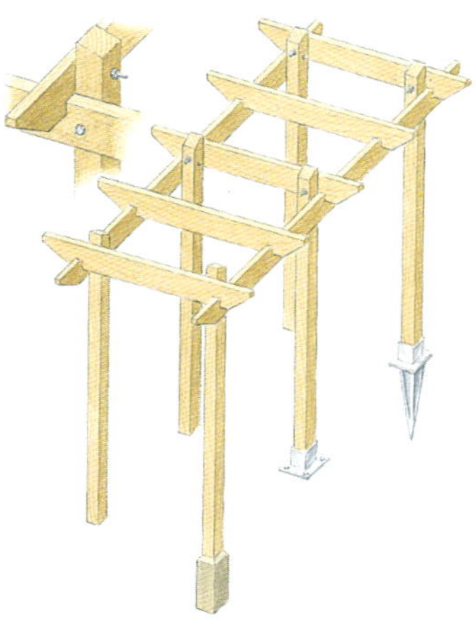

1

Ziegel und Holz Pergolen aus Ziegeln und Holz besitzen solide, mindestens 35 cm starke Ziegelpfeiler, auf denen robuste Balken aus Eiche oder behandeltem Weichholz ruhen. Diese großen, stabilen Pergolen eignen sich am besten für große Landgärten. Die Ziegelpfeiler müssen in einem Betonfundament verankert und in der Mitte mit einer Metallarmierung stabilisiert werden. Die Querbalken werden in die Ziegel eingelassen oder von Metallschuhen gehalten. Für Pergolen aus Ziegeln und Holz braucht man viel Material und Zeit. Daher sind sie relativ teuer.

Stein und Holz Statt Ziegeln kann man auch Natur- oder Betonstein verwenden. Solche Pergolen passen ebenfalls am besten in Landgärten. Behauener Naturstein, der in Mörtel gebettet und sorgsam verfugt wurde, bildet an den Pfeilern hübsche Kanten. Aus Betonsteinsäulen und Holzbalken kann man eine beeindruckende Kolonnade bauen.

Stahlrohr Aus stabilem Stahlrohr kann man leichte, offene, nicht allzu teure Pergolen bauen. Das Metall muß verzinkt sein und ist oft kunststoffummantelt. Meist werden schwarze Rohre verwendet, aber für moderne Gärten eignen sich auch verschiedene andere Farben. Im Handel sind auch Bausätze für Lauben aus Stahlrohr erhältlich. Diese sind zwar nicht billig, aber rasch zu bauen und besitzen eine leichte, luftige Struktur. Die eher häßlichen Verbindungspunkte werden nach kurzer Zeit von Pflanzen verdeckt. Tunnel aus leichtem Stahlrohr sehen recht zer-

3

1 Metallbögen
2 Laube
3 Holzpergola
4 Rustikales Aussichtstürmchen

brechlich aus, sind aber sehr stabil und dicht mit Pflanzen bewachsen wunderhübsch. Stahlrohrstützen werden auch in Kombination mit Holzbalken verwendet. Die Stahlstützen werden in Metallschuhe gesetzt, die Holzbalken werden durch spezielle Verbindungen an ihnen befestigt. Solche Pergolen wirken eher zerbrechlich, sind aber sehr stabil.

Aluminium Pergolen aus Aluminium sind leicht und luftig. Sie werden als Bausätze angeboten, deren Teile ähnlich wie bei einem Gewächshaus mit Aluminiumrahmen durch Nieten und Schrauben gehalten werden. Aluminium ist jedoch recht weich und sollte daher nur leichte Kletterpflanzen tragen. Schwere Pflanzen könnten es verformen.

Eine Pergola aus Holz bauen Meist werden 10 x 10 cm starke Holzpfosten verwendet, die entweder ein Betonfundament erhalten oder mit Metallschuhen im Boden verankert werden, damit sie unten nicht faulen. Alle Verbindungspunkte werden angelegt, bevor die Pfosten geradegestellt und die Querbalken angebracht werden. Die Querbalken sollten 15 x 5 cm stark sein und entweder ganz oben an den Pfosten oder in Kerben auf den Pfosten befestigt werden. Beim Verschrauben verwendet man Zahnscheiben, um mehr Stabilität zu erreichen. Die oberen Querbalken sind oft so groß wie die unteren und werden in Kerben auf diesen befestigt, oder beide werden so eingesägt, daß sie oben plan abschließen, wenn man sie zusammenfügt. Meist befestigt man die oberen Querbalken mit verzinkten Nägeln, man kann aber auch verzinkte Schrauben oder Messingschrauben verwenden. Die oberen Querbalken sollten ungefähr 30 cm über die unteren hinausragen. Ihre Enden können eine bestimmte Form erhalten oder viereckig bleiben. Kletterpflanzen werden oft von Bindedraht gehalten, der mit Ringbindern an den Pfosten befestigt wird.

Pflege Holz wird regelmäßig mit einem Holzschutzmittel behandelt oder lasiert. Nägel und Schrauben müssen gelegentlich kontrolliert werden.

SOMMERHÄUSER

Ein Sommerhaus sollte so groß sein, daß mehrere Personen bequem darin sitzen können. Die Türen öffnen sich auf eine Veranda. Sommerhäuser sind teuer, aber auch sehr hübsch. Viele Sommerhäuser werden jedoch zu klein gewählt oder mit Spielzeug oder Gartenmöbeln vollgestopft und dienen eher als Schuppen, deren Fenster mit Blumenkästen geschmückt sind.

Sommerhäuser sind als recht teure Bausätze erhältlich. Sie können Ihr Sommerhaus aber auch selbst bauen und es an Ihre Bedürfnisse anpassen. Holz sollte behandelt oder in einer passenden Farbe lasiert sein.

Bau Ein vorgefertigtes Sommerhaus mit Fußboden, Seitenwänden und Dach kann leicht von 2 Personen aufgebaut werden. Die meisten Hersteller bieten aber auch einen Montagedienst an. Vor dem Bau stellen Sie ein festes, ebenes, etwa 10 cm starkes Fundament her. Darüber kommt eine etwa 10 cm dicke Betonschicht. Bei leichten Gebäuden kann man 8 x 8 cm starke Holzträger verwenden, die plan und im rechten Winkel mit den Balken des Fußbodens verbunden werden. Neben den Trägern verlegt man wasserundurchlässige Folie, bevor der Fußboden in die endgültige Lage gebracht wird. Nun werden Seitenwände und Dach angebracht. Die Schrauben werden erst festgezogen, wenn alle Korrekturen beendet sind. Das Dach wird mit Dachpappe oder hölzernen Dachziegeln gedeckt. Das Haus muß gestrichen oder mit einem Holzschutzmittel behandelt werden. Zedernholz braucht nicht behandelt zu werden.

4

RUSTIKALE PERGOLA
Diese Pergola paßt am besten in eine zwanglos gestaltete Umgebung in einiger Entfernung vom Haus. Eingekerbte, aneinandergenagelte Rundhölzer, die oft aus Lärchenholz bestehen, bilden ein Gerüst, an dem Kletterpflanzen emporwachsen können. Besonders elegant ist diese Pergola, wenn man behandeltes, maschinell gerundetes Holz verwendet. Dieses hält auch länger als nicht entrindetes, unbehandeltes Holz.

ANLEHN-PERGOLA
Diese Pergola wird an einer Wand befestigt und sorgt für einen halbschattigen Bereich nahe am Haus. Ihre Konstruktion ähnelt derjenigen der orientalischen Pergola, doch die Querbalken werden mit einem Ende an der Wand befestigt. Hierfür verwendet man meist Balkenschuhe aus Metall, die in die Wand geschraubt werden.

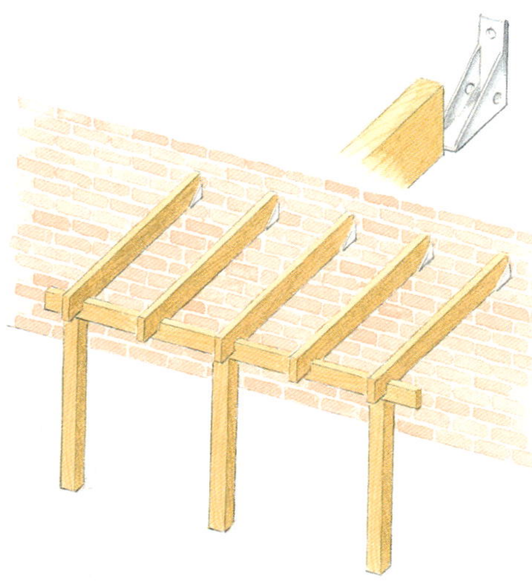

1

Pflege Scharniere und die übrigen Beschläge müssen kontrolliert werden. Die meisten Holzarten müssen nachgestrichen oder mit einem Holzschutzmittel behandelt werden. Gelegentlich sind Dachziegel zu erneuern.

AUSSICHTSTÜRMCHEN

Diese oft sechseckigen Gebäude sind oben geschlossen und an den Seiten offen. In ihnen kann man schöne Aussichten genießen, sie sind aber oft auch selbst Blickfänge. Viele Aussichtstürmchen sind teuer. Sie bestehen meist aus Holz und verziertem Metall. Selbstgebaute Varianten sind rustikaler und passen in gehölzreiche Gärten.
Bau Vorgefertigte Aussichtstürmchen werden wie Sommerhäuser montiert (siehe oben). Selbstgebaute Varianten werden wie Holzpergolen gefertigt (siehe oben).
Pflege Aussichtstürmchen benötigen kaum Pflege. Metall muß gestrichen werden, damit es nicht rostet. Unbehandeltes Holz fault rasch. Lockere Balken müssen festgeschlagen werden.

GEWÄCHSHÄUSER

Gewächshäuser befinden sich in vielen Gärten. Sie sollten an offenen, sonnigen Plätzen stehen, am besten in oder neben Obst- und Gemüsegärten. Der Rahmen besteht aus Aluminium oder Zedernholz. Gewächshäuser werden in unterschiedlichen Formen und Größen angeboten. Besonders verbreitet sind Gewächshäuser mit Satteldach und Seitenwänden, die vollständig aus Glas oder je zur Hälfte aus Holz und Glas bestehen. Die in den sechziger Jahren modernen Glaskuppeln sind heute nur noch selten anzutreffen und bilden auffällige Blickfänge.
Bau Viele Hersteller bieten einen Montagedienst an. Man kann sein Gewächshaus aber auch selbst zusammenbauen, wenn eine Person dabei hilft. Für Stromanschlüsse, Heizung und Licht und für Wasseranschlüsse sollte man einen Fachmann beauftragen.

Bevor Sie das Gewächshaus aufstellen, bauen Sie ein solides, ebenes, etwa 10 cm dickes Fundament. Darauf können Sie Betonplatten verlegen (siehe S. 225) oder niedrige Ziegelmauern errichten (siehe S. 228), auf denen das Gewächshaus ruhen wird.

Nun wird der Rahmen zusammengebaut und aufgesetzt. Seine Teile sind zunächst locker miteinander verbunden, die Schrauben werden erst festgezogen, bevor man das Glas einsetzt.
Pflege Das Glas muß geputzt, Türscharniere und Ventilatoren müssen geölt und gewartet werden.

SCHUPPEN

Schuppen sind vor allem Lagergebäude. Sie werden in vielen Größen angeboten: winzige Schuppen, in denen man Gartengeräte lagern kann, ebenso wie große Schuppen, die Platz für Rasentraktoren bieten. Ein Schuppen muß gut zugänglich sein, denn er wird regelmäßig genutzt.

2

Am besten pflastert man die vor dem Schuppeneingang liegende Fläche, denn sie wird stark belastet. Vorgefertigte Bausätze sind mit flachem oder spitzem Dach erhältlich. Hübsche Schuppen brauchen nicht versteckt zu werden!
Bau Vorgefertigte Bausätze bestehen aus Fußboden, Seitenwänden und Dach. 2 Personen können sie leicht zusammenbauen. Die Hersteller bieten aber auch einen preiswerten Montagedienst an. Bevor Sie den Schuppen aufstellen, bereiten Sie eine solide, ebene, etwa 10 cm dicke Unterlage aus verdichtetem Schotter vor, die an allen Seiten etwa 10 cm über den geplanten Fußboden hinausragt. Darüber kommt als Fundament eine 10 cm dicke Betonschicht. Bei großen Schuppen, in denen man schwere Maschinen lagert, oder bei einer Werkstatt sollte die Betonschicht 15 cm dick sein. Alternativ zu der Betonschicht kann man Betonplatten auf Mörtel verlegen (siehe S. 225) und naß verfugen. Die einfachste und preiswerteste Lösung ist es, Holzträger zu verwenden und weiter wie bei Sommerhäusern zu verfahren (siehe oben). Das Dach wird mit Dachpappe gedeckt, die als Rollen, Streifen und Ziegel angeboten wird. Das Holz wird gestrichen oder mit einem Holzschutzmittel behandelt. Bei Zedernholz ist dies jedoch nicht nötig.

3

BAUMHÄUSER

Kinder (und Erwachsene!) lieben geheime Verstecke. Ein Baumhaus ist das beste Versteck im Garten. Es sollte nicht zu hoch im Baum liegen und natürlich robust und sicher sein. Man erreicht es am besten über eine angestellte Leiter. Baumhäuser sollen die Phantasie anregen und können z. B. wie Piratenschiffe oder Schlösser gestaltet werden.
Bau Ihr Baumhaus sollte Ihren Wünschen entsprechen und sehr gut in den Baum passen.
Pflege Wie bei Sommerhäusern (siehe oben). Außerdem muß regelmäßig überprüft werden, ob das Baumhaus noch sicher ist.

MARKISEN, GARTENZELTE UND MARKTSCHIRME

Diese leichten Strukturen spenden willkommenen Schatten. Sie kommen ohne schwere Balken und die damit verbundenen Kosten aus. Man kann sie leicht umstellen, gut pflegen und pro-

4

1 Kinderspielhaus
2 Baumhaus
3 Gartenzelt
4 Marktschirm
5 Segeltuchmarkise
6 Kletterpflanzen spenden Schatten

5

blemlos entfernen, wenn man sie gerade nicht braucht. Die Farbe sollte gut ausgewählt werden: Creme, Grauweiß und Grün sind hübsch und lassen Entfernungen nicht kürzer erscheinen, wenn sie sich nicht direkt am Haus befinden. Am Haus wirken leuchtende Farben besser. Vor allem Gelb sorgt an grauen, bedeckten Tagen für einen warmen, sonnigen Eindruck.
Markisen sind einfache, mit Segeltuch bespannte Gestelle, die z. B. über Fenstern aufgespannt werden. Wie Markisen vor Geschäften und Restaurants spenden sie willkommenen Schatten und schützen die Möbel hinter den Fenstern vor dem ausbleichenden Sonnenlicht. Mit Segeltuch kann man auch Pergolen und andere dauerhafte Gartenbauten überspannen, so daß mehr Abgeschlossenheit entsteht. Zwischen Markise und Pfosten läßt man einen kleinen Abstand, um den Luftaustausch zu verbessern.

Gartenzelte sind viel hübscher als Campingzelte und ähneln eher Festzelten. Unter kleinen Gartenzelten ist Platz für einen Tisch und Stühle, größere eignen sich hervorragend für Partys und Grillfeste. Abends kann man das Zeltinnere mit Lichterketten beleuchten. Die Farbe des Zelts macht viel aus. Knallig gefärbte, gestreifte Zelte erinnern an Jahrmärkte.

Statt der früher üblichen, leuchtend gefärbten Sonnenschirme trifft man heute oft große, elegante, freistehende Marktschirme an, die besonders gut zu Holzmöbeln passen. Ihre großen, segelartigen Bespannungen werden von Seilen gehalten und mit einem flaschenzugartigen Metallstück geöffnet. Marktschirme spenden besonders viel Schatten.

Bau Als Markise kann man ein passend zugeschnittenes Stück Segeltuch verwenden, das über einer Pergola aufgespannt und an deren Pfosten festgebunden wird. Maßgefertigte, am Haus befestigte Markisen werden meist vom Hersteller angebracht.

Gartenzelte sind leicht aufzubauen. Das Gestell besteht oft aus leichtem Aluminium oder verzinktem Stahlrohr, die einzelnen Teile werden einfach ineinandergesteckt. Die Bespannung besteht vielfach aus witterungsbeständigem Kunststoff. Große Festzelte, die man für besondere Anlässe mietet, werden von der verleihenden Firma aufgestellt.

Marktschirme besitzen meist eine Stützstange aus Hartholz. Ihre Bespannung wird von Seilen gehalten und besteht aus imprägnierter Baumwolle, manchmal auch aus wasserabweisender, UV-beständiger Kunstfaser, die nicht schimmelt und beim Waschen nicht einläuft. Auf gepflasterten Flächen verwendet man für Marktschirme einen soliden Metallfuß, auf Rasen einen Erdspieß.

Pflege Segeltuch von Markisen, Gartenzelten und Marktschirmen sollte regelmäßig abgewischt werden. Man kann es auch abnehmen und gründlicher reinigen. Hölzerne Stützstangen von Marktschirmen werden geölt. Markisen, Gartenzelte und Marktschirme werden im Winter in trockenen Räumen aufbewahrt, am besten in Kunststoffsäcken.

6

Wasser im Garten

1

TEICHE

Ein architektonischer Teich von quadratischer, rechteckiger oder runder Form sieht nahe am Haus gut aus. Die einfachen Formen passen oft zum Verlegungsmuster befestigter Flächen, und die Kante eines erhöhten Teiches kann auch als Sitzfläche genutzt werden. An einem offenen, sonnigen Platz bleibt ein Teich länger sauber und erfreut durch seine spiegelnde Oberfläche als an einem schattigen Ort, wo Äste über ihm hängen.

Unregelmäßig gestaltete Teiche passen dagegen gut zu den weicheren Linien der natürlichen Landschaft und sind oft mit Wasserfällen und Wasserläufen verbunden. Zu ihnen passen Sumpfzonen, die man in einer etwa 30 cm tiefen, mit dem überstehenden Ende der Teichfolie ausgelegten Mulde anlegt. Die Folie wird mit Löchern versehen, damit die Sumpfzone nicht ständig überschwemmt ist. Über der Folie bringt man eine 5 cm dicke Schicht groben Kies auf, damit das Wasser gut durch die Löcher ablaufen kann. Mit einem Erdwall trennt man Teich und Sumpfzone, damit diese nicht ständig überschwemmt wird, der Teich jedoch bei starken Regenfällen überlaufen kann. Offene Wasserflächen ziehen Kinder magisch an, sind für sie aber sehr gefährlich. Wer kleinere Kinder hat, sollte sich mit kleinen Wasserspielen begnügen, z. B. einem Mühlsteinbrunnen oder einer sprudelnden Fontäne. Arbeiten Sie nur mit wassergeschützten Steckern für Außenräume, und bauen Sie einen Fehlerstromschutzschalter ein, wenn Sie eine Pumpe oder andere elektrische Geräte im Garten installieren.

Anlage eines architektonischen Teiches Quadratische oder rechteckige Teiche können kostengünstig aus Ziegeln, Betonsteinen oder ähnlichem Material gebaut werden, das man mit vertikalen Metallstäben verstärkt.

Ein 10 cm dickes Betonfundament bildet den Boden des Teiches, auf dem die Seitenwände errichtet werden. Boden und Seitenwände werden nacheinander mit 2 Schichten wasserdichtem Putz versehen. Die Seitenwände schließen oben mit hochkant verlegten Ziegeln oder Platten ab. Der Rand sollte etwas überstehen, damit er einen Schatten wirft und die Fugen der Abdecksteine, die Wasserlinie und Änderungen des Wasserstandes nicht gleich zu sehen sind. Für mindestens 1 Monat sollten Sie keine Fische in den Teich setzen, denn aus dem Mörtel löst sich fischgiftiger Kalk. Die Seitenwände können aber auch abgedichtet werden, damit kein Kalk austritt. Hierfür verwendet man am besten ein dunkles Dichtmittel.

Anlage eines frei gestalteten Teiches Unregelmäßig gestaltete Teiche besitzen meist fließende Formen, die zu den natürlichen Konturen des Gartens passen. Sie werden am besten mit flexiblen Materialien gebaut, die je nach vorgesehener Größe recht preiswert sein können. Früher dichtete man Teiche mit Ton ab, der aber keine vollständige Abdichtung gewährleistete und bei trockenem Wetter oft riß. Mit Beton ist der Bau aufwendiger und teurer. Der Beton wird mit einem Metallgitter verstärkt, kann aber ebenfalls reißen. Vorgefertigte Teiche aus Fiberglas sind relativ billig und leicht zu installieren. Der Umriß des Teiches wird zunächst auf dem Boden abgesteckt. Nun hebt man den Boden in der vorgesehenen Form aus, entfernt spitze Steine, verfestigt den Grund und bringt eine Sandschicht auf, bevor man den vorgefertigten Teich einsetzt. Man prüft, ob der Teich richtig sitzt, und füllt seitlich mit Sand auf. Der Nachteil dieses Verfahrens ist jedoch, daß Sie von den vorgegebenen Formen abhängig sind und es fast unmöglich ist, den breiten, starren oberen Rand auf natürliche Weise zu verdecken. Die Entwicklung flexibler Kunststoffolien und Gummieinlagen hat die Gestaltung unregelmäßiger Teiche revolutioniert. Diese Materialien wiegen relativ wenig und sind gut zu verlegen.

Anlage mit Teichfolie Mit Teichfolie kann man einfache, unregelmäßige Teiche anlegen. Die vorgesehene Form wird auf dem Boden abgesteckt. Außen befestigt man Holzpflöcke, um das Höhenprofil anzuzeigen. Bevor man Boden aushebt, berechnet man, wieviel Folie nötig ist. Die Gesamtlänge der Folie entspricht dem Doppelten der größten Tiefe plus der größten Länge des Teiches. Die Gesamtbreite der Folie entspricht dem Doppelten der größten Tiefe plus der größten Breite des Teiches. Wenn Sie befürchten, nach dem Kauf der Folie womöglich zu tief zu graben, können Sie die Folie bestellen, nachdem Sie das Loch ausgehoben haben.

Der Boden wird bis zur gewünschten Tiefe (meist 45-75 cm) ausgehoben. Die Seiten sollten leicht abfallen. In einer Uferzone, die etwa 20 cm unterhalb des Teichrandes liegt und 25 cm breit ist, kann man später bepflanzte Körbe aufstellen. Prüfen Sie beim Ausheben stets, ob der Rand eben ist. Entfernen Sie größere Steine und Wurzeln, die aus dem Boden ragen, und legen Sie dann Geotextilvlies oder eine 5 cm dicke Sandschicht über die ausgehobene Fläche, um die Folie vor Steinen im Boden zu schützen. Die Folie wird strammgezogen und mit einigen Ziegeln beschwert. Nun beginnt man, den Teich mit einem auf die Mitte der Folie gerichteten Schlauch mit Wasser zu füllen. Während das Wasser in den Teich läuft, entfernen Sie die Ziegel, so daß sich die Folie gut an den Untergrund anschmiegt. Nachdem der Teich gefüllt ist, schneiden Sie die Folie so ab, daß sie an den Seiten etwa 15 cm übersteht. Dieser Rand kann durch ein geeignetes Material verdeckt werden.

Randgestaltung Die Randgestaltung ist wichtig für das Aussehen des Teiches. Teichfolie kann auf vielfältige Weise versteckt werden. Legen Sie einen Zugang zum Wasser an, der von Tieren genutzt werden kann und die Pflegearbeiten erleichtert. Dazu kann man die Rasenfläche bis zum Wasserrand oder bis zu einem Uferbereich mit lockeren Kieselsteinen reichen lassen. Ein Holzboden kann zu einem Steg ausgebaut werden. Man kann aber auch große Steine mit Mörtel am Wasserrand befestigen. Wenn der Teich an befestigte Flächen grenzt, setzt man

2

DER TEICHRAND

Er ist wichtig für das Aussehen des ganzen Teiches. Teichfolie kann auf unterschiedliche Weise versteckt werden. Kieselsteine oder Grassoden können den Folienrand bei Naturteichen bedecken. Bei architektonischen Teichen kann man die Folie auch unter einer überstehenden Holzkante oder einer Ziegelsteinkante verstecken.

Kieselsteine

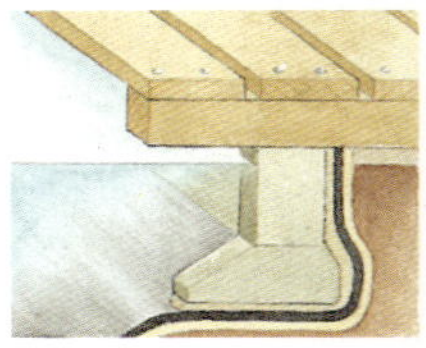

Holzkante

Ziegelsteinkante

TEICHANLAGE MIT FOLIE

Flexible Teichfolien aus Kunststoff oder Gummi eignen sich für alle Arten von Teichen. Eine Sandschicht oder ein Geotextilvlies schützt die Folie vor spitzen Steinen, und der Rand wird durch passende Steine verdeckt.

3

Ziegel oder Steine um seinen Rand und läßt sie etwa 5 cm überstehen, so daß sie Schatten werfen.

Pflege Der Teich erfordert regelmäßige Pflege: Füttern und Kontrollieren des Fischbestandes, Teilen der Pflanzen und Bepflanzen neuer Körbe. Das Wasser braucht jedoch nur alle 5 Jahre ausgetauscht zu werden, es sei denn, daß sich größere Mengen verrottenden Pflanzenmaterials darin befinden. Um solche Ansammlungen zu vermeiden, entfernt man im Herbst das abgefallene Laub von der Wasseroberfläche oder überspannt den Teich mit einem Netz. Vor allem in heißen Sommern oder bei einer Fontäne muß gelegentlich Wasser nachgefüllt werden. Wer Fische hält, sollte einen kleinen Teil des Teiches im Winter eisfrei halten. Dies kann durch einen Kunststoffball an der Oberfläche erreicht werden, der den Druck des sich ausdehnenden Eises auffängt, oder aber durch eine elektrische Heizung. Auf diese Weise verhindert man auch, daß Seitenwände aus Beton reißen.

FLIESSENDES WASSER

Hierzu gehören Fontänen, die man meist als auffällige Blickfänge in architektonischen Teichen findet, ebenso wie preiswerte, einfache, zwischen Kieselsteine gesetzte Düsen, kostspielige Wasserfälle und felsige Wasserläufe.

In architektonischen Teichen sollten Fontänen in der Mitte stehen, damit der Wind das Wasser nicht neben den Teich treibt. Mühlsteinbrunnen und durchbohrte Felsblöcke sind auch für Kinder ungefährlich, aber bereits häufig anzutreffen. Mit etwas Phantasie können Sie Skulpturen oder Pflanzgefäße gut mit fließendem Wasser verbinden, wobei stets ein verstecktes Reservoir verwendet werden sollte.

An Wänden befestigte Wasserspeier finden selbst in den kleinsten Stadtgärten Platz. Bausätze sind leicht zu installieren. Besonders häufig trifft man auf Wasserspeier, bei denen das Wasser aus dem Mund einer Figur strömt. Sie sollten im Winter stillgelegt werden, damit das Wasser nicht gefriert und dabei Rohr und Pumpe schädigt.

Architektonische Teiche können durch Kanäle verbunden werden, die mit Steinen oder Ziegeln ausgekleidet sind. Unregelmäßig gestaltete Teiche lassen sich durch Wasserläufe verbinden. In einer naturnahen Umgebung sollten felsige Wasserläufe unterschiedlich breit sein, damit das Wasser nicht überall gleich schnell fließt. Gerade Abschnitte sollten in mäandernde Kurven übergehen. Auf abschüssigem Gelände werden am besten kleine Wasserfälle angelegt, die durch ebene Wasserläufe verbunden sind. Natürliche Wasserfälle müssen sich in das Gelände einfügen. Wasserfälle sind am schönsten, wenn das Wasser in einer geschlossenen Front fällt. Dies läßt sich nur mit einer Pumpe erreichen, die das Wasser nach oben befördert, und einer horizontalen Kante aus Schiefer oder Acrylglas, die für eine geschlossene Wasserfront sorgt.

Ein durchbohrter großer Stein als Wasserspiel ist ein einfaches Beispiel für das Grundmuster, nach dem man andere Wasserspiele baut. Man hebt Boden aus und setzt einen Wasserbehälter aus Fiberglas ein oder verwendet Folie, so daß ein Reservoir entsteht. Anschließend bringt man am Grund des Behälters oder der Folie eine Tauchpumpe an. An dieser befestigt man einen Schlauch, der in ein Rohr übergeht, das in der Mitte des Steins liegt. Der Stein wird von Betonblöcken oder Ziegeln gehalten, auf die ein Drahtgitter gelegt wurde, das stabil genug ist, um Kieselsteine zu tragen. Das Gitter sollte eine mit Scharnieren befestigte Klappe besitzen, durch die man an die Tauchpumpe gelangen kann. Nun wird der Behälter mit Wasser gefüllt und die Pumpe in Betrieb gesetzt. Das Wasser fließt durch den Stein nach oben und gelangt zwischen den Kieselsteinen hindurch wieder nach unten.

Pflege Gelegentlich reinigt man den Pumpenfilter. Der Behälter wird bei Bedarf mit Wasser aufgefüllt.

4

SCHWIMMBECKEN

Im Garten finden sich ganz unterschiedliche Schwimmbecken: kleine, relativ preiswerte, die nicht in die Erde eingelassen sind und sich für ein erfrischendes Bad eignen, ebenso wie große, in die Erde eingelassene, in denen man schwimmen kann. Lassen Sie Ihr Schwimmbecken von Fachleuten bauen, um kostspielige Fehlschläge zu vermeiden!

Die Wahl des richtigen Standorts ist bei Schwimmbecken besonders wichtig, denn sie sind sehr auffällig. Wenn das Schwimmbecken weiter vom Haus entfernt liegt, liefern Pflanzen einen Sichtschutz, aber vielleicht ist ein Umkleideraum nötig. Hübsch gestaltete Schwimmbecken sind schöne Blickfänge! Wenn sie etwas erhöht liegen, scheinen Wasser und Himmel auf atemberaubende Weise ineinander überzugehen.

Schwimmbecken werden meist aus Betonsteinen oder Stahl gebaut. Unregelmäßig gestaltete Becken können aus Torkretbeton gebaut werden, der mit Ziegeln verkleidet wird. (Torkretbeton ist eine Mischung aus Zement, Zuschlag und Wasser, die auf eine Metallform gespritzt wird.) Bei der Planung eines Schwimmbeckens müssen Sie nicht nur an dessen Standort, sondern auch an Stufen, Abdeckung, und ähnliches Zubehör denken – an Bau- wie an Unterhaltungskosten. Benutzerfreundlichkeit und Sicherheit sollten stets im Vordergrund stehen. Eine niedrige Randbepflanzung sorgt für willkommenen Schutz vor kühlem Wind.

5

1 Ruhiges Wasser
2 Ziegelkante zwischen einem architektonischen Teich und einem See
3 Schwimmbecken
4 Wasserfall
5 Einfacher Wasserspeier

EIN STEIN ALS WASSERSPIEL
Dies ist ein ungefährlicher Blickfang ohne offene Wasserfläche. Ein versteckter Wasserbehälter mit Tauchpumpe ist von einem Stahlgitter bedeckt, auf dem Kieselsteine liegen. Durch den Stein wird Wasser hochgepumpt, das durch die Kiesel in den Wasserbehälter zurücksickert. Die Pumpe wird mit einem Schalter im Haus an- und abgeschaltet.

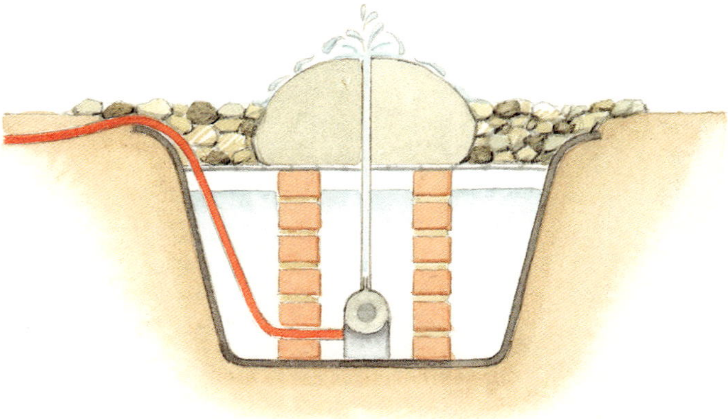

Licht im Garten

1

Die Beleuchtung ermöglicht die Nutzung des Gartens auch bei Dunkelheit und schafft zu jeder Jahreszeit zauberhafte nächtliche Bilder. Sie kann rein funktionell oder rein ästhetisch angelegt sein, aber auch eine Kombination von Funktionalität und Ästhetik ist möglich. Mit weicher Beleuchtung wird ein nächtliches Essen im Garten besonders schön, durch Zweige scheinendes Licht wirft interessante Schatten auf eine Wand, eine durchdachte Beleuchtung kann einen flachen Teich sehr tief erscheinen lassen, und das Licht eines einfachen Strahlers betont die eleganten Formen eines hübschen Baums. Die Beleuchtung sorgt auch für mehr Sicherheit, denn sie schreckt Einbrecher ab.

Die elektrischen Anschlüsse werden am besten von einem Elektriker gelegt. Der Handel bietet jedoch auch kostengünstige, von Heimwerkern leicht zu installierende Niederspannungsanlagen an. Spezialfirmen entwerfen und installieren komplette Beleuchtungssysteme für Gärten. Sie bieten nächtliche Demonstrationen ihrer Produkte an, um deren vielfältige Effekte vorzuführen. Diese Firmen arbeiten mit Nieder- und Netzspannung (12 bzw. 220 Volt). Die Niederspannungssysteme erfordern einen Transformator, der die Spannung senkt. Sie eignen sich vor allem für kleine Leuchten, deren Zubehör sich leicht verstecken läßt. Für kleine Gärten sind sie ideal, denn sie erfordern kurze Kabel und sind nicht sehr hell. Niederspannung ist ungefährlicher als Netzstrom. Dieser liefert helleres Licht und eignet sich auch für große Lampen, mit denen man große Bäume oder Landschaften anstrahlen kann. Wenn man lange Kabel verwendet oder die Lampen lange halten sollen, muß man mit Netzstrom arbeiten. Niederspannungssysteme können auch mit Netzstromleuchten kombiniert werden.

Egal, ob Sie einen Elektriker zu Rate ziehen oder die Arbeiten selbst ausführen, Sie sollten sorgfältig planen und ein einfaches, schönes Design anstreben. Zuviel Licht wirkt schroff, stört Tiere und verärgert die Nachbarn. Bedenken Sie, daß es nicht auf das Licht selbst, sondern auf seine Wirkung ankommt, und wählen Sie schlichte Leuchten, die gut mit den umgebenden Pflanzen harmonieren. Achten Sie auf die Sicherheit, verwenden Sie nur wassergeschützte Steckdosen und Stecker für Außenräume. Bauen Sie einen Schutzschalter ein, der den Strom unterbricht, wenn ein Kabel beschädigt wurde. Am besten ist es, die Stromversorgung durch Erdkabel zu gewährleisten, die mindestens 45 cm tief im Boden vergraben sind.

FUNKTIONELLE BELEUCHTUNG

Streulicht

FUNKTIONELLE BELEUCHTUNG

Vielleicht benötigen Sie eine funktionelle Beleuchtung für Ihren Schuppen und Ihr Gewächshaus, damit Sie sich auch spätabends um Ihre Pflanzen kümmern können. Eine funktionelle Beleuchtung ist auch für Tennisplätze und Schwimmbecken wichtig. Stufen und Wege müssen bei Dunkelheit beleuchtet werden, damit man gefahrlos auf ihnen gehen kann. Für diese Beleuchtung wählt man oft Strahler, die breite Lichtkegel oder Streulicht abgeben und nahe am Erdboden aufgestellt werden können, damit man eine Stufe oder den Rand eines Weges sieht.

Wer Einbrecher fernhalten will, muß kein grelles Flutlicht anschalten, denn jede Beleuchtung ist wirksam. Überlegen Sie gut, wo Sie Bewegungsmelder anbringen wollen, denn diese werden vor allem in kleinen Gärten leicht von Passanten oder Tieren aktiviert.

LICHTAKZENTE

Lichtakzente können sehr vielfältig sein: Denken Sie an eine bunte Lichterkette, die zu Weihnachten einen Nadelbaum im Garten schmückt, oder an einen schmalen Lichtkegel, der einen Blickfang anstrahlt. Mit gut eingestellten Leuchten kann man schöne Effekte erzielen. Einige sollen hier beschrieben werden.

Setzen Sie Lichtakzente stets sparsam ein. Ein Baum, dessen Silhouette durch die Beleuchtung wunderschön betont wird, wirkt viel beeindruckender als eine Reihe im Garten verstreuter angestrahlter Blickfänge. Wählen Sie nur weißes Licht, denn es betont die natürlichen Farben der Pflanzen. Farbiges Licht läßt die natürlichen Farben anders erscheinen und verwandelt den Garten in eine Märchenwelt – man setzt es am besten nur bei besonderen Anlässen ein.

Beleuchtung von unten Hier strahlt eine Lichtquelle vom Erdboden nach oben und beleuchtet z. B. Baumzweige vor dunklem Hintergrund. Der Lichtstrahl sollte nicht in die Blickrichtung fallen, damit man nicht geblendet wird. Wenn aus mehreren Richtungen Leuchten strahlen, sollte man gerasterte Leuchten verwenden, damit das Licht nicht blendet.

2

LICHTAKZENTE

Von unten

Von oben

Punktuell

Silhouetten

Schatten

Strukturen

3

1 **Lichterketten**
2 **Streulicht**
3 **Beleuchtung an einer Mauer**
4 **Sockelleuchte**
5 **Doppelbrechendes Licht**
6 **Skulpturartige, kugelige Leuchte**
7 **Beleuchtung von unten**

4

5

Beleuchtung von oben In einem Baum werden mehrere Leuchten angebracht, deren weiches Licht durch die Zweige mondlichtartig nach unten strahlt. Diese Beleuchtung sorgt für Sicherheit. Zudem schafft sie perspektivische Tiefe.
Punktuelle Beleuchtung Diese dramatisch wirkende Beleuchtung kann eine Skulptur oder einen anderen Blickfang betonen.
Betonung von Silhouetten Ein Baum oder ein anderer interessant geformter Blickfang wird von hinten angestrahlt, so daß eine dramatische Silhouette entsteht. Die Leuchte sollte nicht zu sehen sein, man installiert sie inmitten von Pflanzen auf Bodenhöhe oder im Boden selbst.
Randbeleuchtung Niedrige Gartenstrahler beleuchten den Rand eines Weges, einer Einfahrt, eines Rasens oder einer Rabatte. Einige haben einen Lichtkegel von 180 Grad.
Spiegelwirkung Ein architektonischer Teich bleibt dunkel, doch die Bäume und anderen Strukturen an einer Seite werden dramatisch angestrahlt, so daß sie sich auf der Wasseroberfläche spiegeln.
Betonung von Schatten Eine Leuchte strahlt direkt auf ein Objekt, z. B. eine Pflanze mit interessant geformten Zweigen, so daß auf einer dahinterliegenden Mauer oder einem Zaun Schatten zu sehen sind. Je nach Lichtintensität und Nähe zum Objekt lassen sich unterschiedliche Effekte erzielen.
Betonung von Oberflächenstrukturen Das Licht fällt in einem Winkel über die Oberfläche einer Mauer und betont deren Oberflächenstruktur, indem es die Erhebungen anstrahlt und die Vertiefungen verschwinden läßt. So entstehen abstrakte Muster.
Glasfasertechnik Eine einzelne Lichtquelle sendet ihr Licht durch Glasfasern, so daß viele einzelne Lichtakzente entstehen. Die Fasern sind kaum sichtbar und können auch durch Wasser geführt werden. Ihr Glitzern sieht in fließendem Wasser besonders interessant aus.
Doppelbrechendes Licht Eine andere relativ neue Entwicklung in der Gartenbeleuchtung sind Leuchten, die mit doppelbrechendem Licht arbeiten. Sie wurden ursprünglich für Geschäfte entwickelt, um das Aussehen der Waren vorteilhaft zu betonen. Eine Reihe Spiegel lenkt das Licht auf kontrollierte Weise von einer hinten befestigten Halogenlampe aus, wobei der Lichtkegel einen Winkel von 8 bis 60 Grad haben kann. Die Lampen haben eine Lebensdauer von 5 Jahren. Farbfilter sind hier unnötig.

BEFESTIGUNG

Erdspieße Der Erdspieß ist eine besonders häufig anzutreffende Befestigung. Er eignet sich für Rasen und Rabatten und trägt verstellbare Strahler, die auf Bäume und Sträucher gerichtet werden.
Wand- und Sockelleuchten Wand- und Sockelleuchten werden meist für eine Beleuchtung von unten genutzt, manchmal aber auch kombiniert für eine Beleuchtung von unten und von oben. Sie werden häufig zur Beleuchtung von Eingängen, Stufen und unter Pergolen verlaufenden Wegen eingesetzt.
Stehleuchten Sie tragen nicht verstellbare Strahler, die nach unten leuchten und einen schmalen Lichtkegel besitzen, der einen Weg betont. Eine hohe Stehleuchte kann auch zwei verstellbare Strahler tragen, so daß die Beleuchtung flexibler ist.
Einbauleuchten Diese nützlichen, unauffälligen Lichtquellen werden meist in eine Seitenwand eingelassen und beleuchten eine angrenzende Fläche. Man kann sie auch oben abdecken, um die Lichtquelle zu verstecken. Ziegelgroße Einbauleuchten passen gut in Mauern, sie eignen sich besonders zur Beleuchtung von Stufen und Wegen. Viele Einbauleuchten sind so gebaut, daß das Licht nach unten strahlt. In den Fußboden eingebaute Leuchten aus Edelstahl oder Messing werden mit dickem Glas geliefert und eignen sich sogar für Fußwege und Einfahrten. Ihr Lichtkegel ist verstellbar.
Pflege Sorgen Sie dafür, daß Anschlüsse und Kabel intakt sind und keine langen Kabel heraushängen. Die Leuchten müssen stets sauber gehalten werden.

6

7

WICHTIGE TECHNIKEN

Die Gestaltung eines Gartens umfaßt zunächst die Planung – das kreative Stadium – und dann die Umsetzung der fertigen Pläne in die Wirklichkeit – das praktische Stadium. Für die praktische Umsetzung müssen Sie bestimmte Techniken kennen, und die Verwirklichung Ihrer Wünsche ist oft ebenso schön wie das kreative Stadium. Zum erfolgreichen Gärtnern gehört es, den Boden vorzubereiten, Pflanzen zu setzen und zu vermehren, Rasenflächen und Wiesen zu pflegen, Gehölze zu schneiden und zu erziehen, und die verschiedensten Probleme zu lösen.

Ihre Pflanzen sollten bestmögliche Ausgangsbedingungen vorfinden, und was sie dem Boden entziehen, muß durch organisches Material nachgeliefert werden. In der freien Natur wird der Boden stets von einer schützenden Schicht aus wachsenden Pflanzen, verrottender Vegetation, Sand, Kies oder dicken Steinen bedeckt. Im Garten ist der Boden dagegen oft kahl, weil wir Unkräuter entfernen, hacken und graben. Wenn wir regelmäßig mit organischem Material mulchen, können wir die Natur imitieren.

Egal, ob Sie Ihre Pflanzen kaufen oder selbst ziehen, Sie sollten möglichst viel über sie wissen und vor allem ihre Ansprüche, ihre Wachstumsgeschwindigkeit und ihre Größe kennen. Entscheiden Sie, welche Pflanzen in praktischer und dekorativer Hinsicht miteinander harmonieren. Gärtnern ist immer mit Eingriffen verbunden, doch versuchen Sie stets, im Einklang mit der Natur zu arbeiten. Viele Probleme lassen sich vermeiden, wenn Sie regelmäßig durch den Garten gehen, um nach Schädlingen Ausschau zu halten, abgefallene Früchte aufzusammeln und Verblühtes zu entfernen.

Wenn Pflanzen die wichtigsten strukturgebenden Bestandteile eines Gartens bedecken, wirkt der Garten lebendig. Sie müssen lernen, günstige Umweltbedingungen zu schaffen und Ihre Pflanzen fachgerecht zu pflegen, damit sie Ihnen lange Zeit Freude bereiten.

Den Boden vorbereiten

1 Wer Kompost herstellt, kann seine Küchen- und Gartenabfälle selbst verwerten und den Boden hervorragend verbessern.

KIESGEFÜLLTER DRÄNGRABEN

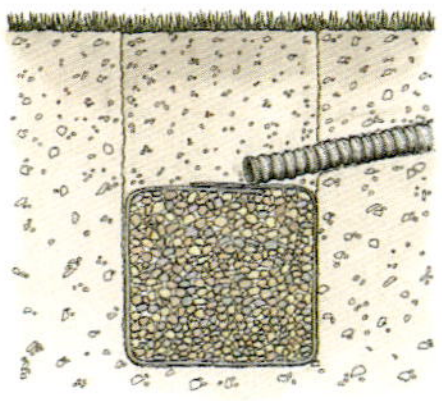

Dieser Drängraben wurde mit Geotextilvlies ausgelegt und mit Kies gefüllt. Man faltet das Vlies über den Kies und bedeckt es anschließend mit Boden. Um Oberflächenwasser in den Graben zu leiten, verlegt man Kunststoffrohre mit wellenförmiger Wandung und eingestanzten Öffnungen 60 cm unter der Erdoberfläche in fischgrätenartiger Anordnung in kiesgefüllten Gräben. Die Rohre werden im Abstand von 5-8 m verlegt.

Um Ihren wertvollen Pflanzen bestmögliche Ausgangsbedingungen zu verschaffen, sollten Sie den Boden vor der Pflanzung gut vorbereiten. Boden besteht aus unterschiedlichen Mengen von Sand-, Schluff- und Tonteilchen. Außerdem enthält er organisches Material von Pflanzen und Tieren, verschiedene Mineralien und eine riesige Zahl Lebewesen. Das Gleichgewicht zwischen diesen Bestandteilen bestimmt den Bodentyp.

BODENTYPEN

Sie können den Bodentyp ermitteln, wenn Sie etwas Boden zwischen Ihren Fingern zerreiben. Sandböden fühlen sich körnig an, denn sie bestehen aus relativ großen Teilchen. Sie sind sehr durchlässig, leicht zu bearbeiten und erwärmen sich rasch. Bei Wassermangel trocknen sie jedoch schnell aus, und Nährstoffe werden leicht aus ihnen herausgewaschen. Wenn man durch Mulchen oder Untergraben organisches Material zugibt, können Sandböden viel mehr Wasser speichern.

Tonböden fühlen sich schmierig an, und eine Probe läßt sich im feuchten Zustand zu einem weichen Ball formen. Tonböden sind schwer zu bearbeiten und erwärmen sich nur langsam, aber sie sind nährstoffreich und speichern Wasser gut. Ausgetrocknete Tonböden sind oft so hart, daß man sie nicht bearbeiten kann. Durch häufige Gaben von organischem Material verbessert sich ihre Struktur, und sie lassen sich leichter bearbeiten. Wenn man sie mit Gips (Calciumsulfat) anreichert, verbessern sich ihre Durchlässigkeit und ihre Durchlüftung, ohne daß sie basischer werden.

In Lehmböden vereinigen sich die Vorzüge von Sand- und Tonböden. Sie sind fruchtbar, gut durchlüftet und speichern viel Wasser. Damit sie diese günstigen Eigenschaften behalten, muß man jedoch auch ihnen organisches Material zuführen.

Nasse Tonböden, auf denen regelmäßig Wasserlachen stehen, werden durch Untergraben von reichlich grobem Sand oder Kies durchlässiger. Wenn dies nicht reicht, sollten Sie ein Dränagesystem installieren. Oft bietet sich hierzu ein einfacher, offener Drängraben an, der ungefähr 1,2 m tief ist, leicht schräge Seiten besitzt und an der tiefsten Stelle des Gartens angelegt wird. Der Drängraben kann aber auch in den Boden eingebracht und damit versteckt werden (siehe Abbildung links).

IST DER BODEN SAUER ODER BASISCH?

Wenn Sie den Bodentyp kennen, bestimmen Sie im nächsten Schritt, ob der Boden sauer oder basisch reagiert, d. h. ob er wenig oder viel Calcium enthält (oft spricht man vereinfachend vom Kalkgehalt). Achten Sie darauf, was in den Nachbargärten wächst: Wo Kamelien, Heidekraut und Rhododendren gedeihen, ist der Boden sauer; Waldreben, Glyzinen und Säckelblumen ziehen dagegen basische Böden vor. Säure und Basizität werden anhand der pH-Skala ausgedrückt, die von 1 (stark sauer) bis 14 (stark basisch) reicht. Saure Böden haben einen pH-Wert unter 7, basische einen pH-Wert über 7. Ein Boden von pH 7 ist neutral, und hier gedeihen die meisten Pflanzen.

Im Gartencenter können Sie einen einfachen pH-Test kaufen und Ihren Boden damit untersuchen. Nehmen Sie an verschiedenen Stellen des Gartens Bodenproben, denn die Werte können variieren. Wiederholen Sie den Test ungefähr alle 2 Jahre, um zu prüfen, ob sich der pH-Wert geändert hat.

DÜNGEN

Pflanzennährstoffe werden in zwei Gruppen eingeteilt: Haupt- und Spurennährstoffe. Die Hauptnährstoffe werden in recht großen Mengen benötigt. Hierzu gehören die drei wichtigsten: Stickstoff (N) fördert das Blattwachstum, Phosphor (P) begünstigt die Wurzelbildung, und Kalium (K) reguliert Blüte und Fruchtbildung. Auch Calcium (Ca), Magnesium (Mg) und Schwefel (S) werden in relativ großen Mengen benötigt und lassen die Pflanzen kräftig und gesund wachsen. Zu den Spurenelementen gehören Eisen, Mangan, Chlor, Zink, Kupfer, Molybdän und Bor. Sie werden zwar nur in winzigen Mengen benötigt, aber ein Mangel beeinträchtigt das Pflanzenwachstum erheblich. Meistens zeigen sich Mangelerscheinungen zuerst an den Blättern – achten Sie auf gelbliche oder braune Verfärbungen.

Die meisten Böden enthalten alle wichtigen Nährstoffe, aber im Garten ist der Bedarf groß, und man muß durch Kompost und verrotteten Mist regelmäßig Nährstoffe zuführen. Diese volumenreichen organischen Dünger mit geringem Nährstoffanteil fördern auch die Bodenlebewesen, deren Aktivität weitere Nährstoffe pflanzenverfügbar macht. Die Nährstoffe können auch in konzentrierter Form durch organische oder mineralische Dünger zugegeben werden. Organische Dünger sind weniger löslich und wirken daher langsamer und länger als viele Mineraldünger. Knochenmehl, Fischmehl und Blutmehl sind gute organische Stickstoff- und Phosphorquellen.

Zu den Mineraldüngern zählen raschlösliche und langsamwirkende Dünger. Die raschlöslichen steigern das Wachstum schnell. Sie müssen regelmäßig in niedrigen Dosen gegeben werden. Es ist sehr wichtig, sie nach der Gebrauchsanweisung auszubringen, denn zu hohe Konzentrationen können die Pflanzen verbrennen. Depotdünger (›Pellets‹) eignen sich vor allem für Kübelpflanzen, denn sie liefern viele Monate lang Nährstoffe.

KOMPOST HERSTELLEN

Kompost und Lauberde verbessern den Boden und sind hervorragende Humusquellen.

Guter Kompost riecht nicht und ist von leichter, krümeliger Beschaffenheit. Am besten baut man die Haufen aus Schichten verschiedener Materialien auf. Material, das den Rottevorgang beschleunigt und sich leicht zersetzt (z. B. Grasschnitt) sollte mit gröberem (wie Stroh oder den Stengeln von Stauden) gemischt werden, das sich langsamer zersetzt, aber für eine gute Durchlüftung

1

sorgt. Ideal ist es, wenn Sie alle 30 cm eine Schicht Mist zufügen können. Je häufiger der Kompost umgesetzt wird, desto schneller verläuft der Rottevorgang. Kompost benötigt eine gute Durchlüftung und ausreichend Feuchtigkeit. Auch Küchenabfälle eignen sich für den Kompost, z. B. Gemüsereste, Tee- und Kaffeesatz oder zerkleinerte Eierschalen. Fleisch- und Fischreste oder Knochen gehören jedoch nicht auf den Kompost. Die meisten Gartenabfälle eignen sich ebenfalls, doch die Wurzeln von Stauden und kranke oder aussamende Pflanzenteile sollten nur zugegeben werden, wenn sich Ihr Kompost stark erhitzt, damit keine Probleme entstehen.

Im Handel sind verschiedene Kompostbehälter erhältlich. Für einen sehr kleinen Garten eignet sich ein Drehkomposter. Er nimmt nicht sehr viel Material auf, aber dieses verrottet schnell. Auch Kunststoffbehälter kommen in Frage. Behälter aus Holzlatten sehen schöner aus und sorgen für eine bessere Durchlüftung.

LAUBERDE

Herbstlaub wird am besten separat in einem offenen Behälter aus Drahtgeflecht kompostiert. Vor der Verwendung sollte es mindestens ein Jahr verrotten. Der Rottevorgang verläuft schneller, wenn man zuvor mit einem Sichelmäher über die Blätter fährt.

MULCHEN

Eine Mulchschicht aus organischem Material sollte mindestens 5 cm, am besten aber 10 cm dick sein. Sie ist in verschiedener Hinsicht vorteilhaft: Sie erhält die Bodenfruchtbarkeit und wirkt isolierend. Im Winter läßt der Mulch den Boden nicht so tief gefrieren, und im Sommer hält er ihn kühl und feucht. Weil das Licht nicht bis auf die Bodenoberfläche dringt, keimen weniger Unkrautsamen. Vor dem Mulchen muß man jedoch ausdauernde Unkräuter entfernen, damit sie nicht durch den Mulch wachsen. Zum Mulchen eignen sich verschiedene biologische und nicht biologische Materialien.

BIOLOGISCHE MULCHMATERIALIEN

Hier eignen sich kompostierte Gartenabfälle und Blätter aus dem eigenen Garten (siehe oben), aber auch im Handel erhältliche Abfallprodukte wie Mist oder Rinde. Welches Material man wählt, hängt meist von der Verfügbarkeit ab. Weil die Bodenlebewesen die meisten biologischen Mulchmaterialien bis zum Ende der Vegetationsperiode vollständig abbauen, müssen Sie regelmäßig Material zuführen. Biologische Mulchmaterialien liefern nicht nur Nährstoffe, die das Pflanzenwachstum fördern und damit den Bedarf an Düngemitteln mindern, sie verbessern auch die Bodenstruktur.

Verrotteter Mist ist ein hervorragender Mulch. Frischer Mist sollte 3 bis 12 Monate lagern, bevor man ihn im Garten ausbringt, damit er die Pflanzen nicht verbrennt. Wer keinen frischen Stallmist bekommt, kann ihn getrocknet, pulverisiert und abgepackt im Handel kaufen. Dieser getrocknete Mist ist ein leicht einzusetzender Dünger.

Champignonkompost fällt als nützliches Abfallprodukt in Pilzzuchtbetrieben an. Achten Sie darauf, daß er sterilisiert wurde! Wegen des zugesetzten Kalks kommt er für eine häufige Anwendung auf basischen Böden und für säureliebende Pflanzen nicht in Frage.

Kakaoschalen sind ein leichtes Abfallprodukt der Schokoladenindustrie. Wenn sie feucht sind, bilden sie Matten und werden nicht fortgeweht.

Rindenschnitzel sind ein Abfallprodukt der Holzindustrie. Sie sind in großen Mengen im Handel erhältlich, man kann sie mit einem Schredder aber auch selbst herstellen. Geschreddertes Material sollte 1 Jahr kompostiert werden, damit es dem Boden nicht den Stickstoff entzieht, den die Bodenlebewesen zu seinem Abbau benötigen.

Torf war viele Jahre ein beliebtes Mulchmaterial, doch er wird für diesen Zweck kaum noch genutzt, weil er ein nicht erneuerbarer Rohstoff ist. Als Torfersatz kommen Kokosfasern (die Umhüllung von Kokosnüssen) in Frage. Wegen der hohen Transportkosten sind Kokosfasern jedoch teuer, am besten verwendet man sie in kleinen Mengen als Substrat für Topfpflanzen.

GRÜNDÜNGER

Gründüngungspflanzen werden gesät. Wie Mulch bedecken sie den Boden, liefern organisches Material ebenso wie Nährstoffe und verbessern die Bodenfruchtbarkeit. Vor allem Schmetterlingsblütler eignen sich hervorragend, denn sie binden Stickstoff und machen ihn auch für andere Pflanzen verfügbar. Graben Sie Gründüngungspflanzen unter, bevor sich die ersten Blüten öffnen!

NICHT BIOLOGISCHE MULCHMATERIALIEN

Kies, Steine und Felsbrocken sind sehr dauerhaft, aber ob sie als Mulchmaterial in Frage kommen, hängt davon ab, wie Sie Ihren Garten gestalten. Pflanzen, die in trockenen Gebieten beheimatet sind, profitieren in kühlem, feuchtem Klima von einer Mulchschicht aus Kies. Er reflektiert das Sonnenlicht und speichert Wärme. Kiesgärten sind sehr pflegeleicht, wenn man eine Folie aus porösem Material über den Boden legt, bevor man den Kies ausbringt. Poröse Folien sind wasserundurchlässig und verhindern zugleich, daß Unkrautsamen keimen. Man kann leicht Löcher in sie schneiden, wenn man Pflanzen setzen will.

LAUBERDEBEHÄLTER

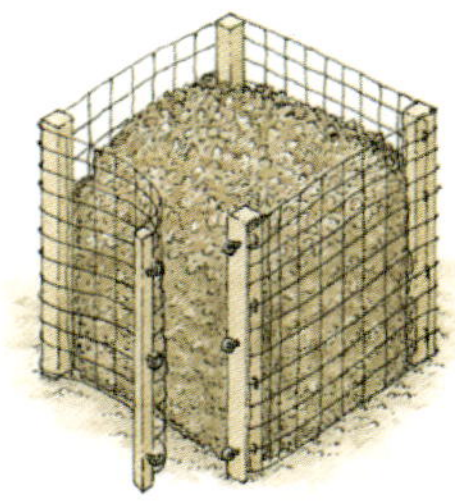

Zur Kompostierung des Herbstlaubs eignet sich ein Behälter aus vier 10 x 10 cm starken Pfosten und Drahtgitter, das an einer Seite losgehakt werden kann. Der Behälter sollte mindestens 90 x 90 cm groß sein. Lauberde kann zum Mulchen und als Grundlage einer torffreien Topferde dienen. In kleinen Gärten gibt man das Herbstlaub schichtweise auf den Komposthaufen.

KOMPOSTBEHÄLTER

Kompostbehälter aus Holz sollten mindestens 90 x 90 cm groß und mit einem Deckel verschließbar sein. Man sollte mindestens 2, besser 3 Behälter im Garten aufstellen: einen für frisches Material, einen für den verrottenden Kompost und einen, dem das fertige Produkt entnommen wird. Kompost ist bereits nach wenigen Monaten fertig.

Pflanzen und Vermehren

EINEN BAUM ODER STRAUCH PFLANZEN

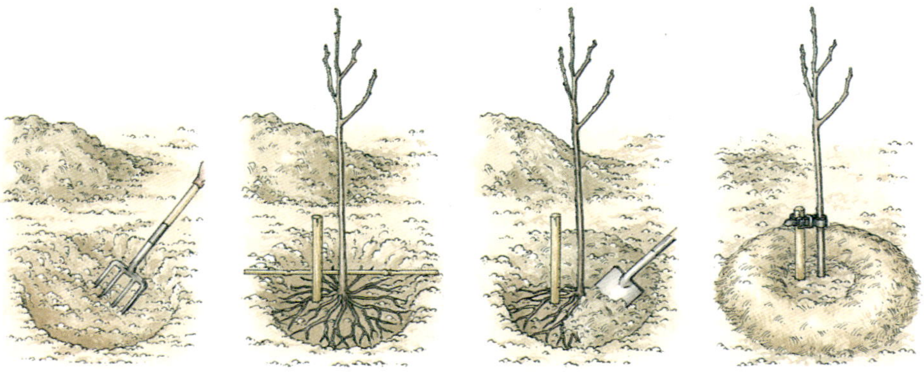

1 2 3 4

Heben Sie ein großzügiges Pflanzloch aus, und arbeiten Sie Kompost ein (1). Nun schlagen Sie 10-15 cm vom Stamm entfernt (auf der windzugewandten Seite) einen Baumpfahl in den Boden (siehe S. 257). Achten Sie darauf, daß sich der Wurzelhals auf der Höhe einer Latte befindet, die Sie über das Pflanzloch legen (2). Nun füllen Sie das Pflanzloch mit Erde und treten alles mit dem Schuhabsatz fest (3). Befestigen Sie den Stamm mit einem Band am Pfahl (4). Wässern und mulchen Sie den Wurzelraum.

EINSCHLAGEN
Wenn Sie nicht pflanzen können, weil der Boden zu naß oder gefroren ist, sollten Sie die Pflanzen einschlagen. Dazu heben Sie an einer geschützten Stelle des Gartens einen flachen Graben aus und legen die Pflanzen schräg hinein. Nun bedecken Sie die Wurzeln mit Boden und legen zusätzlich Stroh oder einen alten Teppich darüber.

Wenn man einen Garten anlegt, ist die Auswahl der Pflanzen etwas besonders Spannendes. Es macht sehr viel Spaß, in Gartenkatalogen zu blättern, spezialisierte Baumschulen und Gärtnereien zu besuchen, zu Gartenschauen zu gehen und sich von fremden Gärten inspirieren zu lassen.

Wer schnelle Effekte erzielen will, muß recht große Pflanzen kaufen. Wenn Sie viel Zeit haben, können Sie Ihre Pflanzen selbst ziehen. Pflanzen selbst zu vermehren macht Freude, ist kreativ und spart viel Geld.

PFLANZEN KAUFEN

Nach spezialisierten Baumschulen und Gärtnereien zu suchen, kostet viel Zeit. Gartencenter sind besser erreichbar, aber meist bieten sie nur ein Standardsortiment und haben nicht alle Pflanzen, die auf Ihrer Einkaufsliste stehen. Wer viele Pflanzen kaufen möchte, kann auch Kataloge von Versandgärtnereien anfordern. Gute Gärtnereien beraten und informieren über die beste Pflanzzeit und die geeignete Pflege. Sie helfen Ihnen weiter, wenn Sie noch nicht genau wissen, was Sie pflanzen wollen. Oft geben sie auch am Telefon Auskünfte.

Zuerst sollten Sie Bäume und Sträucher kaufen, also die strukturgebenden Pflanzen. Gehölze werden wurzelnackt oder als Containerware angeboten. Wurzelnackte Pflanzen können nur während der Vegetationsruhe gepflanzt werden, Containerpflanzen dagegen das ganze Jahr über, wenn man sie bei Trockenheit wässert. Wurzelnackte Pflanzen müssen vorsichtig behandelt werden. Man muß ihre Wurzeln stets bedecken, weil sie sonst rasch austrocknen. Bereiten Sie den zukünftigen Standort vor der Lieferung vor und stellen Sie die Wurzeln gleich nach der Lieferung in Wasser. Wurzelnackte Pflanzen benötigen Zeit zum Anwachsen, aber sie gedeihen oft besser als Containerware. Sie bieten den Vorteil, im Boden gewachsen zu sein, und passen sich rascher an die neue Umgebung an.

Die meisten Baumschulen ziehen ihre Containerpflanzen in erdfreien Substraten, die sich in vieler Hinsicht vom Gartenboden unterscheiden. Vor allem in schweren Tonböden besteht die Gefahr, daß die Wurzeln nach der Pflanzung im Substrat bleiben. Damit dies nicht geschieht, ziehen Sie einige der Wurzeln heraus und mischen beim Pflanzen mit den Händen vorsichtig etwas Substrat in den Boden des Pflanzlochs ein.

Große Pflanzen sind attraktiv, aber nicht immer kostengünstig. Große Knollen und Zwiebeln blühen besser als kleine, die meisten Stauden wachsen jedoch so rasch, daß ein kleines Exemplar in einer Vegetationsperiode sehr groß wird. Gleiches gilt für raschwüchsige Bäume und

PFLANZEN VORZIEHEN
Füllen Sie Substrat in einen Topf oder eine Anzuchtschale, und stellen Sie mit einem Holz eine feste Oberfläche her (1). Nun werden die Samen dünn ausgesät (2) und mit gesiebtem Substrat bedeckt (3). Das Gefäß wird in eine Schüssel mit Wasser gestellt, bis das Substrat gut durchfeuchtet ist (4). Nun werden die Töpfe in ein beheiztes Anzuchttreibhaus gestellt (5).

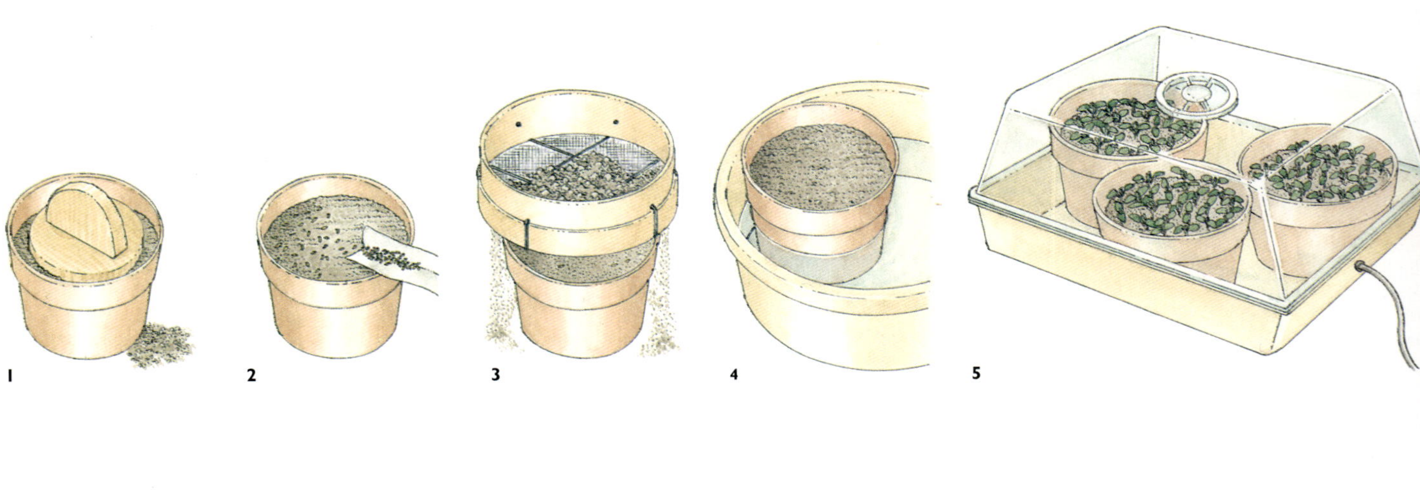

1 2 3 4 5

FREILANDSAAT
Bevor Sie ins Freiland säen, bereiten Sie den Boden vor, indem Sie ihn verfestigen und fein harken. Nun ziehen Sie eine flache Rille entlang einer Schnur (1). Wenn der Boden trocken ist, wässern Sie die Rille. Nun säen Sie dünn aus und notieren auf einem Etikett Pflanzennamen und Saattermin (2). Die Samen werden doppelt so hoch mit Erde bedeckt, wie sie groß sind (3). Zuletzt wird der Boden festgedrückt (4).

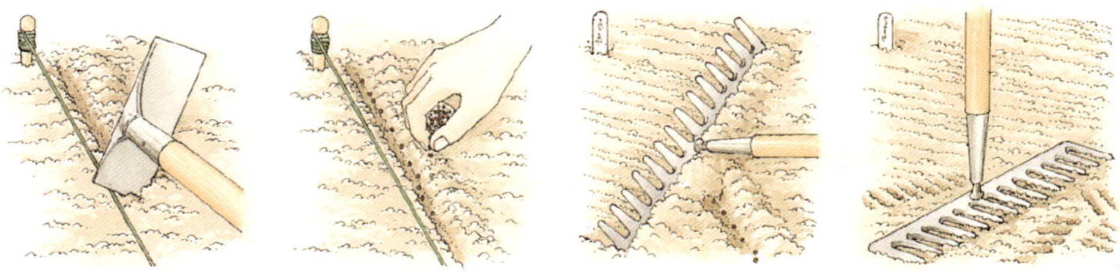

1 2 3 4

Sträucher (auch Heckenpflanzen), z. B. einige Weiden, Pappeln, Liguster und Weißdorn.

Große Bäume sollte man nur bei guten Baumschulen kaufen, wo sie regelmäßig umgepflanzt werden, oder wo man ihre Wurzeln regelmäßig beschneidet, um ein kompaktes Wurzelsystem zu erzielen. Solche Bäume wachsen rasch an, andernfalls benötigen sie viel Zeit. Besser sind dann jüngere Pflanzen, die rascher wachsen.

Wenn Sie einen größeren Gehölzbestand, eine Hecke oder eine Wiese anlegen wollen, ist es kostengünstiger, Bäume, Sträucher und Stauden zu pflanzen, die in Topfplatten gezogen wurden. Diese Pflanzen sind billig, denn sie sind noch sehr jung. Bei guter Pflege wachsen sie rasch an.

VERMEHRUNG

Wenn es Ihnen Spaß macht oder Sie Geld sparen wollen, sollten Sie Ihre Pflanzen selbst ziehen. Mit einer warmen, hellen, nicht sonnigen Fensterbank, einem unbeheizten Frühbeetkasten und einem beheizbaren Minitreibhaus kann man sehr viele Pflanzen vermehren. Ein Gewächshaus und eine Sprühnebelanlage sind hilfreich, aber nicht nötig.

Pflanzen können aus Samen gezogen oder durch Teilung, Wurzelschnittlinge, Stecklinge, Absenken oder Veredeln vermehrt werden. Die ersten fünf Verfahren sind einfach, aber das Veredeln ist eine Spezialmethode, die in Baumschulen zur Verbesserung der Wuchskraft oder zur Bekämpfung von Krankheiten eingesetzt wird. Die meisten Rosen, Obstbäume und Zier-Kirschen werden veredelt.

PFLANZEN AUS SAMEN ZIEHEN

Aus Samen kann man sehr gut einjährige, zweijährige und viele mehrjährige Pflanzen ziehen. Auf den Tüten gekaufter Samen steht, wie und wann Sie säen sollten. Sie können aber auch selbst Samen sammeln. Die meisten Pflanzen lassen sich durch Samen gut vermehren, nur bei einigen Sorten ist dies nicht möglich. Die Vermehrung durch Aussaat kann sehr langwierig sein. Baum- und Strauchsamen keimen manchmal erst nach 2 oder 3 Jahren, und anschließend dauert es noch mehrere Jahre, bis man die herangewachsenen Gehölze auspflanzen kann. Aus Samen gezogene Zwiebel- und Knollengewächse sind erst nach mehreren Jahren so groß, daß sie blühen.

VERMEHRUNG DURCH TEILUNG

Viele Stauden, darunter Wasserpflanzen und Gräser, werden in ihrer Ruhephase geteilt. Am besten sticht man dazu zwei Grabegabeln Rücken an Rücken in die Mitte eines Wurzelballens und drückt die beiden Hälften auseinander. Die vielen kleinen Teilstücke können voneinander getrennt werden. Wer Stauden verpflanzt, sollte den alten Wurzelballen teilen, die äußeren, jüngeren Teilstücke auspflanzen und den alten Teil in der Mitte wegwerfen. Dadurch wird die Pflanze verjüngt, wächst viel schneller an und kommt längere Zeit ohne besondere Pflege aus.

WURZELSCHNITTLINGE

Verschiedene ausdauernde Pflanzen mit fleischigen Wurzeln werden durch Wurzelschnittlinge vermehrt, die während der Ruhezeit abgenommen werden. Nicht alle Pflanzen ruhen im Winter, der Türkische Mohn *(Papaver orientale)* hat seine Ruhezeit in den Sommermonaten. Nehmen Sie die Mutterpflanze aus dem Boden, schneiden Sie einige kräftige, gesunde Wurzeln ab und pflanzen Sie die Mutterpflanze wieder ein. Verwenden Sie die kleinen Seitenwurzeln. Schneiden Sie diese oben rechtwinklig ab, unten dagegen schräg, so daß eine größere Oberfläche entsteht, aus der neue Wurzeln wachsen können. Wenn die Schnittlinge im Freien anwachsen sollen, müssen sie mindestens

PIKIEREN
Die Sämlinge werden vereinzelt (pikiert), wenn sie so groß geworden sind, daß man sie gut anfassen kann. Nehmen Sie die Pflänzchen mit Hilfe eines Pikierstabs aus dem Boden, und halten Sie sie dabei an einem Blatt fest, nie am Stengel (1). Bepflanzen Sie eine Topfplatte (2), und gießen Sie sie an.

1 2

TEILUNG

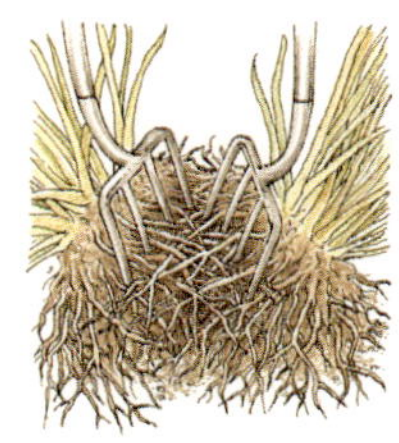

Faserige Wurzeln

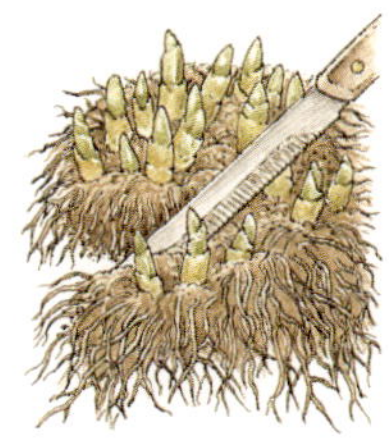

Fleischige Wurzeln

Stauden teilt man alle 3-4 Jahre. Faserige Wurzeln werden dazu mit zwei Grabegabeln voneinander getrennt. Sehr dichtes fleischiges Wurzelwerk, z. B. von Funkien, zerteilt man am besten mit einem Messer.

RHIZOME TEILEN

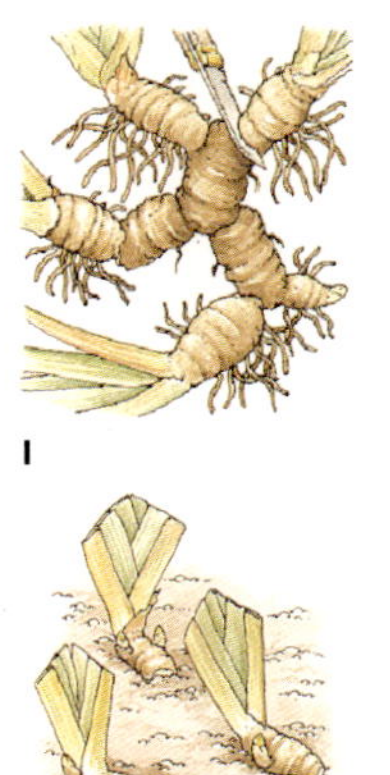

1 2

Man nimmt Schwertlilien im Spätsommer aus dem Boden und entfernt die alte Mitte (1). Nun kürzt man die Blätter ein und pflanzt die Stücke so aus, daß sie noch aus dem Boden schauen (2).

WURZELSCHNITTLINGE

1

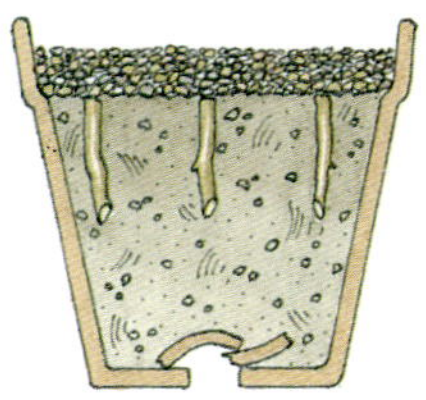

2

Wurzelschnittlinge werden aus Seitenwurzeln gewonnen. Man schneidet die Wurzelstücke oben gerade und unten schräg, um oben und unten unterscheiden zu können (1). Die Schnittlinge werden richtig herum so in das Substrat gesteckt, daß sie oben mit der Substratoberfläche abschließen. Das Substrat wird anschließend mit einer 1 cm dicken Kiesschicht bedeckt (2).

HALBAUSGEREIFTE STECKLINGE

1

2

Schneiden Sie den Trieb (hier: einer Orangenblume) direkt unter einem Blatt ab, und entfernen Sie die unteren Blätter (1). Tauchen Sie die Schnittfläche in Bewurzelungshormone, und klopfen Sie überschüssiges Pulver ab. Nun stecken Sie den Steckling so in eine Schicht Sand, daß sich sein unteres Ende knapp unterhalb der Substratoberfläche befindet (2).

10 cm lang sein. Für unbeheizte Frühbeetkästen reichen 5 cm, für beheizte Minitreibhäuser mindestens 2,5 cm. Setzen Sie die Schnittlinge in grobkörniges Substrat, und bestäuben Sie die Schnittflächen zuvor am besten mit einem Fungizid. Die Spitzen der Schnittlinge sollten mit der Substratoberfläche abschließen und mit einer 1 cm dicken Kiesschicht bedeckt werden. Halten Sie die Schnittlinge trocken, damit sie nicht faulen. Durch Wurzelschnittlinge lassen sich auch Aralien, Trompetenbäume, Scheinquitten und andere Gehölze vermehren, die Wurzelschößlinge bilden.

KRAUTIGE STECKLINGE

1

2

Stecklinge aus krautigem Material werden am besten frühmorgens geschnitten. Vor dem Schneiden sollte alles vorbereitet sein, damit die Stecklinge rasch in das Substrat kommen.

Schneiden Sie Triebe (hier: von Pelargonien) direkt unter einem Blatt ab, und entfernen Sie die unteren Blätter (1). Nun geben Sie Ihre Stecklinge in sandiges Substrat und wässern gut (2).

ABRISSSTECKLINGE

1

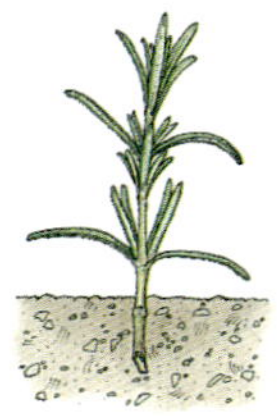

2

Verschiedene Nadelgehölze und Immergrüne bewurzeln am besten, wenn etwas altes Holz an den Stecklingen verbleibt (Abriß). Reißen Sie einen jungen Seitentrieb (hier: von Rosmarin) so ab, daß etwas vorjähriges Holz an ihm bleibt (1). Nun schneiden Sie das Ende glatt, tauchen es in Bewurzelungshormone, klopfen überschüssiges Pulver ab und geben den Steckling in Substrat (2).

INTERNODIALSTECKLINGE

Wird bei Kletterpflanzen (hier: Waldrebe) angewendet, die lange Internodien haben. Man schneidet oberhalb eines Blattes und setzt den Steckling 2-3 cm tief in das Substrat. Nun entfernt man einen Teil der Blätter, um den Wasserverlust zu mindern.

KRAUTIGE STECKLINGE

Sträucher und Stauden können durch krautige Stecklinge vermehrt werden, die man im Frühjahr schneidet. Dazu wählt man junge, kräftige Triebe, die noch weich und grün sind und relativ problemlos bewurzeln. Krautige Stecklinge können zwar bis in den Spätsommer geschnitten werden, aber je später man sie schneidet, desto geringer ist die Erfolgsrate. Wer noch nie Stecklinge geschnitten hat, sollte mit Fuchsien, Nelken oder anderen einfachen Pflanzen beginnen. Im Spätwinter schneiden Sie die Pflanzen stark zurück und wässern sie, um das Wachstum anzuregen. In den folgenden Wochen bilden die Pflanzen kräftige neue Triebe, die sich gut eignen, wenn sie 3 bis 6 Blattpaare besitzen. Wählen Sie nur Triebe, an deren Spitze sich eine gesunde Blattknospe befindet (keine dicke Blütenknospe!). Sie bewurzeln sehr rasch. Schneiden Sie den Steckling mit einem scharfen Messer direkt unter einer Blattachsel, und entfernen Sie die unteren Blätter. Als sinnvolle vorbeugende Maßnahme tauchen Sie das untere Ende des Stecklings in ein Fungizid ein und entfernen welkes oder faulendes Material. Die Verwendung eines Bewurzelungshormons ist nicht unbedingt nötig. Setzen Sie die Stecklinge in einen Topf oder in eine Anzuchtschale mit gut durchlässigem Substrat, das z. B. aus 1 Teil Kokosfasern auf 1 oder 2 Teile Sand besteht,

STECKHÖLZER

Steckhölzer werden im Freiland in einen V-förmigen Graben gesetzt. Anschließend füllt man Boden ein und drückt ihn an. Eine Schicht Sand unten im Graben sorgt dafür, daß das Wasser gut ablaufen kann und die Stecklinge nicht faulen.

ABSENKEN
Zuverlässige Methode, um Sträucher mit niedrigwachsenden Zweigen zu vermehren, z. B. Rhododendren (hier abgebildet) und Magnolien. Bei Kletterpflanzen zieht man einen langen Trieb nach unten, schneidet ihn an und hakt ihn im Boden fest.

und bedecken Sie den Behälter mit einer Plastiktüte. Rascher und zuverlässiger bewurzeln die Stecklinge in einem beheizten Minitreibhaus bei einer konstanten Temperatur von 24 °C.

HALBAUSGEREIFTE STECKLINGE

Viele laubabwerfende und immergrüne Sträucher, Bäume und Kletterpflanzen werden in erster Linie durch Stecklinge aus halbreifem Material vermehrt, die im Spätsommer geschnitten werden, oder aber durch Steckhölzer, die man im Winter gewinnt. Halbausgereifte Stecklinge werden geschnitten, wenn der diesjährige Zuwachs zu verholzen beginnt. Verwenden Sie 10 bis 15 cm lange Zweigenden, entfernen Sie die Blätter der unteren Hälfte, tauchen Sie die Enden in Bewurzelungshormon, setzen Sie die Stecklinge in einen schattigen unbeheizten Frühbeetkasten, der Mutterboden oder grobkörniges Substrat enthält, und bedecken Sie sie mit einer 2,5 cm dicken Sandschicht. Bei Nadelgehölzen verwendet man Abrißstecklinge, entfernt Seitentriebe also so vom Haupttrieb, daß ein kleiner Streifen alten Holzes am Steckling verbleibt.

STECKHÖLZER

Weiden lassen sich besonders leicht durch Steckhölzer vermehren und eignen sich gut zum Üben. Im Winter, kurz nach dem Blattfall, schneiden Sie verholzte Zweige mit mindestens 3 Blattknospen (Knoten). Führen Sie unten einen geraden Schnitt und oben direkt über einer Knospe einen schrägen. Setzen Sie die Steckhölzer in einen V-förmigen Graben, lassen Sie die obersten Knospen herausschauen und füllen Sie mit Boden auf. Bei schweren Tonböden mischen Sie etwas Sand ein und geben außerdem etwas Sand unten in den Graben, um Staunässe zu vermeiden.

ABSENKEN

Viele Sträucher und Kletterpflanzen werden durch Absenken vermehrt. Im Spätwinter oder zu Beginn des Frühlings wählen Sie dazu einen kräftigen jungen, bis zum Boden hinabreichenden Trieb aus und arbeiten Kompost und groben Sand in den umliegenden Boden ein. Ziehen Sie den Trieb nach unten, und schneiden Sie ihn schräg bis zur Hälfte ein, um die Bewurzelung anzuregen. Nun befestigen Sie den eingeschnittenen Trieb mit einem Haken im Boden und binden seine Spitze senkrecht an einen Stab. Im Spätsommer oder Herbst sollten bewurzelte Triebe herangewachsen sein, die von der Mutterpflanze getrennt werden.

EINEN STRAUCH UMPFLANZEN

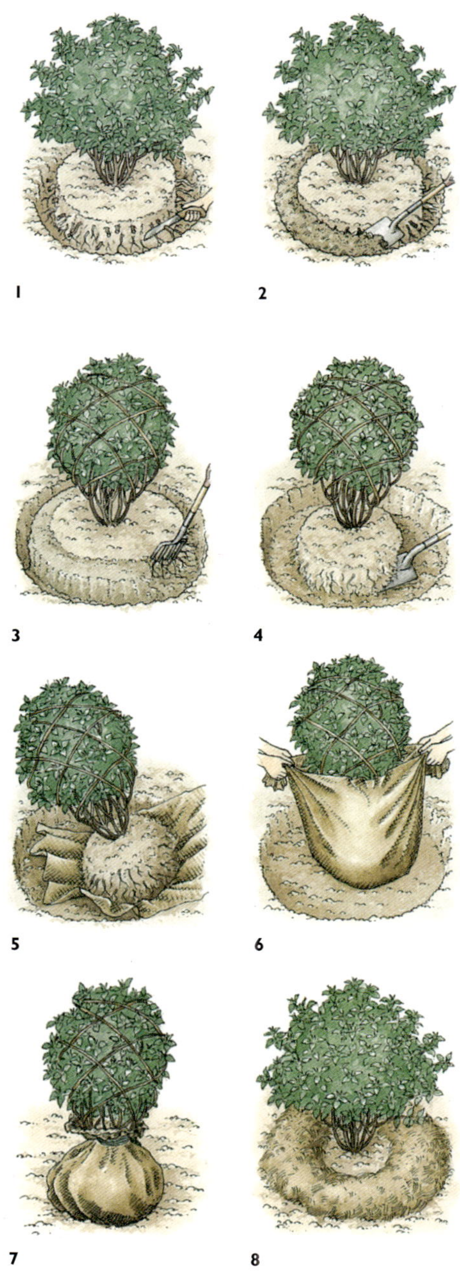

Im ersten Jahr werden die äußeren Wurzeln freigelegt und eingekürzt (1). Anschließend füllt man den dabei entstandenen Graben mit Kompost (2). Im folgenden Herbst bindet man die Zweige hoch, damit sie beim Umpflanzen nicht zerbrechen, und öffnet den Graben erneut (3). Nun wird der Wurzelballen ausgegraben (4) und auf ein großes Stück fester Kunststoffolie gelegt (5), mit der man die Pflanze aus dem Loch hebt (6). Der Wurzelballen wird gesichert und an den neuen Standort gebracht (7). Hier wird der Strauch eingepflanzt, gewässert und reichlich gemulcht (8).

BÄUME UND STRÄUCHER UMPFLANZEN

Auch erfahrene Gärtner sind nicht vor Fehlern gefeit und müssen Pflanzen gelegentlich an günstigere Standorte umsetzen. Die beste Zeit dazu ist der Herbst. Die Ruhephase kann sich zwar bis in den späten Frühling erstrecken, aber spät umgesetzte Pflanzen brauchen mehr Pflege. Kleine Sträucher werden 1 oder 2 Tage vor dem Umpflanzen reichlich gegossen. Heben Sie ein großzügiges Pflanzloch aus, arbeiten Sie organisches Material ein, und wässern Sie.

Das Umpflanzen von Bäumen und größeren Sträuchern erfordert mehr Vorbereitung. Ein Jahr vorher graben Sie einen 60 cm tiefen Graben um die Pflanze, dessen Umfang der Größe des Wurzelballens entspricht. Füllen Sie den Graben mit Kompost, um die Bildung neuer Wurzeln zu begünstigen. Kurz vor dem Umpflanzen heben Sie ein großes Pflanzloch aus, arbeiten viel organisches Material ein und wässern gut. Besorgen Sie sich Jute oder starke Folie. Nun graben Sie um den Wurzelballen herum, stechen die längeren Wurzeln ab und ziehen die Folie mit Hilfe einer zweiten Person so unter den Wurzelballen, daß Sie die Pflanze aus dem Loch heben können. Wenn das Wurzelsystem beim Umpflanzen stark verkleinert wurde, sollten Sie Äste einkürzen um den Wurzelverlust auszugleichen. Nach dem Umpflanzen stabilisieren Sie die Pflanze mit Halteseilen und wässern sie in der ersten Vegetationsperiode.

Rasen und Wiesen

Weicher Rasen bildet eine einzigartige Oberfläche. Er ist kühl unter den Füßen und schön anzusehen. Ein makelloser Rasen muß jedoch nicht nur gemäht werden, man benötigt auch Zeit, um die Kanten zu schneiden, zu düngen, Unkräuter zu entfernen, den Rasen abzuharken und ihn zu belüften. Wenn ein glatter Rasen nicht in Ihren Garten paßt, ziehen Sie vielleicht eine Wildblumenwiese vor. Wiesen müssen nicht jede Woche gemäht werden. Der erste Schnitt macht zwar viel Arbeit, aber Wiesen gehören zu den attraktivsten Lösungen für nährstoffarme Böden.

SO LEGEN SIE EINEN RASEN AN

Bevor Sie Rasen säen oder Rasensoden verlegen, müssen Sie den Boden gut ebnen, denn später sind Fehler nur noch schwer zu beheben. Die Oberbodenschicht sollte mindestens 15 cm stark sein. Graben Sie um, arbeiten Sie etwas organisches Material ein, und entfernen Sie Steine, Wurzeln und ausdauernde Unkräuter. Stark verdichtete Böden müssen zwei Spatenstiche tief umgegraben werden, schwere Tonböden lassen sich durch viel Sand oder ein Dränagesystem verbessern (siehe S. 248). Lassen Sie den Boden ungefähr 10 Tage ruhen, um ein gutes Saatbett zu erhalten. Nun kann man keimende Unkräuter durch Hacken sehr leicht entfernen.

RASENPFLEGE IM HERBST

Vertikutieren

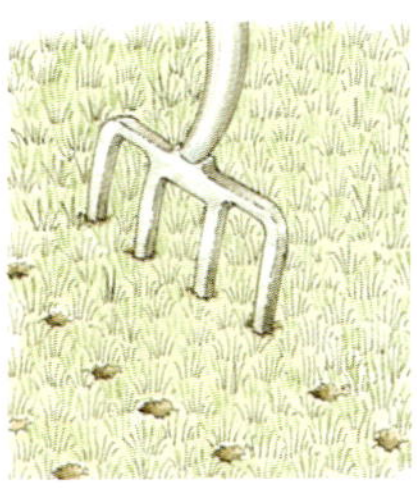

Belüften

Durch Vertikutieren wird abgestorbenes Gras entfernt. Anschließend treibt man eine Grabegabel etwa alle 15 cm circa 10 cm tief in den Boden, damit er besser durchlüftet und wasserdurchlässiger wird. Anschließend streut man eine Mischung aus Sand, Lehm und verrottetem organischen Material auf den Rasen.

Säen Sie Rasen bei warmer, feuchter Witterung im Herbst oder Frühjahr. Im Herbst gesäter Rasen kann im Spätfrühling genutzt werden, in Frühjahr gesäter dagegen im Herbst.

Wenn der junge Rasen 5 cm hoch ist, walzen Sie ihn, um Unebenheiten zu beseitigen und die Wurzelbildung anzuregen. Einige Tage später wird er zum ersten Mal gemäht, wobei die Messer 4 bis 5 cm hoch eingestellt sein sollten.

Rasensoden verlegt man am besten im Herbst oder Spätwinter, damit sie anwachsen können, bevor trockene Witterung einsetzt.

DEN RASEN PFLEGEN

Bei regelmäßiger Pflege wächst Ihr Rasen und sieht hübsch aus. Mähen Sie ihn während der Vegetationsperiode einmal pro Woche, aber halten Sie ihn nicht zu kurz. Zu Beginn des Frühjahrs, im Herbst und bei trockenem Wetter stellen Sie die Messer 2,5 cm hoch ein, stark genutzter Rasen sollte etwas länger bleiben. Wenn man das Schnittgut auf dem Rasen beläßt, schützt es bei trockenem Wetter. Meist wird das Schnittgut jedoch entfernt, weil es die Vermoosung begünstigen kann.

Düngen Sie den Rasen vom Frühjahr bis zum Spätsommer regelmäßig mit einem stickstoffreichen Dünger, oder geben Sie im Frühjahr einen Depotdünger. Im Herbst hilft ein kalium- und phosphorreicher Dünger der Wurzelentwicklung. Bei Bedarf verwenden Sie einen Moosvernichter. Kriechende Unkräuter reißen Sie vor dem Mähen durch Vertikutieren aus, rosettenbildende werden von Hand entfernt. Im Frühherbst sollten Sie den Rasen vertikutieren, belüften und abgefallenes Laub entfernen.

WIESEN

Im Unterschied zum Rasen gedeihen Wiesen auf nährstoffarmen, ungedüngten Böden, wo die Konkurrenz der Gräser nicht sehr stark ist. Ihre Saatgutmischung muß auf den Boden und die Bedingungen Ihres Gartens abgestimmt sein. Vor dem Säen graben Sie den Boden um, lassen ihn etwa 10 Tage ruhen und hacken gekeimte Unkräuter ab.

Sie können unkrautfreie Rasensoden aus feinblättrigen Gräsern verlegen und anschließend Wildblumen und Blumenzwiebeln pflanzen. Damit sich die Blumen entwickeln können, reißen Sie den Rasen fleckenweise aus. Bevor Sie einen Rasen in eine Wiese umwandeln, machen Sie den Boden nährstoffärmer, indem Sie regelmäßig mähen, den Rasenschnitt entfernen und nicht düngen.

Im Frühjahr blühende Wiesen mäht man erst im Frühsommer, wenn sie auszusamen beginnen. Im Sommer blühende Wiesen werden bis zur Mitte des Frühjahrs regelmäßig gemäht. Anschließend läßt man sie wachsen und blühen, um im Spätsommer oder Frühherbst erneut zu mähen. Bevor Sie eine Wiese schneiden, sollten die Samen ausgestreut und Zwiebelblumen oberirdisch abgestorben sein. Nach dem Mähen harken Sie das Schnittgut zusammen. Wiesen brauchen nur alle 3 bis 4 Wochen gemäht zu werden.

MÄHGERÄTE

Spindelmäher lassen hübsche Streifen entstehen. Sie eignen sich gut für feine Gräser, verstopfen jedoch auf grobem Rasen. Sichelmäher eignen sich für grobes, nasses Gras, auch für Wiesen. Luftkissenmäher sind gut für steiles Gelände. Alle drei Typen sind mit Elektro- und Benzinmotor erhältlich. Elektrische Mäher sind billiger, leiser und leichter, aber weniger leistungsfähig. Die meisten Modelle verfügen über einen Fangkorb.

GRASSAMEN AUSSÄEN

1 2 3

Vor dem Säen wird der Boden verfestigt und glatt geharkt (1). Um gleichmäßig aussäen zu können, unterteilt man die Fläche in Rechtecke von bekannter Größe. Nun bestimmt man die genaue Samenmenge, die man für jedes Rechteck benötigt, und streut die Samen mit der Hand oder mit einem Sägerät aus. Dabei geht man einmal längs und einmal quer über die Fläche, um den Samen gleichmäßig zu verteilen (2). Nun werden die Samen leicht eingeharkt (3).

RASENSODEN VERLEGEN

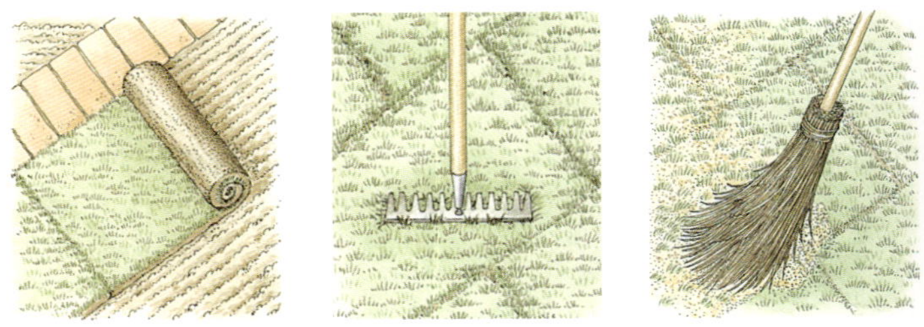

1 2 3

Die Soden werden ausgerollt und dicht nebeneinandergelegt (1). Nach dem Verlegen drückt man die Soden mit der Rückseite einer Harke oder mit einer leichten Walze vorsichtig fest (2). Auf die Soden streut man eine Mischung aus gleichen Teilen Sand und Kompost bzw. Boden. Diese Mischung wird in alle Lücken und Spalten gefegt (3). Nun wässert man reichlich. Bis der Rasen angewachsen ist, wird bei Trockenheit weiterhin gewässert.

Zurückschneiden und Erziehen

KANTEN STECHEN

Gerade

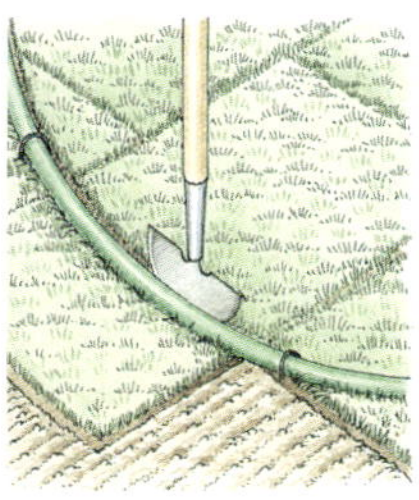

Geschwungen

Mit einem halbmondförmigen Kantenstecher sticht man von oben ab, um eine exakte Kante zu erhalten. Bei geraden Kanten sticht man an einem Brett entlang. Bei geschwungenen Kanten steckt man einen Schlauch auf dem Boden fest und orientiert sich an ihm. Die Rasenkanten werden am besten regelmäßig mit einer Rasenkantenschere geschnitten. Mit einem Rasentrimmer kann man zwar schneller, aber nicht so sauber arbeiten.

In der freien Natur benötigen Pflanzen keinen Schnitt, doch im Garten muß man oft etwas nachhelfen, damit die Pflanzen hübsche Formen behalten, gut wachsen und reich blühen. Gehölze, die in dekorative Formen geschnitten werden – Formschnittgehölze (›Topiary‹), Hecken, Hochstämme, Fächer- und Spalierbäume –, müssen genau und regelmäßig geschnitten werden, damit sie ihre Form behalten. Sehr starkwüchsige Pflanzen müssen durch Schneiden im Zaum gehalten werden.

Man unterscheidet Formschnitt, Verjüngungsschnitt und das Herausschneiden toter, kranker oder schwacher Triebe. Eine derartige Gesundheitspflege ist bei allen Pflanzen nötig und trägt wesentlich zum gärtnerischen Erfolg bei.

FORMSCHNITT

Viele Gartenbesitzer wagen nicht, einen gesunden, kräftigen Strauch zu schneiden. Dies ist verständlich, aber ein Formschnitt in der Jugendphase sorgt für eine hübsche, ausgeglichene Form und kann spätere Probleme verhindern. Der Formschnitt und ein regelmäßiger Schnitt zur Erhaltung guter Proportionen sind weit weniger traumatisch für Gartenfreund und Pflanze als ein zu großer und häßlich geformter ausgewachsener Strauch.

Gerade gekaufte Gehölze brauchen oft einen leichten Schnitt, damit sie ein offenes Astwerk bilden. Besitzt ein junger Baum zwei Haupttriebe, so sollte einer entfernt werden, damit der Baum einen kräftigen, zentralen Stamm und eine elegante Form ausbildet. So vermeiden Sie auch, daß der Stamm sich später spaltet. Wenn Sie ein wurzelnacktes großes Gehölz pflanzen, sollten Sie den Verlust an Wurzelmasse durch Verkleinerung der Krone ausgleichen.

Einige Gehölze, vor allem Obstbäume, sind im Handel als fertig geschnittene Fächerbäume, Spalierbäume oder Hochstämme erhältlich. Hier wurde der Formschnitt von Fachleuten ausgeführt, was Sie entlastet. Beim Kauf erfahren Sie, wie Sie den Baum in Zukunft schneiden sollten.

Lavendel, Heiligenkraut, Rosmarin und andere Halbsträucher werden als Jungpflanzen rasch häßlich sparrig, wenn man sie nach der Blüte und im Herbst nicht regelmäßig schneidet. Dies läßt sich ausgleichen, indem man dort einen kräftigen Schnitt durchführt, wo die Haupttriebe Blattknospen und schlafende Augen aufweisen. Wegen der kurzen Lebensdauer dieser Pflanzen ist es jedoch einfacher, sie zu ersetzen.

VERJÜNGUNGSSCHNITT

Weiden, Hartriegel, Brombeeren, Eukalyptusbäume, Paulownien und verschiedene andere Gehölze profitieren sehr von einem kräftigen jährlichen Schnitt, der die Bildung gesunder, frischer junger Triebe und großer, kräftiger Blätter fördert.

Viele Sträucher, vor allem Rosen und Obstgehölze, wachsen kräftig und blühen besonders reich und schön, wenn man sie

DER RICHTIGE SCHNITT

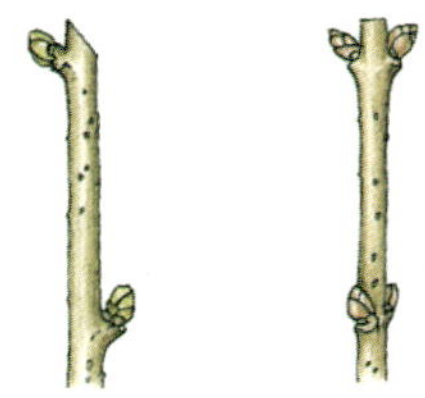

Schneiden Sie stets über einer Knospe. Wenn die Knospen sich nicht gegenüberliegen, führen Sie einen schrägen Schnitt durch (links). Wenn die Knospen sich gegenüberliegen, schneiden Sie gerade (rechts).

ERZIEHUNGSSCHNITT

Nach der Pflanzung werden die unteren Triebe abgeschnitten, um das Längenwachstum anzuregen (1). Im nächsten Jahr entfernt man schwache Triebe an der Basis und alle Triebe, die mit dem Haupttrieb konkurrieren (2). Im dritten Jahr schneidet man die unteren Äste ab (3).

1 2 3

VERJÜNGUNGSSCHNITT BEI STRÄUCHERN

1 2

Zu große Sträucher werden über einen Zeitraum von zwei Jahren verjüngt. Zunächst schneidet man die Hälfte der Triebe heraus, darunter alle beschädigten und kranken. Die übrigen werden eingekürzt, wenn dies nötig ist (1). Im folgenden Jahr treibt der Strauch neu aus, und die alten Triebe werden entfernt (2).

WERKZEUGE FÜR DEN GEHÖLZSCHNITT

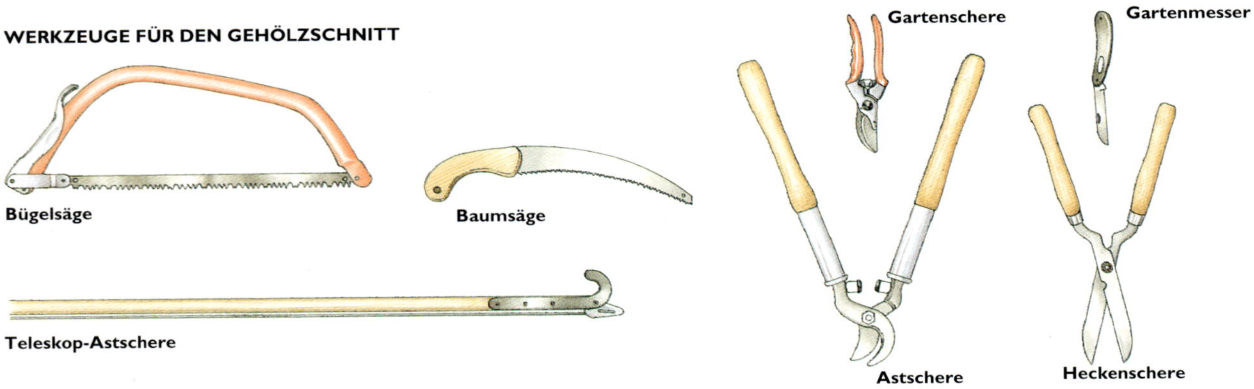

AUF DEN STOCK SETZEN

Durch dieses Verfahren verkleinert man die Pflanze und regt sie gleichzeitig zur Bildung zahlreicher neuer Triebe an. Man schneidet alle Triebe bis zur Basis zurück, ohne den geschwollenen, holzigen Bereich zu verletzen, der sich mit den Jahren gebildet hat. Wenn man dies jedes Jahr wiederholt, erhält man schöne, farbenfrohe Triebe.

KÖPFEN

Ähnlich wie das Auf-den-Stock-setzen, doch hier wachsen zahlreiche Äste aus einem einzigen Trieb. Im ersten Jahr schneidet man die Pflanze in Bodennähe über einer kräftigen Knospe ab. Im Spätwinter oder zeitigen Frühjahr des folgenden Jahres schneidet man alle Triebe bis auf zwei Knospen zurück, damit sie neu austreiben.

jedes Jahr schneidet. Nehmen Sie vor allem in der Mitte der Pflanze altes Holz heraus, und kürzen Sie abgeblühte oder abgeerntete Triebe, damit die Pflanzen kräftigen und gesunden Zuwachs bilden. Wenn eine Pflanze gut ernährt ist, ist der Zuwachs um so kräftiger, je stärker man sie schneidet. Darum ist es wichtig, die Pflanze in der Mitte nicht zu dicht werden zu lassen, so daß viel Licht eindringt und die Luft gut zirkulieren kann. Zudem sieht sie so schöner aus und erkrankt nicht so leicht.

Waldreben *(Clematis)* bilden bei regelmäßigem Schnitt zahlreiche Blüten, ohne Schnitt dagegen ein häßliches Gewirr kahler Triebe. Im Sommer blühende *Clematis*-Hybriden werden im Winter bis zu einem Paar kräftiger Knospen nahe am Erdboden zurückgeschnitten. Im Frühjahr blühende Waldreben blühen am vorjährigen Holz und werden im Frühsommer nach der Blüte leicht zurückgeschnitten – bis auf 2 oder 3 Knospen von den gerüstbildenden Trieben entfernt.

Stark geschnittene Pflanzen sollten zu Beginn der Vegetationsperiode Depotdünger erhalten und reichlich gemulcht werden, damit sie kräftig und gesund wachsen.

TOTES, KRANKES UND SCHWACHES HOLZ HERAUSSCHNEIDEN

Es ist sehr wichtig, alle Bäume, Sträucher und Kletterpflanzen jeden Winter

KLETTERPFLANZEN AN EINER MAUER BEFESTIGEN

Gitterwerk

Ringbinder

Kletterpflanzen werden an Drähten erzogen, die man mit Ringbindern an Mauer oder Zaun befestigt. Auch Gitterwerk kommt in Frage, aber es muß mit Latten stabilisiert werden, damit die Triebe es beim Wachstum nicht auseinanderdrücken. Die Triebe werden mit weicher Schnur in Form einer Acht angebunden.

zu kontrollieren. Krankes, beschädigtes oder totes Holz sollte herausgeschnitten und nach Möglichkeit verbrannt werden, damit sich keine Krankheiten ausbreiten. Schwache, sehr lange Triebe werden auch später nicht kräftig und müssen entfernt werden. Schneiden Sie Zweige ab, die sich überkreuzen, sonst reiben sie aneinander, bis eine offene Wunde entsteht, durch die Krankheitserreger eindringen können.

DER RICHTIGE ZEITPUNKT FÜR DEN SCHNITT

Im Frühling wachsen Pflanzen am schnellsten. Wenn trockenes Sommerwetter einsetzt, verlangsamt sich das Wachstum. Wenn Sie kräftige neue Triebe erzielen möchten, sollten Sie also zu Beginn des Frühlings kräftig schneiden. Wenn Sie Ihr Nadelgehölz oder Ihre immergrüne Hecke aber nur einmal im Jahr schneiden wollen, sollten Sie dies im Hoch- oder Spätsommer tun, damit die Pflanzen vor dem Winter nur noch mäßig wachsen und Sie sich im Winter an den hübschen Umrissen erfreuen können. Im Hoch- und Spätsommer sollten Sie auch abgestorbene oder beschädigte Triebe von freiwachsenden Immergrünen und Nadelgehölzen entfernen, die sonst zur Erhaltung der Form nur wenig geschnitten werden müssen.

Wenn Sie nicht wissen, wann Sie eine Pflanze schneiden sollen, achten Sie auf ihre Blüten. Befinden sich diese wie beim Sommerflieder *(Buddleja davidii)* und bei großblütigen *Clematis*-Hybriden am diesjährigen Holz, können Sie die Pflanze im Spätherbst, Winter oder Frühjahr schneiden. Wenn Sie zu früh im Herbst schneiden, können die neuen Triebe vor den ersten Frösten nicht mehr ausreichend verholzen. Fuchsien und andere frostempfindliche Pflanzen werden am besten erst im Frühjahr geschnitten, denn ihre Zweige sorgen für einen, (wenngleich geringen) Frostschutz.

Pfeifensträucher, Deutzien und viele andere im Winter und Frühjahr blühende Pflanzen bilden die Blüten am vorjährigen Holz und werden kurz nach der Blüte geschnitten. So hat die Pflanze viel Zeit, um neue Triebe zu bilden, an denen sich im folgenden Jahr Blüten entwickeln.

HECKENSCHNITT

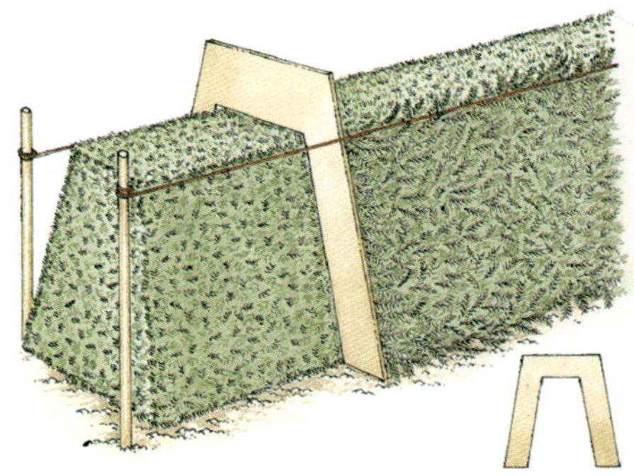

Hecken sollten dicht sein. Sie behalten ihre Form besser, wenn sie sich nach oben verjüngen. Wenn man einen gleichmäßigen Umriß erreichen will, arbeitet man am besten mit einer Schablone aus Sperrholz. Man spannt an jeder Seite der Hecke eine Schnur zwischen zwei Pfähle, um die gewünschte Höhe zu markieren. Zunächst schneidet man die Hecke oben, dann an den Seiten. Dabei bewegt man die Schablone mit.

SCHNITTWERKZEUGE

Vor dem Schnitt sollten Sie sich Zeit nehmen, um gute Werkzeuge auszusuchen. Nehmen Sie sie vor dem Kauf in die Hand, um zu prüfen, ob sie bequem zu nutzen sind. Ziehen Sie Hersteller vor,

KLETTERROSEN

Wenn Kletterrosen eine Wand bedecken oder eine Absperrung darstellen sollen, kann man sie an Drähten erziehen. Man zieht ihre Zweige regelmäßig herunter und läßt sie überkreuzen. Mit den Seitentrieben verfährt man ebenso, damit die Drähte gleichmäßig bedeckt sind. So tragen die Pflanzen überall zahlreiche Blüten und bilden solide Barrieren.

die einen Reparatur- und Wartungsdienst anbieten. Für einen großen Teil der regelmäßig anfallenden Schnittarbeiten reicht eine gute, scharfe Gartenschere.

Versuchen Sie nie, einen Ast mit ungeeignetem Werkzeug zu durchtrennen! Für dicke Zweige und mittelstarke Äste eignen sich Astscheren, Gartenscheren mit langem Griff und kleine Baumsägen. Dicke Äste sollten immer abgesägt werden. Eine Baumsäge mit schmalem Blatt kann leicht zwischen den Ästen bewegt werden, ohne unnötigen Schaden anzurichten. Für Formschnittgehölze benötigen Sie eine scharfe Schere, für sehr große Hecken kommen Heckenscheren mit Elektro- oder Benzinmotor in Frage. Elektrische Heckenscheren besitzen zwar ein hinderliches Kabel, aber sie sind viel leichter als benzingetriebene Modelle.

Die Schnittflächen sollten stets scharf sein, damit sie sauber und leicht schneiden, ohne Wunden zu hinterlassen, durch die Krankheitserreger eindringen können. Reinigen Sie die Schnittflächen nach der Arbeit, und ölen Sie sie gut. Durch regelmäßige Pflege gewährleisten Sie Hygiene, verlängern die Haltbarkeit teurer Werkzeuge und sorgen dafür, daß sie gut arbeiten.

PFLANZEN ERZIEHEN

Kletter- und Schlingpflanzen, die an Mauern und Spalieren oder über Bögen und Pergolen wachsen, können das Haus mit dem Garten verbinden und unschöne Dinge bedecken. Efeu, Wilder Wein, Kletterhortensien und andere Kletterpflanzen halten sich z. B. durch Haftwurzeln fest und wachsen ohne Hilfe über Mauern und Zäune. Prunkwinden und Stangenbohnen winden sich empor. Rosen und Brombeeren klettern durch Sträucher und Bäume und werden von ihren Stacheln gehalten; im Garten müssen sie regelmäßig angebunden werden, damit sie nicht außer Kontrolle geraten. Säckelblumen und andere frostempfindliche Sträucher können vor Mauern gepflanzt werden und profitieren von deren zusätzlichem Schutz. Auch winterharte Pflanzen wie Forsythien und Feuerdorne sehen gut an Mauern aus.

Selbstklimmende Kletterpflanzen sollten ein wenig erzogen werden, denn sonst blüht Ihre Waldrebe an der Mauer des Nachbargartens. Seitentriebe bilden zahlreiche Blütenknospen, wenn ihr Haupttrieb horizontal erzogen wird und die Nebentriebe nach oben wachsen können. Es ist verlockend, eine Kletterrose fächerförmig zu erziehen, aber sie würde nur ganz außen blühen. Wenn Sie die Äste nach unten ziehen und sich überkreuzen lassen, so daß ein lockeres Astgerüst entsteht, werden die Seitentriebe gefördert, und die Pflanze trägt innen und außen zahlreiche Blüten.

An Mauern wachsende Kletterpflanzen und Sträucher sollten an Spanndraht erzogen werden, den Ringbinder halten, oder über Gitterwerk wachsen, das mit Latten befestigt wird oder frei steht. Binden Sie die Pflanzen mit weicher Schnur, Bast oder einem anderen natürlichen Material fest. Wenn man diese Bänder vergißt, zerreißen sie oder lösen sich auf, während Bänder aus Kunststoff oder Metall den Trieb einschnüren. Kontrollieren Sie Pflanzenbänder daher regelmäßig.

BÄUME ANBINDEN

Bäume müssen nach der Pflanzung für 2 oder 3 Jahre angebunden werden. Neuere Forschungsarbeiten ergaben, daß Bäume, die an kurze, ungefähr ein Drittel der Stammlänge hohe Pfähle gebunden sind, deutlich schneller anwachsen und viel kräftigere Wurzeln ausbilden als Bäume, die durch hohe Pfähle stabilisiert werden. Wenn die Baumkrone sich mit dem Wind bewegen kann, verankern die Wurzeln sich schneller und fester, als wenn der Baum fast starr gehalten wird. Ausgewachsene Bäume müssen nach dem Umpflanzen jedoch durch kräftige, hohe Pfähle oder durch Halteseile stabilisiert werden. Sie sollten stets von Fachleuten gepflanzt werden, die über Spezialgeräte verfügen. Kontrollieren Sie die Baumbänder regelmäßig, und lockern Sie sie, bevor Sie in die Rinde schneiden. Sehr junge Bäume, die keine seitlichen Äste besitzen, und peitschenförmige Bäumchen können in den ersten Jahren durch Kunststoffröhren geschützt werden, die quasi als Gewächshaus dienen und das Anwachsen begünstigen. Die Röhren werden mit Pfählen im Boden befestigt, stützen die Pflanzen und halten Kaninchen und Rehe fern.

STAUDEN ABSTÜTZEN

Von vielen Stauden, die man früher anbinden mußte, sind heute kompaktere Sorten erhältlich, die ohne Stütze wachsen. Einige Pflanzen müssen jedoch weiterhin angebunden werden. Die prächtigen Blütenstände gefülltblühender Pfingstrosen fallen leicht um, wenn sie nicht durch ein Drahtgeflecht wachsen, und die schönen Blütenstände hoher Rittersporne müssen einzeln an lange Bambusstäbe angebunden werden.

Gut plazierte Pflanzenstäbe sollten nach 3 Wochen nicht mehr zu sehen und durch die Pflanzen versteckt sein. Besonders unauffällig sind fächerförmige Haselzweige, die man neben buschige Stauden in die Erde steckt und an den Spitzen umbiegt, so daß ein Netz aus kleinen Zweigen entsteht, durch das die Staude wachsen kann. Sehr häufig dienen Bambusstäbe als Stützstäbe. Im Unterschied zu Haselzweigen können sie mehrfach verwendet werden und sind in verschiedenen Längen erhältlich. Stellen Sie 3 oder 4 um eine buschige Staude herum auf, und halten Sie die Pflanze mit Gartenschnur in der richtigen Position.

Der Handel bietet verschiedene verzinkte oder kunststoffummantelte Staudenhalter aus Metall an, z. B. L-förmige Stäbe, die man ineinandersteckt und um eine Pflanze stellt oder durch sie hindurchführt, ebenso Ringe mit breitem Drahtgeflecht, durch das die Pflanzen wachsen können. Große Metallringe halten Pflanzenmassen zurück, die umzukippen drohen. Solche Stützeinrichtungen sind vielseitig und effektiv, aber nicht immer ganz billig.

Probleme vermeiden

Viele Gartenbesitzer stellen sich unter ›Problemen‹ Schädlinge, Krankheiten und Unkräuter vor und vergessen, daß auch Unfälle dazugehören. Wenn Sie Ihren Garten umsichtig anlegen, ist er aber kein unfallträchtiger Ort.

KRANKHEITEN UND SCHÄDLINGSBEFALL VORBEUGEN

Sorgen Sie dafür, daß Ihre Pflanzen kräftig sind und gut wachsen, denn dann sind sie nicht sehr anfällig für Krankheiten und Schädlinge. Entfernen Sie abgefallene Blätter, Früchte und andere Pflanzenteile, die Krankheitserreger beherbergen könnten, und schneiden Sie schwache, verletzte und tote Triebe heraus. Ein Fruchtwechsel ist nicht nur im Gemüsegarten sinnvoll. Vor allem Obstbäume und Rosen benötigen einen Standort, an dem zuvor andere Pflanzen wuchsen. Wählen Sie an den Standort angepaßte Pflanzen, und bevorzugen Sie krankheitsresistente Sorten.

Versuchen Sie Probleme anzugehen, sobald sie auftreten. Beheben Sie möglichst die Ursache und nicht nur die Symptome. Ein Befall durch Echten Mehltau zeigt beispielsweise an, daß die erkrankte Pflanze an einem trockenen, exponierten Standort wächst. Wenn man sie an einen feuchteren Ort umsetzt, verbessert sich ihr Gesundheitszustand. Fördern Sie Nützlinge. Ein paar Brennesseln oder Holzscheite bilden ein Winterquartier für Marienkäfer, die im Sommer zahlreiche Blattläuse vertilgen. Schwebfliegen halten Blattläuse noch wirksamer in Schach. Hohes Gras und ein Teich locken Frösche und Kröten an, die Schnecken verzehren. Zu den nützlichen Gartenbewohnern zählen auch Fledermäuse, Bienen, Vögel, Igel, Regenwürmer, Hundertfüßler, Raubwanzen, Ohrwürmer, Laufkäfer und Florfliegen.

SCHÄDLINGSBEKÄMPFUNG

Wenn vorbeugende Maßnahmen nicht ausreichen, können Sie Schädlinge biologisch, physikalisch oder chemisch bekämpfen. Bei der biologischen Bekämpfung werden die Schaderreger durch bestimmte Organismen abgetötet. Solche Organismen gibt es gegen Schnecken, Dickmaulrüßler, Weiße Fliegen im Gewächshaus, Rote Spinnmilben und Raupen.

Zur physikalischen Bekämpfung gehören mechanische Hindernisse und Fallen. Ein breiter Kreis aus Splitt um Funkien hält Schnecken fern. Mit Bier gefüllte Becher sind gute Schneckenfallen. Leimringe werden um die Stämme von Obstbäumen gelegt und verhindern, daß schädliche Insekten nach oben kriechen. Apfelwickler und Borkenkäfer werden durch Pheromonfallen geködert, bei denen weibliche Geschlechtshormone die Männchen auf eine klebrige Fläche locken, so daß zahlreiche Weibchen nicht befruchtet werden.

Die chemische Bekämpfung kann durch Kontaktmittel oder durch systemische Mittel erfolgen. Kontaktmittel müssen mit dem Zielorganismus in Kontakt kommen, systemische Mittel werden von der Pflanze aufgenommen, mit dem Saftstrom transportiert und entfalten ihre Wirkung, wenn ein Insekt die Pflanze ansticht oder anfrißt.

UNKRÄUTER

Als Unkräuter bezeichnet man Pflanzen, die am falschen Ort wachsen. Einige ausdauernde Arten sind hartnäckig. Zaunwinden und einige andere Unkräuter regenerieren sich aus winzigen Wurzelstückchen, so daß ihre Zahl nach dem Untergraben noch steigt. Auch Giersch, Quecke und Schachtelhalm können sehr lästig sein. Die meisten einjährigen Unkräuter lassen sich leicht von Hand ausreißen, ausdauernde Arten müssen mitsamt ihren Wurzeln ausgegraben werden. Große Unkrautbestände kann man mit altem Teppich oder schwarzer Polyethylenfolie abdecken. Dadurch werden die Pflanzen auf umweltfreundliche Weise abgetötet.

Wer wenig Geduld aufbringt, greift gerne zu einem Herbizid. Die meisten Herbizide bleiben im Boden eine bestimmte Zeitspanne aktiv, in der Sie nicht pflanzen dürfen. Andere Mittel, die z. B. den Wirkstoff Glyphosat enthalten, werden inaktiviert, sobald sie mit dem Boden in Kontakt kommen. Aus Umweltschutzgründen sollte die Anwendung von Herbiziden jedoch vermieden werden.

VORSICHTSMASSNAHMEN BEIM UMGANG MIT CHEMIKALIEN

Befolgen Sie die Gebrauchsanleitung genau. Bewahren Sie chemische Mittel nur in den Behältern auf, in denen Sie sie kauften, und halten Sie sie außerhalb der Reichweite von Kindern und Haustieren unter Verschluß. Spritzen Sie bei windstillem Wetter, abends nach dem Bienenflug. Vergessen Sie Gummihandschuhe und Schutzbrille nicht. Ziehen Sie umweltschonende Mittel vor.

UNFÄLLE VERHÜTEN

Tragen Sie geeignete Kleidung. Wenn Sie mit einem Rasentrimmer arbeiten oder Platten verlegen, sollten Sie Schutzbrille, lange Hose und stabile Schuhe tragen. Bevor Sie eine Trittleiter besteigen, prüfen Sie, ob sie fest steht. Vergewissern Sie sich, daß Rasenmäher und elektrische Werkzeuge funktionsfähig und sicher sind. Gefährliche Geräte sollten in einem separaten Schuppen verschlossen werden.

Strom kann tödlich wirken. Im Freien dürfen nur geeignete, wassergeschützte Steckdosen installiert werden. Bauen Sie stets einen Fehlerstromschutzschalter ein. Ziehen Sie den Stecker aus der Steckdose, wenn Sie mit der Arbeit fertig sind oder ein Gerät warten oder reparieren wollen.

Wasser kann für kleine Kinder gefährlich sein. Verschließen Sie Regentonnen mit einem festen Deckel. Beaufsichtigen Sie Kinder in einem Planschbecken, und entleeren Sie es nach Gebrauch. Lassen Sie den Grill und offenes Feuer nie unbeaufsichtigt.

Stellen Sie Kinderspielgeräte auf Rasen, Rindenschnitzeln oder einer anderen weichen Oberfläche auf. Wege, Mauern und Gewächshäuser müssen sich außerhalb der Reichweite von Schaukeln befinden.

Pflanzenpflege-Kalender

Gartenarbeiten sind sehr vom Wetter abhängig, und das ist nicht jedes Jahr gleich. Die regionalen Klimaunterschiede können groß sein, und auch innerhalb einer bestimmten Region gibt es örtliche Abweichungen: Ihr Garten kann an einem windigen Hang oder in einem geschützten Tal liegen. Berücksichtigen Sie die vorherrschenden Witterungsverhältnisse, und warten Sie, bis der Boden sich erwärmt hat, statt in halbgefrorene Erde zu säen und dadurch Samen zu vergeuden.

FRÜHLING

Routinearbeiten
- Bereiten Sie den Boden für die Pflanzung vor, wenn er nicht zu naß ist.
- Düngen Sie Rabatten, Obstgehölze und mehrjähriges Gemüse mit Depotdünger.
- Mulchen Sie Beete und Rabatten, wenn der Boden feucht und unkrautfrei ist.
- Pflanzen, die im Winter stark geschnitten wurden, müssen gedüngt und reichlich gemulcht werden.

Einjährige
- Säen Sie frostharte einjährige Pflanzen vor Ort, wenn der Boden sich erwärmt hat.

Stauden
- Nehmen Sie dichtwachsende Schneeglöckchen und Winterlinge zum Teilen aus dem Boden.
- Pflanzen Sie Dahlienknollen und sommerblühende Zwiebelblumen.
- Entfernen Sie alte Blüten.
- Nehmen Sie Ziergräser und andere Stauden zum Teilen aus dem Boden.
- Binden Sie hohe Stauden an.

Bäume, Sträucher und Kletterpflanzen
- Entfernen Sie Frostschutzabdeckungen.
- Schneiden Sie frostempfindliche Sträucher, z. B. Strauchmalven, zurück.
- Schneiden Sie Forsythien, Zierjohannisbeeren und frühblühende Waldreben nach der Blüte.
- Kontrollieren Sie die Pflanzenbänder.
- Leiten Sie Kletterpflanzen regelmäßig über ihre Kletterhilfen.
- Vermehren Sie Sträucher und Kletterpflanzen durch Absenken.
- In der Mitte des Frühlings und im Spätfrühling werden krautige Stecklinge geschnitten.

Obst und Gemüse
- Säen Sie Gemüse in feuchten, bereits erwärmten Boden. Um die Keimung zu beschleunigen, decken Sie das Saatbeet ab.
- Säen Sie kleine Mengen Gemüsesamen, um stets frisches, knackiges Gemüse zu haben.
- Schützen Sie frühe Obstblüten.

Rasen und Wiesen
- Rasen wird verlegt oder gesät, wenn das Wetter günstig ist.
- Mähen Sie den Rasen, sobald das Gras wächst.
- Im Spätfrühling bekämpfen Sie Unkräuter und düngen, bei Bedarf setzen Sie Moosvernichter ein.
- Im Sommer blühende Wiesen sollten ab Frühlingsmitte nicht mehr gemäht werden.

Teiche
- Im Spätfrühling werden verschmutzte oder zugewachsene Teiche hergerichtet.
- Setzen Sie Wasserpflanzen.
- Nehmen Sie Wasserpflanzen zum Teilen aus dem Wasser, falls nötig.
- Entfernen Sie Frostschutzvorrichtungen und installieren Sie die Pumpe.

Im Haus / unter Glas
- Säen Sie nicht ganz frostharte Einjährige, Stauden und Gemüse, und härten Sie die Jungpflanzen im Spätfrühling ab.
- Schneiden Sie krautige Stecklinge von frostempfindlichen, ausdauernden Kübelpflanzen.
- Topfen Sie Dahlienknollen ein, um ihr Wachstum vor dem Auspflanzen anzuregen.
- Bepflanzen Sie Ihre Kübel mit Sommerpflanzen.

SOMMER

Routinearbeiten
- Im Frühsommer bepflanzen Sie Kübel für den Sommer oder stellen die im Gewächshaus vorbereiteten Kübel nach draußen.
- Kübelpflanzen, die keinen Depotdünger erhalten haben, werden regelmäßig gedüngt.
- Bei längerer Trockenheit wässern Sie Pflanzen, die Streßsymptome zeigen oder noch nicht angewachsen sind. Dies gilt auch für Bäume und Sträucher in den ersten 2 bis 3 Jahren nach der Pflanzung.
- Entfernen Sie Abgeblühtes, um die Bildung neuer Blütenknospen anzuregen.

Einjährige
- Im Frühsommer säen Sie eine zweite Partie in Topfplatten, um Pflanzen zu ersetzen, die nicht mehr schön aussehen.

Stauden
- Lassen Sie die Blätter von Knollen- und Zwiebelpflanzen auf natürliche Weise absterben. Nehmen Sie Frühlingsblüher aus Kübeln, und legen Sie sie an einen freien Platz im Garten, damit die Blätter absterben und die Pflanzen trocknen können.
- Bestellen Sie im Frühling blühende Knollen- und Zwiebelpflanzen.
- Nehmen Sie Bartiris gleich nach der Blüte zum Teilen aus dem Boden.
- Sammeln Sie Samen.
- Schneiden Sie krautige Stecklinge von Doppelhörnchen, Bartfaden und anderen Pflanzen, die im Winter erfrieren könnten.

Bäume, Sträucher und Kletterpflanzen
- Im Spätfrühling und Frühsommer blühende Sträucher und Kletterpflanzen werden nach der Blüte zurückgeschnitten.
- Kontrollieren Sie Kletterpflanzen regelmäßig, und binden Sie zarte Triebe fest.
- Schneiden Sie Hecken und Formschnittgehölze aus Immergrünen oder Nadelgehölzen.
- Schneiden Sie tote und verletzte Triebe heraus.
- Im Spätsommer schneiden Sie von Sträuchern, Bäumen und Immergrünen halbausgereifte Stecklinge und Abrißstecklinge.
- Im Spätsommer bestellen Sie Bäume und Sträucher, die im Winter gepflanzt werden.

Obst und Gemüse
- Säen Sie weiterhin zeitlich versetzt kleine Mengen Gemüse aus.
- Ernten Sie Früchte und Gemüse.
- Düngen Sie die Gemüse, die im Frühling keinen Depotdünger erhalten haben.

Rasen und Wiesen
- Im Frühling blühende Wiesen werden zum ersten Mal gemäht.
- Rasen wird regelmäßig gedüngt.

Teiche
- Auch im Frühsommer kann man Teiche noch reinigen und Seerosen oder andere Wasserpflanzen umpflanzen oder zum Teilen aus dem Wasser nehmen.
- Bei heißem Wetter füllen Sie Wasser nach.
- Entfernen Sie Seerosenblätter, wenn sie zu dicht wachsen.

Im Haus / unter Glas
- Schattieren und belüften Sie Pflanzen, die unter Glas wachsen.
- Reinigen und streichen Sie das Gewächshaus.

HERBST

Routinearbeiten
- Die Sommerbepflanzung der Kübel wird durch die Winterbepflanzung ersetzt.
- Harken Sie abgefallene Blätter zusammen und sammeln Sie sie in Behältern, um Lauberde herzustellen.
- Auf schweren Tonböden graben Sie die Beete um, um eine Frostgare zu erreichen.

Einjährige
- Entfernen Sie einjährige und zweijährige Pflanzen nach der Blüte. Einige besitzen jedoch attraktive Fruchtstände, die man trocknen oder vor Ort lassen kann.

Stauden
- Im Frühling blühende Knollen- und Zwiebelpflanzen werden in den Garten oder in Töpfe gepflanzt, sobald die Ware angekommen ist.
- Nehmen Sie Dahlien und andere kälteempfindliche Rhizom-, Knollen- und Zwiebelpflanzen nach dem ersten Frost aus dem Boden, um sie in kühler, trockener, frostfreier Umgebung zu lagern.
- Im Spätherbst mulchen Sie nicht ganz winterharte Knollen- und Zwiebelpflanzen als Kälteschutz.
- Nehmen Sie Stauden zum Teilen aus dem Boden und pflanzen Sie sie danach wieder ein.
- Säubern Sie Staudenrabatten, indem Sie unansehnliche Stauden zurückschneiden. Das zerschnittene oder geschredderte Material kann auf den Komposthaufen gegeben werden.
- Im Spätherbst bedecken Sie kälteempfindliche Stauden mit einer dicken, schützenden Mulchschicht aus organischem Material.

Bäume, Sträucher und Kletterpflanzen
- Pflanzen Sie Bäume und Sträucher in der Vegetationsruhe.
- Schützen Sie kälteempfindliche Gehölze, indem Sie sie den Winter über mit Farn, Nadelzweigen oder Matten abdecken.

Obst und Gemüse
- Setzen Sie die Ernte von Obst und Gemüse fort.
- Schneiden Sie Beerensträucher und sommertragende Himbeeren zurück.
- Ernten Sie Äpfel, Birnen und Nüsse, und lagern Sie einen Vorrat für den Winter ein.
- Pflanzen Sie Obstbäume, Obststräucher und Erdbeeren.

Rasen und Wiesen
- Mähen Sie Wiesen, die im Frühling oder Sommer blühten.
- Düngen Sie im Frühherbst, wenn es im Sommer sehr trocken war oder der Rasen stark beansprucht wurde.
- Vertikutieren und belüften Sie den Rasen, streuen Sie eine Mischung aus Sand, Lehm und organischem Material.
- Bei milder Witterung können Sie Rasen säen oder Rasensoden verlegen.

Teiche
- Entfernen Sie abgefallene Blätter von der Wasseroberfläche.
- Entfernen Sie absterbende Blätter.
- Die Pumpe wird im Spätherbst herausgenommen, gewartet und bis zum Frühling eingelagert.

Im Haus / unter Glas
- Bringen Sie empfindliche Pflanzen vor den ersten Frösten ins Haus oder Gewächshaus.

WINTER

Routinearbeiten
- Wenn Sie Ihren Garten verändern wollen, sollten Sie jetzt planen.
- Harken Sie abgefallenes Laub zusammen, säubern Sie Beete und Rabatten, schneiden Sie Pflanzen zurück, und entfernen Sie abgefallene oder erkrankte Pflanzenteile.
- Bei mildem Wetter graben Sie die Beete für die kommende Vegetationsperiode um und arbeiten Stallmist oder anderes organisches Material ein.
- Schützen Sie empfindliche Pflanzen vor Kälte.
- Setzen Sie Ihren Komposthaufen um, und bringen Sie verrotteten Kompost als Winterschutz auf Beete und Rabatten aus.
- Kümmern Sie sich um Mauern, Zäune, Spaliere und Wege im Garten, während die Pflanzen ruhen.
- Räumen Sie den Schuppen auf, und reinigen Sie Ihre Werkzeuge.
- Säubern Sie Minitreibhäuser, Anzuchtschalen und Töpfe, die im Frühling gebraucht werden.
- Kontrollieren Sie die Etiketten der Pflanzen, und ersetzen Sie vergilbte oder brüchige Exemplare.
- Bestellen Sie Dünger, Pflanzenstäbe, Schnur und anderes Zubehör für die kommende Vegetationsperiode.
- Schneiden Sie Wurzelschnittlinge von Stauden mit fleischigen Wurzeln.

Bäume, Sträucher und Kletterpflanzen
- Schneiden Sie gleich nach dem Blattfall Steckhölzer.
- Schneiden Sie Bäume, Sträucher, Rosen und Kletterpflanzen zurück.
- Kontrollieren Sie alle Gehölze, entfernen und beseitigen Sie totes und krankes Material.
- Im Spätwinter vermehren Sie Sträucher und Kletterpflanzen durch Absenken.

Obst und Gemüse
- Schneiden Sie Obstbäume zurück.
- Planen Sie den Gemüsegarten (Fruchtwechsel).
- Bestellen Sie Gemüse- und Kräutersamen.

Rasen und Wiesen
- Harken Sie Blätter ab.
- Warten Sie den Mäher, und schärfen Sie seine Messer.

Teiche
- Halten Sie einen Teil des Teiches durch eine Heizung eisfrei, oder lassen Sie einen Plastikball auf dem Wasser schwimmen. Dies ist besonders wichtig, wenn Sie Fische halten.

Im Haus / unter Glas
- Wenn Sie frostempfindliche Kübelpflanzen noch nicht ins Haus oder Gewächshaus gebracht haben, sollten Sie dies jetzt tun.

Adressen

BEZUGSQUELLEN

Baumpflege

Baumchirurgie Bollmann
Birkeneck 13
25479 Ellerau
Tel. 04106/7 29 54

Deutsche Großbaumgesellschaft
Casteller Str. 97
65719 Hofheim
Tel. 06192/3 93 93

Dachbegrünung

Max de Bour GmbH & Co.
Gustav-Adolf-Str. 36
22043 Hamburg
Tel. 040/65 69 07 01

re natur
Postfach 60
24601 Ruhwinkel
Tel. 04323/60 01

Jakob Leonhards Söhne
Düsseldorfer Str. 255
42327 Wuppertal
Tel. 0202/27 14 00

ZinCo Dach-Systeme
Postfach 20 69
72610 Nürtingen
Tel. 07022/60 03-0

Duftpflanzen

Syringa Duftpflanzen
Bernd Dittrich
Bachstr. 7
78247 Hilzingen-Benningen
Tel. 07739/14 52

Gartenanlage

Andreas Weindl
Garten-, Landschafts-, und Sportplatzbau
07619 Mertendorf
Tel. 036694/2 04 74

Crull Garten- und Landschaftsbau
Hauptstr. 7
19374 Klinken
Tel. 038722/30 20

Galabau Kaiser
Schwarzer Weg 12
29392 Wesendorf
Tel. 05835/17 00

Planungsbüro Pelz
Garten- und Landschaftsgestaltung
Karl-Marx-Str. 01
39175 Biederitz
Tel. 039292/2 64 59

Knappmann Garten- und Landschaftsbau
Frintroper Str. 555
45359 Essen
Tel. 0201/69 90 01

Schuler Garten- und Landschaftsbau
Am Weinkastell 20
55270 Klein-Winternheim
Tel. 06136/99 00-0

Fritz Müller GmbH
Garten-, Landschafts- und Sportplatzbau
Feuchtmayrstr. 25
88250 Weingarten
Tel. 0751/4 20 22

Gartengeräte

Country-Gartengeräte
Waldstr. 23b
32105 Bad Salzuflen
Tel. 05222/1 22 97

SABO
Auf der Höchsten 22
51618 Gummersbach
Tel. 022 61/70 40

Wolf-Geräte
Industriestr.
57518 Betzdorf
Tel. 02741/2 81-0

Brill Gartengeräte
Därmannsbusch 7
58456 Witten
Tel. 02302/7 00-0

GLORIA-Werke
H. Schulte-Frankenfeld GmbH
Postfach 11 60
59321 Wadersloh
Tel. 02523/77-0

Bosch
Postfach 10 01 56
70745 Leinfelden
Tel. 0711/7 58-0

GARDENA
Kress + Kastner GmbH
Hans-Lorensen-Str. 40
89070 Ulm
Tel. 0731/49 00

Gartenmöbel

Garpa. Garten & Park
Kiehnwiese 31
21039 Escheburg bei Hamburg
Tel. 04152/92 52 00

House & Garden
Mittelweg 117a
20149 Hamburg
Tel. 040/44 17 10

Teak & Garden
Michael Schmidt-Paris GmbH
Gut Schönau
21465 Reinbek-Ohe
Tel. 04104/30 33

Julian Chichester Designs
121 Sydney Street
GB- London SW10 0TN

The Conran Shop
Michelin House
81 Fulham Road
GB- London SW3 6RD

Gartenschmuck

Firma Kirchner
Papenhuder Str. 35
22987 Hamburg
Tel. 040/22 74 05 00

Skulpturen-Schmiede Almdorf
Ostersraat 18
25821 Almdorf
Tel. 04671/50 99

Sinclair Products
Siegburger Str. 70
40591 Düsseldorf
Tel. 0211/7 88 32 18

Klassisch Englisch
Hohe Str. 15
48249 Dülmen
Tel. 02594/94 90 81

Kunst und Handwerk
Jakobistr. 24
59494 Soest
Tel. 02921/3 34 69

Firma Anton Fuchs
Erbachshof
97249 Eisingen
Tel. 09306/20 70

Andrew Crace
49 Bourne Lane
Much Hadham
GB- Hertfordshire SG10 6ER

Garden Heritage
The Studio
Braxton Courtyard
Lymore Lane
Milford on Sea
GB- Hampshire SO41 0TX

Sandridge House Sculpture
Sandridge Hill
Melksham
GB- Wiltshire SN12 7QU

Gehölze

E. Sander
Deutsche Markenbaumschulen
Postfach 23 44
25439 Tornesch
Tel. 04122/5 10 01

Baumschulen Lappen
Postfach 22 80
41309 Nettetal-Kaldenkirchen
Tel. 02157/8 18-0

Jakob Leonhards Söhne
Düsseldorfer Str. 255
42327 Wuppertal
Tel. 0202/27 14 00

Beterams Sortimentsbaumschulen
(Formschnittgehölze)
Krefelder Str. 50-52
47608 Geldern
Tel. 02831/12 90

Baumschulen Wilhelm Ley
Postfach 12 08
53334 Meckenheim
Tel. 02225/91 44-0

Langley Boxwood Nursery
Langley Court
Rake, Liss
GB- Hampshire GU33 7JL

The Romantic Garden Nursery
The Street
Swannington, Norwich
GB- Norfolk NR9 5NW

Holzprodukte

Ferdi Hombach
Imprägnier- und Hobelwerk
Wisserhof 3
57537 Wissen/Sieg
Tel. 02742/60 26

Zimmermann Holzwerke
Torstr. 11
72133 Dettenhausen
Tel. 07157/5 68 60

Licht

Hellux Leuchten
Mergenthalerstr. 6
30880 Laatzen
Tel. 0511/8 20 10-0

iGuzzini illuminazione
Deutschland GmbH
Bunsenstr. 5
82152 Planegg
Tel. 089/85 69 88-0

City Irrigation
Bencewell Granary
Oakley Road
Bromley Common
GB- Kent BR2 8HG

Garden and Security Lighting
23 Jacob Street
GB- London SE16 4UH

Natursteine

Heinz Alfs GmbH
In der Beckkuhl 36
46569 Hünxe-Bucholtwelmen
Tel. 02858/20 12

Menz GmbH
Am Rheinufer
55252 Mainz-Kastel
Tel. 06134/40 41

JUMA-Natursteinwerke Gungolding
Postfach 5
85108 Kipfenberg
Tel. 08465/9 50-0

Förstl & Partner
Natursteine für Garten + Landschaft
91807 Solnhofen
Tel. 09145/4 31

Atlas Stone Products
Westington Quarry
Chipping Cambden
GB- Gloucestershire GL55 6EG

Bardon Natural Stone
Thorney Mill Road
West Drayton
GB- Middlesex UB7 7EZ

Freshfield Lane Brickworks
Dane Hill
Haywards Heath
GB- Sussex RH17 7HH

Silverlands Stone
Holloway Hill
Chertsey
GB- Surrey KT16 0AE

Rosen

Ingwer J. Jensen
Am Schloßpark 2b
24960 Glücksburg
Tel. 04631/60 10-0

W. Kordes' Söhne
25365 Klein Offenseth-Sparrieshoop
Tel. 04121/48 70-0

BKN Strobel
Baumschulkontor Nord Strobel
Wedeler Weg 62
25421 Pinneberg
Tel. 04101/2 05 50

Rosen Tantau
Tornescher Weg 13
25436 Uetersen
Tel. 04122/70 84

Rosen- und Baumschulen Walter Schultheis
Rosenhof
61231 Bad Nauheim-Steinfurth
Tel. 06032/8 10 13

Roses du Temps Passé
Lacon GmbH
J.-S.-Piazolo-Str. 4a
68766 Hockenheim
Tel. 06205/70 33

David Austin Roses
Bowling Green Lane
Albrighton
Wolverhampton
GB- Shropshire WV7 3HB

Peter Beales Roses
London Road
Attleborough
GB- Norfolk NR17 1AY

Mattocks Roses
The Rose Nurseries
Nuneham Courtenay
Oxford
GB- Oxfordshire OX44 9PY

Saatgut

Treppens & Co. Samen
Berliner Str. 88
14169 Berlin
Tel. 030/8 11 33 36

Jelitto Staudensamen
Postfach 12 64
29685 Schwarmstedt
Tel. 05071/40 85

KÜPPER
Saaten, Blumenzwiebeln
Postfach 14 68
37254 Eschwege
Tel. 05651/80 05-0

JULIWA Markensaat
Julius Wagner GmbH
Samenzucht und Samengroßhandel
Postfach 10 58 80
69048 Heidelberg
Tel. 06221/53 04-0

Spielgeräte

Grünzig Spielgeräte
Herstellungs- und Vertriebs GmbH
Postfach 11 53
27322 Eystrup
Tel. 04254/93 02-0

Kaiser & Kühne Freizeitgeräte GmbH
Im Südloh 5
27324 Eystrup
Tel. 04254/93 15-0

Sport-Gerlach
35232 Dautphetal-Friedensdorf
Tel. 06466/91 38-0

Groh GmbH
Spiel-, Sport-, Freizeitgeräte
Postfach 12 62
67086 Bad Dürkheim
Tel. 06322/960-0

eibe Produktion + Vertrieb GmbH
Industriestr. 1
97285 Röttingen
Tel. 09338/89-0

Stauden

Foerster-Stauden
Am Raubfang 6
14469 Potsdam
Tel. 0331/52 02 94

Gärtnerei winterharter Blütenstauden
Ernst Pagels
Deichstr. 4
26789 Leer
Tel. 0491/32 18

Hagemann Staudenkulturen
Krähenwinkel
30839 Langenhagen-Krähenwinkel
Tel. 0511/73 76 44

Baltin Pflanzen-Zentrale
Mörser Str. 29
38442 Wolfsburg
Tel. 05362/30 08

Staudengärtnerei Georg Arends
Monschaustr. 76
42369 Wuppertal
Tel. 0202/46 46 10

Kayser & Seibert
Odenwälder Pflanzenkulturen
Wilhelm-Leuschner-Str. 85
64380 Rossdorf bei Darmstadt
Tel. 06154/90 68

Bambus-Centrum Deutschland
Baumschule Wolfgang Eberts
Saarstr. 3-5
76532 Baden-Baden
Tel. 07221/5 07 40

Staudengärtnerei
Gräfin von Zeppelin
79295 Sulzburg-Laufen
Tel. 07634/6 97 16

Staudenkulturen, Wassergärten Schimana
Waldstr. 21
86738 Deiningen
Tel. 09081/2 80 74

Sortiments- und Versuchsgärtnerei Simon
Staudenweg 2
97828 Marktheidenfeld
Tel. 09391/35 16

The Beth Chatto Garden
Elmstead Market
Colchester
GB- Essex CO7 7DB

Hoecroft Plants
Severals Grange
Wood Norton
Dereham
GB- Norfolk NR20 5BL

Iden Croft Herbs
Frittenden Road
Staplehurst
GB- Kent TN12 0DH

Kwekerij Oudolf
Broekstraat 17
NL-6999 DE Hummelo

Zäune

LEGI GmbH Gittersysteme
Im Meerfeld 83-89
47445 Moers
Tel. 02841/7 89-0

Adronit Werk GmbH
Sicherheitssysteme
Postfach 40 51
58293 Wetter/a.d.Ruhr
Tel. 02335/9 78 50

PFLANZENGESELLSCHAFTEN

Arbeitsgemeinschaft Deutscher Pflanzenliebhaber-Gesellschaften
Godesberger Allee 142-148
53175 Bonn
Tel. 0228/8 10 02-13

Bonsai-Club Deutschland e.V.
Dannhalmsweg 35
26441 Jever
Tel. 04461/7 10 78

Deutsche Bromelien-Gesellschaft e.V.
Steiler Weg 15
57076 Siegen
Tel. 0271/4 55 11

Deutsche Dahlien-, Fuchsien- und Gladiolen-Gesellschaft e.V.
Drachenfels-Str. 9a
53177 Bonn
Tel. 0228/35 58 35

Deutsche Efeu-Gesellschaft
Hauptstr. 48
24890 Stolk
Tel. 04623/15 02

Deutsche Fuchsien-Gesellschaft e.V.
c/o Hans-Peter Peters
Pankratiusstr. 10
31180 Giesen
05066/37 17

Deutsche Gesellschaft für Hydrokultur
c/o Heinrich Bömken
Kurt-Schumacher-Str. 36
45699 Herten
Tel. 02366/3 51 72

Deutsche Kakteen-Gesellschaft e.V.
Neuweiler Str. 8/1
71032 Böblingen
Tel. 07031/27 35 24

Deutsche Kamelien-Gesellschaft
Stahlbühlring 96
68526 Ladenburg
Tel. 06203/28 73

Deutsche Orchideen-Gesellschaft e.V.
Flößweg 11
33758 Schloß Holte-Stukenbrock
Tel. 05207/92 06 07

Deutsche Rhododendron-Gesellschaft e.V.
Marcusallee 60
28359 Bremen
Tel. 0421/3 61 30 25

Europäische Bambusgesellschaft Deutschland – EBS
John-Wesley-Str. 4
63584 Gründau
Tel. 06051/1 74 51

Gesellschaft der Heidefreunde e.V.
Lüttjenmoor 66
22850 Norderstedt
Tel. 040/5 25 62 59

Gesellschaft der Staudenfreunde e.V.
Meisenweg 1
65795 Hattersheim
Tel. 06190/36 42

Internationale Clematis-Gesellschaft
Hagenwiesenstr. 3
73066 Uhingen
Tel. 07163/41 96

Verein Deutscher Rosenfreunde e.V.
Waldseestr. 14
76530 Baden-Baden
Tel. 07221/3 13 02

Vereinigung Deutscher Orchideenfreunde e.V.
Döbelner Str. 9
44139 Dortmund
Tel. 0231/10 18 25

UNTERSUCHUNGSSTELLEN FÜR BODENPROBEN

Landwirtschaftliche Untersuchungs- und Forschungsanstalt
Gustav-Kühn-Str. 8
04159 Leipzig
Tel. 0341/91 74-137

Landwirtschaftliche Untersuchungs- und Forschungsanstalt
Templiner Str. 21
14473 Potsdam
Tel. 0331/2 32 62 40

Landwirtschaftliche Untersuchungs- und Forschungsanstalt
Gutenbergstr. 75-77
24029 Kiel
Tel. 0431/1 69 04-0

Landwirtschaftliche Untersuchungs- und Forschungsanstalt
Finkenborner Weg 1a
31756 Hameln
Tel. 05151/98 71-0

Landwirtschaftliche Untersuchungs- und Forschungsanstalt
Nevinghoff 40
48147 Münster
Tel. 0251/23 76-745

Landwirtschaftliche Untersuchungs- und Forschungsanstalt
Siebengebirgsstr. 200
53188 Bonn
Tel. 0228/4 34-0

Landwirtschaftliche Untersuchungs- und Forschungsanstalt
Rheinstr. 91
64295 Darmstadt
Tel. 06151/88 59 01

Landwirtschaftliche Untersuchungs- und Forschungsanstalt
Neßlerstr. 23
76227 Karlsruhe
Tel. 0721/94 68-0

VERBÄNDE UND ORGANISATIONEN

Arbeitsgemeinschaft Neue Baumpflege
Hüttenallee 235
47800 Krefeld
Tel. 02151/5 09 97 81

Arbeitsgemeinschaft Sachverständige Garten-, Landschafts- und Sportplatzbau – AGS
Fasanenhofstr. 94a
70565 Stuttgart
Tel. 0711/7 15 75 64

Bund Deutscher Baumschulen e.V. – BdB
Bismarckstr. 49
25402 Pinneberg
Tel. 04101/20 59-0

Bund Deutscher Landschaftsarchitekten e.V. – BDLA
Colmantstr. 32
53115 Bonn
Tel. 0228/65 54 88

Bund Deutscher Staudengärtner
Gießener Str. 47
35305 Grünberg
Tel. 06401/70 03

Bund der Ingenieure des Gartenbaus e.V. – BIG
Chemnitzer Str. 108
51067 Köln
Tel. 0221/69 61 02

Bundesarbeitsgemeinschaft Garten- und Landespflege
Endenicher Allee 60
53115 Bonn
Tel. 0228/70 34 30

Bundesarbeitsgemeinschaft Innenraumbegrünung – BAGI
Im Zentralverband Gartenbau
Godesberger Allee 142-148
53175 Bonn
Tel. 0228/8 10 02 31

Bundesverband Deutscher Gartenfreunde e.V. – BDG
Steinerstr. 52
53225 Bonn
Tel. 0228/47 30 36

Bundesverband Deutscher Heimwerker- und Baumärkte e.V. – BHB
Eichendorfstr. 3
40474 Düsseldorf
Tel. 0211/4 70 50-75

Bundesverband Deutscher Pflanzenzüchter e.V.
Kaufmannstr. 71
53115 Bonn
Tel. 0228/63 74 41

Bundesverband der Diplom-Ingenieure Gartenbau und Landespflege e.V. – BDGL
Godesberger Allee 142-148
53175 Bonn
Tel. 0228/37 67 11

Bundesverband Garten-, Landschafts-, und Sportplatzbau e.V. – BGL
Alexander-v.-Humboldt-Str. 4
53604 Bad Honnef
Tel. 02224/7 70 70

Bundesvereinigung der Prüfingenieure für Baustatik
Jungfernstieg 49
20354 Hamburg
Tel. 040/3 50 09-0

Deutsche Gartenbau-Gesellschaft 1822 e.V.
Haus der Handwerkskammer
Webersteig 3
78462 Konstanz
Tel. 07531/1 52 88

Deutsche Gesellschaft für Baurecht e.V.
Schumannstr. 53
60325 Frankfurt/a.M.
Tel. 069/74 88 93

Deutsche Gesellschaft für Gartenkunst und Landschaftskultur e.V. – DGGL
Wartburgstr. 42
10832 Berlin
Tel. 030/7 88 11 25

Deutsche Rasengesellschaft e.V.
Godesberger Allee 142-148
53175 Bonn
Tel. 0228/37 68 78

Deutsche Stiftung Denkmalschutz
Dürenstr. 8
53173 Bonn
Tel. 0228/9 57 38-0

Deutscher Rat für Landespflege – DRL
Konstantinstr. 73
53179 Bonn
Tel. 0228/33 10 97

Fachvereinigung Bauwerksbegrünung e.V. – FBB
Postfach 50 21 08
50981 Köln
Tel. 0221/3 98 11 80

Gewerkschaft Gartenbau, Land- und Forstwirtschaft – GGLF
Hauptverwaltung Abt. VII
Druseltalstr. 51
34131 Kassel
Tel. 0561/93 79-0

Gütegemeinschaft Baumpflege und Baumsanierung e.V.
Weinmeisterhornweg 189
13593 Berlin
Tel. 030/3 31 20 81

Industrieverband Bau- und Bedachungsbedarf
Schützenstr. 47
57271 Hilchenbach
Tel. 02733/22 69

Institut für Baubiologie und Ökologie
Holzham 25
83115 Neubeuern
Tel. 08035/20 39

Zentralverband des Deutschen Baugewerbes e.V. – ZDB
Godesberger Allee 99
53175 Bonn
Tel. 0228/81 02-0

Zentralverband des Deutschen Dachdeckerhandwerks – Fachverband Dach-, Wand- und Abdichtungstechnik e.V. – ZVDH
Fritz-Reuter-Str. 1
50968 Köln
Tel. 0221/37 20 58

Zentralverband Elektrotechnik- und Elektronikindustrie e.V. – ZVEI
Stresemannallee 19
60596 Frankfurt/a.M.
Tel. 069/63 02-0

Zentralverband Gartenbau e.V. – ZVG
Godesberger Allee 142-148
53175 Bonn
Tel. 0228/8 10 02-0

British Association of Landscape Industries – BALI
Landscape House
9 Henry Street
Keighley
GB- West Yorkshire BD21 3DR

Good Gardeners Association
Pinetum Lodge
Churcham
GB- Gloucestershire GL2 8AD

The Royal Horticultural Society
80 Vincent Square
GB- London SW1P 2PE

The Society of Garden Designers – SGD
6 Borough Road
Kingston upon Thames
GB- Surrey KT2 6BD

VERBRAUCHERSCHUTZ

Arbeitsgemeinschaft der Verbraucherverbände e.V.
Heilsbachstr. 20
53123 Bonn
Tel. 0228/6 48 90

AID – Auswertungs und Informationsdienst für Ernährung, Landwirtschaft und Forsten e.V.
Konstantinstr. 124
53131 Bonn
Tel. 0228/8 89 90

Deutscher Verbraucherschutz-Verband e.V.
Leberberg 4
65193 Wiesbaden
Tel. 06121/52 86 16

Institut für angewandte Verbraucherforschung e.V.
Aachener Str. 1089
51145 Köln
Tel. 02234/7 19 10

Stiftung Warentest
Lützowplatz 11-13
10785 Berlin
Tel. 030/2 63 11

Die Verbraucher Initiative e.V.
Breite Str. 51
53111 Bonn
Tel. 0228/65 90 44

WEITERBILDUNG

Deutsches Institut für Floristik e.V.
Pillnitzer Landstr. 273
01326 Dresden
Tel. 0351/26 75 50

Peter-Lenné-Schule
Staatliche Fachschule für Gartenbau
Hartmannsweilerweg 29
14163 Berlin
Tel. 030/8 07 33 11

Lehr- und Versuchsanstalt für Gartenbau
Hogen Kamp 35
26160 Bad Zwischenahn
Tel. 04403/97 96-0

Lehr- und Versuchsanstalt für Gartenbau Ahlem
Heisterbergallee 12
30453 Hannover
Tel. 0511/40 10 96

Bildungsstätte des Deutschen Gartenbaues
Gießener Str. 47
35305 Grünberg
Tel. 06401/91 01-0

Lehr- und Versuchsanstalt für Garten- und Landschaftsbau und Friedhofsgärtnerei
Külshammerweg 22
45149 Essen
Tel. 0201/77 46 49

Bildungszentrum für Floristik
H. J. van Bebber
Siegfriedstr. 2
46509 Xanten
Tel. 02801/8 53

Lehr- und Versuchsanstalt für Gemüse- und Zierpflanzenbau
Fachschule für Gartenbau – Gartenbauberatungszentrum Niederrhein
Hans-Tenhaeff-Str. 40-42
47638 Straelen
Tel. 02834/70 40

Bildungs- und Versuchszentrum des Gartenbaus Wolbeck – BVG
Fachschulen für Gartenbau
Münsterstr. 62-68
48167 Münster
Tel. 02506/3 09-0

Staatliche Lehr- und Versuchsanstalt für Landwirtschaft, Weinbau und Gartenbau
Walporzheimer Str. 48
53474 Bad Neuenahr-Ahrweiler
Tel. 02641/97 86-0

Staatliche Fachschule für Blumenkunst
Am Staudengarten
85354 Freising
Tel. 08161/71 33 73

Staatliche Versuchsanstalt für Gartenbau Weihenstephan
85354 Freising
Tel. 08161/71 40 26

Lehr- und Versuchsanstalt Gartenbau
Leipziger Str. 75a
99085 Erfurt
Tel. 0361/5 55 44 10

English Gardening School
Chelsea Physic Garden
66 Royal Hospital Road
GB- London SW3 4HS

The Royal Horticultural Society
Education Department
RHS Garden
Wisley, Woking
GB- Surrey GU23 6QB

ZEITSCHRIFTEN

Baumeister
Zeitschrift des BDB
Postfach 80 04 09
81604 München
Tel. 089/4 36 00 50

Deutsches Architektenblatt
Zeitschrift der BAK
Forum-Verlag GmbH
Postfach 70 02 62
70597 Stuttgart
Tel. 0711/7 25 74-0

Garten und Landschaft
Zeitschrift der Deutschen Gesellschaft für Gartenkunst und Landschaftspflege
Callwey-Verlag
Streitfeldstr. 35
81673 München
Tel. 089/4 36 00 50

gartenpraxis
Verlag Eugen Ulmer
Wollgrasweg 41
70599 Stuttgart
Tel. 0711/45 07-0

heim + garten
Landbuch Verlag
Kabelkamp 6
30001 Hannover
Tel. 0511/6 78 06-0

kraut & rüben
BLV Verlagsgesellschaft
Lothstr. 29
80703 München
Tel. 089/12 70 54 53

Landschaft Bauen & Gestalten
Zeitschrift des BGL
Alexander-v.-Humboldt-Str. 4
53604 Bad Honnef
Tel. 02224/77 07-0

Landschaftsarchitektur
Thalacker Verlag
Postfach 33 61
38023 Braunschweig
Tel. 0531/3 80 04-0

mein schöner Garten
Burda Verlag
Hauptstr. 130
77602 Offenburg
Tel. 0781/84 01

Natur und Landschaft
Zeitschrift für Umweltschutz und Landespflege
Verlag W. Kohlhammer
Konstantinstr. 110
53179 Bonn
Tel. 0711/7 86 31

Schöner Wohnen
Verlag Gruner + Jahr
Warburgstr. 50
20307 Hamburg
Tel. 040/4 11 81

TOPOS
European Landscape Magazine
Callwey-Verlag
Streitfeldstr. 35
81673 München
Tel. 089/4 36 00 50

Register

Kursivgedruckte Seitenzahlen verweisen auf Abbildungen.

Der Verlag dankt den folgenden Fotografen und Organisationen für die freundliche Erlaubnis, ihre Fotografien in diesem Buch abzubilden:

1 Antoine Bootz (Architekten: Studio Morsa);
2-3 Holt Studios International;
5 Vogue Living/Simon Kenny;
6-7 Von oben links im Uhrzeigersinn: Bildhauer: Peter Randall-Page (»Granite Song«, 1991); Arcaid/Richard Bryant (Architekt: Philip Johnson); The Image Bank/ Carlos Navajas; Richard Felber; Roger Foley (Designer: Oehme, van Sweden);
8-9 Marianne Majerus/Conran Octopus;
10 Maison & Jardin/Nicolas Bruant (Designer: Thierry W. Despont);
12-13 **1** Christian Sarramon; **2** The Garden Picture Library/ Rex Butcher; **3** The National Trust Photographic Library/John Bethell; **4** Claire de Virieu (Privatgarten);
14-15 **1** Jerry Harpur (Crowninshield, Hagley, Delaware); **2** Curtice Taylor; **3** Osamu Nobuhara (Designer: Tokuzo Kubo); **4** Michael Latz (Designer: Peter Latz & Partner); **5** Designer, Bildhauer, Fotograf: Janis Hall
16-17 **1** World of Interiors/Jacques Dirand; **2** Gary Rogers; **3** Antoine Bootz (Architekten: Studio Morsa); **4** Marianne Majerus (Designer: Reuben Godden); **5** Karen Bussolini; **6** Derek Fell;
18-19 **1** Dan Pearson (Bildhauer: Daniel Harvey); **2** Architektur & Wohnen/Stefan Maria Rother; **3** Andrew Lawson (The Gnome Reserve, West Putford); **4** Ianthe Ruthven; **5** Marianne Majerus; **6** Belle/Justine Kerigan; **7** Allan Mandell (Tom Chakas garden, Berkeley, CA);
20-21 **1** Bilderberg/Eberhard Grames; **2** Schöner Wohnen/Camera Press; **3** Dan Pearson (Saiho-ji Tempel, Moosgarten, Kyoto); **4** Marijke Heuff (Garten: Ton ter Linden, Holland); **5** Allan Mandell (Redgate Farm, Lopez Island, Washington);
22-23 **1** Bilderberg/Milan Horacek; **2** The Interior Archive/ Fritz von der Schulenburg; **3** Image du Sud; **4** Kate Gadsby; **5** Marion Nickig; **6-7** Kate Gadsby; **8** Vogue Living/Geoff Lung; **9** Richard Felber;
24-25 **1** Wallpaper/Chris Chapman; **2** Fotonica/ Y. Akimoto; **3** Arcaid/Lucinda Lambton; **4** Delaney, Cochran & Castillo (Pemberton); **5** David Gamble; **6** Architektur & Wohnen/ Ivan Terestchenko; **7** Gary Rogers; **8** Daniel Harvey (Künstler: Heather Ackroyd & Daniel Harvey);
26 Ken Druse (Designer: Steve Martino & Cliff Douglas, Arizona);
28-29 **1** Derek Fell; **2** Colorific Foto Library Ltd./ Michael Yamashita; **3** Ken Druse (Tower Hill Botanic Gardens, Boylston, Massachusetts);
30-31 **1** Marijke Heuff (Designer: Gilles Clément, France); **2** The Interior Archive/Cecilia Innes; **3** Steven Wooster (Designer: Christopher Lloyd); **4** Marianne Majerus (Designer: David Hicks);
32-33 **1** Alberto Giacometti »Femme« 1928, Bronze, Guß 3/6, 48,2 x 39,4 cm, Privatsammlung, mit freundlicher Genehmigung Yoshii Gallery/ © ADAGP, Paris & DACS, London 1998; **2** Ianthe Ruthven (Designer: Charles Jencks); **3** World of Interiors/Fritz von der Schulenberg; **4** James Pierce; **5** Bilderberg/Eberhard Grames;
34-35 **1** Jerry Harpur (Designer: Edwina von Gal, NY); **2** Arcaid/Richard Bryant (Architekten: Sergio Puente & Ada Dewes); **3** Richard Felber; **4** Earl Carter (Designer: Rae & Anthony Ganim)/Conran Octopus; **5** Ken Druse (Stoddard Garden, Massachusetts, Designer: Fletcher Steele);
36-37 **1** Jerry Harpur (Designer: Tim du Val, NY); **2** Roger Foley (Designer: Oehme, van Sweden); **4** Gary Rogers (Designer: Erika Jahnke); **5** Derek Fell;
38-39 **1** The National Trust Photographic Library/ Eric Crichton; **2** Brigitte Perdereau; **3** Jerry Harpur (Wesley & Susan Dixon, Lake Forest, IL); **4** Mick Hales;
40-41 **1** Georges Lévêque; **2** Jacqui Hurst; **3** Ken Druse; **4** Mark Fiennes;
42-43 **1** Colorific Photo Library Ltd./Michael Yamashita; **2** Jerry Harpur (Namaqualand, SA); **4** Jerry Harpur (Designer: Oehme, van Sweden, Washington DC);
44-45 **1** Ross Honeysett (Architekten: Engelen Moore); **2** Shodo Suzuki; **3** Richard Felber (Designer: Robert Jakob & David White); **4** Jerry Harpur (Designer: Isobelle C. Greene, Santa Barbara, CA);
46-47 **1** The Garden Picture Library/Gil Hanly; **2** Georges Lévêque (Designer: Erwan Tymen); **3** Marijke Heuff (Designer: Jean Mus, France);
48-49 **1** Todd Eberle (Designer: Steve Martino, CA); **3** Beatrice Pichon-Clarisse (Designer: Sylvie Devinat);
50-51 **1** Curtice Taylor (Designer: Edwina von Gal, NY); **2** Claire de Virieu (Privatgarten);
52-55 Andrew Lawson/Conran Octopus, mit freundlicher Genehmigung von Terence Conran;
56-57 **1** Georgia Glynn-Smith; **2** Shodo Suzuki; **3** Roger Foley (Designer: Oehme, van Sweden); **4** S. & O. Mathews; **5** Lanny Provo (Landschafts-Architekt: Raymond Jungle; Architekt: Carlos Zapota, Golden Beach, Florida);
58-59 **1** Delaney, Cochran & Castillo (Randall-Denny); **2** Delaney, Cochran & Castillo (Stamper); **3** Roger Foley (Designer: Oehme, van Sweden); **4** Claire de Virieu (Designer: Mark Rudkin); **5** Michèle Lamontagne (Festival de Jardins, Chaumont sur Loire);
60-61 **1** Image du Sud/Le Studio/Résidence; **2** Inside/ C. Sarramon; **3** Beatrice Pichon-Clarisse; **4** Leigh Clapp; **5** Schöner Wohnen/Camera Press;
62-63 **1** Landscape Australia/Ted Smyth; **2** Mark Darley/ Esto (Eigner/Designer: Ivy Rosequist); **3** Nicola Browne (Designer: Dan Pearson; Kieselstein-arbeiten: Blot Kerr-Wilson); **4** William P. Steele; **5** Elizabeth Whiting & Associates/Jerry Harpur;
64-65 **1** Eric Morin; **2** The Garden Picture Library/ Ron Sutherland; **3** Arcaid/Richard Bryant (Architekten: Silvestrin & Pawson); **4** Roger Foley (Designer: Oehme, van Sweden);
66-67 **1** Sofia Brignone (Designer: Arabella Lennox-Boyd); **2** Marianne Majerus; **3** Ken Druse;
68-69 **1** Chris Parsons; **2** John Glover; **3** The Garden Picture Library/Steven Wooster (Gibbs Garden, Neuseeland); **4** Andrew Lawson (Designer: Arne Maynard);
70-71 **1** Belle/Simon Kenny (Designer: Vladimir Sitta, Terragram Pty. Ltd., Australien); **2** Tom Sitta (Designer: Vladimir Sitta, Terragram Pty. Ltd., Australien); **3** Conran Octopus/Jerry Harpur; **5** Osamu Nobuhara (Designer: Shodo Suzuki);
72-73 **1** The Garden Picture Library/Juliette Wade; **2** Country Living/Graham Kirk; **3** Michèle Lamontagne (Designer: Erwan Tymen);
74 Richard Felber;
76 Conran Octopus/Hannah Lewis;
78-79 **1** Gary Rogers; **2** Arcaid/Richard Bryant (Mit freundlicher Genehmigung der Mount Vernon Ladies' Association of the Union); **3** Elizabeth Whiting & Associates/Jean-Paul Bonhommet; **4** Andrew Lawson (Mit freundl. Gen. John Miller, Cornwall); **5** Steve Speller (Designer: Heatherwick); **6** Arcaid/Dennis Gilbert (Architekt: Bill Dunster); **7** Arcaid/Richard Bryant (Architekt: Sergio Puente & Ada Dewes); **8** Arcaid/Natalie Tepper (Architekt: Eric Owen Moss);
80-81 **1** Richard Felber; **2** Arcaid/Richard Bryant (Architekt: Kevin O'Neill); **3** Thomas Heatherwick (Designer: Thomas Heatherwick/Sammlung: Terence Conran); **4** Roger Foley (Designer: Oehme, van Sweden); **5** Ken Druse (Mohonk Mountain House, New Paltz, New York); **6** Derek Fell; **7** Arcaid/Richard Bryant (Architekt: Philip Johnson); **8** Ken Druse (Künstler: Patrick Dougherty, Chapel Hill, North Carolina, USA);
82-83 **1** Marijke Heuff (La Cassella, Côte d'Azur, Frankreich); **2** Marianne Majerus (Bourton House); **3** Mise au Point/Frédéric Didillon; **4** Gary Rogers; **5** J.C. Mayer & G. Le Scanff (Designer: Hiroshi Teshigahara, Festival de Jardins, Chaumont sur Loire); **6** Earl Carter (Designer: Robert Grant & Murray Collins)/ Conran Octopus; **7** Mark Fiennes;
84-85 **1** Roger Foley (Designer: Oehme, van Sweden); **2** Leigh Clapp (Designer: Diana Pringle); **3** Roger Foley (Designer: Oehme, van Sweden); **4** Gary Rogers; **5** Michèle Lamontagne; **6** J.C. Mayer & G. Le Scanff (Designer: Alain Prevost, Ville de Paris, Parc André Citroën);
86-87 **1** Beatrice Pichon-Clarisse; **2** Shodo Suzuki; **3** Martha Schwartz (Designer: Schwartz, Smith, Meyer Inc./Dickenson Residenz, Santa Fe, NM 1992); **5** Stirling Macoboy/Camera Press; **6** Andrew Lawson (Privatgarten, Quebec);
88-89 **1** Howard Sooley (Derek Jarman); **2** Jerry Harpur (Bildhauer: Peter Randall-Page, Manor House, Bledlow); **3** Vivian Russell (Sir Frederick Gibbard); **4** Peter Baistow; **5** Peter Baistow (Bildhauer: Ben Nicholson, Sutton Place); **6** The Garden Picture Library/Sunniva Harte (Bildhauer: Peter Gough); **7** »Two Together« (Bildhauer: David Nash, Goodwood Sculpture Park/Annely Juda Fine Art, London);
90-91 **1** Steve Speller (Designer: Thomas Heatherwick, Hat Hill Sculpture Foundation); **2** Andrew Lawson (Privatgarten, Maine, USA); **3** Andrew Lawson (The Lost Gardens of Heligan, Cornwall); **4** Clive Nichols (Bildhauer: Herta Keller/The Hannah Peschar Gallery, Surrey); **5** Timothy Hursley (Bildhauer: GarySlater); **6** Colorific Foto Library Ltd./ Michael Yamashita; **7** John Gollings (Bildhauer: Jim Sinatra); **8** Georgia Glynn-Smith;
92-93 **1** Dean Cardasis; **2** Delaney, Cochran & Castillo (Che); **3** Shodo Suzuki; **4** The Garden Picture Library/Ron Sutherland; **5** Richard Waite (Designer: David Connor); **6** Bilderberg/Ellerbrock & Schafft;
94 Hannah Lewis/Conran Octopus;
96-97 **1** John Glover; **2** Juliette Wade; **3** Susan Roth; **4** Marianne Majerus; **5** Elizabeth Whiting & Associates/Rodney Hyett; **7** William P. Steele;
98-99 **1** Jerry Harpur (Designer: Mai Arbergast, San Francisco, CA); **2** Juliette Wade; **3** Elizabeth Whiting & Associates/Spike Powell; **4** Georges Lévêque (Designer: Camille Muller); **5** Ianthe Ruthven; **7** Jacqui Hurst; **8** Jerry Pavia; **9** Andrew Lawson;
100-101 **1** Hugh Palmer (Antony House); **2** Claire de Virieu (Privatgarten); **3** Marianne Majerus; **4** J.C. Mayer & G. Le Scanff; **5** The Interior Archive/Fritz von der Schulenberg; **6** Jacqui Hurst (Heale Gardens and Nursery); **7** Andrew Lawson;
102-103 **1** The Interior Archive/Christopher Simon-Sykes (McCabe); **2** Juliette Wade; **3** Image du Sud/ Bea Heyligers; **4** Andrew Lawson (Shan Egerton, Hay-on-Wye, Powys); **5** Maggie Oster (Cedar Falls);

6 Jerry Harpur (Helmingham Hall, Suffolk); 7 J.C. Mayer & G. Le Scanff (Marc Meneau, Vezelay, Frankreich) aus »The Art of French Vegetable Gardening«/Artisan; 8 Susan Roth (Duff Garden);

104-105 1 Richard Felber; 2 Marianne Majerus (Designer: Christina Stapley); 3 Elizabeth Whiting & Associates/ Jerry Harpur; 4 Susan Roth; 5 Erica Lennard (Designer: Nicole de Vèsian); 6 Grant Heilman Photography Inc./Jane Grushow; 7 Beatrice Pichon-Clarisse (Wy-dit-Joli-Village); 8 Georges Lévêque (Designer: Jean-Louis Bajolet);

106 Hannah Lewis/Conran Octopus;

108-109 1 Simon McBride; 2 Steve Speller (Designer: Thomas Heatherwick/Hat Hill Sculpture Foundation); 3 Gary Rogers; 4 Richard Felber; 5 J.B. Visual Press/Horst Neumann; 6 Nicola Browne (Designer: Dan Pearson); 7 Claire de Virieu (Kenzo); 8 Arcaid/Alberto Piovano (Designer: C. Rutherford); 9 Jerry Harpur/Conran Octopus;

110-111 1 Elizabeth Whiting & Associates/Neil Lorimer; 2 Maggie Oster; 3 Maggie Oster (Humes Japanese Stroll Garden); 4 Elizabeth Whiting & Associates/ A. Kolesnikow; 5 Arcaid/Richard Bryant (Designer: Gabriel Poole); 6 Verne Photographie (Designer: Anne Tack); 7 Elizabeth Whiting & Associates/ Karl Dietrich-Bühler;

112-113 1 Images Colour Library; 2 J.B. Visual Press/ Horst Neumann; 4 Vogue Living/Tom Eckerle; 6 Gary Rogers; 7 Mark Darley (Architekten: Jim Jennings & Bill Stout)/Esto; 8 Vogue Living/Simon Kenny/The Blind and Drape Store (Designer: Stephen Bonnitcha & Leon Czeto);

114-115 1 Hugh Palmer (Trebah Garden, Cornwall); 2 Jerry Harpur (Montecito, CA); 3 »Garden Doctors« von Dan Pearson & Steve Bradley, erschienen bei Boxtree; 4 Gary Rogers (Designer: Henk Weijers); 5 Earl Carter (Designer: Rae & Antony Ganim)/ Conran Octopus; 6 Gil Hanly; 7 Derek Fell;

116-117 1 William P. Steele (Designer: Luis Ortega); 2 Roger Foley (Designer: Oehme, Van Sweden); 3 Simon McBride; 4 Richard Waite (Architekt: David Connor); 5 Earl Carter (Architekt: Leonard Hamersfield)/Conran Octopus; 6 Arcaid/Richard Bryant (Architekten: Silvestrin & Pawson); 7 Pascal Chevallier (Michèle Gayraud-Belaiche)/Agence Top;

118 Hannah Lewis/Conran Octopus;

120-121 1 The Garden Picture Library/Ron Sutherland; 2 Ken Druse (Designer: Susanne Jett, Santa Monica, CA); 3 Marianne Majerus; 4 Roger Foley (Colonial Williamsburg); 5 Ken Druse (Designer: Steve Martino, Cliff Douglas, Arizona); 6 Belle/Simon Kenny (Designer: Vladimir Sitta, Terragram Pty. Ltd., Australien);

122-123 1 Gary Rogers; 2 Reiner Blunck; 3 Reiner Blunck; 4 Arcaid/Annet Held; 5 Peter Baistow; 6 Schöner Wohnen/Camera Press; 7 The Garden Picture Library/Michael Howes;

124-125 1 Belle/Simon Kenny; 2 Peter Aprahamian (Designer: Anthony Noel); 3 Derek St Romaine (Designer: Johnny Woodford); 4 Deidi von Schaewen (Eigner: Françoise Dorget, Marokko); 5-6 Earl Carter (Designer: Jurgen Plecko & William Simson)/Conran Octopus; 7 The Garden Picture Library/Henk Dijkman (Designer: Henk Weijers); 8 Nicola Browne (Designer: Avant Gardener);

126-127 1 Camille Muller; 2 Inside/Claire de Virieu; 3 Jerry Harpur (Designer: Delaney, Cochran & Castillo, San Francisco, CA); 4 Jerry Harpur (Designer: Isobelle C. Greene, Santa Barbara, CA); 5 Scott Frances/Esto; 6 Richard Felber; 7 Colorific Photo Library Ltd./ Michael Yamashita;

128-129 Nicola Browne/Conran Octopus;

130-131 1 Jean-Pierre Godeaut (Designer: Gilles Clément); 2 Marijke Heuff (Westpark, München); 3 John Neubauer (Selby Gardens, Sarasota, FL); 4 Claire de Virieu (Privatgarten); 5 Juliette Wade;

132-133 1 Marijke Heuff (Maler: Joseph Bayol, Frankreich); 3 Jerry Harpur (Designer: Heide Baldwin, Santa Barbara, CA);

134-135 1 Clive Nichols; 2 John Hall; 3 Charles Mann (Designer: Ruth Bancroft); 4 John Neubauer;

136-137 1 Bilderberg/Klaus D. Francke; 2 Tony Stone Images/James Randklev; 3 The Garden Picture Library/John Ferro Sims (Savernake Forest, Wiltshire); 4 Nicola Browne (Church Norton);

138-139 1 Claire de Virieu (Privatgarten); 2 Jerry Harpur (Wesley & Susan Dixon, Lake Forest, IL); 3 Sunniva Harte (Goldcrest Nursery); 4 Dan Pearson; 5 Roger Foley (Designer: Oehme, van Sweden);

140-141 1 Colorific Photo Library Ltd./Michael Yamashita; 3 Maggie Oster (Chantilleer); 4 Ianthe Ruthven;

142-143 1 Marijke Heuff (L. Goossenaerts, Holland); 3 Jerry Harpur (Designer: Mark Rios, Los Angeles, CA); 4 Sunniva Harte (Spinners); 5 Richard Felber;

145 1 Piet Oudolf, Holland; 2 Clive Nichols (The Old Rectory, Burghfield, Berkshire);

146-7 1 Andrea Jones; 2 Richard Felber; 3 Gary Rogers; 4-5 Nicola Browne/Conran Octopus;

148-149 1 Marijke Heuff (Walenburg); 2-3 Nicola Browne/ Conran Octopus; 4 Dan Pearson; 5 Ken Druse;

150-151 1 Marijke Heuff (Garten: Ton ter Linden); 2 Allen Rokach; 3 John Glover; 4-5 Nicola Browne;

152-153 1 Roger Foley (Designer: Oehme, van Sweden); 2 Roger Foley (Designer: Oehme, van Sweden); 3 Roger Foley (Designer: Sheela Lampietti); 4 Georges Lévêque;

154-155 1 Pamela Harper; 2 Bilderberg/Stephan Elleringmann; 3 Nicola Browne/Conran Octopus; 4 Gary Rogers; 5 Bilderberg/Stephan Elleringmann; 6 Gary Rogers;

156-157 1 Nicola Browne/Conran Octopus; 2 Georges Lévêque (Designer: Jacques Wirtz); 3 Michel Arnaud; 4 Colorific Photo Library Ltd./Michael Yamashita (Saiho-ji Tempelgarten, Kyoto); 5 Roger Foley;

158-159 1 Stephen Robson (Tresco); 2 Richard Felber; 3 Lanny Provo;

160-161 1 Jerry Harpur (Ryoan-ji Tempel, Kyoto); 2 Jane Gifford; 4 Andrew Lawson (Designer: Dan Pearson); 5 Richard Felber; 6 Andrew Lawson;

162-163 1 Jerry Harpur (Powis Castle, Powys, Wales); 2 Ken Druse;

164-165 1 Tim Street-Porter (Taft-Ojai);

166-167 1 Jacqui Hurst; 2 Delaney, Cochran & Castillo (Pemberton); 3 Marion Nickig; 4 World of Interiors/ Polly Farquharson; 5 Marijke Heuff (Designer: Gilles Clément, France);

168 1 Andrew Lawson (Designer: Dan Pearson);

168-171 2-8 Nicola Browne/Conran Octopus (Designer: Dan Pearson);

172-173 1 Andrew Lawson (Designer: Arne Maynard); 2 Vivian Russell (Logan); 3 Solvi Dos Santos; 4 Ken Druse; 5 Roger Foley (Designer: Oehme, van Sweden);

174-175 1 Ianthe Ruthven; 2 Dency Kane (Ellen & Gordon Penick Garden, Ruther Glen, VA); 3 Ken Druse (Designer: Steve Martino); 4 Andrew Lawson; 5 The Interior Archive/Fritz von der Schulenburg;

176-177 1 Jerry Harpur (Designer: Neil Diboll, Michigan); 2 Gill C. Kenny; 4 Marijke Heuff (Garten: Ton ter Linden, Holland); 5 Richard Felber;

178-179 1 Allen Rokach; 2 Bilderberg/Wolfgang Kunz; 3 Roger Foley; 4-5 Roger Foley (Designer: Oehme, van Sweden); 6 Jerry Harpur (Designer: Oehme, van Sweden);

180-181 1 Arcaid/Richard Bryant (Architekt: Philip Johnson); 2 Gary Rogers; 3 J.C. Mayer & G. Le Scanff (Jardin de Talos, Frankreich); 4 Image du Sud/A. Moya; 5 Jacqui Hurst (The Old Stores, Suffolk);

182-183 1 Andrew Lawson (Designer: Caroline Burgess, Kanada); 2 The Garden Picture Library/Ron Sutherland (Beth Chatto Garden); 3 Jane Gifford; 4 The Garden Picture Library/Marijke Heuff (Garten Ter Kiule, Holland); 5 The Garden Picture Library/Howard Rice;

184-185 1 Charles Mann (Designer: Ruth Bancroft); 2 Michel Arnaud; 3 The Garden Picture Library/ Didier Willery; 4 Jerry Harpur (Designer: Stanton & Jean, Armour, IL); 5 Jerry Harpur (Huntington Arboretum, Los Angeles, CA);

186-187 2 Wulf Brackrock (Designer: Jacques Wirtz); 3 Andrew Lawson (Lower Slaughter, Glos.); 4 Michèle Lamontagne (Mt Koya); 5 Jerry Harpur (Château Gourdon, Alpes-Maritimes, Frankreich); 6 Deidi von Schaewen; 7 Marijke Heuff (Huis Bingerden, Holland);

188-189 1 Mark Fiennes; 2 Bilderberg/Milan Horacek; 3 Neil Campbell-Sharp (Lakemont, Co. Cork); 4 John Neubauer (Nymans, West Sussex); 5 The Garden Picture Library/John Glover; 6 Jerry Harpur; 7 Marijke Heuff;

190-191 1 J.C. Mayer & G. Le Scanff (Jardin de Talos, Frankreich);2 Colorific Photo Library Ltd./Michael Yamashita (Ritsurin-Garten, Takamatsu, Japan); 3 Claire de Virieu (Privatgarten); 4 Maggie Oster (Stan Hywet); 5 Gary Rogers;

192-193 1 The Garden Picture Library/Zara McCalmont; 2 Richard Felber; 3 John Hall; 4 John Glover; 5 Jerry Harpur (Keith Kirsten, Johannesburg, SA); 6 Bilderberg/Frieder Blickle;

194-195 1 Hugh Palmer (Jenkyn Place); 2 Andrew Lawson (Designer: Dan Pearson); 4 Juliette Wade; 5 Häuser/Camera Press; 6 Nicola Browne (Designer: Dan Pearson);

196-197 1-3Andrew Lawson (Designer: Dan Pearson); 4-5 Nicola Browne (Designer: Dan Pearson);

198 Todd Eberle;

200-201 1 Jacqui Hurst; 2 Richard Felber; 3 Marion Nickig; 4 S. & O. Mathews; 5 Marion Nickig;

202-203 Von oben links im Uhrzeigersinn: Derek Fell; John Fielding; S. & O. Mathews; The Garden Picture Library/Brigitte Perdereau; Andrew Lawson; John Fielding; Andrew Lawson; Clive Nichols; Andrew Lawson; Andrew Lawson;

204-205 Von oben links im Uhrzeigersinn: John Fielding; The Garden Picture Library/John Glover; Andrew Lawson; Andrew Lawson; PhotoNats/Robert E. Lyons; Andrew Lawson; John Fielding; The Garden Picture Library/Michèle Lamontagne; The Garden Picture Library/Morley Read;

206-207 Von oben links im Uhrzeigersinn: Derek Fell; Clive Nichols; Andrew Lawson; Andrew Lawson; S. & O. Mathews; The Garden Picture Library/ Vaughan Fleming; Andrew Lawson;

208-209 Von oben links im Uhrzeigersinn: S. & O. Mathews; Andrew Lawson; The Garden Picture Library/Ron Evans; The Garden Picture Library/J.C. Mayer & G. le Scanff; Andrew Lawson; Marion Nickig; Derek Fell; Marion Nickig;

210-211 Von oben links im Uhrzeigersinn: John Fielding; The Garden Picture Library/John Glover; J.C. Mayer & G. Le Scanff (Jardins de Bellevue, Frankreich); The

Garden Picture Library/John Glover; Jo Whitworth; Andrew Lawson; The Garden Picture Library/John Glover; Marion Nickig; Derek Fell; Derek Fell; The Garden Picture Library/J.S. Sirra;

212-213 Von oben links im Uhrzeigersinn: Andrew Lawson; Clive Nichols; Marion Nickig; Andrew Lawson; The Garden Picture Library/Sunniva Harte; Andrew Lawson; Marion Nickig; John Fielding; Clive Nichols; The Garden Picture Library/John Glover; Andrew Lawson;

214-215 Von oben links im Uhrzeigersinn: Andrew Lawson; Allan Mandell; John Fielding; Andrew Lawson; S. & O. Mathews; Andrew Lawson; The Garden Picture Library/Clive Nichols; Andrew Lawson; S. & O. Mathews; Clive Nichols; Ken Druse; Derek Fell;

216-217 Von oben links im Uhrzeigersinn: Marion Nickig; Derek Fell; Marion Nickig; John Fielding; John Fielding; John Fielding; Andrew Lawson/Conran Octopus; Andrew Lawson; John Fielding; John Fielding; Marion Nickig; Marion Nickig; Roger Foley; Marion Nickig;

218-219 Von oben links im Uhrzeigersinn: John Fielding; Andrew Lawson; Marion Nickig; Andrew Lawson; Marion Nickig; Marion Nickig; The Garden Picture Library/David Askham; Holt Studios International; Derek Fell; The Garden Picture Library/J.S. Sirra; The Garden Picture Library/Neil Holmes; Marion Nickig; S. & O. Mathews; Richard Felber; Jo Whitworth;

220-221 **1** Todd Eberle (Designer: Steve Martino); **2** S. & O. Mathews (Polesden Lacey); **3** Arcaid/Richard Bryant; **4** J.C. Mayer & G. Le Scanff (Festival de Jardins, Chaumont Sur Loire); **5** Andrew Lawson/Conran Octopus (Designer: Dan Pearson);

222-223 **1** Derek Fell; **2** Lanny Provo; **3** Arcaid/Richard Bryant (Architekten: Sergio Puente & Ada Dewes); **4** J.B. Visual Press/Horst Neumann; **5** Maggie Oster; **6** Mark Fiennes;

224-225 **1** Michèle Lamontagne; **2** Robert Harding Syndication/Geray Sweeney/Homes & Gardens; **3** Allan Mandell (McMenamin's Edgefield garden, Troutdale, OR); **4** Belle/Justine Kerrigan; **5** Earl Carter (Designer: Rae & Anthony Ganim)/Conran Octopus; **6** Chris Mead; **7** Andrew Lawson (Designer: Lynda Miller, NY);

226 **1** David Muench; **2** The Garden Picture Library/Marianne Majerus; **3** Dency Kane (Designer: Charles F. Gillette, Bemiss Garden, Richmond, VA.); **4** Brigitte Perdereau; **5** Andrew Lawson;

227 **1** The Interior Archive/James Mortimer; **2** Claire de Virieu (Privatgarten); **3** Jacques Merles;

228-229 **1** Belle/Garry Sarre; **2** Richard Felber; **3** Verne Fotografie (Carlo Scminck); **4** Roger Foley (Designer: Oehme, van Sweden); **5** Lanny Provo (Coral Gables); **6** Lanny Provo;

230-231 **1** Chris Meads; **2** Ken Druse; **3** Andrew Lawson; **4** Vogue Living/Jack Sarafian; **5** Michèle Lamontagne; **6** Elizabeth Whiting & Associates/Rodney Hyett; **7** Colorific Photo Library Ltd./Michael Yamashita;

232 **1** Verne Photografie (Arhnen); **2** J.C. Mayer & G. Le Scanff (Chez 'Agapanthe', Frankreich); **3** Karen Bussolini; **4** J.C. Mayer & G. Le Scanff (Jardin Majorelle); **5** The Interior Archive/Cecilia Innes;

233 **1** Mark Darley/Esto (Eigner/Designer: Ivy Rosequist); **2** Andrew Lawson; **3** Ken Druse; **4** Andrew Lawson; **5** Charles Jencks; **6** Mark Darley/Esto (Architekt: Ned Forrest);

234-235 **1** Marie Claire Maison/Gilles de Chabaneix (Stylistin: Catherine Ardouin); **2** Arcaid/Earl Carter/Belle; **3** Hort-Couture Landscape Lighting; **4** Roger Foley; **5** Elizabeth Whiting & Associates/Di Lewis;

236 **1** Richard Felber; **2** Richard Felber; **3** Schöner Wohnen/Camera Press; **4** Juliette Wade; **5** Marie Claire Maison/Gilles de Chabaneix (Stylistin: Marie Kalt);

237 **1** Debbie Patterson /»The Decorated Garden Room« von Tessa Eveleigh (Lorenz Books); **2** The Garden Picture Library/Brigitte Perdereau; **3** The Garden Picture Library/Friedrich Strauss; **4** Australian House & Garden/Russell Brooks;

238-239 **1** Andrew Lawson (Designer: Caroline Burgess, Canada); **2** Andrew Lawson (The Priory, Charlbury, Oxon.); **3** Maggie Oster (Orton Plantation); **4** Marianne Majerus;

240-241 **1** Marijke Heuff; **2** Ken Druse; **3** Gary Rogers (Eigner: Barbara Hammerstien); **4** Gary Rogers; **5** Vogue Living/Simon Kenny; **6** Guillaume de Laubier (Maxime de la Falaise);

242-243 **1** Roger Foley (Designer: Oehme, van Sweden); **2** Earl Carter (Designer: Robert Grant & Murray Collins)/Conran Octopus; **3** Marie Claire Maison/Gilles de Chabaneix (Stylistin: Catherine Ardouin); **4** Roger Foley (Osamu Shimizu); **5** Richard Felber;

244-245 **1** Gary Rogers; **2** Schöner Wohnen/Camera Press; **3** Martha Schwartz (Designer: Schwartz, Smith, Meyer Inc./Dickenson Residenz, Santa Fe, NM, 1992); **4** Schöner Wohnen/Camera Press; **5** Gardens Illustrated/Jonathan Lovekin; **6** Shodo Suzuki; **7** Gary Rogers (Designer: Henk Weijers);

246 The Interior Archive/C. Simon-Sykes (McCabe);

249 Hugh Palmer (Cringletie House);

Die Seiten **45**, **5**; **48-49**, **2**; **87**, **4**; **132**, **2**; **140**, **2**; **163**, **3** stammen aus »The Gardens of California« von Nancy Goslee Power (Fotografie-Copyright © 1995 Mick Hales). Abdruck mit Genehmigung von Clarkson N. Potter (Crown Publishers Inc.). Alle Gärten wurden von Nancy Goslee Power entworfen.

Wir haben großen Wert darauf gelegt, alle Inhaber von Urheberrechten, alle Architekten und Designer ausfindig zu machen. Wir entschuldigen uns im voraus für jede unbeabsichtigte Auslassung und werden entsprechende Nennungen in späteren Auflagen gerne vornehmen.

ILLUSTRATIONEN

Der Verlag dankt für Illustrationen:

Paul Bryant: **222-3**; **224-5**; **228-9**; **239**; **232-3**; **238-9**; **242-3**; **244**

Terence Conran: **53**

Lesley Craig: **133**; **134**; **142**; **144-5**; **161**; **165**; **186**; **195**

Vanessa Luff: **227**; **248-9**; **250-1**; **252-3**; **254-5**; **256**

Agneta Neroth: **76-7**; **94-5**; **106-7**; **118-19**

Dan Pearson: **168**

Angus Shepherd (Garten-Design: Andrew Miller): **37**; **39**; **43**; **47**; **51**; **67**; **71**; **73**

Angus Shepherd: **97**; **99**; **112-13**

ZUGANG ZUM GEBÄUDE
STIPA ARUNDINACEA
STIPA ARUNDINACEA
STEINBODEN AM SCHWIMMBECKEN
BUCHSBAUM-HECKE
LINDEN (KOPFBÄUME)
BUCHSBAUM-HECKE
SCHWIMM-BECKEN
4 x 12 m
BODEN UND WÄNDE IN GLEICHER FARBE WIE GEBÄUDE
BUCHSBAUMHECKE (SIEHE SKIZZE)
BUCHSBAUM-HECKE
↓ STUFEN ↓
UNBEGRÜNTE GEBÄUDEWAND
PAVILLON
STIPA ARUNDINACEA
STIPA ARUNDINACEA
TOR